工商管理优秀教材译丛

管理学系列 ——▶

技术创新的战略管理

第 4 版

[美] 梅丽莎·A. 希林（Melissa A. Schilling） 著

王毅 谢伟 段勇倩 等 译

清华大学出版社
北京

Melissa A. Schilling

Strategic Management of Technological Innovation,4e

ISBN：0-07-802923-6

Copyright © 2013 by McGraw-Hill Education.

All rights reserved. No part of this publication may be reproduced or transmitted in any form or by any means, electronic or mechanical, including without limitation photocopying, recording, taping, or any database, information or retrieval system, without the prior written permission of the publisher.

This authorized Chinese translation edition is jointly published by McGraw-Hill Education and Tsinghua University Press Limited. This edition is authorized for sale in the People's Republic of China only, excluding Hong Kong, Macao SAR and Taiwan.

Copyright © 2015 by McGraw-Hill Education and Tsinghua University Press Limited.

版权所有。未经出版人事先书面许可，对本出版物的任何部分不得以任何方式或途径复制或传播，包括但不限于复印、录制、录音，或通过任何数据库、信息或可检索的系统。

本授权中文简体字翻译版由麦格劳—希尔（亚洲）教育出版公司和清华大学出版社有限公司合作出版。此版本经授权仅限在中华人民共和国境内（不包括香港特别行政区、澳门特别行政区和台湾）销售。

版权 © 2015 由麦格劳—希尔（亚洲）教育出版公司与清华大学出版社有限公司所有。

北京市版权局著作权合同登记号　图字:01-2015-1302

本书封面贴有McGraw-Hill Education公司防伪标签，无标签者不得销售。

版权所有，侵权必究。举报：010-62782989，beiqinquan@tup.tsinghua.edu.cn。

图书在版编目(CIP)数据

技术创新的战略管理：第4版/(美)希林(Schilling, M.)著；王毅，谢伟，段勇倩译.--北京：清华大学出版社，2015(2022.9重印)

（工商管理优秀教材译丛.管理学系列）

书名原文：Strategic Management of Technological Innovation

ISBN 978-7-302-41513-8

Ⅰ.①技… Ⅱ.①希…②王…③谢…④段… Ⅲ.①企业管理－技术革新－高等学校－教材 Ⅳ.①F273.1

中国版本图书馆CIP数据核字(2015)第212867号

责任编辑：王　青
封面设计：何凤霞
责任校对：宋玉莲
责任印制：杨　艳

出版发行：清华大学出版社
网　　址：http://www.tup.com.cn, http://www.wqbook.com
地　　址：北京清华大学学研大厦A座　　邮　编：100084
社 总 机：010-83470000　　邮　购：010-62786544
投稿与读者服务：010-62776969, c-service@tup.tsinghua.edu.cn
质量反馈：010-62772015, zhiliang@tup.tsinghua.edu.cn

印 刷 者：北京富博印刷有限公司
装 订 者：北京市密云县京文制本装订厂
经　　销：全国新华书店
开　　本：185mm×260mm　印张：18.5　插页：2　字　数：423千字
版　　次：2015年11月第1版　　印　次：2022年9月第5次印刷
定　　价：49.00元

产品编号：063010-02

译者序

技术创新的战略管理
Strategic Management of Technological Innovation

大众创业、万众创新是经济发展的动力之源。没有创新,就没有如此丰富多彩的世界;没有创新,资源也就不再是资源。创新驱动是我国经济持续发展的必经之路。在把创新和创业的重要性推到如此高度的今天,我们不再怀疑创新的重要性,但如何管理创新仍然是值得持续探讨的问题。

关于创新的理论研究始自熊彼特,其目的至少是要回答以下两个问题:第一,企业作为一个"黑箱",其内部的经济技术活动过程是如何管理的?第二,企业家在创新过程中的作用是什么?到目前为止,对于这两个问题,经济学界并没有给出很好的解释,当然,也不应该提供。因此,关于创新的管理学研究,自20世纪四五十年代开始,才渐渐变得重要起来。但迄今为止,关于创新的管理学研究并没有形成一个统一的框架。

20世纪80年代中后期以来,在介绍西方的创新管理理论方面,国内很多学者已经做出了重要的贡献。今天,市面上关于创新管理和新产品开发及营销的西方书籍琳琅满目;今天,我们对西方的创新管理理论和方法不再陌生。为什么我们仍然要付出精力来翻译这本书呢?

本书被认为是最好的创新管理著作之一,自第1版问世以来,一直好评如潮。事实上,本书新版本的不断推出,也从一个侧面反映了其在市场上得到认同的程度。本书作者不断总结和吸收与创新管理相关的研究成果和企业实践,在第4版中颇有针对性地增加了最新的企业案例和学术研究成果,反映创新管理的最新趋势,并特别注意到了案例分布的国家代表性。

相对于其他创新管理类书籍,本书具有三个突出的优点。

第一,本书从战略管理的高度,有效地组织了关于创新管理的理论和方法。相对于外部机会来说,任何企业的人力、财力和物力总是有限的,创新具有选择性,因此结合企业战略的创新管理就显得十分必要。

第二,本书部分借鉴了战略管理学科的框架,提供了一个系统化的创新管理知识和方法框架。本书第1部分首先介绍了创新的基本规律,在此基础上,基于企业的外部机会和内部能力,第2部分提出了形成企业技术创新战略的框架。最后也就是第3部分,重点探讨了企业技术创新战略的实施问题。正如本文作者在序言中所说的,本书提供了关于创新管理理论和方法的前后一致且系统化的知识体系。

第三,本书提供了一个广泛、简单因而容易理解的创新理论知识组合。在这方面,本书作者一定花了不少工夫,既结合了作者的研究,也结合了其教学经验。本书写作方法上的特色表现在:首先,本书每个章节的开头都起始于一个非常简单但又引人深思的案例。本书没有故作高深,相反却通过简单的案例引起读者的共鸣;其次,本书在提供创新管理知识和方法介绍的同时，别出心裁地提供了"研究花絮"专栏，该专栏既可以帮助读者了解管理方法的来源，也可以帮助立志于学术研究的读者根据参考文献深入了解理论研究的进展；最后，本书每一章所提供的讨论问题都是引人深思的。

劳动力成本、当地市场规模、下游集成能力、组织信心和全球价值链上的合理定位是目前本土企业的主要竞争优势，但企业的终极竞争优势将主要根源于其组织能力，包括如何管理技术创新的策略和方法。而本书的翻译出版，将有助于国内企业了解组织和领导创新的理论和方法。第4版保持了本书一贯的风格，语言简洁明了，内容丰富翔实，体现了学术严谨性和通俗易懂性的完美结合。

参加本书翻译的是清华大学经济管理学院和清华大学技术创新研究中心的部分师生。谢伟、王毅、赵志平、何玄文、梁江、毛凯军、刘广、张芮祺和涂俊等共同翻译了本书的第1版。基于第1版的翻译工作，谢伟、王毅、李培馨和夏露蟾翻译了本书第3版。基于第3版的翻译工作，王毅、谢伟、段勇倩翻译了本书第4版。

由于译者水平有限，译文中如有不妥和疏漏之处，敬请读者批评指正。

谢伟　王毅
2015年7月于清华经管学院伟伦楼

中文版序言

技术创新的战略管理
Strategic Management of Technological Innovation

我很高兴向各位推介《技术创新的战略管理》的中文版。在今后几十年中,中国将通过技术创新来实现其特别稳健且自信的经济增长。中国有世界级大学和富有才干的研究者,加上来自国内外市场的热切投资者,这显然是一个巨大的增长机会。但是仅有智能和资本这两者并不能够保证成功——商业文献中充斥着大量的企业故事,这些企业有着显著的创新和充足的资金支持,但却令人惋惜地失败了。因此,创新必须从战略层面上加以管理。最为成功的是那些仔细选择其创新项目的创新者和企业家,他们一方面成功地利用了其组织的优势及外部机会,另一方面熟练地管理着其开发和部署过程。

为了超越其竞争者,管理者必须理解能够推动产业转型的创新动力学,包括什么时间一项创新可能会替代在位的产品或工艺,什么时候产业可能会在一组可行的方案中选择一种作为主导的技术平台,什么时候首先进入市场是有利的或不利的。成功的创新还需要一个深思熟虑的战略方向,它充分挖掘了企业现有资源的潜力,同时适时延伸了企业的边界以开拓新的资源和能力。另外,十分重要的关键点还包括考虑以下问题,如什么时候创新项目采用合作方式是合理的?合作应采用什么样的方式?是保护一项创新以免受仿造之苦,还是促进一项创新的模仿以建立一个主导标准呢?

开发过程的管理也涉及一些重要的决策,例如:哪些阶段的执行应采用序列方式;或者哪些阶段的执行应采用并行方式;项目是否需要一个指定的管理者来引导;在最大化实现项目与客户需要对接的同时,为了缩短开发周期,应采用哪种开发工具(例如,阶段门方法、质量功能配置法等)。最后,为了确保创新成功,创新必须在市场上通过定位、营销、许可证和分销策略等来成功配置,以实现创新、组织和客户需要的对应性。总之,单单创新本身并不够——创新竞赛中的赢家是那些能够战略性地管理创新远见的个体,这是本书的目的。本书的设计就是要使读者遍历创新过程的每一阶段,帮助学生和管理者把握决定创新成功的每一个竞争关键点。

本书进入中国的时机是非常及时的。中国的商业繁荣,伴随着新创企业和现有企业的扩张及转型,中国的管理者可以运用本书中的概念,极大地提高其成功的可能性。本书已被证明,它对于美国公司管理者是十分有用的,这些公司包括 IBM、微软、英特尔和宝洁。对于正在体验一个亘古未有的增长和变化的中国企业管理者来说,本书甚至具有更为有用的潜力。

我很感谢帮助本书中文版面世的人们。我特别感谢清华大学经济管理学院的谢伟和王毅教授。同时,我还要感谢清华大学出版社积极将本书在中国翻译出版。我十分感激编辑 Ryan Blankenship 的无尽支持和热情帮助。

梅丽莎·A. 希林

前言

技术创新的战略管理
Strategic Management of Technological Innovation

创新是美好的。它是一种既带有美感又具有实用性的诱惑力量:它能释放我们的创造精神、开启我们的心灵,以通向迄今为止未曾梦想到的可能性,同时,它能够为经济增长提速,并推动人类在医药、农业、教育等关键领域的进步。对于西方世界创新的根本发动机即工业组织来说,创新不仅提供了难得的机会,也对其提出了严峻的挑战。创新不仅是竞争差别化的有效方法,它帮助企业进入新市场并实现更高的边际收益,同时它还是速度、技能和准确性的较量。对于一个企业来说,光有创新性并不够,要成功,它必须比其竞争对手创新得更好。

为了更好地理解创新,专家和管理者们关于此话题的一系列研究工作在一些学科中已经出现,这些研究内容广泛、气氛活跃并且已经产生影响,如战略管理、组织理论、经济学、营销学、工程和社会学。该方面的研究工作已经产生了下述方面的一系列洞见,例如,创新如何影响市场竞争的动态、企业如何战略性地管理创新和企业如何实施其创新战略以最大化其成功的可能性等。文献散布于不同研究领域,说明人们已经从不同的角度对其进行了研究。当然,文献分散化对教育者和学生来说,也提出了集成化的挑战。本书力图将这些工作集成到一个一致性的战略框架中,以提供严谨的、包容性强的且易为学生们理解的内容。

本书的组织框架

本书将创新管理问题作为一个战略过程探讨。本书的框架设计力图显现目前大多数战略教科书中的战略过程,它起源于对竞争动态的评估,随后进入战略形成和战略实施。本书的第1部分覆盖了创新动态性的基础框架和启示,以帮助目前和将来的管理者更好地诠释其所处的技术环境并识别有意义的趋势。本文的第2部分开始于企业战略方向的探讨和创新战略的形成过程,包括项目选择、合作战略和保护企业知识产权的战略。第3部分涵盖了创新实施的过程,包括组织结构对创新的作用、新产品开发过程管理和企业战略部署的形成。本书一方面强调了实际应用和案例,另一方面也包容了现有的研究并且提供了指导进一步阅读的尾注。

全面覆盖商科和工程学的学生

本书力图成为创新战略管理和新产品开发课程的基础教材。商业和工程类教学项目中,一般都会包含此类课程。因此,本书在写作中,一直关注商业和工程类学生的需求。例如,本书的第6章介绍了战略分析的基本工具,商学院学生也许对其已经非常熟悉,但是工学院的学生则未必如此。同样,第11章中的一些内容如计算机辅助设计和质量功能部署,对于信息系统和工程类学生,可能是复习材料,但对于管理类学生却是新的。本书的章节安排是自成体系的,教师如果选择以"自助餐"的方式来教学,可以从本书中挑选其偏好的材料。

第4版的一些新内容

本书的第4版经过了反复彻底的修订,以确保书中所采用的框架和工具是严谨的,是易于理解的,同时也确保书中所举的例子是最新的,并且是能够吸引人的,此外也是为了确保所引用的数据和案例是目前所能获得的最新信息。一些重要的变化和改动阐述如下。

5个新的小案例

第2章添加了理论实践的新案例,案例展示了谷歌激励员工创新的各种方法,例如创新大赛、员工奖励、允许员工用20%的时间去开发自己的项目。

第3章的开篇案例是关于塔塔Nano汽车的。塔塔集团是印度规模最大、声誉最好的集团之一,2002年,它的董事长拉坦·塔塔决定开发一种印度普通大众都能消费得起的汽车——塔塔Nano,这款汽车售价2 200美元,比目前市场上的所有汽车都要便宜。为了完成这一壮举,塔塔不得不彻底重塑汽车这一概念,从汽车结构到主动力系统,甚至一些很小的细节。塔塔的工程师和来自全球的供应商们对这一挑战作出了十分积极的相应,最终塔塔Nano汽车于2009年成功上市。

第3章还加入了和微软有关的一个小案例,该案例讲述了微软因何面临着来自智能手机带来的"零利润区间"威胁。微软统治个人操作系统市场超过30年的时间。尽管受到来自很多其他操作系统的冲击(如Unix、Geoworks、NeXTSTEP、Linux、Mac系统),但微软的市场份额一直稳定在85%左右。然而如今微软的市场地位受到严重挑战。智能手机操作系统正变得越来越纷繁复杂,在智能手机系统桌面中越来越多的复杂应用能够运行,手机操作系统逐渐成为Windows操作系统的替代品。更让微软感受到危机的是,微软并没有挤进手机操作系统市场的第一梯队:苹果iOS和谷歌安卓系统共占据了这一市场60%的市场份额。2011年,微软已经成为一个集合资本、人才等资源的超强战队,但这是它第一次处于劣势竞争地位背水一战。

第5章的开篇案例记载了社交网络的兴起历程,从SixDegrees和Friendster这样的先行者,到MySpace这样的后继者,再到最终Facebook树立市场统治地位,这个案例充分说明了时机在创新产品获得成功中的重要作用。尽管当时已经出现了较有黏性的用户网络,但社交网站的先行者和早期跟随者并没有维系长期优势。这一案例说明,在这一创新成果扩散的过程中,配套技术、相关法律以及社交网络自身都扮演着很重要的角色。

第8章的开篇案例描述了光感涂层太阳能电池的发展历程以及在合作过程中Dyesol公司面临的一些选择。光感涂层太阳能电池是一种新型低价薄膜太阳能电池,它借鉴植物光合作用的方式吸收来自太阳的能量。它能够被设计成粗糙柔软的薄膜材料,附着在钢铁或玻璃的表面,这种将太阳能技术同建筑材料结合的方式很受市场欢迎。然而,Dyesol公司规模太小没有足够的资金和产能来生产终端产品以满足市场的需求,因此Dyesol与塔塔钢铁、皮尔金顿公司合作成立了大型的合资公司。Dyesol的管理者们相信这种方式要优于仅仅将技术授权给已有的生产商。通过这个案例,同学们可以思考以下问题:Dyesol 这一策略具有哪些优缺点,这一关系应该如何进行管理以及如何在技术许可和这一策略进行权衡选择。

来自全球的案例与数据

为了确保本书适应全球视野,编者们做出了很大的努力。每章开篇案例涉及的公司来自澳大利亚、印度、以色列、日本、法国、英国和美国,此外还有很多文中小案例采样自许多其他的国家。文中每一处,本书都尽可能地采用来自全球的数据。

对当前创新趋势更广泛的覆盖和更深入的挖掘

根据读者的反馈,新版本加入了对联盟组合、联盟治理及外包等的讨论。书中案例也突出了当下最流行的创新现象,如众筹、"免费增值"定价模式、医药领域的"专利悬崖"现象、3D 打印、病毒式营销以及像 Kickstarter 和 AngelList 这样的创业融资新渠道。每一章也会根据相应的主题,选择当下最受欢迎的出版物作为补充阅读材料。尽管添加了这些内容,但我们仍将尽力保证本书的简洁明了,让大家更易接受和阅读。

补充资料

本书的教学包可以在线获得,网址为 www.mhhe.com/schilling4e,内容包括:

- 教师手册。包含建议的课程大纲、讨论问题的答案等。
- 完整的幻灯片资料。包含讲解大纲、书中出现的所有重要的图表等。教师也可以根据自己的需要来编辑这些幻灯片。
- 测试题库。主要是一些判断题、单选题、简答题和论述题等。
- 与教材配套的案例库。

目 录

技术创新的战略管理
Strategic Management of Technological Innovation

第1章 引言 ··· 1
  1.1 技术创新的重要性 ··· 1
  1.2 技术创新对社会的影响 ·· 2
  1.3 产业创新：战略的重要性 ·· 4
    1.3.1 创新漏斗 ·· 4
    1.3.2 技术创新的战略管理 ·· 4
  1.4 本章小结 ·· 7
  术语表 ·· 8
  讨论题 ·· 8
  补充阅读建议 ·· 8
  尾注 ·· 9

第1部分 技术创新的产业动力学

第2章 创新来源 ·· 13
  案例一览：吉文成像的视频胶囊 ·· 13
  2.1 概述 ·· 16
  2.2 创造力 ·· 17
    2.2.1 个体创造力 ·· 17
    2.2.2 组织创造力 ·· 17
  2.3 把创造力转化成创新 ·· 19
    2.3.1 发明家 ·· 19
    2.3.2 用户创新 ·· 21
    2.3.3 企业的研究和开发 ·· 23
    2.3.4 企业与客户、供应商、竞争对手及互补企业的联系 ···················· 24
    2.3.5 大学和政府资助的研究 ·· 26
    2.3.6 私人非营利组织 ·· 28
  2.4 合作网络中的创新 ·· 28
    2.4.1 技术集群 ·· 30
    2.4.2 技术外溢 ·· 32

2.5 本章小结	32
术语表	33
讨论题	34
补充阅读建议	34
尾注	35

第3章 创新类型和模式 ········· 39

塔塔Nano：全球最便宜的汽车	39
3.1 概述	41
3.2 创新的类型	41
3.2.1 产品创新与工艺创新	41
3.2.2 根本性创新与增量性创新	42
3.2.3 能力提高型创新与能力破坏型创新	43
3.2.4 架构创新与元件创新	43
3.3 技术的S曲线	44
3.3.1 技术进步的S曲线	44
3.3.2 技术扩散的S曲线	47
3.3.3 S曲线作为描述性工具	49
3.3.4 S曲线作为描述性工具的局限性	49
3.4 技术周期	49
3.5 本章小结	55
术语表	55
讨论题	56
补充阅读建议	56
尾注	57

第4章 标准之争与主导设计 ········· 59

蓝光与HD-DVD：高清视频的标准之争	59
4.1 概述	60
4.2 为什么要选择主导设计	60
4.2.1 学习效应	61
4.2.2 网络外部性	62
4.2.3 政府管制	65
4.2.4 结果：赢家通吃的市场	65
4.3 价值的多维性	66
4.3.1 技术本身的价值	66
4.3.2 网络外部性价值	67
4.3.3 网络外部性市场上设计主导权的竞争	70

	4.3.4 赢家通吃的市场对消费者是否有利	72
4.4	本章小结	73
术语表		74
讨论题		74
补充阅读建议		75
尾注		75

第5章 进入时机 …… 77

从SixDegrees.com 到Facebook：社交网络的兴起 …… 77

5.1	概述	80
5.2	先发者优势	81
	5.2.1 品牌忠诚和技术领先	81
	5.2.2 优先获取稀缺资源	81
	5.2.3 把握购买者转换成本	81
	5.2.4 获取收益递增优势	82
5.3	先发者的劣势	82
	5.3.1 研发支出	83
	5.3.2 尚未开发的供应和分销渠道	83
	5.3.3 不成熟的必备技术和互补品	84
	5.3.4 顾客需求的不确定性	85
5.4	最佳进入时机的影响因素	86
5.5	优化进入时机选择的策略	89
5.6	本章小结	90
术语表		90
讨论题		91
补充阅读建议		91
尾注		92

第2部分 技术创新战略的制定

第6章 确定组织的战略方向 …… 97

健赞公司对罕见病药物的关注 …… 97

6.1	概述	101
6.2	评价企业当前地位	102
	6.2.1 外部环境分析	102
	6.2.2 内部环境分析	105
6.3	识别核心竞争力和能力	108
	6.3.1 核心竞争力	108

		6.3.2 核心刚性的风险	109
		6.3.3 动态能力	110
	6.4	战略意图	111
	6.5	本章小结	113
	术语表		114
	讨论题		114
	补充阅读建议		115
	尾注		115

第 7 章 选择创新项目 ··· 118

Bug Labs 和长尾理论			118
	7.1	概述	120
	7.2	开发预算	121
	7.3	选择创新项目的定量分析方法	122
		7.3.1 折现现金流法	124
		7.3.2 实物期权法	126
	7.4	选择创新项目的定性分析方法	128
		7.4.1 问题扫描法	129
		7.4.2 综合项目计划框架	130
		7.4.3 Q 分类法	132
	7.5	定量分析和定性分析结合的方法	132
		7.5.1 联合分析法	133
		7.5.2 数据包络分析法	134
	7.6	本章小结	136
	术语表		136
	讨论题		137
	补充阅读建议		137
	尾注		138

第 8 章 合作战略 ··· 140

Dyesol：合作利用太阳能			140
	8.1	概述	142
	8.2	独立开发的原因	142
	8.3	合作的优势	144
	8.4	合作的类型	145
		8.4.1 战略联盟	145
		8.4.2 合资企业	147
		8.4.3 许可证	148

		8.4.4 外包	149
		8.4.5 集体研究组织	150
8.5	合作方式的选择		150
8.6	合作伙伴的选择和管理		152
	8.6.1	合作伙伴的选择	152
	8.6.2	合作伙伴的管理	154
8.7	本章小结		156

术语表 157
讨论题 158
补充阅读建议 158
尾注 159

第9章 保护创新 163

数字音乐发行革命 163

9.1	概述		167
9.2	独占性		167
9.3	专利、商标和版权		168
	9.3.1	专利	168
	9.3.2	商标和服务标记	172
	9.3.3	版权	172
9.4	商业秘密		173
9.5	保护创新机制的有效性及其应用		174
	9.5.1	完全私有系统与完全开放系统	176
	9.5.2	保护的优点	177
	9.5.3	扩散的优点	178
9.6	本章小结		181

术语表 182
讨论题 183
补充阅读建议 183
尾注 184

第3部分 技术创新战略的实施

第10章 创新组织 189

谷歌公司的创新组织 189

10.1	概述		191
10.2	公司的规模和结构维度		191
	10.2.1	规模：越大越好吗？	191

　　　　10.2.2　公司的结构维度 193
　　　　10.2.3　机械化与有机结构 196
　　　　10.2.4　规模与结构 197
　　　　10.2.5　灵巧型组织：两种世界的最好结合？ 197
　　10.3　模块化和"松散连接"组织 199
　　　　10.3.1　模块化产品 199
　　　　10.3.2　松散连接的组织结构 200
　　10.4　管理跨边界创新 202
　　10.5　本章小结 205
　术语表 205
　讨论题 206
　补充阅读建议 206
　尾注 207

第11章　新产品开发过程管理 212

　青蛙设计公司 212
　　11.1　概述 215
　　11.2　新产品开发过程的目标 216
　　　　11.2.1　最大限度地满足消费者的需要 216
　　　　11.2.2　缩短开发周期 216
　　　　11.2.3　控制开发成本 217
　　11.3　顺序开发过程与部分并行开发过程 217
　　11.4　项目主管 219
　　11.5　用户和供应商参与开发过程 222
　　　　11.5.1　用户参与 222
　　　　11.5.2　供应商参与 223
　　　　11.5.3　众包 223
　　11.6　改进新产品开发过程的工具 223
　　　　11.6.1　阶段门法 224
　　　　11.6.2　质量功能配置（QFD）——质量屋 226
　　　　11.6.3　面向制造的设计 227
　　　　11.6.4　故障模式与效果分析 228
　　　　11.6.5　计算机辅助设计和计算机辅助制造 229
　　11.7　测评新产品开发成效的工具 230
　　　　11.7.1　新产品开发过程矩阵 231
　　　　11.7.2　整体创新业绩 231
　　11.8　本章小结 231
　术语表 232

	讨论题	232
	补充阅读建议	233
	尾注	233

第12章　新产品开发团队的管理 ... 237

Skullcandy：开发不同凡响的耳机 ... 237
- 12.1　概述 ... 241
- 12.2　构建新产品开发团队 ... 241
  - 12.2.1　团队规模 ... 241
  - 12.2.2　成员构成 ... 242
- 12.3　新产品开发团队的结构 ... 244
  - 12.3.1　职能型团队 ... 244
  - 12.3.2　轻量级团队 ... 245
  - 12.3.3　重量级团队 ... 245
  - 12.3.4　自主团队 ... 245
- 12.4　新产品开发团队的管理 ... 246
  - 12.4.1　团队的领导 ... 246
  - 12.4.2　团队的管理 ... 247
  - 12.4.3　虚拟团队的管理 ... 247
- 12.5　本章小结 ... 249
- 术语表 ... 250
- 讨论题 ... 250
- 补充阅读建议 ... 250
- 尾注 ... 251

第13章　形成部署战略 ... 254

美国视频游戏产业中的部署战略 ... 254
- 13.1　概述 ... 260
- 13.2　时机 ... 261
  - 13.2.1　战略性进入时机 ... 261
  - 13.2.2　最优化现金流与自噬效应 ... 262
- 13.3　许可和兼容性 ... 262
- 13.4　定价 ... 263
- 13.5　分销 ... 265
  - 13.5.1　直销与中间商 ... 265
  - 13.5.2　加速分销的战略 ... 266
- 13.6　营销 ... 268
  - 13.6.1　主要的营销手段 ... 268

13.6.2　为潜在用户量身定做营销计划 …………………………………… 270
　　13.6.3　用营销来塑造认知和期望 ……………………………………… 272
13.7　本章小结 ……………………………………………………………… 273
术语表 ……………………………………………………………………… 274
讨论题 ……………………………………………………………………… 275
补充阅读建议 ……………………………………………………………… 275
尾注 ………………………………………………………………………… 276

第1章 引 言

1.1 技术创新的重要性

目前在很多产业，**技术创新**(technological innovation)已经成为企业获得竞争成功的主要驱动因素。很多产业中的一些公司近5年内开发出来的产品的销售额或利润占公司整体销售额或利润的1/3以上。[1]例如，在强生(Johnson&Johnson)公司的总销售额中，过去5年内开发的产品所占比例超过了30%，而3M公司近年来这个比例高达45%。

创新越来越重要，部分是由于市场全球化的结果。国外竞争的压力迫使公司通过持续不断地创新来实现产品和服务的差异化；新产品的引入有助于企业保护自己的市场，生产过程中的创新则可以帮助企业降低生产成本；信息技术的快速发展也加速了创新步伐，计算机辅助设计和制造使得产品的设计和生产都很方便，而且速度大大提升；弹性生产技术使得小规模生产也很经济，降低了规模生产的重要性。[2]所有这些技术都使企业能够生产出与竞争对手不同的产品来满足不同消费群体的需求。2012年，丰田(Toyota)公司向美国市场提供了丰田旗下的16个品牌的汽车生产线，其中包括凯美瑞(Camry)、普锐斯(Prius)、汉兰达(Highlander)和坦途(Tundra)。丰田还为每条生产线提供了不同的型号(如Camry L、Camry LE和Camry SE)，其特点和价格各不相同。丰田总共提供了64个型号的汽车，价格最低为雅力士三门掀背式的14 115美元，最高为兰德酷路泽(Land Cruiser)的77 995美元，座位数为3~8人不等，3座如塔科马(Tacoma)单排座卡车，8座如新塞纳(Sienna)小型货车。除此之外，丰田还生产了一系列雷克萨斯(Lexus)品牌旗下的豪华汽车。与之类似，三星(Samsung)提供了近100款型号的手机；索尼(Sony)生产的便携式音频播放器超过50种。这两家公司都提供了多种色彩选择以及可更换配件，以更好地满足消费者的需求。诺基亚和索尼的产品系列使得它们能够打入几乎所有可能的市场。尽管生产多样化的产品在过去昂贵又耗时，但现在弹性生产技术的出现使得公司可以根据市场需求实时地调整生产计划，实现从一种产品到另一种产品生产的无间断转换。企业还可以进一步通过在多种型号的产品中采用通用部件来降低成本。

丰田、三星、索尼等公司采用新技术,加快了技术创新步伐,抬高了竞争门槛,带来了整个行业开发周期的缩短和更多新产品的引入,也引发了更深层次的市场细分和更快的产品更新。[3] 软件产业产品生命周期(一个产品从引入市场到退出或被其他产品替代的时间)已经变为 4~12 个月;计算机硬件产品和电子消费产品为 12~24 个月,大型家电产品为 18~36 个月。[4] 所有这些都促使企业将创新作为一种强制性战略——如果一个企业不能快速创新,将发现随着自己的产品过时,其市场份额也会开始下降。

1.2　技术创新对社会的影响

创新提高了产业竞争门槛,对于一个组织来说,要获得成功也变得更加困难。创新对社会的影响是显而易见的:创新使大量的产品和服务延伸到全球的每一个角落;创新使得食品和其他生活必需品的生产更加有效率;创新提升了医疗诊治水平,从而改善了人们的健康状况;创新能够让人们非常方便地在全球范围内旅行、相互交流。图 1.1 可以让我们感受到技术创新对社会产生的神奇影响,它展示了过去 200 年内一些最重要的技术创新出现的时间表。如果没有这些创新,我们的生活又会怎样地不同!

1800	-	1800 年——电池
	-	1804 年——蒸汽机车
	-	1807 年——内燃机
	-	1809 年——电报
	-	1817 年——自行车
1820	-	1821 年——电动机
	-	1824 年——盲文书写系统
	-	1828 年——热风炉
	-	1831 年——发电机
	-	1836 年——五发左轮手枪
1840	-	1841 年——帮森电池(伏打电池)
	-	1842 年——硫化醚基酯麻醉
	-	1846 年——水压起重机
	-	1850 年——石油冶炼
	-	1856 年——苯胺染料
1860	-	1862 年——加特林机枪
	-	1867 年——打字机
	-	1876 年——电话
	-	1877 年——留声机
	-	1878 年——白炽灯泡
1880	-	1885 年——轻钢摩天大楼
	-	1886 年——内燃机汽车
	-	1887 年——充气轮胎
	-	1892 年——电炉
	-	1895 年——X 光机

1900	-	1902 年——空调(电动)
	-	1903 年——莱特兄弟的双翼飞机
	-	1906 年——电动真空吸尘器
	-	1910 年——电动洗衣机
	-	1914 年——火箭
1920	-	1921 年——胰岛素(从细胞中提取)
	-	1927 年——电视机
	-	1928 年——青霉素
	-	1936 年——第一台可编程计算机
	-	1939 年——原子裂变
1940	-	1942 年——水肺术
	-	1943 年——核反应堆
	-	1947 年——晶体管
	-	1957 年——人造卫星
	-	1958 年——集成电路
1960	-	1967 年——便携式掌上计算器
	-	1969 年——阿帕网络(互联网的先驱)
	-	1971 年——微处理器
	-	1973 年——移动电话
	-	1976 年——巨型计算机
1980	-	1981 年——航天飞机
	-	1987 年——一次性隐形眼镜
	-	1989 年——高清电视
	-	1990 年——万维网协议
	-	1996 年——无线互联网
2000	-	2003 年——人类基因组

图 1.1　过去 200 年最重要的技术创新的时间表

技术创新对社会总体影响能够通过**国内生产总值**(gross domestic product, GDP)反映出来。国内生产总值是按照最终购买价格测算的一年的经济总产出。图1.2显示了1969—2011年人均GDP的变化情况，分为发展中国家、发达国家、全世界三类情况，图中采取的数字均被转化成美元并且剔除了物价上涨的影响。如图1.2所示，世界人均GDP自1971年以来一直处于稳步上升的状态。

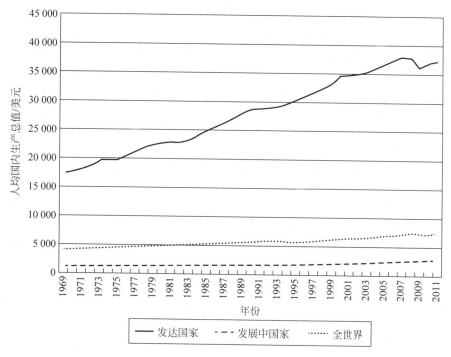

图1.2　1969—2011年人均国内生产总值
（以2005年美元价格计）

美国国家经济研究署对经济增长的大量研究表明，经济增长率不能完全通过劳动力和资本的投入来解释。经济学家罗伯特·默顿·索洛(Robert Merton Solow)认为劳动力和资本不能解释的那一部分剩余经济增长是技术变革的结果：在一定量资本与劳动力投入下技术创新增加的产出。当时，这个解释并没有被立即接受，许多研究人员将这一剩余经济增长归功于测算的误差、不确定的物价上涨和劳动者素质的提高。但是每种情况下的变化都不能有效地抵消剩余经济增长。最终人们在这个问题上取得了一致，那就是剩余经济增长是技术变革的结果。索洛也因此获得了1981年的诺贝尔奖，这个剩余经济增长被称为"索洛剩余"。[5] 然而，GDP作为生活水平的一个衡量指标也有一定的缺陷，那就是它仅仅与消费者能够买到的产品数量紧密相关。在某种程度上，产品提高了人们的生活水平，因此我们就可以将其归功于技术创新的积极影响。

有时候技术创新也会导致负面的**外部效应**(externalities)。例如，工业生产技术可能会导致污染，影响周边社区；农业和渔业技术会导致自然栖息物的减少、腐蚀，海洋生物的枯竭；医疗技术可能会导致难以预料的后果，比如会产生抗生素耐药菌以及转基因的伦理道德问题。然而技术就本质而言，是我们解决问题和追求目标的知识手段。[6] 技术创新是将新知识运用到生产实践中形成的,有时候由于该过程太过迅速而没有来得及全面考虑其后果以及可选择性,但总体来讲,技术创新更多的是服务于人类。

1.3　产业创新:战略的重要性

在第 2 章中我们将看到,对技术创新的资金投入和努力主要来源于工业企业。在激烈的创新竞争中,很多企业盲目地追求新产品,而没有清晰的战略或成熟的项目选择和管理程序。这样的公司常常发起很多创新项目,而能够得到有效支持的却很少,选择的项目与公司的资源和目标也不是很匹配,最终将不得不承受较长的开发周期和较高的失败率(参见下面的一份关于新产品开发周期的研究报告)。创新被广泛认为是不受规章制度约束的惯性过程,一项又一项的研究表明,成功的创新往往具有清晰的创新战略和管理程序。[7]

研究花絮:新产品开发需要多长时间?[①]

在产品开发与管理协会(PDMA)发起的一项大规模调查中,研究者考察了企业从最初构想提出到市场引入这一新产品的研发周期。这项研究把新产品研发项目按创新性分为三种:渐进新产品、换代新产品和全世界新产品。渐进新产品从理念到市场引入平均只需 6.5 个月;换代新产品周期明显延长,超过了 14 个月。全世界新产品或技术的研发周期最长,平均需要 24 个月。这项研究还发现,相比 1995 年 PDMA 所做的另一项调查,在这项调查中企业公布的周期平均要短 12~40 个百分点(数据差异取决于新产品类型)。

1.3.1　创新漏斗

大多数创新思想都不能转变成新产品。研究表明几千个创新思想中最终能够成功的往往只有一个,许多项目都不能最终成为技术上可行的产品,即使技术上可行,也未必能获得市场的认可。据一项综合先前创新研究成果和基于专利、投资及调研数据的研究显示,3 000 个初始的创新思想中,仅仅有一个能够最终在商业上获得成功。[8] 制药产业也有类似的结论,5 000 个化合物中仅仅有一个能够成为新药,而且只有不到 1/3 的新药能够收回研发成本。[9] 此外,从发现一个新药品到投放市场需要大约 15 年,总耗资约 3.88 亿美元![10] 因此,创新过程常常被人们认为是一个漏斗,开始时有许多有发展潜力的新思想,但到最后能够成功的却寥寥无几(见图 1.3)。

1.3.2　技术创新的战略管理

提高一个企业的创新成功率需要非常完善的战略。企业的创新项目应当与企业的资源、目标相适应,利用自己的核心竞争力实现战略意图。企业的组织结构和控制系统应当

---

① Adapted from A. Griffin, "Product Development Cycle Time for Business-to-Business Products," *Industrial Marketing Management* 31, pp. 291-304.

鼓励创新思想的形成并确保有效地采用。新产品开发过程应当确保企业产品在技术和商业方面都能获得成功。为了实现这些目标,企业必须①对创新的演化有较深的理解;②有非常完善的创新战略;③有为实施创新战略而设计的创新过程。我们将依次予以介绍(见图1.4)。

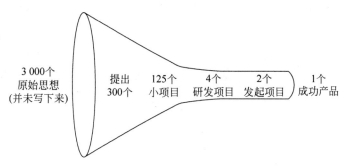

图1.3 创新漏斗

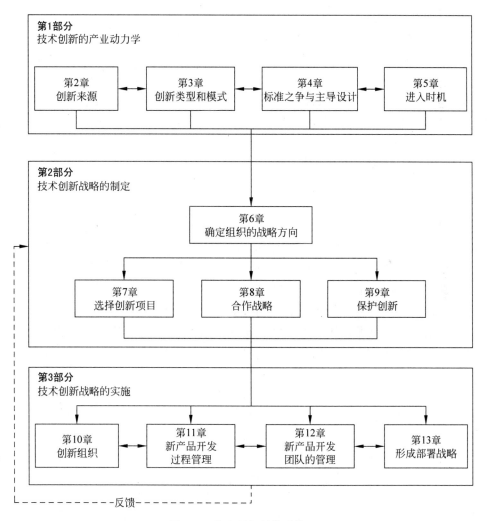

图1.4 技术创新的战略管理

第 1 部分将介绍技术创新基础,探讨在产业中为什么会产生创新,怎样产生,为什么一些创新能够战胜其他创新。第 2 章将讨论创新源的问题,我们将阐述如下几个问题:创新构想来自哪里?企业如何利用个人的创造力?在创新的过程中,客户、政府、大学以及联盟网络都扮演什么样的角色?第 2 章将首先探讨创造力在新思想的产生中的作用。然后,将探讨不同的创新源,包括个人发明、企业、公众研究机构和合作性的创新网络。

第 3 章将介绍几个模型(如突变创新和渐进创新、结构创新和模块化创新)及创新的模式(包括技术性能和扩散 S 形曲线、技术生命周期)。我们将会介绍如下几个方面的问题:为什么一些创新的产生和实施都比较困难?为什么一些创新尽管能显示出很大的优势,但其扩散仍然很缓慢?什么因素影响技术的进步?熟悉创新的模式类型有利于我们辨别一个项目为什么不同于另外一个项目,明白项目在技术上和市场上能够成功的基本影响因素是什么。

第 4 章将介绍收益递增产业中一个非常有趣的问题。在这样的产业中,采用一个主导设计的压力最终有可能导致技术标准之争和赢家通吃的市场。在这一章中,我们将讨论为什么一些产业只存在一个主导设计,而不是多个标准共存。在其他技术具有明显优势的情况下,是什么因素促使一个不太具有优势的技术成为主导设计?一个企业如何避免被关在技术标准大门之外?企业在力图使自己的技术成为主导设计上能做些什么?

第 5 章将介绍进入时机的影响,包括先发者优势、先发者劣势,决定一个公司最佳进入时机的因素。这一章将讨论优先进入市场、较先进入市场和后进入市场各自的优劣势都有哪些?什么因素决定一项创新的最佳进入时间?这一章在进入时机如何影响创新的成功方面揭示了一些一致的模式,并概括了影响企业最佳进入时机的因素,从而开始了从对技术创新的理解到技术战略的转变。

第 2 部分将介绍技术创新战略的制定。第 6 章介绍一个企业如何给自己定位,如何确定未来战略方向的基本知识。这一章将讨论如下几个问题:企业能够具有持续竞争优势的源泉是什么?在企业的价值链当中企业的优劣势分别存在于哪里?企业的核心能力是什么?企业应该如何利用它?如何建立自己的核心能力?企业的战略意图是什么——也就是说,从现在开始,企业 10 年之后想做什么?只有那些能够全面评价自己目前状况的企业才能制定出可行的技术创新战略。

第 7 章将介绍选择创新项目的一系列方法,包括定量方法如现金流量折现法和期权评价技术,定性方法如甄选问题、平衡研究与开发组合,以及一些定性与定量相结合的方法,如结合分析、数据分析。每一个方法都有其优缺点,因此企业倾向于采用多种方法来选择创新项目。

第 8 章将讨论创新的合作战略。这一章主要讨论:在一个特定的项目上企业是倾向于合作还是单干?企业如何确定哪些项目自己做,哪些项目寻求合作?如果企业选择合作,那么合作关系是怎样的呢?企业如何选择合作伙伴并能有效地予以监督?首先讨论企业愿意自己干而不愿意和其他企业合作的原因,然后分析各种合作方法的优缺点。这些合作方法包括合资、建立联盟、专利许可、外包、建立合作研究组织等。这一章还介绍了影响合作伙伴选择和监测的因素。

第 9 章将介绍企业对创新收益的期望。我们将介绍专利权、版权、商标、商业秘密,主要讨论如下几个问题：企业对自己的技术创新不采用非常严格的保护措施是否对企业有利？企业在创新保护方面是采用全部独立、全部开放，还是半开放战略？什么时候采用开放战略比采用独立战略对公司更有利？这一章将介绍公司可采用的创新保护方案选择，以及公司在采用创新保护战略时必须做的一系列权衡。

第3部分将介绍技术创新战略的采用。其中，第10章介绍了组织规模和结构如何影响创新性。这一章主要讨论如下几个问题：大的公司与小的公司相比，具有创新优势吗？规范化、标准化、集中化如何影响创新构想的形成，如何促使组织快速且有效地采用这些创新构想？创新、灵活性与效率、可靠性相比矛盾吗？跨国公司如何选择研发地点？当研发分别放在不同国家时，跨国公司如何协调这些研发活动向公司既定目标发展？这一章讨论了组织如何均衡各个方面的利益以及如何在灵活性、规模、规范化、集中化和进入当地市场方面寻找最佳结合点。

第11章将介绍一些在新产品开发方面比较成功的例子。主要涉及如下几个问题：新产品开发应该采用串行方式还是并行方式？采用项目热心支持者的优劣势各有哪些？研发过程中客户和供应商的参与，优点有哪些？又有哪些风险？企业采用什么方式可以提高新产品开发的效率？企业如何评价它的新产品开发过程？这一章给出了关于新产品开发管理和评价方法的全面介绍。

第12章在前面几章的基础上介绍了团队组成与结构是如何影响创新的。这一章主要讨论的问题是：创新团队应该多大？选择不同背景团队成员的优缺点各有哪些？团队需要组合吗？创新团队应该是专职的吗？什么样的团队领导和管理方式比较适合？这一章将详细介绍如何建立新产品开发团队。

最后，第13章将讨论创新采用战略。这一章将讨论如下几个问题：如何加速技术创新的采用？在采用生产许可还是OEM协议方面如何决策？采用渗透的定价策略是否比采用撇脂的定价策略更为有利？企业应该采用什么战略去鼓励分销商和互补产品供应商来支持自己的创新？这一章通过对新产品开发的战略实施的介绍，对传统的营销、渠道和定价课程做了补充。

1.4　本章小结

1. 在许多产业中，技术创新是最重要的竞争驱动因素。许多企业的销售收入和利润的1/3来自近5年新开发的产品。

2. 创新日益增强的重要性很大程度上是市场全球化和新技术不断涌现的结果。新技术能够使产品设计更加迅速，小规模生产也变得比较经济。

3. 技术创新对社会具有很强的影响力，包括能促进GDP增长，能够使得通信和交通更加方便，能提高医疗诊断水平等。

4. 技术创新也会有一些负面的外部效应，包括环境污染、资源枯竭以及技术进步附带的其他影响。

5. 政府在技术创新中扮演非常重要的角色。产业界提供了最终运用到技术创新的研发资金的绝大部分。

6. 成功的创新需要对创新演化有深刻的理解、可操作性非常强的创新战略和经过严格开发的创新战略实施过程。

术语表

技术创新(technological innovation)：将新设备、新方法、新材料应用于商业或生产实践。

国内生产总值(gross domestic product)：按照最终购买价格测算的年总产出。

外部效应(externalities)：成本或收益是由那些对该技术创新形成负责的部门之外的部门承担或获取。比如，如果一家工厂在一个社区内排放污染，那么它就对这个社区的成员产生了负的外部效应。如果一家企业在一个社区内建成一座公园，那么它将对社区的成员产生正的外部效应。

讨论题

1. 为什么在许多产业中，创新对企业参与竞争非常重要？
2. 技术创新的优势是什么？劣势是什么？
3. 你认为为什么有那么多创新最终没有能够产生经济效益？

补充阅读建议

经典著作

Arrow, K. J., "Economic welfare and the allocation of resources for inventions," in *The Rate and Direction of Inventive Activity: Economic and Social Factors*, ed. R. Nelson (Princeton, NJ: Princeton University Press, 1962), pp. 609-625.

Mansfield, E., "Contributions of R and D to economic growth in the United States," *Science* CLXXV (1972), pp. 477-486.

Schumpeter, J. A., *The Theory of Economic Development* (1911; English translation, Cambridge, MA: Harvard University Press, 1936).

Stalk, G. and Hout, T. M. Competing Against Time: How Time-Based Competition Is Reshaping Global Markets (New York: Free Press, 1990).

近期著作

Ahlstrom, D., "Innovation and growth: How business contributes to society," Academy of Management Perspectives, August 2010, pp. 10-23.

Baumol, W. J., *The Free Market Innovation Machine: Analyzing the Growth Miracle of Capitalism* (Princeton, NJ: Princeton University Press, 2002).

Friedman, T. L. , *The World Is Flat: A Brief History of the Twenty-First Century* (New York: Farrar, Straus and Giroux, 2006).

Kim, W. C. and Mauborgne, R. , *Blue Ocean Strategy*. (Boston: Harvard Business School Press, 2005).

Wallsten, S. J. , "The effects of government-industry R&D programs on private R&D: The case of the Small Business Innovation Research program," *RAND Journal of Economics* 31 (2000), pp. 82-100.

尾注

1. Barczak, G. , A. Griffin, and K. B. Kahn, "Trends and Drivers of Success in NPD Practices: Results of the 2003 PDMA Best Practices Study," *Journal of Product Innovation Management* 26 (2009), pp. 3-23.
2. J. P. Womack, D. T. Jones, and D. Roos, *The Machine That Changed the World* (New York: Rawson Associates, 1990).
3. W. Qualls, R. W. Olshavsky, and R. E. Michaels, "Shortening of the PLC—an Empirical Test," *Journal of Marketing* 45 (1981), pp. 76-80.
4. M. A. Schilling and C. E. Vasco, "Product and Process Technological Change and the Adoption of Modular Organizational Forms," in *Winning Strategies in a Deconstructing World*, eds. R. Bresser, M. Hitt, R. Nixon, and D. Heuskel (Sussex, England: John Wiley & Sons, 2000), pp. 25-50.
5. N. Crafts, "The First Industrial Revolution: A Guided Tour for Growth Economists," *The American Economic Review* 86, no. 2 (1996), pp. 197-202; R. Solow, "Technical Change and the Aggregate Production Function," *Review of Economics and Statistics* 39 (1957), pp. 312-320; and N. E. Terleckyj, "What Do R&D Numbers Tell Us about Technological Change?" *American Economic Association* 70, no. 2 (1980), pp. 55-61.
6. H. A. Simon, "Technology and Environment," *Management Science* 19 (1973), pp. 1110-1121.
7. S. Brown and K. Eisenhardt, "The Art of Continuous Change: Linking Complexity Theory and Time-Paced Evolution in Relentlessly Shifting Organizations," *Administrative Science Quarterly* 42 (1997), pp. 1-35; K. Clark and T. Fujimoto, *Product Development Performance* (Boston: Harvard Business School Press, 1991); R. Cooper, "Third Generation New Product Processes," *Journal of Product Innovation Management* 11 (1994), pp. 3-14; D. Doughery, "Reimagining the Differentiation and Integration of Work for Sustained Product Innovation," *Organization Science* 12 (2001), pp. 612-631; and M. A. Schilling and C. W. L. Hill, "Managing the New Product Development Process: Strategic Imperatives," *Academy of Management Executive* 12, no. 3 (1998), pp. 67-81.
8. G. Stevens and J. Burley, "3 000 Raw Ideas Equals 1 Commercial Success!" *Research Technology Management* 40, no. 3 (1997), pp. 16-27.
9. Standard & Poor's Industry Surveys, Pharmaceutical Industry, 2008.
10. U. S. General Accounting Office. New Drug Development. Report to Congressional Requesters, November 2006.

第1部分
技术创新的产业动力学

本部分将探讨技术创新的产业动力学,包括:
- 创新兴起的来源,包括个人、组织、政府机关和网络的作用;
- 创新的类别以及技术进化和扩散的通常产业模式;
- 决定产业在选择主导设计时是否面临压力及驱动何种技术去主导其他技术的因素;
- 进入时机的效果及企业识别(和管理)其进入方案的方法。

本部分将为第2部分技术创新战略的制定建立基础。

技术创新的战略管理(第4版)
Strategic Management of Technological Innovation

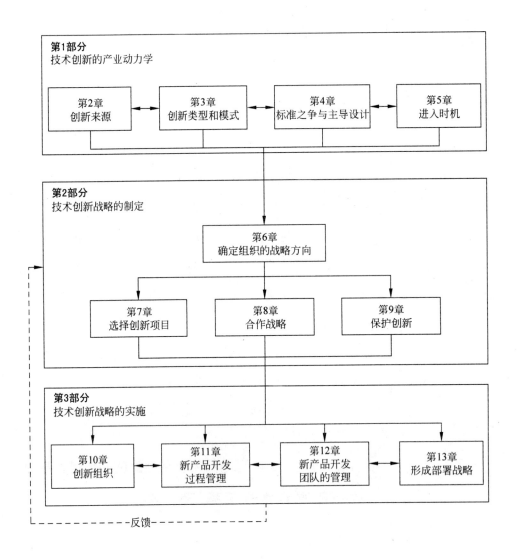

第 2 章

创 新 来 源

案例一览:吉文成像的视频胶囊[①]

电子光学工程师葛瑞尔·爱登(Gavriel Iddan)任职于以色列拉法尔武器研究局,这是一个进行武器和军事技术研究的政府部门。爱登的任务之一是为导弹研制能引导其击中目标的"眼睛"。1981年,爱登在公休假期间前往波士顿,为一家生产X光管和超声波管的公司服务。在那里,他与一位名叫埃坦·斯卡帕(Eitan Scapa)的胃肠病学家成为朋友。在一次长谈中,他们各自聊起了自己的研究领域,斯卡帕向爱登介绍了一些观察消化系统内部组织的技术。斯卡帕指出现有技术存在很多的局限性,尤其是在观察小肠的时候。[②] 小肠是一系列严重失调发生的场所。仅仅在美国,就有大约1 900万人受小肠紊乱的折磨(包括出血、克罗恩病、乳糜泻、慢性腹泻、肠易激综合征和小肠癌)。[③]

然而,小肠的组织特点让它的紊乱难以被诊断和治疗。一般人的小肠长5~6米,还常有缠绕和弯曲。医生无法通过X光来观察肠道的组织。内窥镜(一个连着细长可活动杆的摄像头)也只能到达小肠前1/3的部位,而且会让病人很痛苦。剩余的选择就只有进行手术了,但这是有扩散危害的,并且如果医生不知道是小肠的哪一部分受了感染,手术就无法进行。斯卡帕于是鼓励爱登找到更好地观察小肠的方法,但是那时候爱登并不知道应该如何去做。

10年后,爱登再次访问美国,他的老朋友斯卡帕再次询问在技术上有没有一种方法可以更好地观察小肠。在这之前,为了制造小型摄像机,已经出现了非常小的摄像传感器——电荷耦合器(CCD)。爱登想能否造一个非常小的导弹一样的装置让它在肠道里自

---

① This case was developed through a combination of publicly available materials and documents provided by Given Imaging. The author is grateful for the valuable assistance of Sharon Koninsky of Given Imaging.

② G. J. Iddan and C. P. Swain,"History and Development of Capsule Endoscopy," *Gastrointestinal Endoscopy Clinics of North America* 14 (2004), pp. 1-9.

③ Given Imaging Prospectus,2004.

由移动，不受一条连到体外的线的控制。就像爱登在拉法尔造的导弹一样，这个装置也会有一个摄像的"眼睛"。如果装置设计得足够巧妙，体内小肠的正常蠕动能够使摄像头遍历小肠的所有部位。

回到以色列以后，爱登开始研究怎样把微小的电荷耦合摄像头应用到消化系统，并且把图像传输给体外的接收器。刚开始他并不确定图像能否透过人的体壁进行传输。他用一只鸡做了初步实验：他把发射天线放在鸡的身体里，把接收器放在鸡的旁边，结果显示图像的传输非常清晰。受到实验结果的鼓舞，他开始着手克服电池寿命的问题：小小的电荷耦合传感器消耗了太多的电量，电池电量经常在不到10分钟的时间里就消耗殆尽了。庆幸的是，随着半导体技术的发展，用新一代互补金属氧化物半导体(CMOS)代替电荷耦合成像器成为可能，前者所消耗的电量是后者的零头。爱登开始在互补金属氧化物半导体技术的基础上开发设备雏形并且于1994年申请了最初的专利。1995年，他把自己的产品创意交给了 Applitec 公司(一家生产小型内镜检查摄像头的公司)的 CEO 加弗里尔·梅龙(Gavriel Meron)。梅龙认为这是一个非常有吸引力的创意，并且创立了吉文成像公司(Given Imaging)(GI 代表胃肠道，V 代表影像，EN 代表内镜检查术)来发展这一技术并进行市场开发。[①]

爱登和梅龙并不知道，英国的一支科学家队伍也在探究无线内镜检查方法。这支队伍包括保罗·斯温(C. Paul Swain)医生、蒂姆·米尔斯(Tim Mills)工程师和一位名叫 Feng Gong 的博士生。他们正在研究与商用微型摄像机和数据处理机配套的应用软件。他们从伦敦的一些间谍商店中探测到了微型摄像技术，这些商店为私人侦探和其他用户提供小型摄像机和发射机。[②] 1994年之前，他们一直在研制一些简单的设备，试图利用微波的频段从肠道中发射出移动图像信号。1996年，他们已经成功地完成了第一个活体动物实验。他们通过手术把设备雏形植入了一头猪的胃里，并且确保他们可以看见胃的幽门阀的开闭。他们接下来要解决的难题在于研制出能够被吞咽下去而不是非得通过手术植入的装置。

1997年的秋天，加弗里尔·梅龙在英国伯明翰的一次会议上见到了斯温医生。他们都认为合作会极大地加快他们的进展。斯温的团队对于解剖学以及诊断小肠紊乱所需要的成像技术非常精通，而爱登依赖互补金属氧化物半导体技术的传感器使得制造更小、耗电量更少的设备成为可能。因此，这两支团队的知识互相补充，而这些知识对于成功地造出胶囊内视镜都非常重要。

1999年，他们从伦敦皇家医院的伦理委员会获得了进行第一例人体试验的许可。斯温医生作为病人，斯卡帕医生则成了监测全过程的外科医生。当年10月，在斯卡帕位于以色列特拉维夫(Tel Aviv)附近的诊所里，斯温医生吞下了一个原始的胶囊。由于团队缺乏经验，无法把接收天线摆在最佳位置，刚开始的图像质量非常差。他们根本就不知道胶囊已经移动到了什么地方，所以他们使用了 X 光照片来确定胶囊的位置。X 光照片显

[①] "Given Imaging," 15th Annual Healthcare Special, *Wall Street Transcript*——Bear, Stearns & Co., September 2000, pp. 203-206.

[②] Iddan and Swain, "History and Development of Capsule Endoscopy."

示胶囊已经到达了斯温的结肠,这表明它已经成功地穿越了整个小肠。对于这个成功,团队非常兴奋,他们催促斯温在第二天早上吞下了第二个胶囊。这一次,他们对于接收天线摆放的最佳位置更有经验了,也获得了更高质量的图像。斯温表示,他"很享受观看自己小肠中像海一样浩瀚的奇妙景象"。第一个胶囊在仅发射了两个小时信号后就耗尽了电池的电量,第二个胶囊则坚持了 6 个多小时,他们的团队获得了小肠主要部位的高质量图像。①

在接下来的几个月里,他们又进行了一系列动物和人体实验。2000 年 4 月,他们用所发明的设备找到了三个罹患"严重的复发性肠胃出血"(一种难以诊断和治疗的疾病)的病人的小肠出血部位。当年的《自然》(一本权威的科学杂志)刊登了一篇题为《内镜检查的痛苦将成为过去式》的论文,内容就是关于这种设备的。② 2001 年 8 月,该设备获得了美国食品和药品管理局(FDA)的许可,同年 10 月,吉文成像公司上市,公开发行的第一天就筹集到了 6 000 万美元。

吉文成像给设备的市场定位是一个集工作区、专用软件、便携式录像包以及被称为"视频胶囊"(PillCams)的可吞咽胶囊于一体的系统。在吞下一粒价值 450 美元的视频胶囊后,病人可以自行活动,而视频胶囊会把图像传到病人放在腰部的一个录像记录包。病人把记录包归还给医生,医生可以上传图像并直接进行观察或者使用吉文的电脑软件,这种软件采用检查图像像素的算法来确定可能的出血部位。最后,视频胶囊会自动排出病人的身体。到 2006 年 2 月,全世界已经有超过 30 万名病人使用了这一系统,许多保险公司为这一治疗方法提供保险。③

这是一种相对于现有选择有巨大优势又缺乏竞争对手的医学技术,直到 2005 年,吉文公司一直享受着它带来的丰厚收益。然而,2005 年,日本的光学企业巨头奥林巴斯(Olympus)把它自己的视频胶囊——"胶囊内镜"(Endocapsule)推向欧洲市场,并且获得了美国食品与药品管理局授予的于 2007 年进入美国市场的许可。2008 年,飞利浦研究院也宣布将开发一种名为"ipill"的视频胶囊,这种视频胶囊还具有药品运输功能,可以在小肠的多个部位将药品直接释放。此外,全世界还有几支研究团队正在试图研制一种附带机器人功能(如微型腿或者夹子)的胶囊,有了它们,胶囊可以移动,附着在肠壁,或者获取少量组织用来做活体检查。④ 吉文就此项技术申请了一系列专利,并迅速在各大医院和诊所建立了自己的工作站,成功地守住了其在美国市场的地位。对于医院和诊所来说,使用的吉文工作站越多,受到吉文使用训练的医师越多,转而使用另一项替代技术的成本就越高。吉文也开始研究分别针对食道和结肠的视频胶囊。不管吉文能否成功地保住它

---

① Iddan and Swain,"History and Development of Capsule Endoscopy."
② G. Iddan, G. Meron, A. Glukhovsky, and P. Swain,"Wireless Capsule Endoscopy," *Nature* 405 (2000), p. 417.
③ A. Romano,"A 'Fantastic Voyage,'" *Newsweek*, February 2006; Given Imaging Personal Communication, April 2006.
④ Z. Merali,"Pill-sized Camera Gets to Grips with Your Gut," NewScientist.com (2005); B. Spice,"Robot combined with swallowable camera could give docs a better look inside the small intestine," *Pittsburgh Post-Gazette*, May 30, 2005.

在美国无线内窥镜市场的垄断地位,它都永远不会被忘记,因为它让医师不用做外科手术就可以研究过去未知的小肠部位。

问题讨论

1. 你认为是什么因素让爱登这样一个没有任何医学背景的工程师成为研制无线内窥镜的先锋?

2. 你认为在肠道内镜检查摄像药片的研发中,"科学推动"和"需求拉动"分别在多大程度上起了作用?

3. 对于爱登和梅龙来说,与斯温医生的团队合作的利弊分别是什么?

2.1 概述

创新可以有许多来源。它可以来自个人,就像我们经常看到的熟悉的情形——单个的发明者或用户为了满足自己的需求而寻找解决问题的方法。创新也可以来自大学、政府实验室和孵化器或者是私人非营利组织的研究。而创新的一个基本的动力是企业,企业非常适合从事创新活动,是因为它们通常比个人有更加丰富的资源以及为一个共同的目标而合理配置资源的管理体制。企业同样有开发各种新产品或新服务的强大动力,从而拥有非营利组织或政府资助实体所不具备的优势。

然而,一个更重要的创新来源并不是从上述任何一种来源中衍生出来的,而是来自它们之间的关系网。创新者网络能够整合多种创新来源的知识及其他资源,是技术进步最强有力的推动者。[1] 因此,我们可以认为创新的来源是一个复杂的系统,任何一个特定的创新都主要来自系统中的一个或多个要素,或者是来自各个要素之间的相互联系(见图2.1)。

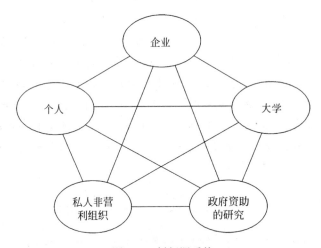

图 2.1 创新源系统

在接下来的部分,我们将首先考虑创造力作为新颖的和实用的创意的潜在推动力所发挥的作用。然后讨论创新系统中的各个独立要素(如个人、企业等)如何将创造力转化成创新成果,以及不同要素之间的相互联系(如企业和顾客之间的关系、从大学到企业的技术转移等)又是如何实现这一过程的。

 ## 2.2 创造力

创新从新**创意**(idea)的产生开始,产生新奇而实用的创意的能力被称为**创造力**(creativity)。新颖的创意必须区别于以往任何已经被提出的创意,并且它们并不仅仅是某一系列已知方案中必然会采取的措施。[2] 一个产品的新奇程度取决于两个因素:一个是新产品同以前的产品的差异度(是小的改进还是大的跳跃);另一个是新产品超出人们以往经验的程度。[3] 一个产品对于它的制造者来说是新奇的,但是对于其他大多数人可能却是已知的,我们将这种情况称为再发明。一个产品对于它的直接受众是新颖的,但是在世界上的其他地方却可能是家喻户晓的。最具创造力的创意应该无论在其提出者的个体层面、当地受众层面还是更广泛的社会层面上,都是新颖的。[4]

2.2.1 个体创造力

个体的创造力受其智能、知识、思维方式、个性、兴趣及环境的影响。[5] 对于创造性的思考,最重要的智能包括:以非常规的方式看待问题,分析哪些创意值得研究、哪些创意不值得研究的能力,把新创意和其他创意联系起来的能力,以及清晰地向别人介绍创意并且说服他们该创意值得研究的能力。知识对创造力的影响是一把双刃剑,如果一个人对于某个领域知之甚少,他就不可能对该领域有足够好的理解,从而不能做出有意义的贡献;相反,如果一个人对于某个领域了解太深,他会被现有的一些逻辑和范式所羁绊,从而难以提出需要有不同观念才能提出的一些想法。因此,对于某个特定领域有中等程度知识的人,比那些对于该领域有更深入了解的人,更能提出具有创造力的解决方案。[6] 这一点可以部分地解释,为什么葛瑞尔·爱登作为一名军事科学家可以在医学领域做出有重大意义的创新(正如在本章开篇的案例中所描述的),尽管他并没有受过正规的医学教育。至于思维方式,最具创造力的人总是喜欢以自己选择的新颖的方式思考,并能区分哪些是重要的问题而哪些不是。个人特质方面对于创造力也有重要影响,包括自我效能(一个人对于自己能力的自信)、对于不确定性的容忍度以及克服障碍和承担合理风险的意愿等。[7] 个人的内在兴趣也显示了对于创造力的重要作用[8],也就是说,那些从事自己天生就喜欢做的事情并且能够乐在其中的人,更有可能具有很好的创造力。最后,充分释放个体的创造潜力,需要有一个能够对创造性思想提供支持和奖励的环境。

2.2.2 组织创造力

组织创造力由三方面因素决定:一是组织内个体的创造力;二是各种社会程序;三是塑造组织内个体相互作用和行为方式的环境因素。[9] 一个组织的总体创造力并不是组织内个体创造力的简单加总。组织的结构、惯例以及激励都能阻碍或增强组织内个体的创造力。

公司挖掘员工创造力最常见的做法就是设立意见箱。1895年,NCR(National Cash

Register)的创始人约翰·帕特森(John Patterson)设立了第一个"意见箱"项目,以挖掘计时工人的创意。[10]在那个时代,这个项目被认为是具有革命意义的。被采纳建议的最初提出者可以获得1美元的奖励。到1904年,员工共提出了7 000多条创意,其中有1/3都被采纳了。其他企业设计了更加精细的系统,不仅可以用来获取员工的创意,还包含了挑选以及执行创意的机制。例如,谷歌公司使用了一个创意管理系统,凭借这个系统,员工可以把自己的创意通过电子邮件发到公司的数据库,每个员工都可以看到这些创意,对它们提出意见并且打分。美国本田公司设置了一个员工创意系统(IDES),只要员工提出自己的创意并被采纳,他就将负责把创意执行到底,可以监测创意由概念到执行的整个进展过程。根据美国本田公司的报道,公司超过75%的创意都得到了执行。[11]美国最大的控股银行——第一银行实行了被称为"伟大创意"的员工创意项目,员工可以通过公司的**内部网**(intranet)进入公司的创意库,在这里员工可以提交自己的创意,积极地对其他员工的创意进行讨论或予以配合。[12]通过积极的意见交换,员工可以评估并提炼自己的创意,使其与公司利益相关者各种各样的需求更加匹配。

创意收集系统(如意见箱等)执行起来相对比较容易,成本也较低,但是这只是释放员工创造力的第一步。今天,像英特尔、摩托罗拉、3M和惠普这样的公司在开发员工潜在创造力方面要走得更远,包括投资一些创造力的培训项目。这些项目鼓励管理层通过口头或非口头的信号,向员工传递这样的信息——他们的想法和自主性会得到公司的重视。这些信号塑造了企业的文化,经常比金钱上的奖励更加有效。事实上,金钱上的奖励有时会破坏员工的创造力,这是因为金钱上的奖励会刺激员工关注外部的兴趣而不是自己内在的兴趣。[13]这些项目也经常结合一些练习,使员工有意识地使用一些激发创造力的机制,如提出替代方案、使用类比方法把一个问题同另外一个具有相似特征或结构的问题作比较或者是以一种新的方式来重新阐述一个问题等。产品设计公司IDEO甚至鼓励员工用硬纸板或泡沫塑料等便宜材料,为潜在的产品制作模型,并假装正在使用这个产品,从而以一种切实而有趣的方式开发该产品潜在的设计特征。

理论应用:谷歌令人振奋的创新成果

谷歌一直致力于研发各种令人惊喜的科技成果,从异想天开的无人驾驶汽车和太阳能装置到更具普适性的邮件和云服务①;谷歌在公司的不同层级中通过一系列正式或非正式的机制激励员工进行创新,以保持公司持续创新。②

创新的时间分配机制:谷歌鼓励其工程师将20%的时间用在工作之外自己感兴趣的项目上,这激发了很多谷歌杰出项目的诞生,如谷歌邮箱、谷歌新闻。

杰出贡献奖:经理们有权为手下的员工颁发"杰出贡献奖"以奖励他们的创新想法。

谷歌创始人奖:做出卓越贡献的团队将被奖励公司股票,很多员工因此成为了百万富翁。

---

① Bradbury, D. Google's rise and rise. *Backbone*, Oct. 2011: 24-27.
② Groysberg, B., Thomas, D. A. & Wagonfeld, A. B. Keeping Google "Googley". *Harvard Business School Case* 9-409-039, 2011.

广告联盟创意大赛:每个季度,广告联盟的在线销售和运营团队会在来自世界各地的员工呈交的100~200个创意中进行筛选,优胜者将在最终的季度大赛中展示他们的创意。

年度创新大会:每年将会举办年度大会,让经理们将自己部门的创意直接展示给创始人拉里·佩奇(Larry Page)、谢尔盖·布林(Sergey Brin)以及现任CEO埃里克·施密特(Eric Schmidt)。①

2.3 把创造力转化成创新

创新不仅要提出有创造性的创意,而且要执行这些创意,把它们变成新的装置或工艺。创新需要把创意和各种资源以及专业技术结合起来,赋予创意一种有用的形式。我们将首先考虑个体作为创新主体在创新过程中的作用,包括专业从事新产品或新工艺创造的发明家完成的创新和终端用户完成的创新。接下来,我们将讨论由企业、大学和政府机构组织的创新活动。

2.3.1 发明家

提到发明家,首先映入我们脑海的是一幅熟悉的图像——一群行为古怪而又特别顽固和执着的人。对发明家个性特征的分析表明,他们对理论的和抽象的思考更加感兴趣,而且对于解决难题具有非同寻常的热情。这种内向的性格使得他们处理概念比处理社会事务更加得心应手。[14] 这些个性特征似乎意味着,能否成为一个发明家似乎是天生的。然而,有人并不同意这种观点,他们认为发明家是可以塑造的而不是天生的。[15] 一项历时10年的关于发明家的研究表明,大部分成功的发明家都具有如下特征。

(1) 他们掌握了所从事领域所需的一些基本工具和操作方法,但是他们并不局限于该领域;相反,他们会同时关注两三个领域,以便借鉴不同领域的观点。

(2) 他们好奇或更加感兴趣的往往不是问题的解决方案而是问题本身。

(3) 他们会对该领域以往工作的假设提出质疑。

(4) 他们通常会感觉各个领域的知识都是相通的,追求的往往是全面的解决方案,而不是局部的。他们往往是天生的通才。[16]

这些特质在迪安·卡门(Dean Kamen)身上得到了很好的体现,他是赛格威载人运输器和IBOT移动系统(一种高级轮椅)的发明人,我们将在下面的"理论应用"专栏中介绍他。在下面列举的这些诺贝尔奖获得者的身上这些特质也得到了体现。诺贝尔奖获得者免疫学家麦克法兰·伯内特(MacFarlane Burnet)先生说:"我认为,一个研究人员在他将要从事的领域受到太好的训练是危险的。"[17] 诺贝尔奖获得者化学家彼得·德拜(Peter Debye)也发表了同样的观点,"在'二战'刚开始的时候,贝尔实验室的R. R. 威廉姆斯来到康奈尔大学,试图说服我从事聚合物的研究。我对他说:'我对聚合物一无所知,我从

---

① Kirby, J. How Google really does it. Canadian Business, 2009, 82(18): 54-58.

来没有想过它们。'而他给我的答案却是,'这正是我们需要你的原因'。"[18] "做全面的研究,寻求全面的解决方案"在托马斯·爱迪生身上得到了最好的诠释,他一开始要做的并不是发明电灯泡:"我所需要解决的问题是……产生五花八门的仪器、方法和装置,每一个都可以与其他的配合使用,所有这些形成一个复杂的系统"。[19]

理论应用:迪安·卡门

2001年1月,有关标新立异的发明家迪安·卡门(Dean Kamen)发明了一个稀奇装置的故事悄悄在网络上散布开来。传说这个装置能够影响城市建设的方式,甚至可以改变世界。这个披着神秘面纱被称作"Ginger"和"IT"的装置很快成为技术领域和公众的热门话题,随着人们不停地推测,关于它的描述变得越来越神奇。同年12月,卡门揭开了这个装置——赛格威载人运输器的"神秘"面纱。① 赛格威是一个有着两个轮子和自我平衡系统的踏板车,它是在引擎、陀螺仪和运动控制系统的精密结合的基础上制作出来的。尽管对于大多数人来说赛格威看起来像一个玩具,然而它却代表着重大的技术进步。亚马逊公司和网景公司背后的风险投资家约翰·多尔(John Doerr)认为,赛格威的市场机会将会比互联网带来的机会还要大。2009年,通用汽车和赛格威宣布它们在赛格威的基础上研制了一种两轮两座的电动汽车,这种汽车速度快、安全、价格便宜而且无污染。它可以依靠锂离子电池达到每小时35英里的速度。

赛格威是迪安·卡门设计的产品。他是一位拥有150多项美国和国外专利的发明家。卡门十几岁时就在父母的地下室里设计一些小机械装置,并开始了自己的职业生涯。② 尽管卡门从那时起就获得了各种荣誉学位,但是他从来没有真正从大学毕业过。卡门被认为是一位不知疲倦的企业家,对于科学和技术有着无限的热情。他的绝大多数发明都直接导致了医疗技术的进步。1988年,他为肾病病人发明了第一台自我诊断装置,在设计这个装置时,卡门曾拒绝了来自世界上最大医疗设备制造商之一的巴克斯特(Baxter)的最初建议。对于卡门来说,解决问题的方式不是对于已知的问题提供一个新的答案,而是重新定义这个问题:"如果可能,你要做的不仅是找到可以拧紧阀门的技术,而且要使整个问题就像往录像机里插录像带那么简单。为什么病人得不停地去那些医疗中心?我们能否制作一个还给病人尊严、低成本且能减少损伤的可以在家里使用的仪器?"③ 这个问题的最终结果就是家用诊断仪器的发明。这个仪器获得1993年度医疗产品"新设计发明奖"。

1999年,卡门的公司——DEKA研究所推出了IBOT移动系统。这是一个装有复杂平衡系统的非常高级的轮椅,它可以帮助用户爬楼梯,穿越沙地、岩石和围栏。根据卡门的描述,IBOT"允许不能行走的残疾人完成一些普通人习以为常而他们即使借助轮椅也

---

① J. Bender, D. Condon, S. Gadkari, G. Shuster, I. Shuster, and M. A. Schilling, "Designing a New Form of Mobility: Segway Human Transporter," New York University teaching case, 2003.

② E. I. Schwartz, "The Inventor's Play-Ground," *Technology Review* 105, no. 8 (2002), pp. 68-73.

③ E. I. Schwartz, "The Inventor's Play-Ground," *Technology Review* 105, no. 8 (2002), pp. 68-73.

难以完成的动作,比如翻越围栏等"。① 正是在 IBOT 上实现的将平衡系统和运动系统结合起来的做法引发了赛格威的创意。

这些人都花费毕生的精力研发了许多创造性的新装置或新工艺,尽管其中只有很少一部分获得了专利或得到了商业化应用。这些善于创造的特性并不一定使他们成为企业家,其实许多发明家并不积极追求为自己的发明申请专利或将其商业化。然而,很多著名的发明家(如亚历山大·格莱汉姆·贝尔、托马斯·爱迪生、阿尔伯特·爱因斯坦和本杰明·富兰克林等)都同时具有发明家和企业家的特质。[20]

2.3.2 用户创新

创新还经常来自那些为了满足自己的需求而寻求解决方法的个人。用户往往同时拥有对于自己未得到满足的需求的深入了解,以及寻找方法来满足这些需求的动力。[21]制造商进行产品创新的目的是从创新产品的销售中获利,而用户进行创新最初是为了使用,不是出售产品和获得收益。[22]用户会自己修改现有产品的特征,或者是通过向制造商提供产品设计建议的方式影响现有的制造商,或者干脆自己开发新产品。例如,现在得到普遍使用的激光牌小型帆船,就是在没有任何正式的市场开发或概念测试介入的前提下开发出来的。它来自三位前奥运选手伊恩·布鲁斯(Ian Bruce)、布鲁斯·柯比(Bruce Kirby)和汉斯·沃格特(Hans Vogt)的创作灵感。他们按照自己的偏好设计了帆船:简单、最佳性能、可运输性、耐用性以及低成本,最后设计出来的产品取得了巨大的成功。在整个 20 世纪的七八十年代,每天都有 24 艘激光牌帆船被生产出来。[23]

另一个戏剧性的例子是在强力胶基础上研发的组织黏合剂 Indermil。强力胶是一种强力快速黏合剂,它能迅速有效地发挥作用。尽管在大多数产品使用的情形中,这是一个巨大的优势,但是这种特点导致了一个关键的问题——它可能会使皮肤粘连。强力胶的生产商乐泰公司(Loctite)的管理层想到,能否利用这个特点研制出缝合线的一种替代品来用于外科手术。20 世纪 70 年代,乐泰公司开始进行实验,想要研发一种可以进行包装和消毒的黏合剂,很不幸项目失败了,实验资金也随之取消。1980 年,一家制药公司想要与乐泰公司合作研发一种伤口闭合产品,于是项目重新启动。两家公司用了 3 年时间,试图研制一种特殊的可迅速在体内降解的强力胶,但最终项目又一次搁浅。这时候,公司的绝大多数管理人员已经不想再研发缝合线的替代品了,他们认为风险太高。然而 1988 年世界权威的术后恢复专家艾伦·罗伯特(Alan Robert)教授联系了乐泰公司的伯尼·博尔格(Bernie Bolger)。罗伯特接下来给乐泰公司的经理们做了一次令人印象深刻的展示,展示了布莱德福德足球场火灾的救治。罗伯特和其他许多医生被召集到体育场周围的临时帐篷里进行外科手术和皮肤移植。由于缝合速度非常慢且皮肤损伤严重,缝合线完全没有用。医生转而使用标准管装强力胶来修复皮肤和连接移植的皮肤。罗伯特展示了身穿绿色制服的医生围在粘在围裙上的强力胶管旁边的照片,以及一些大面积皮肤烧伤的病人若干年后皮肤几乎完全恢复的照片。罗伯特请求乐泰公司的管理人员将他们研

---

① *The Great Inventor*. Retrieved November 19,2002,from www.cbsnews.com.

发用于组织黏合的强力胶的工作继续下去。罗伯特的展示非常有说服力,于是公司又一次启动了项目。这一次他们得到了 CEO 的支持并且获得了稳定的经费。2002 年,产品获得了美国食品与药品管理局的许可,到 2003 年,产品已经畅销 40 多个国家。[24]

用户创新有时也能成功导致一个新产业的诞生,在"理论应用"专栏介绍的滑雪板的开发就是一个很好的例子。

理论应用:滑雪板产业的诞生

第一个滑雪板的诞生并不是在专业运动设备生产商为了增强自身能力而设计新运动产品的努力下完成的,相反,是由那些追求在雪地里实现新的滑行方式的人设计出来的。

滑雪板的历史可以追溯到 20 世纪 60 年代早期,当时有许多人设计了各种各样的滑雪板的前身,正是这些人的设计最终导致了现代滑雪板的诞生。[①] 其中,最著名的一些人包括汤姆·西蒙斯(Tom Sims)、谢尔曼·坡彭(Sherman Popoen)、杰克·伯顿·卡彭特(Jake Burton Carpenter)、迪米洽杰·米勒韦奇(Dimitrije Milovich)、麦克·奥尔森(Mike Olson)和恰克·巴尔福特(Chuck Barfoot)等。1963 年,一个滑雪和滑板的狂热爱好者汤姆·西蒙斯在木材店里制作了他的第一块"滑雪板"。西蒙斯和鲍勃·韦伯(Bob Weber)继续设计他们的滑雪板,并成立了西蒙斯公司。另外一个滑雪板的早期开发者是谢尔曼·坡彭。1965 年,坡彭把两块滑雪橇连在一起制作了他称为"冲雪者"的东西,并作为玩具送给女儿。这个玩具后来大受欢迎,以至坡彭开始为"冲雪者"的爱好者组织非正式的比赛。杰克·伯顿·卡彭特就是其中的一个爱好者,他开始设计新版的"冲雪者",给"冲雪者"绑上橡皮带以使用户对"冲雪者"有更强的控制。他后来在佛蒙特州成立了伯顿公司,这家公司现在已经成了滑雪板业的主流产商。值得注意的是,最初这些发明者是出于自己使用的目的发明产品;然而,经过一段时间他们收到了很多潜在用户使用他们的产品的要求,于是最终成立了公司。[②]

到 20 世纪 70 年代早期,另外几个人希望在雪地里找到滑板或冲浪的感觉,而不仅仅是滑雪。在这种欲望的驱动下,他们开始开发自己的滑雪板。到 1975 年,迪米洽杰·米勒韦奇成立了一家称为"冬天手杖"的最早的滑雪板公司,出售在冲浪板基础上设计的燕尾状的滑雪板。同年 3 月《新周刊》将他登在封面上,Powder 杂志也给了足足两页的照片宣传,此后他的事业实现了可观的扩张。[③] 大约在同一时期,迈克·奥尔森和洽克·巴尔福特开发了他们自己的滑雪板原型,后来演变成了 Gnu 和 Barfoot 两个系列的滑雪板。

到 20 世纪 80 年代中期,滑雪板开始被允许在大部分的滑雪胜地使用,K2 和 Rossignol 等滑雪器械制造商也开始关注这个成长的市场。滑雪产业曾经在 70 年代达到顶峰,从此之后需求开始下降。滑雪板的诞生给这个产业提供了一个新生的机会,因为它可以开拓

---

① M. A. Schilling, A. Eng, and M. Velasquez, "Madd Snowboards," in *Strategic Management: Competitiveness and Globalization*, eds. M. Hitt, D. Ireland, and B. Hoskisson, 4th ed. (St. Paul, MN: West Publishing, 2000).

② S. K. Shah and M. Tripsas, "The Accidental Entrepreneur: The Emergent and Collective Process of User Entrepreneurship," *Strategic Entrepreneurship Journal* 1 (2007), pp. 123-140.

③ Transworld Snowboarding, Snowboard History Timeline, www.twsnow.com.

新的市场(大部分是滑板爱好者和冲浪爱好者),而不是争夺原来的滑雪市场的份额。到80年代晚期,K2已经有了一条成功的滑雪板生产线,而Rossignol还在为它的滑雪板生产线寻找缺陷(早期,Rossignol公司因为生产出来的滑雪板与滑雪的感觉太像而度过了一段黯然无光的时期)。甚至一家瑞士的生产风帆冲浪设备的公司也开始设计和销售滑雪板。

20世纪90年代见证了新的竞争者在滑雪板产业的迅速发展。截至1995年,已经有大约300家滑雪板公司。1998年,在日本长野,滑雪板运动首次作为正式比赛项目亮相冬奥会,正式确立了它的主流地位。2008年,仅美国就有大约590万人加入滑雪板运动(见图2.2),美国的滑雪板运动装备市场每年的销售额超过3.2亿美元。① 从那些早期的少数几个具有反叛精神的冒险家们所做出的创造开始,滑雪板已经发展成了一个很大的产业。

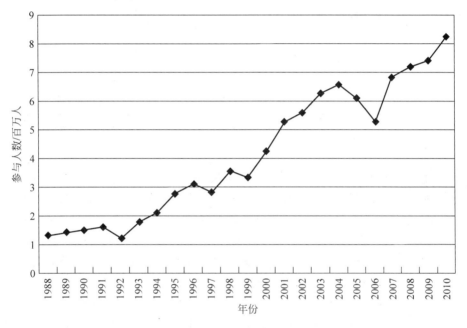

图2.2 1988—2010年美国每年参与滑雪板运动的人数

2.3.3 企业的研究和开发

技术创新的一个最显著的来源是企业的研发。尽管"研究"(research)和"开发"(development)这两个词语经常被联系到一起,实际上它们代表了对不同类型的创新活动的投资。研究可以指基础研究,也可以指应用研究。**基础研究**(basic research)是指为了增加对某个主题或领域的理解而不是刻意追求特定的商业应用进行的研究。这种研究会推动科学知识的前进,它们最终可能会有也可能会没有长期的商业应用价值。**应用研究**(applied research)是指为了满足特定的需求以增加对某个主题的理解而进行的研究。在企业界,这种研究通常有着明确的商业目标。**开发**(development)是指为了将知识应用于

---

① Statistics from Snowsports Industries America 2011 and Transworld Business 2011.

生产有用的装置、材料或工艺而进行的活动。因此,研发(R&D)一词指一系列创新活动,它的范围从早期对某个领域的探索延伸到具体的商业运作。

研究表明,企业将内部的研发视为最重要的创新来源(见表2.1)。这种观点似乎也得到了来自研究费用和销售额方面证据的支持:一个企业的研发强度(研发费用占总收入的比例)与它的销售额增长率、新产品销售额以及盈利能力有着密切的正相关关系。[25]

表2.1 企业研究与开发工作来源重要性排序(1999年)

	研究工作来源的排序	开发工作来源的排序
1	公司研究中心	部门内部研发
2	部门内部研发	公司研究中心
3	资助的大学研究	供应商的技术
4	新招聘的学生	合资企业/联盟
5	继续教育	技术许可
6	大学联络的研究项目	客户的技术
7	技术顾问/合同研发	继续教育
8	合资企业/联盟	购买的产品技术

资料来源:E. Robert, "Benchmarking Global Strategic Management of Technology," *Research Technology Management*, March-April 2001, pp.25-36.

20世纪五六十年代,创新方面的学者强调用科技推动论来理解研发。[26]这种方法假定创新是一个从科学发现到发明、设计、制造,再到最后的市场运作的线性发展过程。根据这种理论,基本的创新来源是基础科学领域的新发现,它们最后会被各种企业转化成商业应用。然而不久以后人们就发现,这个线性过程很难被应用于对现实生产的指导。到60年代中期,另外一个关于创新的模型——研发的需求拉动模型——开始盛行起来。这个模型认为创新是由潜在顾客可感知的需求拉动的。研发人员之所以努力开发新产品,是对客户的需求和建议的反应。然而,这种观点因为过于简单化也广受批评。例如,罗斯维尔(Rothwell)就指出,创新的不同阶段可能具有不同的特点,会受到不同层次的科学推动和需求拉动的作用。[27]

现有的大多数研究表明,作为成功创新者的企业,往往能够利用多种渠道的信息和创意方面的资源,包括:

- 内部的研发,包括基础研究;
- 与顾客以及其他潜在的创新用户的联系;
- 与外部的企业网的联系,包括竞争对手、互补企业和供应商等;
- 与其他外部科学和技术信息源的联系,包括大学和政府实验室等。[28]

2.3.4 企业与客户、供应商、竞争对手及互补企业的联系

企业常常会与客户、供应商、互补企业甚至是竞争对手结成联盟,共同参与某个创新项目的合作,或者是彼此交换信息或其他资源以完成某项创新。合作可以采取如下方式:结成联盟、加入某个研究团体、许可协议、合同研发、成立合资企业或者其他方式。这些不同合作形式的优缺点将在第8章详细讨论。合作可以集中知识和资本等资源,还可以分

担新产品开发项目的风险。

最经常发生的合作是在企业与供应商、用户以及当地的大学之间进行的。几项研究表明,企业认为用户新产品创意是最有价值的来源。[29]与用户进行合作的方式在北美、欧洲和日本都得到了一致的应用,尽管在一定程度上日本企业与用户之间的合作更加广泛(见表2.2)。

表 2.2　与客户、供应商和大学进行外部合作的公司的比例　　　　　　　　　%

合作对象	北美	欧洲	日本
用户	44	38	52
供应商	45	45	41
大学	34	32	34

资料来源:E. Robert, "Benchmarking Global Strategic Management of Technology," *Research Technology Management*, March-April 2001, pp. 25-36.

企业也可能和竞争对手及互补企业进行合作。**互补企业**(complementors)是指那些提供互补产品的组织(或个人),例如,灯泡对于灯具,又如DVD影碟对于DVD播放机。在一些产业,企业提供范围广泛的产品,竞争对手和互补企业之间的界限变得很模糊。例如,柯达和富士在相机及胶卷市场上相互竞争,然而富士的胶卷却也是柯达相机的互补品;反之亦然。这使得企业之间的相互关系变得十分复杂。在一些环境中,企业在某个特定产品种类上是激烈的竞争对手,然而仍然迫切希望在这类产品或其互补产品上进行合作开发。

例如,Palm公司在开发PalmPilot时,决定同时生产硬件和操作系统——Palm操作系统。Palm公司在成立之初是从事PDA应用软件开发的,但是它的创立者杰夫·霍金斯认为,现有市场上没有任何一款PDA能把各种特点很好地结合起来,因此他决定开发自己的PDA——甚至到现在为止,即使他口袋里放着的是一块砖头,他也会偶尔拿出来并装作是在使用PDA。PalmPilot迅速占领了PDA市场的主要份额,而Palm公司的大部分收入都来自其硬件销售。

Palm公司的管理层认为,取得长期成功的关键在于控制主流PDA的操作系统,就像微软控制了个人计算机的主流操作系统一样。因此,Palm公司开始将Palm操作系统特许给个人用户和企业用户。越多的公司生产PDA硬件并应用Palm操作系统,Palm公司成为主流市场的标准制定者的机会就越大。但是,生产这些产品的公司同时也是Palm公司在硬件及应用软件方面的竞争对手,这使得公司处于一种相当尴尬的地位。例如,索尼公司是Palm操作系统的最重要的获得许可的客户,并与Palm公司在几个研发项目上进行合作,但是索尼同样是Palm公司在硬件方面最大的竞争对手。一些产业分析师认为,Palm公司应该退出硬件领域,以避免疏远了现有的或潜在的使用Palm操作系统的PDA生产商。然而,放弃硬件销售将导致公司销售收入严重下跌。Palm公司决定与许可客户维持这种既是竞争对手又是互补企业的微妙的平衡。2002年,Palm公司承认,如果将公司分成独立的硬件和操作系统会更好。2003年,Palm公司完成了这一分拆,分成了ParmSource(操作系统)和PalmOne(硬件部分)。

内部创新源和外部创新源

批评家经常指责企业利用外部的技术创新而不是自己投资初始的研究,但是,经验表明外部的信息源更多的只能是一种补充而不能替代企业内部的研发。英国工业联合会的研究表明,有自身研发的企业同时也是外部合作网络最频繁的使用者。据推测,内部的研发可以帮助企业增强吸收能力,使企业能够更好地消化和利用从外部得到的信息。[30] **吸收能力**(absorptive capacity)是指企业理解和利用新信息的能力(关于吸收能力将在第 4 章做更加详细的讨论)。

2.3.5 大学和政府资助的研究

另外一个重要的创新源来自公共研究结构,如大学、政府实验室和孵化器等。相当数量的公司指出,公共部门和非营利机构的研究让它们能够从事本来难以从事的创新活动。[31]

大学

许多大学鼓励教员从事那些能带来有用创新的研究。一般来说,大学的知识产权包括可以专利化的创新和不可专利化的创新两部分,而且大学持有将创新商业化的唯一处置权。如果一个发明能够成功地商业化,大学通常会从发明人那里分享部分收益。[32] 为了增加将研究转化成商业化创新的比例,许多大学成立了专门的**技术转移办公室**(technology transfer offices)。

在美国,1980 年通过了《贝恩—杜尔法案》(Bayh-Dole Act)以后,大学的技术转移办公室开始迅速增加。该法案允许大学集中使用纳税人税金资助下发明的知识产权,而在此之前,联邦政府拥有所有联邦政府资助项目的处置权。[33] 尽管目前从大学技术转移活动中获取的收入远远小于大学的研究经费预算,但是它的重要性将会迅速增加。大学同时通过出版其他组织或个人的研究成果,对创新做出十分有意义的贡献。

政府资助的研究

许多国家的政府通过建立自己的实验室、成立**科技园区**(science parks)和**孵化器**(incubators),以及批准成立其他公共或私人研究实体的方式,积极投入对科学研究的投资。

例如,美国小企业管理局(SBA)管理着两个计划,这两个计划使得创新型小企业能够从联邦机构(如国防部、能源部、卫生及公共服务部等)获取资金。一个是小企业创新研究(SBIR)计划,在这个计划上,机构提供了 85 万美元帮助小企业研制新产品并进行商业推广。另一个是小企业技术交换(STTR)计划,这个计划也提供了 85 万美元用来建立小企业与非营利性研究机构的联系,它的目标是通过加强研究人员和企业家之间的联系,更好地利用实验室研究出来的新产品。

20 世纪五六十年代,美国政府是研发资金最大的提供者,到 1964 年占到了 66.5% 的份额。从那之后,这个数字开始显著下降,2009 年美国政府在研发上的投入只占到美国整个研发投入的 31%。然而,政府研发投入比例的下降并不是因为政府投入资金的绝对数量的下降,而是因为企业研发费用的迅速增加。2009 年,美国政府投入的研发费用达到了历史最高水平——1 130 亿美元(见图 2.3)。而企业投入的研发费用达到了 2 250 亿美元。

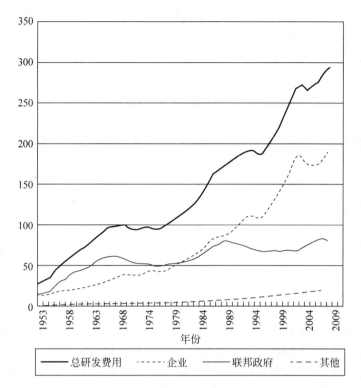

图 2.3 1953—2009 年美国各种不同创新源投入的研发费用
(单位：10 亿美元，以 2000 年的美元价格计)[34]

在美国，企业投入的研发费用使得政府的投入显得很少（见图 2.4）。然而，从图 2.4 中可以看出，企业投入研发资金与政府投入研发资金的比率，在不同国家是有显著区别的。

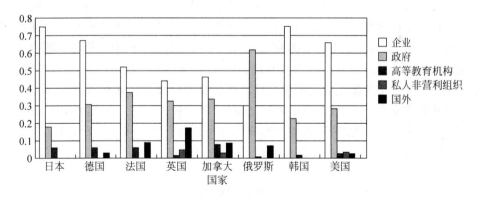

图 2.4 2004—2006 年不同国家研发经费的构成[35]

政府在研发方面对于公共部门和私人部门的支持，都可以通过成立科技园区和孵化器的方法实现。20 世纪 50 年代以来，各国政府一直通过积极投资科技园区的方式，培育国家和地方政府机构、大学及私人企业之间的合作。这些科技园区通常都会设计一些特殊的机构，以帮助那些新出现的业务成长，如果缺少这种支持，这些新业务将难以获得充足的资金和技术,这些机构通常被称为孵化器。当一项新技术具有带来巨大的社会效益的潜力,但是直接收益却有很大的不确定性时,就会引起市场失灵,而孵化器可以帮助企业克服这种市场失灵。[36]

建有孵化器的著名的科技园区包括:
- 斯坦福科技园,1951年在斯坦福大学附近成立;
- 三角科技园,1959年在北卡罗来纳州成立;
- 索菲亚·昂蒂波利(Sophia Antipolis)科技园,1969年在法国南部成立;
- 剑桥科技园,1972年在英国剑桥大学成立。

这些科技园为刚创业的企业提供了成长的沃土,同时也成为已建立企业合作的焦点。它们通常临近大学实验室或其他研究中心,这使得它们有获取专门科学技术的便利通道。科技园反过来也能够帮助大学的研究者完成从科学发现到商业化的运作。[37]这些科技园通常会引起技术集群,而技术集群有自我增强和持久发展的优势(本章稍后部分还将讨论技术集群)。

2.3.6 私人非营利组织

私人非营利组织,如私人研究机构、非营利医院、私人基金、专业或技术协会、学术和行业协会以及贸易协会等,都会以不同的方式对创新活动做出贡献。许多非营利组织会自己从事研发活动,有些非营利组织则会资助其他组织的创新活动而不是自己去做,还有一些非营利组织既组织自己的内部研发,还资助其他人的研究。

2.4 合作网络中的创新

如前所述,合作研发网络对于创新成功的重要性得到越来越多的重视。[38]这些合作包括(但不限于)合资企业、许可和第二供应源协议、联合研究、政府资助的合作研究项目、科学技术互换的增值网络以及信息网等。[39]合作研究在高科技领域尤其重要,这是因为在高科技领域,单个人或组织不可能拥有做出有意义创新所必需的全部资源和能力。[40]

随着企业之间建立起合作关系,它们在相互之间编织了一张路径网,这张网就是获得信息和其他资源的渠道。企业间的网络可以使企业比单独存在时获得更多,因为它可以向成员企业提供获得更广泛的信息(和其他资源)的途径。[41]因此,企业间的网络是创新的重要引擎。此外,网络的组成很可能会影响信息和其他资源在网络中的流动。例如,在一张密集的网络中,任何两个企业之间都有许多潜在的信息传递途径,信息的扩散将会非常迅速和广泛。

图2.5提供了1995年和2000年世界技术联盟网络的图片。[42]20世纪90年代中期见证了随着企业努力应对信息技术变革而达到的联盟行动的顶点。这导致了庞大而密集的企业联系网的产生。图2.5中所示的网络连接了3 856个组织,主要来自北美、日本和欧洲。然而,到90年代末,联盟行动开始显著下降,这使得网络规模缩小,并且分裂成两个大的部分和若干个小的部分。左边的大的部分主要由化学和医学产业的组织组成,而右边的主要由基于电子设备的工业组织组成。如果合作网络的规模和密度影响了通过网络

连接的组织可获得的信息量,那么图中所示的1995—2000年网络的变化可能引起了企业间信息传播量的显著变化。(一个企业在网络中所处位置的战略意义将在第8章进行讨论。)

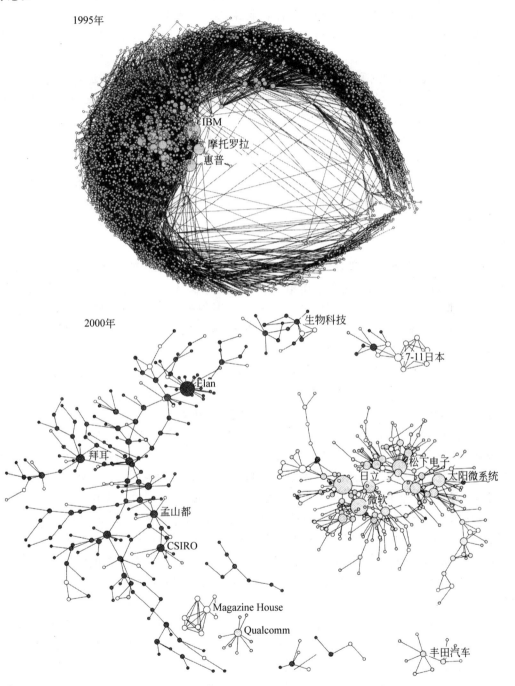

图 2.5 世界技术联盟网络,1995 年和 2000 年

2.4.1 技术集群

有时候,地理位置上的近邻性在合作网络的形成和创新活动中发挥着重要作用。一些著名的区域集群,如美国硅谷的半导体企业群、曼哈顿地区的多媒体产业群以及意大利摩德纳地区的针织品产业群都很好地说明了这一点。这也激发了人们很大的兴趣,想知道究竟是什么因素导致了产业集群的出现。比如,为了促进当地的就业,增加税收收入以及其他经济利益,市政府和州政府想知道如何在自己的区域培育一个技术集群。而对于企业,理解技术集群的驱动因素和经济利益的所在,将有助于企业制定正确的战略,这可以帮助企业正确地定位,并从中获利。

技术集群(technology clusters)跨越的区域可以小到只是局限于一个城市之内,也可以大到在相邻的几个国家之间。[43] 技术集群通常会包括一系列产业,这些产业通过供应、购买或生产互补品等方式相互联系起来。区域集群出现的一个基本原因是,空间上的近邻性会给知识互换带来好处。尽管信息技术的进步已经使得远距离的信息交换变得更加容易、迅速,也更加便宜,但是,几项研究都表明,知识并不总是通过这样的方式(现有的信息技术)进行传递。

近邻性以及交互作用都会直接影响企业互换知识的意愿和能力。首先,复杂或隐性的知识只有通过频繁、亲密的交互作用才能形成有意义的交换。[44] 企业在传递知识以前,必须通过频繁的交互作用找到理解和阐述知识的通用的方式。[45] 其次,密切而频繁的交互作用能够影响企业交换知识的意愿。企业间进行频繁的交互作用时,相互之间可以建立起信任以及互换的一些准则。随着时间的推移,交互作用的企业相互之间可以建立更多的了解,而且这种不断重复的交互作用可以帮助它们获得对方机会主义行事可能性的信息。对于交易规则的一些共同的理解也会随之出现,此时,每个成员都能很好地了解自己关于应该交换多少知识、知识如何使用以及各个企业期望如何互换等方面的职责。[46]

邻近的企业在共享信息方面有优势,而这可以提高创新产出。反过来,这又可以导致自我增强的地理优势。一个高创新产出的企业集群,在它的邻近地区可以产生更多的新兴企业,而且可以吸引其他企业加入这个区域。[47] 随着企业的成长,一些部门可以分离出去成为新的企业,企业家型的员工可以出去创立自己的企业,同时供应和分销市场也开始出现以服务于这个集群。成功的企业可以吸引更多的人才加入区域,同时可以通过使员工获得为创新型企业工作的经验,提升现有人才库的价值。区域内就业和财政收入的增加,会促进基础设施(如道路和公用设施等)、学校及其他服务于人口的市场(如商业中心、百货店、医疗设施等)的提升。企业由于选址在彼此地理位置相近的区域而获得收益被统称为**集群经济**(agglomeration economies)。

地理集群也存在一些不足。首先,许多为当地市场提供服务的竞争者之间的相似性会导致竞争,从而降低它们相对于购买者和供应者的议价权。其次,企业间较强的相似性提升了企业的竞争对手获得该企业专有知识的可能性(这是技术外溢的机制之一,将在下一小节讨论)。另外,集群潜在地导致了交通拥堵、紊乱的高房价和更加集中的人口分布。

知识呈区域性分布的一个很大的原因是,知识在很大程度上是由人持有的,而人通常都不大愿意流动。在一个广为人知的实验中,安娜尼·萨克斯里安(Annalee Saxenian)

发现硅谷的工程师们与忠诚于特定的公司相比,更忠诚于他们自己的职业,但是即使他们换了工作,他们仍然非常有可能还是停留在原来的区域。[48]这种现象的出现,部分原因是他们的技能更适合当地的劳动市场,部分原因是如果离开现有的区域,他们原有的生活方式就会被打破。因此,如果一项创新活动因为某些原因在某个地理区域开始了,那么积累起来的知识和专门技能不大可能会转移到其他地理区域,从而形成了一个区域性的技术集群。[49]

研究表明,很多创新活动都显示出包含地理方面的因素,而创新活动会导致地理性集群的程度由如下因素决定。

- 技术特性,如它潜在的知识基础、可以被专利或版权保护的程度以及交流所需要的交互作用的密切程度和频繁程度等。
- 产业特征,如市场的集中度、产业生命周期的阶段、运输成本以及供应商和分销渠道的可获取性等。
- 技术的文化环境,如劳动力和用户密集度、基础设施建设情况以及不同国家资助或保护技术发展的不同方式等。

例如,有一项研究对于不同的技术种类在不同国家的空间分布情况进行了研究。该研究发现,药物开发在英国和法国是高度集中的,而在意大利和德国却存在空间上的相对分散性。[50]然而,这个研究还发现,服装制造业在意大利显示了高度集中性,而法国、德国和英国的情况却不相同。药物开发集群的出现也许是受到了国家资助研究系统以及药物开发需要分享复杂专业技术知识的影响,而针织品业集群的形成却更多是受文化因素的影响,这些文化因素曾在历史上影响过工业区的出现。

研究花絮:知识经纪商

安德鲁·哈嘎东(Andrew Hargadon)和罗伯特·萨顿(Robert Sutton)指出,在创新网络中有一些公司发挥着十分关键的作用,这些公司就是我们所说的知识经纪商。所谓知识经纪商,就是那些将某个领域的信息传递到另一个可能会得到应用的领域的个人或企业。哈嘎东和萨顿举了罗伯特·富尔顿(Robert Fulton)的例子。富尔顿观察到蒸汽机在挖掘业的应用后,意识到这项技术可以在推进船上得到应用,后来他开发了第一部成功的蒸汽船。① 虽然富尔顿没有宣布他发明了蒸汽船(在此之前开发蒸汽船的时间至少有30年),但是他的设计是第一次将现有技术融合到产品中。

在一个企业网络中,知识经纪商将那些本来没有任何联系的企业群联系起来。通过在两个不同的知识网络中间发挥桥梁的作用,知识经纪商处于这样一种地位——发现这两个团体所拥有的知识之间唯一的结合处。这种地位使得知识经纪商在创新产出方面尤其多产。以托马斯·爱迪生实验室为例,爱迪生的战略是借助不同领域的知识创造适用于多种市场的新产品,这种战略最终导致了电报、电话、留声机、发电机、灯泡、真空管以及

---

① A. Hargadon and R. Sutton, "Building an Innovation Factory," *Harvard Business Review*, May-June, 2000, pp. 157-166.

其他许多产品的诞生。①

知识经纪商在单个技术领域也许不会做出什么突破,但是它们能够发挥将两种知识结合起来的潜在的协同效应。尽管这种观点第一眼看上去好像限制了知识经纪商的潜能,但是研究表明大部分的创新并不是因为发现了具有根本性新意的东西而产生的,而是以一种新奇的方式把已知的一些概念和材料结合起来而产生的结果。② 因此,知识经纪商的关键专业技能并不在于某个特定的科学领域,而是它们拥有的一种能力,这种能力可以帮助它们认识并捕捉到以一种出人意料的方式解决问题的方案。

2.4.2 技术外溢

当讨论技术集群的一些著作还在试图强调知识的"黏性"的时候,相关联的一些研究开始在阐述跨越组织和区域界限的知识传播。我们将这种研究称为**技术外溢**(technological spillovers)。当一个企业(或国家或其他实体)的研究活动带来的效益外溢到其他企业(或国家或其他实体)时,我们就认为技术外溢发生了。因此,技术外溢是研发活动的正向外部效应。证据显示,技术外溢对于创新活动有十分重要的意义。例如,在20世纪八九十年代进行的一系列研究中,亚当·杰弗和他的合作者发现,无论是一个企业的专利数还是利润,都受到它所处区域其他企业或大学的研发经费的影响。[51]

研发带来的效益是否会外溢,部分地受到保护机制强度的影响,如专利、版权和商业秘密等(有关保护创新的方法将在第9章详细讨论)。既然保护机制的强度会随着不同行业和不同国家有很大区别,技术外溢的可能性当然也会很不相同。[52] 技术外溢的可能性同时也会受到潜在的知识基础的特性的影响(比如,如前面所述,隐性知识比较不容易跨越企业的界限)以及劳动力流动性的影响。[53]

2.5 本章小结

1. 创造力是创新的潜在推动力。创造力使人或组织能够产生新的、实用的创意。创造力会受到智力、知识、思维方式、个性、内在的兴趣以及环境的影响。

2. 创新有时来自个人发明者。最富有创造力的发明者具有如下特征:在多个领域受过训练、有很强的好奇心、质疑以前的假设以及认为所有的知识都是相通的。最著名的一些发明家往往兼有发明家和企业家的特质。

3. 创新也可以来源于那些为了满足自己的需要而寻求解决办法的用户。滑雪板产

---

① A. B. Hargadon, "Firms as Knowledge Brokers: Lessons in Pursuing Continuous Innovation," *California Management Review*, 40, no. 3 (1998), pp. 209-227.

② S. C. Gilfillan, *The Sociology of Invention* (Chicago: Follett, 1935); R. R. Nelson and S. Winter, *An Evolutionary Theory of Economic Change* (Cambridge, MA: Harvard University Press, 1982); E. G. Penrose, *The Theory of the Growth of the Firm* (New York: Wiley, 1959); J. A. Schumpeter, *The Theory of Economic Development* (Cambridge, MA: Harvard University Press, 1934); and A. Usher, *A History of Mechanical Inventions* (Cambridge, MA: Harvard University Press, 1954).

业的兴起提供了一个很好的例子。

4. 企业的研发被认为是创新的一个基本推动力。在美国,企业投入研发的费用远大于政府投入研发的费用,而且企业将内部研发视为最重要的创新源。

5. 企业在创新活动中通常会与许多外部的组织(或个人)进行合作。尽管企业也会与竞争对手、互补企业、政府实验室、非营利组织及其他研究机构进行合作,但是企业更有可能与客户、供应商和大学进行合作。

6. 许多大学都有研究任务,而且近年来,大学开始越来越积极地投身到技术转移活动中,以便直接将大学教师的发明进行商业化应用。大学同时也通过出版研究结论对创新活动做出贡献。

7. 政府通过直接从事研发(在政府实验室里)、资助其他组织研发以及建立特殊的机构以培育创新网络或创业企业(如科技园和孵化器等)的方式积极投入创新活动。在一些国家,政府资助的研发费用甚至超过了企业投入的研发经费。

8. 私人非营利组织(如研究机构、非营利医院等)是另外一个重要的创新源。这些组织会同时自己从事研发和资助他人的研发。

9. 最重要的创新源可能并不是来自单个的组织或个人,而是可以把多个组织或个人的资源和能力整合起来的创新网络。创新网络在高技术领域尤其重要。

10. 合作通常会因为地理位置上的邻近而变得更加容易,这也会导致区域性技术集群的出现。

11. 技术外溢是研发活动带来的正向外部效应,例如,通过研发获取的知识传播到其他企业中去。

术语表

创意(idea):大脑中想象或呈现出来的东西。

创造力(creativity):提出新颖而又实用的创意的能力。

内部网(intranet):一个私营网络,只有经授权的用户才可以使用。它和互联网类似,但只在组织内部运营。

基础研究(basic research):研究者因为自己的兴趣而进行的目的在于增加科学知识的研究。它们可能会带来长期的商业应用,也可能不会。

应用研究(applied research):为了特定的应用或需要而进行的目的在于增加知识的研究。

开发(development):将知识应用于生产有用的装置、材料或工艺的活动。

互补企业(complementors):提供互补商品或服务的组织(或个人),例如灯泡对于灯具,又如DVD影碟对于DVD播放机。

吸收能力(absorptive capacity):一个组织消化和利用新知识的能力。

技术转移办公室(technology transfer offices):为了促进从研究环境中得出的技术转移到商业运用环境中而设置的部门。

科技园区(science parks):为了培育政府、大学和私人企业之间的研发合作而通常由政府设立的区域性的特区。

孵化器（incubators）：为了培育那些如果缺乏支持将难以获得足够的资金和技术的新业务而设置的机构。

技术集群（technology clusters）：区域性的企业集群，它们往往和某一共性技术有一定联系，可能是与购买者、供应商或互补产品生产商的关系，也可能是合作研究的关系。

复杂知识（complex knowledge）：由很多基础要素或相互依赖的要素构成的知识，也可能是二者兼有的知识。

隐性知识（tacit knowledge）：难以编码化（以书面形式表达）的知识。

集群经济（agglomeration economies）：企业由于选址在彼此地理位置相近的区域而获得收益。

技术外溢（technological spillovers）：当研究成果跨越组织或区域界限传播时造成的正向外部性。

知识经纪商（knowledge brokers）：那些将某个领域的信息传递到另一个可能会得到应用的领域的个人或企业。

讨论题

1. 以下这些主体作为创新者时的优势和劣势是什么？
（1）个人 （2）企业 （3）大学 （4）政府机构 （5）非营利组织
2. 什么特质使得一个人显得更加有创造力？这些特质会导致成功的发明吗？
3. 企业在招聘过程中如何识别那些具有很强创造能力或发明能力的人？
4. 与组织结构、惯例、激励及企业文化相比，你认为一个企业的创造力在多大程度上取决于企业中个体的创造力？请举出一个企业运用某一个活动很好地培育和利用员工创造力的例子。
5. 多项研究表明，合作研发协议的使用正在全世界范围内增加。合作研究变得越来越流行的原因是什么？

补充阅读建议

经典著作

Amabile, T. M., *Social Psychology of Creativity* (New York: Springer-Verlag, 1983).

Chesbrough, H., *Open Innovation: The New Imperative for Creating and Profiting from Technology* (Boston: Harvard University Press, 2003).

Jaffe, A., "Technological opportunity and spillovers of R&D: Evidence from firms' patents, profits, and market value," *American Economic Review* 76 (1986), pp. 984-1001.

Usher, A. P., *A History of Mechanical Inventions* (New York/London: McGraw-

Hill,1929).

Von Hippel,E. , *Sources of Innovation* (New York: Oxford University Press, 1988).

Weber,A. , *Theory of Location of Industries* (Chicago: University of Chicago, 1929).

近期著作

Audretsch,D. B. , and M. P. Feldman,"R&D spillovers and the geography of innovation and production,"*The American Economic Review* 86 (1996),pp. 630-640.

Csikszentmihalyi,M. , *Creativity: Flow and the Psychology of Discovery and Invention* (New York: Harper Collins Publishers 1996).

Feldman,M. ,F. Johanna, and J. Bercovitz,"Creating a cluster while building a firm: Entrepreneurs and the formation of industrial clusters,"*Regional Studies* 39, no. 1 (2005),pp. 129-141.

Schilling,M. A. , and Phelps,C. ,"Interfirm collaboration networks: The impact of large-scale network structure on firm innovation,"*Management Science* 53 (2007), pp. 1113-1126.

Shah,S. K. ,"Motivation, governance, and the viability of hybrid forms in open source software development,"*Management Science* 52 (2006),pp. 1000-1014.

尾注

1. R. Rothwell,"Factors for Success in Industrial Innovations, Project SAPPHO—A Comparative Study of Success and Failure in Industrial Innovation," SPRU,University of Sussex,Brighton,U. K. ,1972; and L. Smith-Doerr,J. Owen-Smith,K. W. Koput, and W. W. Powell,"Networks and Knowledge Production: Collaboration and Patenting in Biotechnology," in *Corporate Social Capital*, eds. R. Leenders and S. Gabbay (Norwell,MA: Kluwer Academic Publishers,1999), pp. 331-350.
2. F. Barron, *Creative Person and Creative Process* (New York: Holt, Rinehart, and Winston, 1969); D. W. MacKinnon,"Personality and the Realization of Creative Potential," *American Psychologist* 17 (1965), pp. 484-495; R. Oshse, *Before the Gates of Excellence: The Determinants of Creative Genius* (New York: Cambridge University Press,1990); and T. I. Lubart,"Creativity," in *Thinking and Problem Solving*, ed. R. J. Sternberg (New York: Academic Press,1994),pp. 289-332.
3. M. Boden,*The Creative Mind: Myths and Mechanisms* (New York: Basic Books,1992).
4. Lubart, "Creativity."
5. R. J. Sternberg and T. I. Lubart,"The Concept of Creativity: Prospects and Paradigms," in *Handbook of Creativity*, ed. R. J. Sternberg (Cambridge, England: Cambridge University Press,1999).
6. P. A. Frensch and R. J. Sternberg,"Expertise and Intelligent Thinking: When Is It Worse to

Know Better?" in *Advances in the Psychology of Human Intelligence*, vol. 5, ed. R. J. Sternberg (Hillsdale, NJ: Erlbaum, 1989), pp. 157-158.
7. T. I. Lubart, "Product-Centered Self-Evaluation and the Creative Process," unpublished doctoral dissertation (New Haven, CT: Yale University Press, 1994); and Sternberg and Lubart, "The Concept of Creativity."
8. T. M. Amabile, *The Social Psychology of Creativity* (New York: Springer-Verlag, 1983); and T. M. Amabile, *Creativity in Context* (Boulder, CO: Westview, 1996).
9. R. W. Woodman, J. E. Sawyer, and R. W. Griffin, "Toward a Theory of Organizational Creativity," *Academy of Management Review* 18 (1993), pp. 293-321.
10. C. Gorski and E. Heinekamp, "Capturing Employee Ideas for New Products," in *The PDMA Toolbook for New Product Development*, eds. P. Belliveau, A. Griffin, and S. Somermeyer (New York: John Wiley & Sons, 2002).
11. Gorski and Heinekamp, "Capturing Employee Ideas for New Products"; and R. E. Mcdermott, R. J. Mikulak, and M. R. Beauregard, *Employee Driven Quality: Releasing the Creative Spirit of Your Organization through Suggestion Systems* (White Plains, NY: Quality Resource, 1993).
12. Gorski and Heinekamp, "Capturing Employee Ideas for New Products."
13. Woodman, Sawyer, and Griffin, "Toward a Theory of Organizational Creativity"; and Amabile, *The Social Psychology of Creativity*.
14. A. H. Church and J. Waclawski, "The Relationship between Individual Personality Orientation and Executive Leadership Behavior," *Journal of Occupational and Organizational Psychology* 71, no. 2 (1998), pp. 99-125.
15. R. S. Root-Bernstein, "Who Discovers and Who Invents," *Research Technology Management* 32, no. 1 (1989), pp. 43-51.
16. Ibid.
17. Sir Frank Macfarlane Burnet, *Changing Patterns, an Atypical Autobiography* (Melbourne and London: Heinemann, 1968), p. 35.
18. P. Debye, interview in *The Editors of International Science and Technology, The Way of the Scientist. Interviews from the World of Science and Technology* (New York: Simon and Schuster, 1966), p. 80.
19. T. P. Hughes, "How Did the Heroic Inventors Do It?" *American Heritage of Invention and Technology*, Fall 1985, p. 21.
20. B. Z. Khan and K. I. Sokoloff, "Schemes of Practical Utility: Entrepreneurship and Innovation among 'Great Inventors' in the United States, 1790-1865," *Journal of Economic History* 53, no. 2 (1993), p. 289.
21. E. Von Hippel, "Innovation by User Communities: Learning from Open-Source Software," *Sloan Management Review* 42, no. 4 (2001), pp. 82-86.
22. E. Von Hippel, *The Sources of Innovation* (New York: Oxford University Press, 1988); S. K. Shah, "Motivation, Governance, And The Viability of Hybrid Forms In Open Source Software Development," *Management Science* 52 (2006), pp. 1000-1014.
23. R. J. Thomas, *New Product Success Stories: Lessons from Leading Innovators* (New York: John Wiley & Sons, 1995).
24. From a presentation given by Bernie Bolger of Loctite to the Masters of Science Technology Group at University College Dublin, November 21, 2003. Thanks to Brian McGrath for providing this example.

25. E. Roberts, "Benchmarking Global Strategic Management of Technology," *Research Technology Management*, March-April 2001, pp. 25-36.
26. M. Dodgson, *The Management of Technological Innovation* (New York: Oxford University Press, 2000).
27. Ibid.
28. C. Freeman, "Networks of Innovators: A Synthesis of Research Issues," *Research Policy* 20 (1991), pp. 499-514; Rothwell, "Factors for Success in Industrial Innovations, Project SAPPHO"; and R. Rothwell, C. Freeman, A. Horseley, V. T. B. Jervis, A. B. Robertson, and J. Townsend, "SAPPHO Updated—Project SAPPHO Phase II," *Research Policy* 3 (1974), pp. 258-291.
29. Roberts, "Benchmarking Global Strategic Management of Technology."
30. W. M. Cohen and D. A. Levinthal, "Absorptive Capacity: A New Perspective on Learning and Innovation," *Administrative Science Quarterly*, March 1990, pp. 128-152.
31. M. Biese and H. Stahl, "Public Research and Industrial Innovations in Germany," *Research Policy* 28 (1999), pp. 397-422; and E. Mansfield, "Academic Research and Industrial Innovation," *Research Policy* 20 (1991), pp. 1-12.
32. A. Silverman, "Understanding University Patent Policies," *JOM* 55, no. 1 (2003), p. 64.
33. D. Rahm and V. Hansen, "Technology Policy 2000: University to Industry Transfer," *International Journal of Public Administration* 22, no. 8 (1999), pp. 1189-1211.
34. National Science Foundation, Science and Engineering Indicators, 2008.
35. National Science Foundation, Science and Engineering Indicators, 2008.
36. M. Colombo and M. Delmastro, "How Effective Are Technology Incubators? Evidence from Italy," *Research Policy* 31 (2001), pp. 1103-1122.
37. Ibid.
38. G. Ahuja and C. M. Lampert, "Entrepreneurship in the Large Corporation: A Longitudinal Study of How Established Firms Create Breakthrough Inventions," *Strategic Management Journal* 22 (2001), pp. 521-543; T. J. Allen, *Managing the Flow of Technology: Technology Transfer and the Dissemination of Technological Information within the R&D Organization* (Cambridge, MA: MIT Press, 1977); R. S. Burt, *Structural Holes* (Cambridge, MA: Harvard University Press, 1992); C. Freeman, "Networks of Innovators: A Synthesis of Research Issues," *Research Policy* 20 (1991), pp. 499-514; S. C. Gilfillan, *The Sociology of Invention* (Chicago: Follett, 1935); and A. B. Hargadon and R. I. Sutton, "Technology Brokering and Innovation in a Product Development Firm," *Administrative Science Quarterly* 42 (1997) pp. 716-749.
39. K. Imai and Y. Baba, 1989, "Systemic Innovation and Cross-Border Networks: Transcending Markets and Hierarchies to Create a New Techno-Economic System," OECD, Conference on Science Technology and Economic Growth, Paris; and C. Freeman, "Networks of Innovators: A Synthesis of Research Issues," *Research Policy* 20 (1991), pp. 499-514.
40. J. Hagedoorn, "Inter-Firm R&D Partnerships—an Overview of Major Trends and Patterns since 1960," *Research Policy* 31 (2002), pp. 477-492.
41. Rosenkopf and Almeida, "Overcoming Local Search through Alliances and Mobility"; and Liebeskind, Oliver, Zucker, and Brewer, "Social Networks, Learning, and Flexibility."
42. This analysis is from M. A. Schilling, "The Global Technology Collaboration Network: Structure, Trends, and Implications," New York University Working Paper. In accordance with

norms in network research, each snapshot shows the aggregate of alliances formed in the previous three years (i. e., the 1995 snapshot aggregates alliances from 1993 to 1995; the 2000 snapshot aggregates alliances from 1998 to 2000). Only large components (those greater than 15 organizations) are shown.

43. M. E. Porter, "Location, Competition, and Economic Development: Local Clusters in a Global Economy," *Economic Development Quarterly* 14, no. 1 (2000), pp. 15-34.

44. P. Almeida and B. Kogut, "Localization of Knowledge and the Mobility of Engineers in Regional Networks," *Management Science* 45 (1999), pp. 905-917; P. Bourdieu, "The Forms of Capital," in *Handbook of Theory and Research for the Sociology of Education*, ed. J. G. Richardson (Westport, CT: Greenwood Press, 1986), pp. 241-258; M. S. Granovetter, "Problems of Explanation in Economic Sociology," in *Networks and Organizations: Structure, Form, and Action*, eds. N. Nohria and R. Eccles (Boston: Harvard Business School Press, 1992), pp. 25-56; and M. T. Hansen, "The Search-Transfer Problem: The Role of Weak Ties in Sharing Knowledge across Organization Subunits," *Administrative Science Quarterly* 44 (1999), pp. 82-112.

45. U. Zander and B. Kogut, "Knowledge and the Speed of the Transfer and Imitation of Organizational Capabilities: An Empirical Test," *Organization Science* 6 (1995), pp. 76-92; and G. Szulanski, "Exploring Internal Stickiness: Impediments to the Transfer of Best Practice within the Firm," *Strategic Management Journal* 17 (winter special issue) (1996), pp. 27-43.

46. J. H. Dyer and K. Nobeoka, "Creating and Managing a High-Performance Knowledge-Sharing Network: The Toyota Case," *Strategic Management Journal* 21 (2000), pp. 345-367; and E. Von Hippel, "Cooperation between Rivals: Informal Know-How Trading," *Research Policy* 16 (1987), pp. 291-302.

47. T. Stuart and O. Sorenson, "The Geography of Opportunity: Spatial Heterogeneity in Founding Rates and the Performance of Biotechnology Firms," *Research Policy* 32 (2003), p. 229.

48. A. Saxenian, *Regional Advantage: Culture and Competition in Silicon Valley and Route* 128 (Cambridge, MA/London: Harvard University Press, 1994).

49. P. Almeida and B. Kogut, "Localization of Knowledge and the Mobility of Engineers in Regional Networks," *Management Science* 45 (1999), pp. 905-917.

50. S. Breschi, "The Geography of Innovation: A Cross-Sector Analysis," *Regional Studies* 34, no. 3 (2000), pp. 213-229.

51. A. B. Jaffe, "Technological Opportunity and Spillovers of R&D: Evidence from Firms' Patents, Profits and Market Value," *American Economic Review* 76 (1986), pp. 984-1001; A. B. Jaffe, "Real Effects of Academic Research," *American Economic Review* 79 (1989), pp. 957-970; and A. B. Jaffee, M. Trajtenberg, and R. Henderson, "Geographic Localization of Knowledge Spillovers as Evidenced by Citations," *Quarterly Journal of Economics* 63 (1993), pp. 577-598.

52. W. Cohen, A. Goto, A. Nagata, R. Nelson, and J. Walsh, "R&D Spillovers, Patents and the Incentives to Innovate in Japan and the United States," *Research Policy* 31 (2002), pp. 1349-1367.

53. Almeida and Kogut, "Localization of Knowledge and the Mobility of Engineers in Regional Networks."

第 3 章

创新类型和模式

塔塔 Nano：全球最便宜的汽车

2002 年的一个雨天，印度塔塔集团主席拉坦·塔塔（Ratan Tata）正驱车前往班加罗尔机场，路上他看见了印度司空见惯的一幕：一位父亲骑着摩托车，一个孩子站在他前方，妻子坐在他身后，手里抱着另一个孩子。突然一个急刹车人仰车翻，塔塔乘坐的汽车差点从这家人身上碾过。[①] 从那一刻起，拉坦·塔塔便立下誓言，要花费 5 年制造出大多数印度人买得起的汽车。在一次脱稿发言中，塔塔向一家媒体提到，汽车将仅售 10 万卢比（约合 2 200 美元）。尽管要实现这样的低价有很多困难，而且在汽车研发过程中物价还在不断上涨，但塔塔还是兑现了他对公众的这一承诺：生产仅售 10 万卢比的汽车。

塔塔集团与塔塔汽车

塔塔集团是印度最古老也是最受人尊敬的公司之一，它由贾姆谢特吉·塔塔（Jamsetji Tata）成立于 1868 年。集团总部位于孟买，旗下拥有 114 家公司，分布于 8 个不同行业；2011 年塔塔集团收入达 720 亿美元。塔塔汽车是塔塔集团的业务之一，成立于 1945 年（前身为塔塔机车制造厂），是南亚最大的汽车制造商，生产轿车、商务车、大型货车及客车。

Nano 项目

拉坦·塔塔决定亲自投身 Nano 项目中，并且委任塔塔汽车的副董事长拉维·坎特（Ravi Kant）负责该项目，以确保项目能够获得高层支持。在塔塔集团开始研发 Nano 的时候，世界上最便宜的车是中国的 QQ 系列，售价约 5 000 美元。显然，以现有的汽车为基准来制造更便宜的车很难获得成功，所以塔塔和坎特决定以两轮摩托车的很多性能作为设计制造 Nano 的参考标杆。

制造汽车看似容易，实现起来却困难重重。例如，不同于常规的三缸引擎，Nano 的引擎将只有两缸，这既能降低造价又可以减轻汽车自重。汽车将不配备自动玻璃窗、车

[①] Freiburg,K.,Freiburg,J.,and Dunston,D. *Nanovation: How a Little Car Can Teach The World to Think Big and Act Bold*. Nashville,TN: Thomas Nelson,2011.

锁、防抱死制动和空气气囊；车胎将装有内胎，座椅将设计成三位置斜倚式，挡风玻璃雨刷和后视镜也都只有一个。

要实现以上这些设计十分困难，但塔塔的很多供应商都将其视为令人振奋的挑战。这些供应商并不照搬执行塔塔的设计，而是拥有很大的自主权去自行设计以满足 Nano 重量和价格方面的需求。供应商们最终想出了许多令人惊喜的独特方法来降低汽车的成本，如中空转向柱、双引擎共享的燃料喷射。汽车自重降低，动力方向盘也不再需要。Nano 的基本款还不包含车载广播，而只是作为可选配件出售。

为了 Nano，汽车设计的概念被重新定义，从汽车外形到主动力系统，甚至到汽车的边边角角。正如塔塔团队的负责人吉里什·瓦夫（Girish Wagh）所说，"整套系统都是重新研发的；在实际执行过程中，整套系统的创新被划分成不同的系统，然后是不同的子系统，最后划分到一个个小模块。在整个设计过程中，我们经历了无数次迭代；光引擎就被设计了三次，整体车型设计了两次，底盘被设计了约 10 次，雨刷系统被设计了超过 11 次。"①

产品上线

2009 年 3 月，Nano 以预期的 10 万卢布价格正式上线，并且通过了印度官方的安全性能和排放指标测试。车身全重 1 320 磅，每加仑能行驶 50 公里。② 身材高大的拉坦·塔塔试驾新车时（为了证明 Nano 虽然车型小但内部空间足够宽敞）说道："我们兑现了自己的承诺，我们成功了！"

Nano 一上市需求就十分强烈，但生产进度却因意外而没有跟上。首先，原本打算在孟加拉北部生产汽车的计划受到当地农民抵制，塔塔的供应商和生产基地不得不花费重金迁移。③ 而后又因为几起自燃事故让 Nano 的公众评价跌至谷底。塔塔优化了汽车的排气系统来避免今后出现类似的问题，但是品牌信誉的恢复仍需一段时间。

截至 2011 年 3 月，Nano 仅销售了 70 432 台，远远低于每月 2 万台的预期水平。市场调研发现，许多 Nano 的潜在买家都倾向于购买马鲁蒂 800，它的价格大致是 Nano 的 2 倍，档次更高一些。然而，从创新的角度出发，Nano 是前所未有的创举：它向世界证明了超低价汽车存在的可能性，并且激励着汽车行业同样的创新项目。

问题讨论

1. Nano 属于根本性创新还是增量性创新？是能力提高型还是能力破坏型？是元件创新还是架构创新？

2. 哪些因素会影响消费者对 Nano 的接受度？

3. 塔塔如果与其他汽车制造商合作生产 Nano，优点和缺点分别是什么？最有可能与谁进行合作？

4. 你认为 Nano 可能盈利吗？在塔塔未来的汽车平台中，Nano 是否能为塔塔带来其他优势？

---

① Palepu, K., Anand, B., and Tahilyani, R. 2011. Tata Nano—The People's Car. *Harvard Business School Case*, 9-710-420; page 8.

② Taylor, A. Tata takes on the world: Building an auto empire in India. *Fortune*, 2011, 163(6): 86-92.

③ Taylor, A. Tata takes on the world: Building an auto empire in India. *Fortune*, 2011, 163(6): 86-92.

3.1 概述

前面的章节已经指出,技术创新有许多来源并且有许多形式。不同类型的技术创新给企业和社会公众提供了各种机会,同时也对制造商、用户和管制部门提出了不同的要求。对于描述不同类型的技术创新,由于还没有一个获得一致认可的分类方法,我们将在本章讨论几个常常用来对技术创新进行分类的维度。这些维度有助于我们理解各种技术创新方式之间差异的一些主要类型。

某一种技术随着时间的推移而发展的轨迹称为它的**技术曲线**(technology trajectory)。技术曲线被普遍用来描绘技术性能的提升速度或者技术在市场中扩散的速度。尽管许多因素都影响着技术曲线(在本章及以后的章节中会讨论到),但是通过考察许多不同产业和不同的时间背景,人们在不同技术的技术曲线中识别出了普遍存在的一些共性的模式。理解这些技术创新模式提供了一个有益的基础,在后面的章节中我们将在这个基础上详述技术战略。

本章首先讨论用来区分不同创新类型的几个维度,然后描述在技术进步速度和技术在市场中扩散速度变化过程中经常观察到的S曲线模式。在本章的最后一部分将介绍,经研究表明,技术创新遵循由一些截然不同的而且确实存在的阶段所组成的一种周期模式。

3.2 创新的类型

技术创新经常被分为不同的类型,如根本性的创新和增量性的创新。不同类型的创新要求不同类型的潜在知识,并且对产业的竞争者和消费者具有不同的影响。以下列出了最常用的对创新分类的四个维度:产品创新和相对应的工艺创新;根本性创新和相对应的增量性创新;能力提高型创新和相对应的能力破坏型创新;构架创新和相对应的元件创新。

3.2.1 产品创新与工艺创新

产品创新具体表现在一个企业的产出——产品或服务中。例如,本田研发新的混合电动汽车就是一个产品创新。工艺创新是指一个机构在管理其业务的方式上的创新,例如在产品的生产流程、服务的提供方式以及营销模式上的创新。工艺创新常常是以提高生产效率和生产能力为导向的,比如通过工艺创新来降低产品缺陷率或者提高单位时间内的产量。举例来说,在一个生物制药企业里的工艺创新可能是需要开发一种遗传算法以便迅速搜索一系列与疾病相关的基因来达到开发新药的目的。在这个例子中,工艺创新(这种遗传算法)能够加快企业进行产品创新(开发新药)的速度。

产品创新和工艺创新经常是交替出现的。首先,新工艺可能使得新产品的生产得以实现。例如,正如在本章的后面将会讨论到的,新的冶金技术的开发使得自行车链条的生产能够实现,这又紧接着使多齿轮传动自行车的开发得以实现。其次,新产品也可能使得新工艺的开发得以实现。例如,先进的计算机工作站的开发使得企业能够实现计算机辅助制造(CAM)工艺,从而提高生产的速度和效率。最后,一个企业的一种产品创新对于另一个企业来说可能是一种工艺创新。举例来说,当联合包裹服务公司(UPS)帮助客户建立了一种更有效的分销系统时,这种新的分销系统对 UPS 是一种产品创新,对于其客户则是一种工艺创新。

尽管产品创新与工艺创新相比更显而易见,但是它们对于提升企业的竞争力来说都是极端重要的。在本书的余下部分,"创新"一词将包括产品创新和工艺创新。

3.2.2 根本性创新与增量性创新

创新在根本性创新到增量性创新两端之间连续分布,这是一个区分不同类型创新的主要维度。关于**根本性创新**(radical innovation)和**增量性创新**(incremental innovation)有许多定义,但是大都以创新所表现的脱离原有技术基础的程度为转移。[1]因此,根本性可以被认为是创新和与原有技术的脱离程度的结合。一种技术可能对于整个世界、一个产业或者一个企业来说是新的,也可能仅仅对于某一个采用它的业务单元来说是新的。一种新技术可能在产品和制造工艺上与原有技术有很大程度的不同,也可能仅仅存在细微的差异。最根本性的创新是指世界上首创的、与现有产品及工艺完全不同的创新。无线电信产品的推出是对此的较好的例证——它包含了很新的技术并需要新的制造工艺和服务方法。增量性创新位于这个维度的另一端。一种增量性创新可能并不是很新的技术,或者与原有技术脱离程度不大;它可能在应用之前就为企业或产业所知晓,并且仅仅包含对现有技术的较小的变化(或者调整)。例如,手机的结构从直板的键盘外露结构变化到翻盖式结构,或者推出一项新的服务计划使用户在周末可以有更多的免费通话时间都属于增量性创新。

创新的根本性有时候也根据风险来定义。因为根本性创新通常包含新技术,所以制造商和客户在经验以及对创新的熟悉程度方面都不同,它们对于创新的适用性和可靠性的判断也不同。[2]3G 技术的发展是又一个例证。由于开发和提供 3G 无线电信服务需要大量投入新的网络设备以及铺设能够传输带宽大得多的信号的基础网络。3G 还要求开发具有更大的存储量和更高显示性能的手机,以及提高手机电池的电力或者提高手机用电的效率。这些技术中的任何一种都可能潜在地阻碍 3G 的实现。此外也很难知道消费者对无线设备的宽带性能的评价程度。因此,转向 3G 要求管理者同时评估几种不同的风险,包括技术可行性、可靠性、成本以及需求风险。

最后,创新的根本性是相对的,并且可能随时间变化或随不同的观察者而变。当创新中的知识基础变得更公共化时,一个曾经被认为是根本性的创新可能最终被认为是增量性的创新。例如,第一台蒸汽机曾是一项不朽的创新,但今天蒸汽机的结构看起来就相对简单了。此外,对一个公司来说是根本性的创新,对另一个公司则可能是增量性的创新。尽管柯达和索尼都在一年内相继向消费品市场推出了数码相机(柯达的 DC40 于 1995 年推出,索尼的 Cyber-Shot 数码相机于 1996 年面世),这两个企业的创新路径却有很大差别。柯达的历史和声誉是建立在其化学感光的专门技术上的,因此转变到数字摄像和录像要求企业做出重大的方向转变。而索尼从一开始就是一家电子企业,在生产数码相机之前就已经在数字录音和图形技术方面有了坚实的技术基础。因此,对于索尼来说,数码相机是对其现有技术能力的简单扩展。

3.2.3　能力提高型创新与能力破坏型创新

创新还可以分为**能力提高型创新**(competence-enhancing innovation)和**能力破坏型创新**(competence-destroying innovation)。从一个特定的企业的角度来看,如果创新是建立在企业现有的知识基础上的,就是一种能力提高型创新。举例来说,英特尔的每一代微处理器(例如,286、386、486、奔腾、奔腾Ⅱ、奔腾Ⅲ、奔腾Ⅳ)都是建立在前一代的技术基础之上的。因此,每一代新的微处理器所包含的创新都补充了英特尔的现有技术,使之更有价值。

对于一个特定的企业来说,如果技术不是建立在企业现有基础上的或者使现有技术过时,这样的创新就称为能力破坏型创新。举例来说,从17世纪到20世纪70年代初,任何一位严谨的数学家或者工程师都会随身携带计算尺。计算尺是比较轻的工具,通常由木头制成,上面有对数刻度用来解复杂的数学函数。计算尺被用来计算从一座桥梁的结构性能到飞机的航程和油耗。特别地,定制的商业计算尺上有例如做借贷计算用的刻度或者计算最佳采购量的刻度。20世纪五六十年代,科菲尔和埃瑟公司(Keuffel & Esser)是美国卓越的计算尺制造商,每月生产5 000把计算尺。但是,70年代初,在仅仅几年之内,一项新的创新使得计算尺成为收藏家和博物馆的展览品,这项创新就是价格并不昂贵的掌上计算器。科菲尔和埃瑟公司没有制造电子计算器所必需的电子元件技术背景,不能顺利过渡到新技术。1976年,科菲尔和埃瑟公司退出了市场。[3] 尽管这种不昂贵的掌上计算器建立在一些企业的现有技术基础上(因此对它们来说这是能力提高型创新),如惠普公司和得州仪器公司,但是对于科菲尔和埃瑟公司来说,这种计算器就是一种能力破坏型创新。

3.2.4　架构创新与元件创新

大部分产品和工艺是分级嵌套的系统,也就是说,不管用怎样的分析单位,该实体都是一个由元件构成的系统,并且每一级元件都依次是一个由次一级元件组成的系统,直到某一级上的元件是不可再分的基本元件为止。[4] 举例来说,一辆自行车是一个由框架、车轮、轮胎、座凳和刹车闸等元件组成的系统。这些元件里的每一个也都是一个元件系统:座凳可以看作是由包括金属和塑料框架、填料以及尼龙封皮等元件组成的系统。

一项创新可能导致个别元件的变化,也可能导致元件运转所处的整个结构的变化,或者两者都发生变化。如果创新导致一个或多个元件发生变化,但是并不严重影响整个系统的结构,这样的创新就称为**元件创新**(或者**模块化创新**)(component or modular innovation)。[5] 在前述例子中,一项自行车座凳技术的创新(如添加灌有凝胶的材料从而增强减震效果)并不需要对自行车的其余结构作任何改变。

反之,如果创新导致整个系统结构或者元件之间作用方式发生变化,就称为**架构创新**(architectural innovation)。一项严格的架构创新可能改变了系统中元件互联的方式,却并不改变这些元件本身。[6] 但是,大部分架构创新不仅仅改变元件的互联方式,还改变了元件本身,从整个设计上改变了系统。架构创新常常对产业内竞争者和技术用户产生深远而复杂的影响。

举例来说,从高轮自行车到安全型自行车的转变是一种架构创新,这项创新要求许多自行车元件的变化(并使这些变化可行),包括人们骑车的方式都发生了改变。19世纪,自行车还有着非常大的前轮。由于当时没有齿轮传动装置,前轮的尺寸直接决定了自行车的速度,因为轮子的周长就是踩踏板一周时自行车的行驶距离。但是,到了20世纪初,冶金技术的进步使得能够生产出便于一个人控制的足够小和轻的链条和链齿装置。这使得自行车可以使用两个同样大小的轮子,通过齿轮传动来实现以前靠大轮子达到的速度。因为小轮子意味着能起减震作用的辐条就短了,所以变成小轮自行车也促使了悬架系统和充气轮胎(充空气)的开发。新型自行车更轻、更便宜,而且更灵活。这项架构创新使邓洛普公司(Dunlop)(充气轮胎发明者)和拉莱尔公司(Raleigh)(三速全钢自行车的先驱)等公司得到快速发展,并且使自行车从一种有趣的玩意儿变成了实用的交通工具。

要发起或者采用一项元件创新要求一个企业具备该元件的专业知识。然而,发起或者采用一项架构创新一般只要求企业掌握元件间如何连接并整合起来组成整个系统的结构知识。企业必须了解各种元件的特性如何相互作用,以及一些系统特性的改变会触发整个系统或者个别元件的许多其他结构特性的变化。

尽管上述维度有助于我们探究各种创新类型之间产生差异的主要方式,但是这些维度都不是独立的,也不能直接给出对创新进行分类的精确而一致的方法。上述维度中,每一个都和其他维度是相关联的——例如相对元件创新而言,架构创新就被认为是根本性的和能力破坏型创新。此外,创新用哪一个维度来分类还要根据其所处的时间和产业背景来选择。因此,尽管前面提到的这些维度对于理解创新是很有价值的,但是要把它们看成是相对维度,也就是说取决于它们的使用背景。

下面我们将探究技术创新的模式。无数关于创新的研究已经揭示了新技术怎样产生、发展、扩散和被其他技术取代这样一种循环重复的模式。我们从考察技术的S曲线开始。

3.3 技术的S曲线

经过反复验证,一项技术的性能进步率和它的市场接受率都呈S形曲线形状。尽管技术性能的S曲线和技术扩散的S曲线是相关的(技术性能的进步加速了市场对技术的认可,反过来市场的广泛认可激发了对技术进步的投资),但是它们在根本上是不同的过程。我们首先描述技术进步的S曲线,然后介绍技术扩散的S曲线。本节还将说明,要预测什么时候技术生命周期会开始进入新的阶段,尽管这很容易让人想到运用S曲线,但这样做是会令人误解的。

3.3.1 技术进步的S曲线

许多技术在其生命周期中的性能提升过程表现为一条S形的曲线。[7]在图中如果用技术性能以及在技术进步上投入的资金和努力作为两条坐标轴,可以看到这样一条典型的曲线：开始技术随着投入的进步是缓慢的，接着加速，然后又减慢（见图 3.1）。在技术产生初期，性能进步的缓慢是因为还不能深入了解技术的基本原理。

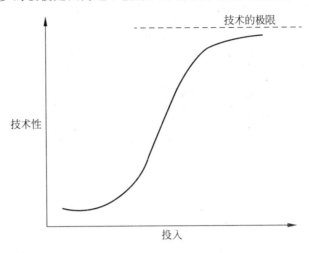

图 3.1　技术进步的 S 曲线

巨大的投入花费在探求不同的技术进步途径或者寻找不同的技术进步的促进因素上。如果这项技术与之前的技术完全不同，就没有什么评估程序可以让研究者评估它的发展和潜力。更重要的是，在一项技术还没有在一定程度上确立正统地位以前，很难吸引其他研究人员参与研发。[8] 然而，当企业的研究人员深入了解技术之后，技术的进步开始加快。这项技术逐渐确立正统性地位，成为值得投入的尝试，开始吸引其他研发人员。接着，评估技术的方法得到改进，这使得研究人员致力于从单位投入中收获最大的技术提升，使得技术性能迅速进步。但是，到了某种程度，投入的回报又开始减少。这是因为技术开始到达其固有的极限，技术进步的边际成本开始增加，S 曲线变得平缓。

通常一种技术的 S 曲线是由性能维度（如速度、产量和功率等）和时间维度组成直角坐标系。但这里需要注意的是，如果随着时间变化，单位时间的投入并不是常数的话，得到的 S 曲线并不能清楚地表现实际的关系。当单位时间的投入是常数时，用时间作为坐标轴和用投入作为坐标轴所得到的曲线是一样的。但是，如果在技术上的单位时间投入量随着时间减少或增加，得到的 S 曲线将以快得多的速度变平缓，或者根本不变平。举例来说，广为人知的技术曲线之一就是被视为公理的摩尔定律。1965 年，英特尔的创始人之一戈登·摩尔（Gordon Moore）发现，从发明之后开始，集成电路上的晶体管密度每年翻一倍。这个速度已经减慢到每 18 个月翻一倍，但是增长速度曲线仍然是非常陡峭的。图 3.2 展现了技术性能急速提升的曲线。

然而，如图 3.3 所示，英特尔的投入率（每年的研究和开发费用）也已经开始迅速增加。英特尔的研发费用并不都直接用来提高微处理器的速度，但可以合理地假设英特尔在微处理器上的投入会显示类似的增长模式。由图 3.3 可以看到，获得晶体管的高密度集成是以大量的成本投入为代价的。尽管这条曲线一直是快速增长的，并不像传统的 S 曲线随着时间流逝会变得平缓。大部分的预测（包括戈登·摩尔本人）都认为晶体管的小型化将在 2017 年左右达到其物理极限。

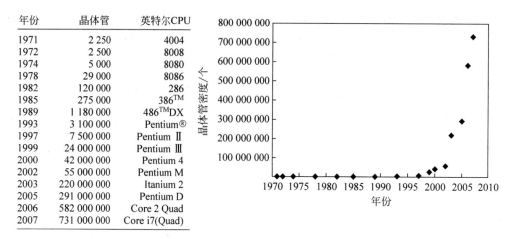

图 3.2 英特尔微处理器的晶体管密度随时间的提高

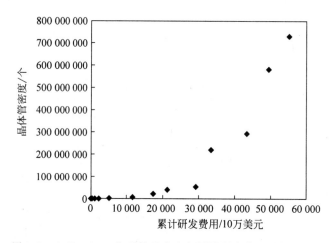

图 3.3 1972—2007 年晶体管密度与累计研发费用增长对比图

技术并不一定都有机会达到极限；新的**不连续技术**(discontinuous technologies)可能导致原有技术的过时。当一种创新实现了类似的市场需求，但是以一种全新的技术为基础时，称之为不连续的技术创新。[9] 例如，从螺旋桨式飞机到喷气式飞机的转变，从卤化银（化学的）摄像到数码摄像的转变，从复写纸到复印机的转变，以及从乙烯基录音技术（或者类似的磁带）到高密度唱片的转变都是不连续的技术创新。

在初始的时候，这种不连续的技术可能在性能上不如原来应用的技术。例如，由于比马车慢得多而且难以操作，1771 年尼古拉斯·约瑟夫·库诺(Nicolas Joseph Cugnot)发明的最早的汽车之一从未投入商业生产。这种车有三个轮子，由蒸汽机驱动，只能达到每小时 2.3 英里的速度。19 世纪发明了许多蒸汽机和汽油机，但直到 20 世纪初汽车才开始批量生产。

在早期阶段，从投入的回报率来看，新技术可能不如现有的旧技术，所以企业通常没有转变的动力。但是，如果这种破坏性技术拥有一条更陡峭的 S 曲线（见图 3.4a）或者其 S 曲线能够达到更高的性能极限（见图 3.4b），就可能到了某个阶段后，在新技术上的投入回报率要比旧技术高得多。产业的新进入企业更倾向于选择这种破坏性的技术,而在位企业面临两难的选择:是努力延长现有技术的生命周期还是投入并转换到新技术上?假如在一定的投入下,破坏性的技术有大得多的性能潜力,那么从长远来看,它很可能取代现有的技术,但是取代的速度各异,甚至差别非常大。

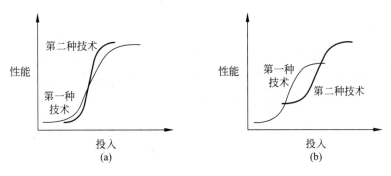

图 3.4 技术的 S 曲线——引入不连续技术

3.3.2 技术扩散的 S 曲线

S 曲线也常常用来描述一种技术的扩散。与技术性能的 S 曲线不同,**技术扩散**(technology diffusion)的 S 曲线图的坐标轴由技术的累积采用者和时间组成。这将得到一条 S 形曲线,因为在初始阶段,当市场推出不为人所熟悉的新技术时,技术采用者的数量缓慢增长;当技术逐渐为人所熟悉并且拥有了大量市场的时候,采用者的数量迅速增加;最后市场达到饱和状态,新采用者数量的增长速度又减慢了。例如,当市场上刚出现电子计算器的时候,首先使用的是一小部分科学家和工程师。这些人在此之前使用计算尺。然后计算器开始渗透到更大的会计市场和商业用户市场中,接着包括学生和普通公众也采用了计算器,市场进一步扩大。在这些市场都达到饱和之后,对于新进入的企业来说,已经没有多少机会了。[10] 一般来说,技术扩散比信息扩散要花费多得多的时间,这是技术扩散更特别的一个特征。[11] 例如,曼斯菲尔德(Mansfield)发现,尽管很多人都意识到工业机器人在工作效率上的巨大优势,但是经过了 12 年之后,在潜在的市场用户中只有一半采用了工业机器人。[12] 假如一项新技术比其现有的解决方案有很大的进步,为什么一些企业向新技术的转变要比别的企业慢得多?问题的答案可能隐藏在新技术包含的知识的复杂性以及使新技术发挥效用的配套资源的开发中。尽管应用新技术的一些必需的知识可以通过手册或者其他文件来传播,但是要完全了解和发挥新技术的潜力,所需的其他一些知识只能通过经验来积累。还有一些关于新技术的知识是不可言传的,需要通过人与人之间广泛的接触才能实现技术扩散。对于一项新技术的潜在可能采用者来说,尽管意识到技术及其潜在的优势,但只有在能够获取这些知识的时候才会采用新技术。[13]

此外,对许多技术而言,只有在一系列配套的资源得到开发之后,这些技术对广大的潜在用户来说才是有价值的。例如,英国化学家汉弗莱·大卫(Humphrey Davy)于 1809 年发明了第一盏电灯的时候,这种电灯并不实用,直到发明了能将灯的电弧包住的灯泡(1835 年詹姆士·鲍曼·林德赛(James Bowman Lindsay)首先制成),以及开发了能将灯泡抽成真空的真空泵(水银真空泵由赫尔曼·斯普瑞格尔(Herman Sprengel)于1875年发明)之后,电灯才具有实用性。这种早期的灯泡只能使用几个小时,直到1880年,托马斯·爱迪生在早期发明家的工作的基础上发明了使灯泡寿命延长到1 200小时的灯丝。在第4章、第5章和第13章,我们将进一步讨论配套资源的作用以及影响技术创新扩散的其他因素。

最后,我们应该清楚技术扩散的S曲线是技术进步的S曲线功能的一个部分,技术如果被更好地开发,对消费者就更加确定和有用,从而促使消费者采用这项技术。此外,由于学习曲线和规模优势可以促进技术进步,成品的价格通常会降低,进一步加速了用户对新技术的采用。比如,图3.5和图3.6显示,录像机、光盘播放机、手机的平均销售价格的降低与它们渗透到家庭的增长相一致。

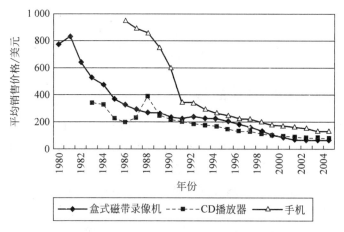

图 3.5 消费性电子产品的平均销售价格
资料来源:消费电子产品协会

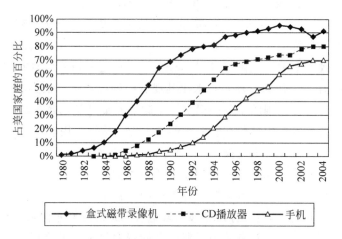

图 3.6 消费性电子产品的渗透
资料来源:消费电子产品协会

3.3.3 S曲线作为描述性工具

几位作者认为,管理者可以运用S曲线模型作为一种工具来预测技术在什么时候达到其极限,也可以用S曲线作为一种指南来说明企业是否以及何时应该转向一种新的革命性技术。[14]企业可以运用其在自有技术上的投入和回报的数据来绘制S曲线,或者使用整个产业在一项技术上的投入以及众多制造商的平均回报数据来绘制。然后管理者可以运用这些曲线来评估一项技术是否将要达到其极限或者识别新技术正在成形的S曲线上将要出现的与企业的S曲线的交叉点。但是,作为一种描述性工具,S曲线模型有几个严重的局限。

3.3.4 S曲线作为描述性工具的局限性

首先,事先预知技术的确切极限是非常罕见的,并且关于什么是一项技术的极限会在企业内部形成相当多的不同意见。其次,技术的S曲线的形状并不是固定不变的。不可预期的市场变化、组件技术或者互补技术都可能缩短或者延长技术的生命周期。此外,企业能够通过自身的研发来影响S曲线的形状。例如,企业通过实行新的开发方法或者改进技术的结构设计来延长S曲线。[15]

克里斯滕森(Christensen)从磁盘驱动器产业中找到了一个这样的实例。一个磁盘驱动器的容量是由其尺寸乘以记录密度决定的,因此,密度成为衡量磁盘驱动器性能的最普遍的尺度。在1979年IBM就已经达到了它认为的以铁素体氧化物为基础的磁盘驱动器的记录密度的极限。因此IBM放弃了这项技术,转向研发薄膜技术,该项技术具有提高记录密度的更大潜力。日立(Hitachi)和富士通(Fujitsu)仍然坚持铁素体氧化物技术,沿着原来的S曲线前进,最终成功实现的密度超过了IBM曾经认为的极限密度的8倍。

最后,转向一种新的技术是否能使企业获利取决于很多因素,包括:(1)新技术所具备的优势;(2)新技术与企业当前的能力是否适应(例如转而采用新技术需要付出的努力,以及发展与新技术相匹配的能力所需要花费的时间);(3)新技术与企业所掌握的配套资产情况是否一致(例如,企业可能缺少关键性的配套资产,或者企业的收入可能主要来源于销售与现有技术兼容的产品);(4)预期的新技术的扩散率。

因此,过于依赖S曲线模型的企业可能过早或者过晚地结束原有S曲线,转向新技术,开始新的S曲线。

3.4 技术周期

前面所述的S曲线模型表明技术的变化是周期性的:每一条新的S曲线从初始的一个紊乱的阶段开始,接着进入快速进步期,然后回到衰减阶段,并最终被新的技术不连续所取代。[16]新的技术不连续地出现能够颠覆现有的产业竞争结构,产生新的赢家和输家。熊彼特(Schumpeter)把这个过程称为创造性的破坏,并认为这是资本主义社会中技术进步的关键推动力量。[17]

若干研究试图识别和描述技术周期中的各个阶段,以便更好地理解技术创新成功或失败的原因,以及在开发或者采用新技术的时候,是否可以判断在位企业与新进入企业谁更可能取得成功。[18]阿特巴克(Utterback)和阿波纳西(Abernathy)提出了一个著名的技术发展模型。他们观察到技术经过几个不同的阶段。在第一个阶段(他们称之为易变阶段),技术和市场都充满了大量的不确定性。在此技术基础上的产品或者服务可能是不成熟的、不可靠的或者昂贵的,但可能适合市场中某些特定领域的需求。在这个阶段,企业对产品的各种特性和结构参数进行试验来评估市场的反应。最后,制造商和客户对于期望的产品性质在某种程度上达成一致,此时就形成了**主导设计**(dominant design)。[19]主导设计建立一种稳定的技术结构从而使得企业能够将投入的重点放在工艺创新上,这使得主导设计的制造更有效;或者企业将重点放在增量的创新上,在主导设计的结构下提高组件的性能。阿特巴克和阿波纳西把这个阶段称为确定阶段,这是因为此时在产品、材料和制造工艺上的创新都是明确围绕主导设计的。例如,在美国绝大部分的能源工业都是以使用矿物燃料(如石油和煤)为基础的,并且在这些燃料的基础上,能源生产的方法已经建立好了。同时,以可再生资源(如日光、风和氢)为基础的能源技术仍然处在易变阶段。例如,荷兰皇家壳牌集团、美国通用电气和加拿大 Ballard Power 等企业正在试验各种形式的太阳能电池、风力涡轮技术以及氢燃料电池,努力找到符合为广大公众服务的性能和成本要求的利用可再生资源的方法。

在阿特巴克和阿波纳西的模型的基础上,安德森(Anderson)和图什曼(Tushman)研究了美国微型计算机、水泥和玻璃产业经过几个技术生命周期变化的历史。像阿特巴克和阿波纳西一样,安德森和图什曼发现每一次技术不连续的出现都开始了一个动荡和不确定的阶段(他们称之为混乱期)(如图 3.7 所示)。新技术可能提供技术性能的突破,但关于技术的主要子系统是什么样的以及它们应该怎样整合在一起,则很难达成一致。因此,在新技术取代旧技术的过程中(安德森和图什曼把这个过程称为置换),充满了大量的设计竞争,企业对技术的各种形式进行试验。安德森和图什曼发现,正像阿特巴克和阿波纳西的模型中那样,除非下一个技术不连续来得太快而中断了原来的技术生命周期,或者几个制造商对自己拥有的技术进行专利保护,拒绝授权给其他制造商,主导设计总是占据了大部分的市场份额。安德森和图什曼还发现,主导设计和最初的技术不连续在形式上从来都不一样,并且主导设计也从来不是最先进的技术。主导设计倾向于将能最好地实现市场的主体需求的技术特征整合成一个统一体,而不是在技术的任何一个单一维度上追求性能的最优化。

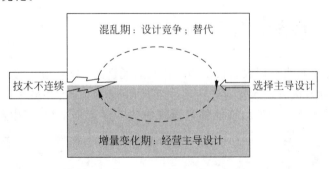

图 3.7　技术生命周期

用安德森和图什曼的话来说，主导设计的出现是技术从混乱期过渡到增量变化期的信号。[20] 在这个时期，企业把焦点放在提高效率和市场渗透上，企业试图通过提供差异化的式样和价格来赢得更大的市场份额。企业还可能努力简化产品结构或者改进生产工艺来降低生产成本。这个阶段产业的技术进步大部分都是由这样的小的改进积累而成的，并且这样的状态一直持续到下一个技术不连续出现。

理解企业在不同阶段的研发内容有助于洞察为什么成功的企业往往拒绝过渡到一项新的技术，即使新技术具有极大的优势。在增量创新期，许多企业停止投资于研发替代性的设计结构，代之以投资于提炼与主导设计相关的企业竞争力。大部分竞争围绕组件的改进为中心进行，而不是改变设计的结构；因此，企业将投入聚焦在开发组件技术以及主导设计的互补技术上。随着企业的运作规范和能力与主导设计的结合越来越紧密，企业越来越难以识别一项主要结构的创新，并难以对这样的结构创新做出反应。例如，在主导设计的结构下，企业可能已经按照各主要组件建立了各个部门，并且在组件之间相互作用方式的基础上组织各部门之间的沟通。在企业努力吸收和处理其所能获取的大量信息的过程中，很可能建立某种过滤机制，以便企业能够识别对其掌握现有技术结构来说更至关重要的信息。[21] 当企业的专业技术、组织结构、沟通渠道以及信息过滤机制都围绕现行主导设计下竞争力最大化而构建的时候，这些就成为企业识别并对新的技术结构做出反应的障碍。

虽然许多产业都与这个模型一致，存在主导设计，但仍有例外。在某些产业，产品及其制造工艺的差异化是价值的主要决定因素，因此不需要主导设计。[22] 例如，艺术和烹饪就是典型的这种产业，它们更需要不同的做事情的方式，而不是遵从某一种标准。

研究花絮：创新的扩散和采用者类别

技术扩散的 S 曲线被解释为在不同的时间阶段，不同类型的用户采用新技术的过程。一种主流的技术创新用户的分类方法是由埃弗雷特·M. 罗杰斯（Everett M. Rogers）提出的。[①] 图 3.8 给出了罗杰斯在一条技术扩散曲线上对每一种创新用户进行的分类。该图还表明，如果纵轴表示非累积的创新用户份额，横轴表示时间，将得到一条典型的钟形曲线（尽管实际中曲线可能向左或者向右倾斜）。

革新者

革新者是指第一批采用创新技术的用户。他们的购买行为非常具有冒险性，他们偏好于高度的复杂性和不确定性。一般来说，革新者拥有大量的金钱（并因此能够承受采用新技术失败所导致的损失）。尽管采用新技术的革新者为数极少，而且不都能很好地整合为一个特定的社会群体并以此影响周围的环境，形成一种潮流，但他们在技术创新的扩散过程中扮演了非常重要的角色，因为他们是把新技术和新概念引入整个社会系统的人。罗杰斯估计，对于某一项技术创新，所有创新用户的前 2.5% 属于革新者这一类。

早期采用者

创新用户的第二类称为早期采用者。早期采用者形成了一个比较完整的社会群体并且很有可能成为引领新潮流的群体。早期采用者在所处的环境中是受他人尊敬的，并且

[①] E. M. Rogers, *Diffusion of Innovations*, 3rd ed. (New York: Free Press, 1983).

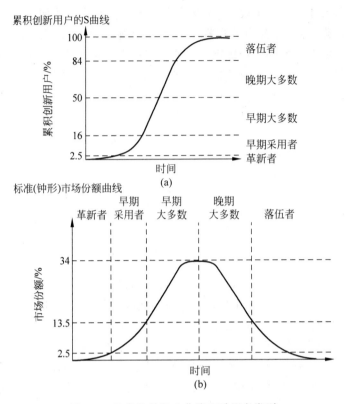

图 3.8 技术扩散的 S 曲线和采用者类别

他们知道,为了保持这种尊敬他们必须做出采用创新的决定。潜在的其他创新用户期望得到早期采用者的信息和建议,因此早期采用者成为新产品或新工艺的极好的传教士。罗杰斯估计,在革新者之后采用新技术的 13.5% 的创新用户属于早期采用者。

早期大多数

罗杰斯认为,在这样一个特定的社会系统中,接下来采用新技术的 34% 的创新用户可以归入早期大多数这一类。早期大多数在采用技术创新上只是比整个社会系统中的一般人稍微早一点点。他们通常不是引领潮流的人,但是这一类人数量众多,并且相互之间的交流和影响比较频繁。

晚期大多数

按照罗杰斯的分类方法,接下来的 34% 的创新用户称为晚期大多数。和早期大多数一样,晚期大多数占了所有创新用户的 1/3。晚期大多数中的人对采用创新持怀疑态度,直到从周围的人中感受到了压力之后才成为创新用户。晚期大多数可能在资金上比较匮乏,所以很难投资采用新技术,直到有关创新的不确定性大部分都已经消除。

落伍者

创新用户中的最后的 16% 称为落伍者。在做决策的时候,他们主要根据过去的经验,而不是从社会网络中受到的影响,并且他们几乎没有新潮的观念。他们对于创新和革新者持高度怀疑的态度,在他们看来,只有不采用技术创新才能确保不会失败。

研究花絮:"零利润区"——微软面临的严峻挑战

1980—2011年,微软在个人操作系统领域占据霸主地位,并且在极大程度上影响着计算机硬件和软件领域的方方面面(参见第4章"微软崛起的故事")。尽管操作系统行业的竞争一直存在(如Unix、Geoworks、NeXTSTEP、Linux和苹果操作系统等),但绝大多数时间微软还是能稳定占据约85%的市场份额。然而2011年,微软在操作系统领域的霸主地位却遭到前所未有的挑战。下一代操作系统霸主地位的争抢正在激烈展开,而在这一轮战役中,微软甚至很难被算作第一梯队。

"零利润区"

英特尔的前任CEO安迪·格罗夫(Andy Grove)1998年曾说到,在许多产业(包括微处理器、软件、摩托车以及电车)中,技术进步曲线的斜率要比客户需求曲线的斜率大。企业常常以超出客户接受能力的速度给产品增加特性(速度、功率等)。为什么企业要向客户提供超出其需要的性能呢?答案在于市场细分和技术供应商的定价目标。由于产业中的竞争致使价格和利润都下降,企业常常努力将销售转向日益增长的高端市场。在高端市场上,高性能和多功能的产品能够获得更高的利润。尽管随着时间的推移,客户也会追求更高性能的产品,但是为了完全利用新功能,客户需要学习怎样使用新功能并随之调整自己的工作和生活习惯,这使得客户应用新功能的速度减慢了。因此,虽然技术进步曲线和客户需求曲线都是向上倾斜的,但是技术进步曲线更为陡峭(为简便起见,在图3.9中技术曲线画成了直线,并且横轴用时间作为尺度,这是为了与客户需求曲线相比较)。

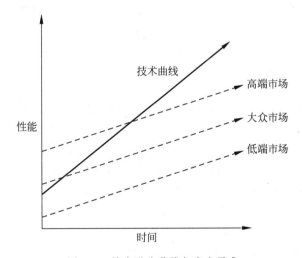

图3.9 技术进步曲线与客户需求

在图3.9中,技术曲线的起点处的技术性能和大众市场的需求是接近的,但随着时间的推移,由于企业将目标定在高端市场,技术性能的提高要快于大众市场的预期。随着技术价格的上升,大众市场可能会认为对这些没有价值的技术特性支付的过多。在图3.10中,低端市场是不能吸引企业为之提供服务的;它不是要求客户为其不需要的技术支付的过多,就是技术根本不能满足客户的需求。这样的市场就是英特尔的前任CEO安迪·格罗夫所说的零利润区。

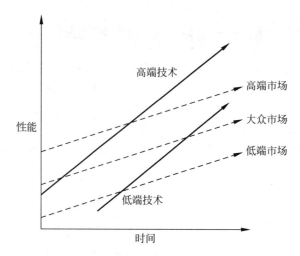

图 3.10　低端技术曲线与大众市场相交

对于英特尔来说,零利润区是指低端的个人计算机市场(价格低于 1 000 美元)。虽然在利润方面零利润区可能是没有吸引力的,但如果忽略,它就会成为培育低端技术企业的土壤。正如格罗夫所说,"不引人注意、水平低下的并且看起来没有利润空间的低端市场却能够作为肥沃的土壤,培育大量竞争。"①

当企业沿着技术曲线,用类似的技术服务于低端市场时(这样的技术曲线的斜率仍然大于客户需求曲线的斜率),它们最终能够达到某种符合大众市场需求的性能水平,同时价格要比高端技术低得多(如图 3.10 所示)。在这一点上,那些提供高端技术的企业可能突然发现自己损失了大部分的销售收入,而赢得这些销售额的是之前的低端市场竞争者。例如,1998 年,不断提高的微处理器运算速度和不断下降的价格使得在 1 000 美元以下的个人计算机占据了 20% 的市场份额。

微软面临的挑战

那么微软面临的"零利润区"具体在哪呢?每个人想想自己正在使用的产品就一目了然。2011 年,苹果 iOS 操作系统和谷歌安卓操作系统一同占据了智能手机市场 60% 左右的市场份额,而微软的产品的占比只有 11%。苹果 iOS 操作系统和谷歌安卓操作系统兼具性能和美观,而开放式开发平台的模式对开发者和消费者都有着极强的吸引力,这样的模式孵化出大量的手机应用,从常规应用到新奇应用应有尽有。

当时站在传统经济的视角,因为微软认为人们不会有那么高的应用使用频率,并且运营商拥有太高的议价权等其他诸多原因,手机操作系统市场对微软并没有那么大的吸引力。然而随着智能手机操作系统逐渐演变为一种桌面级的操作系统,能够满足并替代计算机具备的基本功能。陡然间,苹果和谷歌占据的智能手机操作系统的市场份额渐渐转化为计算机操作系统的份额。虽然称霸这一领域长达数年,微软的霸主地位依旧岌岌可危。这一次挑战带来的结果无法预测;2011 年,微软已经成为一个集合资本、人才等资源的超强战队,但这是它第一次处于劣势竞争地位背水一战。

---

① A. S. Grove,"Managing Segment Zero," *Leader to Leader*,1999,p. 11.

3.5 本章小结

1. 对技术创新进行分类可以使用不同的维度。最为广泛使用的分类维度包括产品创新与工艺创新、根本性创新与增量性创新、提升性能的创新与破坏性能的创新以及结构性创新与组件性创新。

2. 以技术性能和累积投入作为坐标轴构建直角坐标系时,经常能得到一条S形的技术曲线。这表明,对一项新技术来说,在初始阶段,技术的基本原理还在设计中,技术性能的提升是困难的而且成本很高,当技术被更好地掌握之后,性能开始加速提升,当最后技术达到其内在极限的时候,性能的提升速度又减慢了。

3. 技术被市场采用的速度随时间变化的曲线也是一条典型的S曲线。在开始阶段技术看起来是不确定的,并且对用户来说采用新技术成本很高、风险很大。技术的不确定性逐渐被消除(并且技术的成本也下降了),这使得技术被更大份额的市场采用。最终随着市场达到饱和或者被更新的技术所取代,技术的扩散速度又开始放慢。

4. 技术随时间的进步率往往快于客户的技术需求随时间的增长率。这表明,开始符合大众市场需求的技术可能最终超出了市场的需求。此外,初始阶段仅仅服务于低端市场(零利润区)的技术可能最终符合大众市场的需求并夺取初始阶段高端技术占据的市场份额。

5. 技术的变化通常遵循一种周期模式。首先,一项技术不连续导致出现一个混乱和不确定的时期,制造商和客户都在探索新技术带来的各种可能性。随着制造商和客户在期望的技术结构上达成某种程度的一致,就产生了一种主导设计。主导设计提供了一个稳定的产业标准,使得制造商们将注意力转移到提高生产效率和产品的增量性创新上。当下一个技术不连续产生时,又开始了一个新的这样的周期。

6. 在技术不连续产生的初始阶段的第一种技术设计几乎不可能成为主导设计。在一种技术设计成为主导设计之前,通常存在这样一个阶段:各个企业设计许多不同的技术结构,相互竞争。

7. 当主导设计形成时,它很少具备当时最先进的技术特性。主导设计是一系列最好地满足了大部分制造商和客户需求的技术特性的有机整合。

术语表

技术曲线(technology trajectory):技术在其生命周期中所经过的轨迹。这条轨迹可以指技术性能的进步速度、技术的扩散速度或者所关心的其他技术属性的变化。

根本性创新(radical innovation):一种在技术上很新,并且与现有的技术解决方案不同的技术创新。

增量性创新(incremental innovation):对原有的技术进行相对较小的改变或者调整的技术创新。

能力提高(破坏)型创新(competence-enhancing/destroying innovation):一种建立在

现有的知识和技巧的基础上(使现有知识和技巧过时)的创新。一项创新是提升性能的创新还是破坏性能的创新取决于从哪个角度去看。对某一个企业来说是提升性能的创新，对另一个企业来说可能是破坏性能的创新。

元件(或者模块)创新(component or modular innovation)：对于一个或者多个元件的技术创新，整个系统的结构并没有受到严重的影响。

构架创新(architectural innovation)：改变了整个系统的结构，或者改变了系统的组件之间相互作用的方式的技术创新。

不连续技术(discontinuous technologies)：以全新的技术基础满足类似的市场需求的技术。

技术扩散(technology diffusion)：一项技术在所有人中的推广。

主导设计(dominant design)：大多数制造商采用的产品设计。随之产生一种稳定的技术结构，整个产业的主要投入集中在这样的技术结构上。

讨论题

1. 在位企业拒绝采用新技术的原因有哪些？
2. (1) 在位企业或者新进入企业更可能开发新技术吗？为什么？
   (2) 在位企业或者新进入企业更可能采用新技术吗？为什么？
3. 考虑在学习或者工作期间你曾经研究过的一个技术创新的例子。如果使用本章开头描述的维度，你会怎样描述这个创新？
4. 技术进步和技术扩散都表现为 S 形曲线的形式的原因有哪些？
5. 为什么技术进步常常要快于客户需求的提高？一个企业开发超出当前市场需求的高端技术的优势和劣势有哪些？
6. 你认为什么样的产业技术生命周期特别短？什么样的产业技术生命周期特别长？产业技术生命周期长度的可能影响因素有哪些？

补充阅读建议

经典著作

Anderson, P., and M. L. Tushman, "Technological discontinuities and dominant designs," *Administrative Science Quarterly* 35 (1990), pp. 604-633.

Bijker, W. E., T. P. Hughes, and T. J. Pinch, *The Social Construction of Technological Systems* (Cambridge, MA: MIT Press, 1987).

Dosi, G., "Technological paradigms and technological trajectories," *Research Policy* 11 (1982), pp. 147-160.

Henderson, R., and K. Clark, "Architectural innovation: The reconfiguration of existing product technologies and the failure of established firms," *Administrative

Science Quarterly 35（1990），pp. 9-30.

Utterback,J. M. , and W. J. Abernathy,"A dynamic model of process and product innovations,"*Omega* 3（1975），pp. 639-656.

近期著作

Baldwin,C. Y. , and K. B. Clark, *Design Rules: The Power of Modularity* （Cambridge,MA: MIT Press,2000）.

Christensen,C. M. , *The Innovator's Dilemma: When New Technologies Cause Great Firms to Fail* （Boston: Harvard Business School Publishing,1997）.

Rogers,E. , *Diffusion of Innovations*, 5th ed. （New York: Simon & Schuster Publishing,2003）.

Schilling,M. A. ,and M. Esmundo, "Technology s-curves in renewable energy alternatives: Analysis and implications for industry and government," *Energy Policy*,37（2009），pp. 1767-1781.

Sood,A. ,and G. J. Tellis, "Technological evolution and radical innovation," *Journal of Marketing* 69,no. 3（2005），pp. 152-268.

 尾注

1. R. L. Daft and S. W. Becker, *Innovation in Organizations* （New York: Elsevier,1978）; T. D. Duchesneau,S. Cohn,and J. Dutton, *A Study of Innovation in Manufacturing: Determination, Processes and Methodological Issues*, vol. 1（Social Science Research Institute, University of Maine,1979）; and J. Hage, *Theories of Organization* （New York: Wiley Interscience,1980）.

2. R. D. Dewar and J. E. Dutton, "The Adoption of Radical and Incremental Innovations: An Empirical Analysis," *Management Science* 32（1986），pp. 1422-1433; and J. Dutton and A. Thomas,"Relating Technological Change and Learning by Doing," in *Research on Technological Innovation, Management and Policy*, ed. R. Rosenbloom（Greenwich,CT: JAI Press,1985）, pp. 187-224.

3. C. Scuria-Fontana,"The Slide Rule Today: Respect for the Past; History of the Slide Rule," *Mechanical Engineering-CIME*, July 1990,pp. 122-124.

4. H. Simon, "The Architecture of Complexity," *Proceedings of the American Philosophical Society* 106（1962），pp. 467-482.

5. L. Fleming and O. Sorenson, "Navigating the Technology Landscape of Innovation," *Sloan Management Review* 44,no. 2（2003），p. 15; and M. A. Schilling,"Towards a General Modular Systems Theory and Its Application to Interfirm Product Modularity," *Academy of Management Review* 25（2000），pp. 312-334.

6. R. Henderson and K. Clark,"Architectural Innovation: The Reconfiguration of Existing Product Technologies and the Failure of Established Firms," *Administrative Science Quarterly* 35（1990），pp. 9-30.

7. R. Foster, *Innovation: The Attacker's Advantage* （New York: Summit Books,1986）.

8. R. Garud and M. A. Rappa,"A Socio-Cognitive Model of Technology Evolution: The Case of

Cochlear Implants," *Organization Science* 5 (1994), pp. 344-362; and W. E. Bijker, T. P. Hughes, and T. J. Pinch, *The Social Construction of Technological Systems* (Cambridge, MA: MIT Press, 1987).

9. Foster, *Innovation*.
10. R. Brown, "Managing the 's' Curves of Innovation," *Journal of Consumer Marketing* 9 (1992), pp. 61-72.
11. E. Rogers, *Diffusion of Innovations*, 4th ed. (New York: Free Press, 1995).
12. E. Mansfield, "Industrial Robots in Japan and the USA," *Research Policy* 18 (1989), pp. 183-192.
13. P. A. Geroski, "Models of Technology Diffusion," *Research Policy* 29 (2000), pp. 603-625.
14. Foster, *Innovation*; and E. H. Becker and L. M. Speltz, "Putting the S-curve Concept to Work," *Research Management* 26 (1983), pp. 31-33.
15. C. Christensen, *Innovation and the General Manager* (New York: Irwin/McGraw-Hill, 1999).
16. P. Anderson and M. Tushman, "Technological Discontinuities and Dominant Designs: A Cyclical Model of Technological Change," *Administrative Science Quarterly* 35 (1990), pp. 604-634.
17. J. Schumpeter, *Capitalism, Socialism and Democracy* (New York: Harper Brothers, 1942).
18. See, for example, J. M. Utterback and W. J. Abernathy, "A Dynamic Model of Process and Product Innovation," *Omega, the International Journal of Management Science* 3 (1975), pp. 639-656; and D. Sahal, *Patterns of Technological Innovation* (Reading, MA: Addison-Wesley Publishing Co., 1981).
19. Utterback and Abernathy, "A Dynamic Model of Process and Product Innovation"; F. F. Suarez and J. M. Utterback, "Dominant Designs and the Survival of Firms," *Strategic Management Journal* 16 (1995), pp. 415-430; and J. M. Utterback and F. F. Suarez, "Innovation, Competition and Industry Structure," *Research Policy* 22 (1993), pp. 1-21.
20. P. Anderson and M. Tushman, "Technological Discontinuities and Dominant Designs: A Cyclical Model of Technological Change," *Administrative Science Quarterly* 35 (1990), pp. 604-634.
21. R. Henderson and K. Clark, "Architectural Innovation: The Reconfiguration of Existing Product Technologies and the Failure of Established Firms," *Administrative Science Quarterly* 35 (1990), pp. 9-30.
22. M. E. Porter, "The Technological Dimension of Competitive Strategy," in *Research on Technological Innovation, Management and Policy*, ed. R. S. Rosenbloom (Greenwich, CT: JAI Press, 1983); and S. Klepper, "Entry, Exit, Growth, and Innovation over the Product Life Cycle," *American Economic Review* 86 (1996), pp. 562-583.

第 4 章

标准之争与主导设计

蓝光与HD-DVD：高清视频的标准之争

2003—2008年，索尼和东芝开始了一场争夺下一代视频格式的高风险战争。索尼所采用的技术是蓝光，而且得到了由飞利浦、松下、日立等公司组成的财团的支持。东芝采用了HD-DVD技术，得到了DVD论坛的支持，成功地成为DVD的官方格式。[①] 这两种新格式都采用了蓝色激光，蓝色激光的波长比传统的CD和DVD所采用的红色激光短很多，因此可以读入更密集的信息。[②] 这项技术的目标是在家里通过高端液晶和等离子电视，以及高清视频和环绕声音频获得像剧院一样的享受。[③] 然而，格式通常无法匹配。用户、销售商和电影制作者都一直经受着格式战役的折磨，这场战役非常类似于发生在30年前的索尼Betamax和JVC VHS的视频标准之争。那场战役造成了许多消费者的不幸，例如，购买Betamax播放器的消费者发现很少有电影可以用这种格式播放，销售商则因为缺少需求的Betamax播放器和影片卖不出去而备受困扰。出于对格式争夺的担忧，许多销售商和顾客延迟了对新一代播放器的购买，他们试图等待市场选择出优胜者。由于担心这场战役持续时间长、花费高，电子产品制造商开始生产能同时与两种标准匹配的播放器，虽然这样做会极大地提高成本。

2008年年初，东芝已经为它的格式找到了几家主要的好莱坞电影制片厂，包括时代华纳旗下的华纳兄弟娱乐公司、维亚康姆（Viacom's）旗下的派拉蒙电影公司、梦工厂动画公司和NBC环球集团旗下的环球电影制片公司，索尼则有自己的索尼影视娱乐公司以及迪斯尼、新闻集团旗下的20世纪福克斯电影公司、狮门娱乐集团（Lions Gate Entertainment）的支持。两家公司都利用电子游戏控制台来宣传自己的标准——索尼的3号游戏站配有一个蓝光设备，而HD-DVD是微软Xbox 360游戏机的可选择的附加驱

[①] Anonymous. "Battle of the Blue Lasers," *The Economist*, December 2, 2004, p. 16.
[②] Brent Schlender, "The Trouble with Sony," *Fortune*, February 22, 2007.
[③] Cliff Edwards, "R. I. P., HD DVD," *BusinessWeek Online*, February 20, 2008.

动器。然而,2008 年 1 月初,在拉斯维加斯举行的消费性电子产品展出前一天晚上,时代华纳宣布它将转而采用蓝光标准。这一事件引发了销售商的链式反应,百思买、沃尔玛和网飞(Netflix)纷纷宣布它们将只库存蓝光 DVD。这一未曾预料的打击对于东芝是毁灭性的。最终,东芝的 CEO 西田厚聪(Atsutoshi Nishida)于同年 2 月 19 日公开表示东芝将不再制造 HD-DVD 播放器、录音机和组件,等于承认了自己落败。①

然而,真正的问题是索尼蓝光的胜利能否长久。2008 年 9 月 12 日,几家科技行业巨头(包括英特尔和惠普)联合宣称将与好莱坞合作创立能够使电影下载快捷方便的标准。截至 2009 年年底,流媒体发展迅猛。2011 年,蓝光 DVD 的销量首次突破 20 亿美元,不过流媒体影片的销量增长更快。

问题讨论

1. 你认为是什么因素导致消费者、销售商和电影制作商支持蓝光而不是 HD-DVD?
2. 为什么东芝和索尼不能合作建立一个共同的标准?
3. 如果 HD-DVD 没有退出市场,市场是会选择唯一的胜利者还是会让两种格式都存在下去?
4. 使用单一视频格式标准对于消费者是有益还是有害? 对于消费性电子产品制造商和电影制作商又如何呢?

4.1 概述

前一章中描述了在技术创新过程中会反复出现的模式以及其中一个模式——主导设计的出现。正如安德森和图什曼所指出的,技术发展周期总是会有一个阶段,在这个阶段产业会出现**主导设计**(dominant design)。主导设计一旦出现,无论是生产者还是客户就会将主要精力放在产品的制造、交付、市场化以及使用的效率上,而不是继续开发和考虑采用其他技术。本章将研究产业为什么会迫于压力选择某一技术作为主导设计,然后将考证价值的多维特性,而价值往往对哪一技术成为主导设计具有重要影响。

4.2 为什么要选择主导设计

许多市场为什么总是围绕一个主导设计而不是选择多种技术呢? 一个主要原因就在于许多产业具有采用收益递增效应,即一个技术被采用得越多,它的价值就会越大。¹ 复杂技术所体现的收益递增效应通常表现为它被采用得越多,技术提高得也越多。采用一项技术通常会产生收益,这些收益可以用来进一步开发研究,并对原有技术进行升级。另外,随着对技术的使用,对技术的了解增加,从而使技术本身和技术采用都得到提高。最后,当一项技术被广泛采用之后,一些配套产品将被开发出来,这些配套产品是专门针对这一技术的。技术采用的这些特点导致了技术的锁定效应,加速了主导设计的出现,而主

---

① Kenji Hall,"DVD Format Wars: Toshiba Surrenders," *BusinessWeek Online*, February 20, 2008.

导设计并不在于技术本身的优劣。递增收益的两个最主要的来源是学习效应和网络外部性。

4.2.1 学习效应

充分的证据显示,一项技术被采用越多,发展就越快,采用的效果越好,效率也就越高。[2] 一旦一项技术被采用,就会有销售收入,这些收入可以用来投资,进一步研发,进一步改进原有技术。而且,随着对该技术积累经验的增多,就可以寻找更为有效的方法使用该技术,包括组建一个可以提升技术采用的组织体系。因此,技术被采用得越多,就会变得越好。

学习效应一个很好的体现就是有关生产或成本的累积生产效应——学习曲线。每当生产者重复一个生产过程时,他们将会使得它更有效率,通常会提出新的技术方案以减少生产成本或降低废品率。组织学习型学者通常用累积产出函数来模拟学习曲线,表现为随着产量的增加,产出增长或成本降低,但无论产出增长率还是成本降低率都随产量的增加而减少(见图4.1)。比如,在研究航天器和比萨饼两个不同行业时,研究人员发现随着产量的增加,单位产品(如航天器和比萨饼)的成本都下降了。

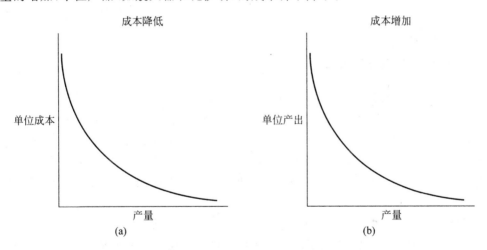

图 4.1 标准学习曲线

学习曲线的标准格式为 $y=ax^{-b}$,y 表示生产第 x 个产品需要的直接劳动时间,a 表示生产第一个产品需要的直接劳动时间,x 表示产品的产量,b 表示学习效率。经研究发现这个模型在相当大的产品和服务范围内都非常有效,包括汽车、轮船、半导体、制药甚至心外科手术。[3] 学习曲线也被用在多种业绩考核方面,如生产率、单位总成本、故障率和单位消耗量。[4]

虽然学习曲线在组织学习中的应用范围非常广泛,但不同的组织在学习效率上有着本质的不同。[5] 管理人员和学者们对于为什么同一过程中不同组织取得不同进步非常感兴趣。对于这个问题,研究人员分析了很多原因,包括观察公司的学习效率是如何受到过程升级的项目、人为性创新、与客户和供应商的接洽的影响的。[6] 最后发现学习效率会受诸如任务性质、组织战略以及组织经验的影响。

前期培训和吸收能力

公司在前期培训上的投资可以通过建立公司的吸收能力而提高未来学习效率。[7] **吸收能力**(absorptive capacity)是指当人们学习之后,就会增加他们未来吸收信息的能力。公司的前期相关培训加强了它识别未来信息价值的能力,并能有效地利用这些信息。比如,在开发一项新技术的时候,公司通常在方案正常运行之前采用一些不成功的技术或配置。这些试验在公司内部会形成一些基本的经验,包括各个关键组件的性能,哪一个方案更容易成功,公司在什么类型的项目上更容易获得成功等。这些经验能够促使公司更快地对新材料、新技术、新方法做出评价。吸收能力效应表明公司如果在其他公司之前开发出新技术可以获得先发优势。那些不愿意在技术开发方面进行投资的公司会发现采用技术后期开发策略更困难,成本也更高。这就部分解释了为什么企业一旦在技术开发上落后,就很难赶上。

总的来说,就某一技术而言采用它的公司越多,对它改进得越多,与这个技术相关的吸收能力累积就会越多,与之相关的技术开发也会更加有效率、有效果。而且,随着公司开发互补技术来提高核心技术的生产率和适用性,这个技术就会对其他公司有更强的吸引力。总之,学习效应表明,早期的技术提供者由于有足够的时间来改进新技术,与后来的技术提供者相比,往往具有先发优势(然而,正如我们将在第 5 章中讨论的那样,早期的技术相对市场而言,可能早了些)。

4.2.2 网络外部性

许多市场都具有**网络外部性**(network externalities)的特点,或者说是正消费外部特性。[8] 在具有网络外部性特点的市场里,一个产品用户的收益会随着同类产品用户的增加而增加。具有网络外部性的市场最典型的例子就是实体网络,比如铁路和通信。铁路会随着铁路网的增加(更多的可到达目的地)变得更有价值。同样,如果仅有很少一部分人拥有电话——拥有电话的人数与电话网的大小直接相关,那么电话的用处就不会太大。

网络外部性在那些没有实体网络的市场中也会出现。比如,产品的兼容性比较重要的时候,一个产品用户的收益将会随着使用同类产品的用户数的增加而增加。某一特定技术用户的数目称为该技术的**用户保有量**(installed base)。一个计算机平台的用户可能会基于该平台下其他用户的数目而不是平台的技术性能来确定是否选择该平台,因为这样能够方便不同用户之间的文件交换。比如,许多人选择了基于 Windows 操作系统和英特尔微处理器平台的计算机,是因为 Wintel(Windows 和英特尔)平台拥有大量的用户保有量,从而用户的文件就可以在最大的用户保有量之间相互兼容。另外,用户在某一个特定平台上培训的价值也会随着该平台用户保有量的增加而增加。如果用户必须在某一个平台上接受培训,用户一定会选择他认为能够使自己的培训技能得到广泛运用的那个平台。

当**配套产品**(complementary goods)比较重要的时候,市场的网络外部性表现将非常明显。许多产品仅仅是功能性的或者并非必不可少的,需要有一套可行的配套产品来实现功能(比如为 VCR 配套的录像带、为放映机配套的影片等)。一些公司既生产主要产品,也生产它的配套产品(如柯达公司既生产照相机也生产胶片),也有一些公司需要其他公司为自己的产品生产配套产品或服务(比如计算机制造商经常需要其他生产厂家为自己的客户提供软件和服务)。具有大量用户保有量的产品能够吸引大量的生产厂家为其生产配套产品,在本章的开头已经证明了这一点:因为 Windows 操作系统具有大量的用户保有量,大多数软件生产商都努力使自己的产品能在 Windows 平台上稳定运行。既然配套产品的可行性影响用户对操作系统的选择,那么配套产品的可行性也影响用户保有量的规模,从而形成了技术自增强循环(见图 4.2)。

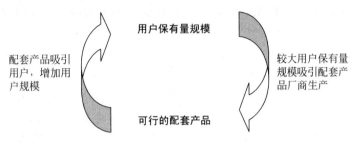

图 4.2 用户保有量和可行配套产品的自增强循环

自增强循环可以通过微软公司在操作系统市场上以及后来在图形用户界面市场上的主导地位生动地予以证明,我们将在下面的"理论应用"专栏中进行讨论。微软公司在用户保有量上的先发优势带来了在配套产品上的先发优势。这些网络外部性优势促使微软公司将 Geoworks 和 NeXT(也有人认为还有苹果公司)等几家可能成为竞争对手的公司赶出市场。

理论应用:微软的崛起

20 世纪 80 年代起,微软公司的 Windows 视窗产品在个人计算机操作系统市场上占据了大部分份额。操作系统是计算机的核心程序,在此基础之上运行其他程序。操作系统负责识别从键盘上输入的内容以及将要输出的内容显示在显示器上,管理磁盘上的文件和目录并且控制外部设备。由于操作系统决定了在它之上的应用软件的设计模式,所以微软公司在操作系统市场上的主导地位(优势)使得它在整个软件产业中具有强大的影响力。但是,微软作为一个软件产业的霸主,它的诞生很大程度上是由于当时一系列特定的环境因素。如果当时的环境是另外一种情况,微软公司可能就不会有现在的辉煌。

1980 年,个人计算机上采用的操作系统主要是由加里·基尔戴尔(Gary Kildall)发明,并由基尔戴尔的数字研究公司市场化的 CP/M 系统。基尔戴尔在 1972 年接受英特尔公司聘请为英特尔 4004 微型处理器编写程序,这个 4004 处理器是第一个真正意义上的微型处理器,可以进行日常运算。同年晚些时候,英特尔公司开始销售 8008 处理器,它可以作为一台计算机使用,基尔戴尔受聘为该芯片编制程序语言,这个程序语言就是 PL/M(Programming Language/Microcomputers)。①

---

① P. Korzeniowski,"DOS: Still Thriving after All These Years," *Software Magazine* 10, no. 6 (1990), pp. 83-112.

当 Memorex 和 Shugart 向市场提供软盘（IBM 公司研发）代替原来的穿孔卡（机读卡）时，基尔戴尔发现没有一个接口程序能够使该软驱与英特尔的微处理器进行数据交换，因此他开发了一个磁盘操作系统来解决这个问题。这个磁盘操作系统起名为 Control Program/Microprocessor(CP/M)[①]，CP/M 能够用于基于英特尔微处理器的任何计算机。

1980 年之前，世界上最大的计算机生产商 IBM 对生产个人计算机并没有浓厚的兴趣，IBM 管理层认为个人计算机市场仅仅是由一小撮计算机业余爱好者组成的。然而，当商业上开始采用苹果计算机进行一些基本运算和文档处理的时候，IBM 开始紧张起来。IBM 突然意识到个人计算机市场的巨大潜力，如果想在这个市场上有所作为，必须加快进入市场的步伐。IBM 管理层认为自己已经没有足够的时间再去开发自己的处理器和操作系统，因此打算采用英特尔的微处理器和基尔戴尔的 CP/M 操作系统。有关 IBM 和基尔戴尔没有最终达成协议的说法有很多，其中之一就是当 IBM 的代表去找基尔戴尔的时候，他刚好在外面驾驶飞机，虽然 IBM 代表给基尔戴尔的妻子多萝西·麦克尤恩（Dorothy Mcewen）留下了联系方式，但并没有说明白该事情的重要商业价值，一段时间之后 IBM 没有收到基尔戴尔的回音；另一种说法是基尔戴尔不情愿通过任何协议长期受制于 IBM，想保持一定的独立性；还有一种说法是基尔戴尔只对开发新的技术感兴趣，而对最终产品的战略价值没有兴趣。无论出于哪一种原因，总之基尔戴尔最终都没有和 IBM 签订协议。

迫于时间压力，IBM 求助于为该系统提供其他软件的比尔·盖茨（Bill Gates），问他是否能够提供一个操作系统。虽然当时比尔·盖茨并没有自己的操作系统，但他说能够提供。比尔·盖茨从西雅图计算机公司买了一个 16-bit 的操作系统（基本上是 CP/M 的复制品），然后对它进行重新研究开发以匹配 IBM 个人计算机。这个重新研究成功的产品起名为 Microsoft DOS。随着 DOS 和 IBM PC（第一年销售达到 25 万台）一起捆绑销售，这个产品很快就具有了大量的用户保有量。另外，那些依靠复制品来填补 IBM PC 市场空白的其他个人计算机生产商也采用 Microsoft DOS 系统来确保它的产品与 IBM PC 能够兼容。由于 Microsoft DOS 是 CP/M 的复制产品，它可以兼容那些原来专门为 CP/M 操作系统开发的软件。特别是当它和 IBM PC 捆绑销售之后，基于该操作系统更多的软件（配套产品）开发出来，并且得到广泛应用。Microsoft DOS 不久之后就被确立为行业标准，微软公司也成为世界上成长最快的软件公司。

"我们能够在第一时间将技术市场化并建立标准，我们在促进软件厂家在该平台上进行开发并巩固标准方面非常成功。"微软产品经理惠伦（B. J. Whalen）认为，"一旦你获得进展，就会产生雪球效应。在这个平台上的用户越多，越多的人就会更倾向于利用这个平台，在这个平台上进行软件开发的厂商也会越多。"

后来，微软公司又开发了图形界面操作系统——Windows，该操作系统很大程度上是仿制了苹果计算机的友好界面。微软公司通过将 Windows 与 DOS 绑定，将 DOS 用户保有量顺利转变为 Windows 操作系统的用户保有量。微软公司也努力确保能为 Windows 与 DOS 开发一些兼容性应用程序，包括自己亲自进行一些应用程序开发和鼓励第三方软

[①] S. Veit, "What Ever Happened to...Gary Kildall?" *Computer Shopper* 14, no. 11 (1994), pp. 608-614.

件开发商支持该平台。微软公司借助其在操作系统方面的垄断地位也为其许多其他产品（如 Word Processing、Spreadsheet Processing、Presentation Program）扩大了市场份额，同时也影响了计算机软、硬件产业的许多方面。然而，如果当初基尔戴尔与 IBM 签订了合作协议，或者康柏(Compaq)和其他计算机公司没有仿制 IBM 的个人计算机，今天计算机行业将会是另外一种情况。

多个公司可能就某一技术联合起来建立联盟努力影响主导设计的选择。[9] 这在本章开头的案例中得到了充分体现。前面的内容主要分析了在市场竞争中主导设计的出现，但有时候主导设计的出现是通过政府的强制性来实现的。

4.2.3 政府管制

在一些行业，在技术的兼容性中受益的消费者会促使政府强制介入，在法律的框架下依附于一个主导设计。在公用事业、电信和电视等行业中常常是这种情况。[10] 例如，1953 年，美国联邦通信协会通过了国家电视系统协会在电视广播中的色彩标准，以确保装有黑白电视机的个人能通过网络接收彩色电视节目（尽管他们看到的是黑白图像），这个标准在 2003 年仍然适用。类似的，1998 年，当美国进行无线技术格式之争时，欧盟采用了单一的无线电话标准（用于移动通信的通用标准，即 GSM）。通过选择统一的标准，欧盟避免了内部标准的混乱，确保了欧盟内部不同国家之间或一个国家内部通信的畅通。

当政府强制性在一个行业中选择某一技术作为技术标准的时候，基于这个标准的技术必然会主导对有可能进入市场的其他技术的选择。有关主导设计对消费者福利的影响将在本章末尾的"理论应用"专栏进一步探讨。

4.2.4 结果：赢家通吃的市场

所有这些因素都促使市场向自然垄断发展，仅有一些可选择性的技术依靠占有一小部分市场生存下来，而大部分市场被一个（或几个）技术所主导。一个能将自己的技术发展成为市场主导设计的公司通常可以获得巨大盈利，甚至可以在几代产品上占据主导地位。当一个公司的技术被选择作为主导设计的时候，不仅意味着公司有能力在短期内赢得近乎垄断的利益，而且公司也处于能够影响行业发展趋势的有利位置，极大地影响将来几代产品的走向。但是，如果公司支持的技术没有被作为主导设计，它可能被迫采用主导技术，严重丧失在自己原创技术上的投资成本、学习成本和品牌，更糟的是可能被市场拒之门外。因此标准之争是高风险的游戏——最终导致完全的赢家和彻底的失败者。

采纳主导设计后的收益不断增长暗示了技术的发展轨迹是以**路径依赖**（path dependency）为特征的，这意味着一些相对较小的历史事件可能对最终的结果有很大的影响。尽管技术的质量和优势毫无疑问地影响它的最终命运，但另外一些与技术本身优劣无关的因素也起着很重要的作用。[11] 例如，时间很关键，早期的技术一旦被确立，后来的技术即使被认为更优，也很难在市场上立足。技术被谁发起以及怎样发起对技术的采用也有很大的影响。比如，如果一个非常有影响力的公司发起一项新技术（可能对供应商和分销商施加压力来获得他们的支持),这项技术有可能获得市场的主要份额,并将其他技术挡在市场之外。

主导设计能够延伸技术的生命周期。一旦主导设计被采用,它将影响生产者和消费者就该技术积累起来的知识、经验,它也将促进该行业中解决问题的技术方法的发展。公司将会在已有知识的基础上开拓、发展,而不会重新开辟另一个陌生的领域。[12] 这就导致了技术发展的一个黏性现象,并且会引导该领域未来的技术走向。[13] 因此,主导设计可能会影响技术断裂式发展的特点。

赢家通吃的市场显示了完全不同于和平竞争、竞争者共存的市场的特点。在这个市场中要想获得成功,必须采用不同的公司战略。技术上占优的产品并不是总能够获胜,只有那些懂得如何管理价值的多维性,并通过它引导技术选择的公司才能够获胜。

4.3 价值的多维性

一项技术给予消费者的价值常常是一个多方面的集合体。我们首先考虑技术本身的价值,然后研究技术本身的价值如何与用户保有量规模、配套产品创造的价值相结合。[14] 在**收益递增**(increasing returns)的市场上,这种结合往往会影响哪一个技术可能成为主导设计。

4.3.1 技术本身的价值

一项技术给予消费者的价值包括多个方面,比如为消费者提供技术功能上的价值、美学感受、应用的便捷性等。为了研究一项新技术为消费者提供的不同功用,钱恩·金(W. Chan Kim)和雷内·莫博涅(Renee Mauborgne)绘制了一张"消费者功用图"。[15] 他们认为为了理解一项新技术对消费者的功用,应将技术的功用划分为6个层次,将消费者的经历划分为6个阶段。

6个阶段分别为:购买、交付、使用、增补、维修、处置;6个功用水平分别为:生产率、简明性、方便性、风险、娱乐和外形、环保。由这6个阶段和6个功用水平形成具有36个小区域的功用图(见图4.3),每一个小区域表示提供给客户一定的价值。

一项新技术提供给客户的价值可以用一个小区域来衡量,也可以用几个小区域的组合来衡量。比如,如果零售商建立了网上预定系统,则它们提供给顾客的主要新功用为购买阶段的简化。同时,如图4.3所示,本田氢电汽车的推出,在客户的使用阶段给予顾客更高的生产率(以节约汽油的形式)、外观收益、环保,在增补、维修阶段提供了与燃油汽车一样的简单、方便性。

金和莫博涅的模型主要是针对消费产品设计的,但是他们的设计原理也适用于生产性产品甚至是购买者功效的其他方面。比如,功用图的生产率可以用多个指标,如速度、效率、可伸缩性、可靠性等来表示,而不是仅仅用客户生产率来表示。这个功效图为管理者提供了一个从技术价值的多维性和客户经历的多个阶段考虑问题的思路。此外,技术带给客户的收益必须考虑获得收益或采用技术时的成本,即收益成本率决定价值。

	购买	交付	使用	增补	维修	处置
生产率	价格比非混合动力汽车略低		速度和功率与非混合动力汽车相当	为补充燃料而停驶的次数减少，节省金钱和时间		
简明性	购买者也许会感到难以评估汽车价值		操作起来像普通的内燃引擎汽车	和普通内燃引擎汽车一样补充燃料		混合动力需要更大的电池，在达到使用寿命时需要进行循环利用和妥善处置
方便性		通过传统销售渠道出售	不必担心电源插座	在普通加油站可以买到燃料	同普通内燃引擎汽车一样保养	
风险			购买者可能面临更大的风险，因为产品使用了新技术		购买者可能很难找到替换部件，因为产品采用了新技术	也许难以转售，或者转售价格较低
娱乐和外形		外形显得环保				
环保	购买者感觉自己在支持环境友好型汽车的发展		低污染	需要少量的矿物燃料		

图 4.3　本田氢电汽车消费者功效图

资料来源：Reprinted by permission of Harvard Business Review. Exhibit from "Knowing a Winning Business Idea When You See One," by W. C. Kim and R. Mauborgne, September-October 2000. Copyright © 2000 by the Harvard Business School Publishing Corporation; all rights reserved.

4.3.2　网络外部性价值

在具有网络外部性特点的行业，技术创新给用户带来的价值不仅是技术本身收益成本比的函数，而且是用户保有量规模和可行的配套产品形成价值的函数（见图 4.4(a)）。[16] 因此，Windows 操作系统的用户由于采用该系统而拥有的价值包括：技术本身拥有的价值（比如，操作系统可以为用户使用计算机提供便利）；操作系统用户保有量规模（这些用户之间可以方便地进行数据交流）带来的价值；兼容软件易得性带来的价值。以这样的视角去看待技术创新的价值就会很容易理解为什么在功能上很先进的技术却不能够替代市场上已经被广泛应用而在功能上相对比较落后的技术。即使一项创新在功能上有很大的优势，但它给予消费者的总体价值未必高于现有技术，这种情况在 NeXT 的案例中得到很好的体现。1985 年，史蒂夫·乔布斯（Steve Jobs）和苹果计算机公司的 5 位高级管理成员共同成立了 NeXT 公司，并在 1988 年生产了第一台计算机。这台计算机拥有 25MHz Motorola 68030 芯片组、8MB 的内存，当时，这台计算机要比其他计算机先进得多，具有强大的图形处理功能，甚至能运行在当时看来是最先进的面向对象的操作系统（NextStep）。然而，这台计算机不能与当时已经成为主导标准的 IBM 个人计算机（基于英特尔处理器和微软操作系统）相兼容，因此当时市场上大部分应用软件都不能在该计算机上运行。一小部分早期采用者购买了 NeXT 个人计算机，但是由于相应的配套软件极其缺乏和对公司的生存能力表示怀疑,它仍然得不到市场的青睐。公司不得不在1993年中断了硬件生产线,在1996年中止了NextStep的研发。

这一幕同样出现在2012年的智能手机操作系统市场上,但这次苹果iOS系统和谷歌安卓系统这两个竞争对手势均力敌。两个操作系统都拥有十分强大的功能和美观的界面,并且都建立了活跃的开发者社区,源源不断地提供给用户有趣而且实用的手机应用。同时通过强有力的市场扩张和分销手段,两个操作系统都获取了可观的用户保有量。基于不同的数据获取时间、不同的地域范围、不同的产品种类,两者的市场份额都有着较大的浮动,但2012年年初,在黑莓的塞班系统和微软的Windows7逐渐淡出市场竞争之时,苹果和谷歌开始了一对一的正面竞争。

如图4.4(b)所示,一项新技术本身带来的价值超过市场上现有技术本身所能带来的价值还不够,新技术必须能够给消费者提供总体上更大的价值。新技术要想与市场上的现有技术竞争,必须给消费者提供足够的功效,足以抵消市场上现有技术带给消费者的总体功效,包括技术本身带来的价值、已有用户规模带来的价值和存在配套产品带来的价值。

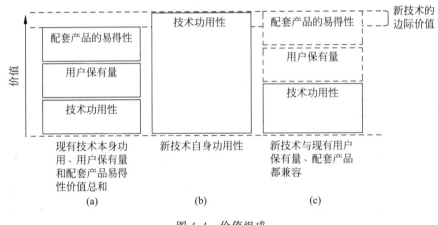

图4.4 价值组成

有时候新技术也许会与市场上现有技术的用户保有量、配套产品都兼容,如图4.4(c)所示。在这些案例中,新技术本身只需在功能上给用户提供适当的功效,在总体功效上就会超过现有技术。索尼和飞利浦在新的音频制式——超级音频CD(SACD)方面采用的就是这样的策略,这个超级音频CD是基于一种具有革命性"伸缩性"字节流技术并被称为"直流数字"的高密度多通道音频制式。为了让用户能够自愿采用该技术来代替已经存在的激光唱片机和音乐收藏,索尼和飞利浦让新的SACD技术(在本章前面的"理论应用"专栏已有讨论)与已有的光盘技术相兼容,使SACD播放机具有播放CD的功能。同时,在SACD碟片的制作上除了本身的高密度层之外,又增加了CD音频层,使得该碟片也能够在CD播放机上播放。这样,用户就可以在不放弃原有播放机和音乐收藏的情况下,采用新技术。

用户在比较新旧技术带来的价值时,往往关注客观信息(技术本身、已有用户和可行的配套产品)、主观信息(技术本身的感知、对已有用户和可行配套产品的感知)以及对未来期望(对技术本身的预期、对已有用户和可行配套产品的预期)价值的结合。上面提到的每一个价值组成都有相应的感知或预期价值组成与之对应(见图4.5)。在图4.5(a)中,感知与预期价值组成与相应的实际价值组成成比例,而在图4.5(b)中,却不是这样。比如,对已有用户形成的价值感知大大超过了实际已有用户形成的价值,消费者或许期望某一技术将会比竞争者有更多的用户保有量,这样对由于技术用户保有量形成的期望价值就比目前的大。

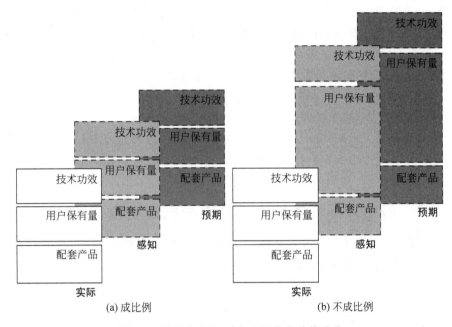

图 4.5 价值的实际、感知和预期的价值成分

公司可以利用用户在评价一项新技术的总体价值时依赖客观信息和主观信息这一事实。比如,一项技术本身拥有的用户保有量规模不大,但通过该技术支持者的广告渲染,在人们的脑海里就会形成该技术的用户保有量规模大的感知。另外,生产商也可以通过预先订货、许可协议、分销安排等方式来加强用户对由已有用户和可行配套产品形成价值的期望。比如,世嘉(Sega)和任天堂(Nintendo)为了争夺16位电视游戏控制台市场而激战时,它们都尽力渲染自己的用户保有量和市场份额,甚至到了欺骗的程度。1991年年末,任天堂声称自己已经在美国市场上销售了200万套任天堂娱乐系统。世嘉不同意任天堂的观点,认为它至多卖了100万套。1992年5月,任天堂声称已经占有了16位市场60%的份额,而世嘉则声称自己拥有63%的市场。[17]既然感知和预期的用户保有量能够影响未来用户的选择,感知或预期的用户保有量规模越大,实际用户保有量也会越多。

这样一种策略也引起了"蒸汽商品"——还没有正式上市或根本不存在,就开始做广告的产品——被许多软件销售商运用。通过在消费者中造成这个产品普遍存在的印象,一旦产品上市,就可以促进该产品被迅速采用。"蒸汽商品"可以帮助公司将产品迅速推向市场。如果其他销售商与公司竞争,而且公司担心在自己的产品上市之前用户已选定主导设计,它就可以运用"蒸汽商品"劝说消费者推迟购买直到自己的产品上市,在这方面电视游戏控制台行业提供了一个很好的例子。当世嘉和索尼都推出它们的 32 位电视游戏控制台(分别为 Saturn 和 PlayStation)的时候,任天堂距离推出自己的 32 位电视游戏控制台仍然需要一段时间,为了预先阻止消费者选择 32 位系统作为下一代控制台,任天堂信誓旦旦地宣称自己将在 1994 年把该产品升级到 64 位(最初将之取名为 Project Reality,意为真实项目),但直到 1996 年该产品才正式面市。这个产品拖延了那么长的时间,以至于一些观察家将其戏称为 Project Unreality(不真实项目)。[18]任天堂在劝说用户等待它的 64 位产品方面做得非常成功,这个项目最终也比较成功。

然而,任天堂并未确保自己在电视游戏市场上的主导地位。当任天堂的 64 位控制台开始大规模生产的时候,索尼发展了自己新一代更为先进的电视游戏控制台 PlayStation 2。索尼在 VCRS 市场和激光唱片市场上的丰富经验使得它在应付价值的多维性方面游刃有余:索尼的 PlayStation 2 游戏机控制台的性能要比任天堂的 64 位游戏机控制台性能好不止两倍;PlayStation 2 向后兼容(用户以前收集的 PlayStation 游戏仍然可以继续使用);许多人认为 PlayStation 2 的销售价格(299 美元)比制造成本都低。另外,索尼还投巨资确保在 PlayStation 2 上市的时候用户可以在市场上买到相应的游戏,同时通过分销商和做广告让用户知道随处都可以买到它们。

4.3.3 网络外部性市场上设计主导权的竞争

前面的图表显示了不同的技术功效和随市场份额而确定的网络外部性收益是如何影响主导设计出现的。接下来的几幅图将通过研究价值随用户保有量规模的变化率来研究网络外部性是否导致最终出现一个主导设计,而不是出现多个主导设计,以及用户保有量达到什么规模才可以获得大部分网络外部性收益。如前所述,当一个产业具有网络外部性时,产品对于用户的价值会随着使用相同或相似产品的用户数量的增加而提高。然而,在大多数情况下价值的提高都不是线性的,价值的提高很可能是如图 4.6(a)中所显示的 S 形。刚开始的时候,收益增长比较缓慢。比如,移动电话的市场占有率达到人口总数的 1%和 5%是无关紧要的——在电话具有更大的价值的时候,电话的市场占有率必须非常高。当市场占有率超过临界水平之后,网络外部性收益随市场份额的上升迅速增加,直到达到某一市场占有率——这个时候大部分网络外部性收益已经获得,之后网络外部性收益率又开始下降。考虑本章前面的操作系统的例子:如果一个操作系统拥有的用户保有量太少,就几乎不会有软件开发商为它编写应用软件,于是它对于用户的价值就会很低。市场份额从 1%到 2%的增长几乎不会产生什么影响——软件开发商仍然不会被这个平台吸引。只有操作系统的使用超过了某个临界水平,才值得为它开发应用软件,而操作系统的价值也会迅速增加。一旦操作系统占据了足够大的市场份额,用户很可能获得了绝大部分的网络外部性价值。而且可获得的软件不断增加的增长率使得用户所获得价值的边际效应减小。

下面我们考虑技术的独立功能。在图 4.6(b)中,将技术自身的功效加上去之后,整个曲线在 4.6(a)的基础上向上移动。例如,如果一个操作系统拥有使用极其简单的界面,在任何一个用户保有量水平下,这个技术的价值都会提高。当两项技术有不同的自身功效时,它们具有相关性。

第 4 章 标准之争与主导设计 71

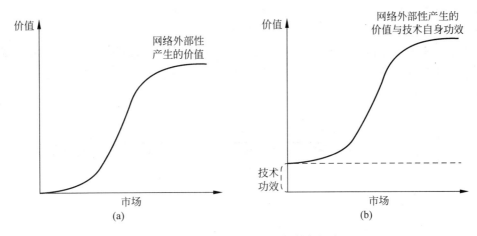

图 4.6 随市场份额变化的网络外部性收益

如果有两项技术在市场上在为争夺主导设计而相互竞争,正如本章前面所讲的那样,用户将会考虑各个技术的总体产出(期望)价值。在图 4.7 中,两项技术,A 和 B 都为用户提供相似的技术功效,且有相似的网络外部收益曲线。为了阐明这两家公司争夺市场份额产生的竞争效应,图 4.7 把市场份额而非用户保有量放在水平轴上,技术 B 的曲线依市场占有率的方向反向画,这样便于比较两个技术在不同市场划分(即如果技术 B 占有 80% 的市场份额,则技术 A 占有 20% 的市场份额等)情况下提供的价值。如图 4.7 所示,在技术 A 的市场占有率小于 50%(从而技术 B 的市场占有率将大于 50%)的任何一点上,技术 B 将给用户提供更大的价值,技术 B 对用户更具吸引力。同理,在技术 A 的市场占有率大于 50%(从而技术 B 的市场占有率将小于 50%)的任何一点上,技术 A 将给用户提供更大的价值。当市场占有率均为 50% 时,它们为用户提供相同的价值。然而,如果两项技术能获得同样的网络外部性回报,一项技术提供更大的技术功效,则均衡点将向有利于它的方向移动。在图 4.7 的右方,技术 B 提供了更大的技术功效,使技术 B 的

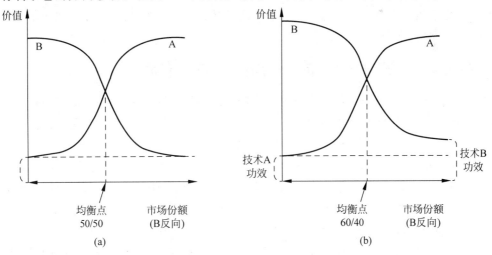

图 4.7 网络外部性收益与技术功效:竞争设计

曲线向上移动。在图中，技术 A 必须占有 60% 的市场份额（技术 B 的市场份额将会小于 40%）才能比技术 B 提供更多的总体价值。

如果当市场份额很小时用户就达到了自己要求的网络外部性收益水平，则会出现另外一个有趣的现象，如图 4.8 所示。在图中，曲线更快地趋向于水平，这意味着消费者在市场份额较低的时候就获得了网络外部性的最大值。

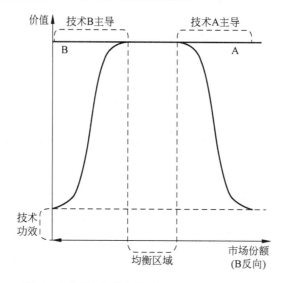

图 4.8　少量市场份额情况下的网络外部性价值

在这种情况下，消费者可能会面临一个相对较大的中立区域，在这个区域中两种技术都不占据主导地位。电视游戏控制台市场就是这样的：用户也许从某一游戏控制台获得了网络外部性收益，这一游戏控制台占有一定的市场（有很多配套游戏，很多用户），但该收益可能是在该游戏控制台没有获得大部分市场份额的时候取得的。比如，即使索尼、微软和任天堂瓜分了游戏市场，但市场上仍然存有大量的可以同时在这三个控制台上运行的游戏，也仍然有很多用户。这样的市场下未必会选定一个主导设计，有可能成功地共存两个或许更多的平台。

4.3.4　赢家通吃的市场对消费者是否有利

传统上，经济学强调的是竞争市场中消费者的福利。但是，收益递增效应使得该问题变得更加复杂，这在针对微软公司的反垄断案（反托拉斯案）中形象地显现出来。当一些分析人士认为微软公司明显采用了反竞争的手段并损害了消费者利益的时候，另外一些人则认为微软的做法是恰当的，它在个人计算机操作系统市场中所具有的绝对优势保证了用户间的兼容，同时创造了更多的软件，因而对消费者是有利的。当一家公司在市场上具有一定的垄断地位时，规则制定机构该如何做出决断呢？考虑该问题的一种方法是比较网络外部性回报和市场份额相对应的垄断成本。网络外部性回报是指代表大部分市场的消费者在采用同一种产品时所获得的价值总和（比如，配套产品可能更容易得到、用户间兼容性可能更强、更多的收入用来推动技术进步等）。垄断成本是指代表大部分市场的消费者采用同一种产品所承担的成本(例如,垄断者可能收取更高的价格,产品的种类更少,可替换技术的创新可能被扼杀等)。网络外部性随市场份额的回报常常表现为 S 形(如以前的章节中所描述的)。但是垄断成本随市场份额变化常常被认为是按照指数级的增长。将它们画在同一张图上可以清楚地表明网络外部性收益与垄断成本之间的权衡。

如图 4.9 所示,只要技术 A 的市场份额小于 X,技术效用和网络外部性带来的收益总和就会超过垄断成本,即使 X 代表一个非常大的市场份额。但是,当技术 A 的市场份额超过 X 时,垄断成本就会超过技术效用和网络外部性带来的收益总和。许多因素会影响这两条曲线的交叉点位置。如果技术 A 的功效较高,曲线就会在大于 X 的位置交会。如果网络外部性收益曲线在较低的市场份额就开始走势平坦(如前面提到的电视游戏控制台市场),那么曲线就会在小于市场份额 X 的地方交会。

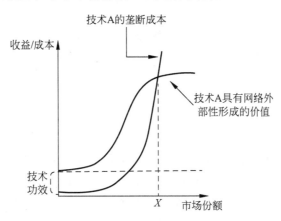

图 4.9　网络外部性收益与垄断成本

垄断成本曲线的陡峭程度是公司行为的一个函数。公司可以选择不使用自己的垄断权,这样就可以使成本曲线变得平缓。行使垄断权的最典型的例子就是价格的垄断,但公司可以选择不收取消费者愿意支付的最高价格。例如,许多人认为微软并没有对 Windows 操作系统收取市场能够承受的最高价格。但是一些公司可以采用更隐蔽的方法来行使垄断权,比如可以通过有选择地帮助一些供应商或配套产品生产商来控制行业发展。很多人认为,微软公司通过这种方式充分使用了它近乎垄断的权力。

4.4　本章小结

1. 很多技术表现出采用收益递增效应,意味着技术被采用得越多,它们就变得越有价值。

2. 收益递增的一个主要来源是学习曲线效应。技术被使用得越多,它就变得越容易理解和发展,导致绩效的提高和成本的降低。

3. 收益递增的另一个关键因素是网络外部性。随着用户保有量的增加,商品对某一个用户的价值在增大,网络外部性的效用也会增大。这是由于许多原因造成的,例如,对兼容性的需求以及配套产品的易得性。

4. 在一些行业，采用单一标准给消费者带来的好处促使政府制定强制性技术标准，例如，欧盟采用 GSM 强制手机标准。

5. 收益递增也会导致"赢家通吃"的市场，一家或几家公司几乎占据了全部的市场份额。

6. 技术对消费者的价值是多维的。技术自身的价值包含诸多因素（如生产率、简明性等）和技术的成本。在收益递增的行业，技术的用户保有量规模和配套产品的易得性将显著影响技术的价值。

7. 消费者综合权衡主观和客观的信息。因此，消费者对某一技术的感知和期望往往与技术提供的实际价值同等重要（或者更重要）。

8. 公司可以通过广告、预先宣告、分销协议等方式影响消费者对某一技术的感知和期望。

9. 网络外部性收益下某一技术的市场份额和技术自身功效的综合效果会影响该技术的市场占有率。在某些行业，当市场份额较小时就可以获得完全的网络外部性收益，这些行业可能存在多个主导设计。

术语表

吸收能力（absorptive capacity）：一个组织认识、吸收和应用新知识的能力。

网络外部性（network externalities）：也称为正消费外部性，一个产品对用户来说，随着同类产品或类似产品用户的增加价值也不断增加。

用户保有量（installed base）：某一产品的用户数量。比如，电视游戏控制台的用户保有量为世界范围内安装在家庭里的控制台的数目。

配套产品（complementary goods）：能够使得其他产品的价值得以体现或提升的辅助产品或服务。比如，电视游戏控制台的价值与电视游戏、外部设备以及包括在线游戏服务在内的互补性产品的可用性直接相关。

路径依赖（path dependency）：对结果极大地依赖导致该结果的事件发生，通常在特定情况下产生的结果不可能再次发生。

收益递增（increasing returns）：收益率会随着用户保有量规模的增大而增大。

讨论题

1. 技术采用收益递增效应的来源有哪些？
2. 对技术采用收益递增效应，有哪些行业在本章中没有提到？
3. 公司可以用哪些办法来增加技术的总体价值并使之有可能成为主导设计？
4. 什么因素能决定一个行业有一个还是多个主导设计？
5. 主导设计对消费者而言有利吗？对竞争对手呢？对配套产品生产商呢？对供应商呢？

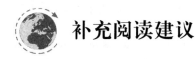

补充阅读建议

经典著作

Arthur, W. B., *Increasing Returns and Path Dependency in the Economy* (Ann Arbor, MI: University of Michigan Press, 1994).

Katz, M., and C. Shapiro, "Technology adoption in the presence of network externalities," *Journal of Political Economy* 94 (1986), pp. 822-841.

近期著作

Gawer, A., and M. A. Cusumano, *Platform Leadership* (Boston: Harvard Business School Publishing, 2002).

Schilling, M. A., "Technological leapfrogging: Lessons from the U. S. video game console industry," *California Management Review* 45, no. 3 (2003), pp. 6-32.

Shapiro, C., and H. R. Varian, "The art of standards wars," *California Management Review* 41, no. 2 (1999), pp. 8-32.

Suarez, F. F., "Battles for technological dominance: An integrative framework," *Research Policy* 33 (1999), pp. 271-286.

尾注

1. W. B. Arthur, *Increasing Returns and Path Dependency in the Economy* (Ann Arbor, MI: University of Michigan Press, 1994).
2. For examples of this, see M. Lapre, A. S. Mukherjee, and L. N. Van Wassenhove, "Behind the Learning Curve: Linking Learning Activities to Waste Reduction," *Management Science* 46 (2000), pp. 597-611; F. K. Levy, "Adaptation in the Production Process," *Management Science* 11 (1965), pp. B136-154; and L. E. Yelle, "The Learning Curve: Historical Review and Comprehensive Survey," *Decision Sciences* 10 (1979), pp. 302-328.
3. L. Argote, *Organizational Learning: Creating, Retaining and Transferring Knowledge* (Boston: Kluwer Academic Publishers, 1999); N. W. Hatch and D. C. Mowery, "Process Innovation and Learning by Doing in Semiconductor Manufacturing," *Management Science* 44, no. 11 (1998), pp. 1461-1477; and M. A. Schilling, P. Vidal, R. Ployhart, and A. Marangoni, "Learning by Doing Something Else: Variation, Relatedness, and the Learning Curve," *Management Science* 49 (2003), pp. 39-56.
4. For examples, see L. Argote, "Group and Organizational Learning Curves: Individual, System and Environmental Components," *British Journal of Social Psychology* 32 (1993), pp. 31-52; Argote, *Organizational Learning*; N. Baloff, "Extensions of the Learning Curve—Some Empirical Results," *Operations Research Quarterly* 22, no. 4 (1971), pp. 329-340; E. D. Darr, L. Argote, and D. Epple, "The Acquisition, Transfer and Depreciation of Knowledge in Service

Organizations: Productivity in Franchises," *Management Science* 41 (1995), pp. 1750-1762; L. Greenberg, "Why the Mine Injury Picture Is Out of Focus," *Mining Engineering* 23 (1971), pp. 51-53; Hatch and Mowery, "Process Innovation and Learning by Doing in Semiconductor Manufacturing"; A. Mukherjee, M. Lapre, and L. Wassenhove, "Knowledge Driven Quality Improvement," *Management Science* 44 (1998), pp. S35-S49; and Yelle, "The Learning Curve."

5. Argote, *Organizational Learning*.
6. J. Dutton and A. Thomas, "Treating Progress Functions as a Managerial Opportunity," *Academy of Management Review* 9 (1984), pp. 235-247; Levy, "Adaptation in the Production Process"; and Mukherjee, Lapre, and Wassenhove, "Knowledge Driven Quality Improvement."
7. W. M. Cohen and D. A. Levinthal, "Absorptive Capacity: A New Perspective on Learning and Innovation," *Administrative Science Quarterly*, March 1990, pp. 128-152.
8. M. Katz and C. Shapiro, "Technology Adoption in the Presence of Network Externalities," *Journal of Political Economy* 94 (1986), pp. 822-841; M. Schilling, "Technological Lock Out: An Integrative Model of the Economic and Strategic Factors Driving Technology Success and Failure," *Academy of Management Review* 23 (1998), pp. 267-284; and M. Thum, "Network Externalities, Technological Progress, and the Competition of Market Contracts," *International Journal of Industrial Organization* 12 (1994), pp. 269-289.
9. J. Wade, "Dynamics of Organizational Communities and Technological Bandwagons: An Empirical Investigation of Community Evolution in the Microprocessor Market," *Strategic Management Journal* 16 (1995), pp. 111-134.
10. Schilling, "Technological Lock Out"; and F. F. Suarez, "Battles for Technological Dominance: An Integrative Framework," *Research Policy* 33, pp. 271-286.
11. W. B. Arthur, "Competing Technologies, Increasing Returns, and Lock-In by Historical Events," *The Economic Journal*, March 1989, pp. 116-131; R. W. England, "Three Reasons for Investing Now in Fossil Fuel Conservation: Technological Lock-In, Institutional Inertia, and Oil Wars," *Journal of Economic Issues*, September 1994, pp. 755-776; and Katz and Shapiro, "Technology Adoption in the Presence of Network Externalities."
12. G. Dosi, "Sources, Procedures, and Microeconomic Effects of Innovation," *Journal of Economic Literature* 26 (1988), p. 1130.
13. Ibid., pp. 1120-1171.
14. M. A. Schilling, "Technological Leapfrogging: Lessons from the U.S. Video Game Console Industry," *California Management Review* 45, no. 3 (2003), pp. 6-32; and Suarez, "Battles for Technological Dominance."
15. W. C. Kim and R. Mauborgne, "Knowing a Winning Business Idea When You See One," *Harvard Business Review*, September-October 2000, pp. 129-138.
16. Schilling, "Technological Leapfrogging."
17. A. Brandenberger, 1995b. "Power Play (B): Sega in 16-Bit Video Games," Harvard Business School case no. 9-795-103.
18. A. Brandenberger, 1995c. "Power Play (C): 3DO in 32-Bit Video Games," Harvard Business School case no. 9-795-104; and Schilling, "Technological Leapfrogging."

第 5 章

进入时机

从 SixDegrees.com 到 Facebook：社交网络的兴起

20世纪60年代，美国社会心理学家斯坦利·米尔格兰姆(Stanley Milgram)做了一个试验：他将信随机发放给了内布拉斯加州的一些人，他要求这些人通过他人将信一级一级地传递并最终送到米尔格兰姆在波士顿做股票经纪人的朋友的手中；每一次，大家都选择传递给看上去可能和这位股票经纪人更相近的人(如取名方式、地域上的相似等)，最终有不少信件都成功送达。通过这个试验，米尔格兰姆发现，每封信平均经手6个人。据此，米尔格兰姆相信世界其实很小，并将这一发现命名为"六度空间"理论。[①] 约翰·瓜雷(John Guare)受此激励将故事搬上舞台，1993年还推出了同名电影，世界上首个社交网站的成立也是受到这一理论启发。1997年，安德鲁·威瑞驰(Andrew Weinrech)成立了 SixDegrees 网站，他试图去影响日益增长的互联网用户，满足人们对于自己通过互联网可能和谁认识的好奇心。通过这个网站，用户可以创建个人资料并邀请朋友加入。[②] SixDegrees 网站吸引了300万的用户，但许多用户认为网站上自己的朋友还不够多且在网站上除了邀请好友、接受好友请求并没有太多其他的事情可做，因此网站对自己并没有很大的吸引力。[③] 没过多久公司就资金紧张并于2000年破产。

2003年上线的 Friendster 由网景公司(Netscape)前工程师乔纳森·艾布拉姆斯(Jonathan Abrams)成立，网站初期获得了40万美元的种子投资，它的本质和SixDegrees相近。Friendster 能够将用户自己的和朋友的社交图谱进行呈现，是"六度空间"理论的一种图形化表现。通过社交图谱，网站限定了谁有资格看哪些页面，这一逻辑设置极大地增加了网页的加载时间。在网站上线的头6个月时间里，Friendster 吸引了150万的用

[①] Schilling, M. A. and Phelps, C. Interfirm collaboration networks: The impact of large-scale network structure on firm innovation, *Management Science*, 2007.53: 1113-1126.

[②] Anonymous. The social networking story. In *Technology Review*, July/August, 2008, p. 40.

[③] Piskorski, M. K., Eisenmann, T. R., Chen, D., and Feinstein, B. Facebook. Harvard Business School case 9-808-128, 2011.

户;谷歌曾出资 3 000 万美元试图收购,但艾布拉姆斯拒绝,而选择了风险投资的 1 300 万美元。① 那一年的时代杂志将 Friendster 评为"2013 年最酷的发明"。同 SixDegrees 一样,尽管这个网站很受欢迎,但社交网络发展所需的基础设施以及如何去使用社交网络都还处于不太成熟的阶段。之后网站的用户数猛增至 700 万,但公司没有足够的服务器去支持如此巨大的访问量,这导致网站的严重瘫痪。公司开始收到成千上万的抱怨,用户也很快流失到其他网站。其他网站都从 Friendster 的这次事故中吸取了经验教训,其中就包括 MySpace。

MySpace 成立于 2003 年,由布拉德•格林斯潘(Brad Greenspan)、克里斯•德沃夫(Chris DeWolfe)及汤姆•安德森(Tom Anderson)创立,他们都来自社区网站巨头 eUniverse。MySpace 模仿了 Friendster 部分较受欢迎的功能,但它起步的时候导入了来自 eUniverse 的 2 000 万订阅者和邮箱注册用户。不同于 Friendster,MySpace 上每个用户的个人资料对所有人可见,这降低了页面阅览权限这一环节的算法复杂度。MySpace 还能够让用户个性化设计自己的个人资料页并且为个人博客、照片、音乐播放都预留了空间。2005 年 MySpace 被传媒巨头新闻集团以 5.8 亿美元的价格收购,一直到 2008 年 MySpace 都是世界上最受欢迎的社交网站。MySpace 同谷歌签订了高达 9 亿美元的广告合同,但网站的大量广告却引起了很多用户的反感。

同一时间,还是在校生的马克•扎克伯格(Mark Zuckerberg)、爱德华多•萨维林(Eduardo Saverin)、达斯汀•莫斯科维茨(Dustin Moskovitz)、克里斯•休斯(Chris Hughes)于 2004 年成立了 Facebook。最初这只是仅供哈佛大学学生使用的网站,2006 年才开始对公众开放。这时,随着人们对于社交网站认知度的上升(以及新闻集团对 MySpace 收购这一事件的影响力),这类项目也越来越容易获得投资,Facebook 在当时就获得了近 5 000 万美元的风险投资。这使得公司有充足的资金进行运转,让网站在初期能够保持一个不受广告污染的"干净"页面。因为更高的安全性,Facebook 逐渐树立起比 MySpace 更好的口碑,同时 Facebook 还有供外部开发者使用的开放平台。在职业经理人的管理下,MySpace 采取的战略是试图自己开发所有的网站功能和应用,而 Facebook 则是把主导权交给市场,这催生了大量社交游戏、产品反馈和自发形成的圈子。Facebook 让用户能够更便捷地设定他人查看自己信息的权限,这让用户更愿意在网站上去分享自己的信息。尽管 MySpace 已经被青少年群体接受,但 Facebook 开始占据 18～30 岁群体这块市场并迅速成为世界上分享信息和图片最频繁的网站。随着企业也开始注册 Facebook 账户,Facebook 逐渐演变为进行品牌推广的一个重要途径。2007 年,Facebook 开放广告销售,但它会根据用户的个人特点、地理位置和喜好等定向推送。从那时起,MySpace 的用户量就开始剧烈下滑。直到 2010 年,MySpace 才承认自己的失败并宣布它今后将主攻细分领域"社交娱乐"。继 2010 年亏损 3.5 亿美元后,MySpace 在 2011 年裁员一半。② 与此同时,Facebook 却以惊人速度增长,至 2012 年它的累计注册用

---

① Anonymous. The social networking story. In *Technology Review*, July/August, 2008, p. 40.
② Hartung, A. How Facebook beat MySpace. *Forbes*, January 14, 2011.

户已达 9.01 亿。①

　　Twitter 于 2006 年由杰克·多西成立,它的切入角度则不同于以往,它限制用户只能发送 140 字以内的短消息,即微博。同时,用户还可以订阅他人的消息,即关注他人。消息对于公众都是默认可见的,但用户也有权限将消息设为仅对关注者可见。根据广为流传的说法,在 2007 年的西南交互娱乐年会上(每年春天在得克萨斯奥斯汀举行,年会覆盖电影、交互媒体和音乐领域),走廊的电子屏幕上放出 Twitter 的信息流,参会人员发出的消息能够马上通过屏幕显现出来,这成为 Twitter 的爆发点。Twitter 消息十分吸引人眼球,整个会场很快对这一有趣的社交媒介形式热烈讨论起来。Twitter 的盈利模式是付费广告模式,希望能够提升检索结果排序的人或机构都需要进行相应付费(同谷歌的关键词广告模式类似)。截至 2012 年,Twitter 的活跃用户达 1.12 亿。② 尽管 Twitter 的用户增长令人惊叹,但许多人并不认为它对 Facebook 构成很大威胁,因为它对"微博"形式的依赖意味着它只能吸引 Facebook 覆盖的用户中的一部分(其余的 Facebook 更希望通过照片、小组讨论等形式进行),并且 Facebook 还通过整合 Twitter 的部分功能来进行对抗,如在其信息流中加入实时地理位置显示的功能。

　　除了以上提及的网站,近些年还涌现出不少其他的社交网站,包括不少在细分领域大获成功的产品。例如,2003 年成立的 His 是一个针对南亚人群的婚恋社交网站,这一网站在亚洲地区广受追捧,截至 2007 年吸引了近 500 万名用户。LinkedIn 则是一个职业社交网络,从更严肃的职场社交切入;尽管它没有吸引为 MySpace 和 Facebook 贡献大量流量的青少年群体,但它稳步积累自己的目标用户,到 2012 年时注册用户数量也达到 1.01 亿。

　　专家分析认为,对于现有社交网站最大的威胁可能来自谷歌。2007—2012 年,谷歌收购了一系列可能对 Facebook 构成威胁的社交网站或平台,包括和 Friendster 类似的 Orkut,社交网站开发平台 OpenSocial 以及社交网站工具 Friend Connect,但是至今没有一个产品获得成功。谷歌后来还开发了 Google Buzz 同 Twitter 直接进行竞争;然而这一产品默认用户的邮箱地址对公众是可见的,电子数据隐私信息中心(EPIC)就此向联邦商业委员会(FTC)指控 Buzz,称他们违背了用户的意愿、牺牲了用户的隐私,更违反了谷歌的隐私条例和联邦相关法律。③ 因此,谷歌同 FTC 达成协定同意在接下来的 20 年间都接受隐私审查。

　　但谷歌并未因此气馁,2011 年它又推出 Google＋来对抗 Facebook。Google＋允许用户像在 Facebook 那样分享自己的图片和近况;而且它还能够同时支持视频聊天且拥有更强大的分组功能,这是一项保障用户隐私的重大进步。截至 2012 年,Google＋已经积累了超过 1 亿的用户,但它能否颠覆 Facebook 的领先地位值得商榷。图 5.1 展示了这些年社交网站的发展情况。

---

　　① Data from Techcrunch. com and Comscore.
　　② Data from Techcrunch. com and Comscore.
　　③ Piskorski, M. K., Eisenmann, T. R., Chen, D., and Feinstein, B. Facebook. Harvard Business School case 9-808-128, 2011.

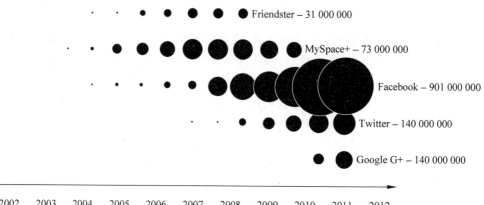

图 5.1 社交网站发展时间轴

问题讨论

1. 为什么第一个社交网站失败了？它们本可以通过什么措施挽回败局？
2. 是什么使得 MySpace 比 Friendster 和 SixDegrees 更成功？又是什么使得 Facebook 能够颠覆 MySpace？
3. 将用户锁定在特定的社交网站需要哪些品牌转换成本？
4. 什么因素决定了 Google＋是否能够取代 Facebook？

 ## 5.1 概述

上一章指出有些产业具有采用收益递增特性，即一项技术被越多的人采用就越有价值。在这样的产业，一个较早采用某项技术的企业可以获得具有自我增强效应的优势，比如可以获得更多资金对该项技术进行改善、获得更多互补产品的机会以及较低的顾客不确定性等。然而，这些引起采用收益递增效应的因素，同样可以使早期的技术不具有吸引力：如果这些技术的早期使用者很少或者缺乏互补产品的支持，该技术就不能吸引顾客。除了以上列举的因素外，还有很多其他先发者优势或劣势都能对与进入时机相关的成功可能性造成一定影响。

某个产业的竞争企业通常可以被分为三类：**先发者**(first movers)（也称为倡导者），即最早提供某项产品或服务的企业；**早期跟随者**(early followers)（也称为早期领导者），即那些较早进入某个市场但不是最早进入的企业；**晚进入者**(late entrants)，即那些在产品已经开始向大众市场渗透时才进入的企业。有关先发者、早期跟随者和晚进入者哪个最有优势的研究一直存在很大争议。一些对早进入者（包括先发者和早期跟随者）和晚进入者进行过比较分析的研究发现，早进入者可以获得更高的收益和存活率，这与先发者（或至少是早行动者）有优势的观点一致。[1] 然而，另一些研究却表明，最早进入某个市场的企业往往是最早失败的企业，这也是早期跟随者比先发者取得更好业绩的原因。[2] 还有一些研究主张，先发者虽然面临更大的生存风险，但是也可能取得更高的回报。[3] 许多因素都影响着进入时机对企业生存及利润的影响。本章将首先分析先发者的优势和劣势,进而更深入地讨论究竟哪些因素决定了最佳进入时机,以及它们对企业进入时机选择战略的意义。

 ## 5.2 先发者优势

成为一个先发者会取得如下优势:品牌忠诚、技术领先、优先获取稀缺资源以及开拓购买者转换成本。[4] 此外,在具有采用收益递增效应的产业,早进入者会取得积累学习经验及网络外部性等优势,这些优势都有随时间自我增强的特性。[5]

5.2.1 品牌忠诚和技术领先

一家将某项技术引入市场的企业在该技术领域可以长期赢得技术领先者的名声,即使竞争对手引入了竞争产品,这样的名声也可以帮助公司塑造自己良好的企业形象、赢得顾客的品牌忠诚以及市场份额。此外,企业可以利用技术领先的地位塑造顾客对产品形式、特征、价格以及其他特性的期望。当后来企业进入市场时,企业已经掌握了顾客的需求特性。如果顾客所需求的技术的某些方面难以被后来企业所模仿(如受到专利或版权的保护、属于先发企业独特的能力),成为技术领先者就能帮助企业获得长期的**垄断利润**(monopoly rents)。即使技术特性是可以模仿的,先发者仍然有机会在竞争对手进入市场之前建立起品牌忠诚。

5.2.2 优先获取稀缺资源

早进入市场的企业可以优先获取关键地段、政府许可、分销渠道以及供应商关系等稀缺资源。

例如,那些希望提供无线通信服务的企业,必须从政府那里获得使用某段特定频率无线电波进行信号传递的权利。在美国,联邦通信委员会(FCC)专门负责将不同波段的无线电波(无线电频谱)的使用权分配给提供无线电服务的企业。FCC首先根据不同的目的(如数字电视传播、第三代无线通信等)以及地理区域将无线电频谱分成几个不同的部分。然后,FCC会将这些不同波段的无线电频谱进行拍卖,出价最高的企业将获得其使用权。这就意味着那些早进入无线电服务领域的企业能够优先获得某段无线电波的使用权,这将有效阻止其他企业提供类似服务。截至2003年,无线服务的激增已经使无线电频谱成为一种稀缺资源,而FCC也面临巨大压力,不得不允许那些持有无线电频谱使用权的企业将未使用的波段转让给其他企业。

5.2.3 把握购买者转换成本

顾客一旦接纳了一个产品,要转用其他产品时,往往会面临转换成本。例如,一个产品最初的成本本身就构成了转换成本的一部分,此外转化成本还包括为其配备的互补产品的成本。对于复杂产品来说,顾客必须花时间熟悉它的使用,此时时间也会成为一种转换成本,阻止顾客转换到其他产品。如果购买者面临转换成本,即使市场上其他生产商又推出了具有更好性能的产品,那些早已抓住顾客的早进入企业将继续留住顾客。这也正是 QWERTY 键盘能取得市场主导地位的原因。1867 年,克里斯托弗·肖尔斯(Christopher Sholes)开始试着制作一个键盘。当时,人们还是通过机械键盘往纸张上输字母,而在机械键盘上连续快速敲打两个键,往往会造成键之间的卡壳现象。19 世纪,当用键盘往纸上录字时,键击打的是纸张背面,因此人们并不能直接观察到键的卡壳,而是要等到纸张被抽出以后才能发现。因此,键的卡壳在 19 世纪是一个相当严重的问题。这也导致肖尔斯在设计键盘时,故意将那些经常同时出现的键尽量在键盘上分散开来。此外,QWERTY 键盘还有意让左手的负担过重。在 QWERTY 键盘上,人们单独用左手能输出 3 000 多英文单词,而单独用右手只能输出 300 多英文单词。这种键盘布置方式能减缓连接字母的输入,从而降低键相互卡壳的可能性。[6]

随着时间的推移,许多能够增加录入速度或减少录入疲劳的更好的键盘开始逐渐被人们引入市场。例如,Hammand-Blickensderfer"理想"键盘把最常用的字母都置于底端,以便容易够着,并且整个键盘总共只有三行。再如,Dvorak 键盘将五个元音字母和三个最常用的辅音字母置于中心行,并且把经常组合出现的字母分别放置在左、右手从而可以减少疲劳。然而,QWERTY 键盘早期取得的统治地位意味着所有打字员都是在 QWERTY 键盘上培训出来的。1932 年 Dvorak 键盘被引入市场时,有成千上万的打字员已经习惯了使用 QWERTY 键盘,而让他们重新学习使用新键盘造成的转换成本,远远超出了他们承受的意愿。[7] 尽管上等轮式键盘(包括后来的电子键盘)的出现完全排除了键卡壳的可能,QWERTY 键盘仍然牢牢占据着市场主导地位。据说奥古斯特·德沃夏克(August Dvorak)去世时曾非常痛苦地说道:"我对为人类做出点儿有意义的事情已经感到累了,他们就是不愿意改变!"[8]

5.2.4 获取收益递增优势

如果产业趋向于采用一个主导设计,企业投资新技术开发的时机将对企业能否成功具有关键影响。例如,对于一个具有采用规模收益递增效应的产业,成为早期产品提供者能够取得巨大优势:早期被采用技术能通过自我增强的正向反馈机制取得很好的市场势力,并会在这种势力的保护下逐渐成为主导设计。英特尔公司便是一个很好的例子。

1971 年英特尔公司的特德·霍夫(Ted Hoff)发明了微处理器,而到 1975 年比尔·盖茨和波尔·阿伦发现,该微处理器可以被用来运行盖茨编写的 BASIC 程序。当 BASIC 程序开始在计算机热衷者中流行起来时,越来越多的应用软件也在它的基础上开发出来,这些应用软件同时也优化了英特尔微处理器的结构。后来,IBM 也在其 PC 机中采用了英特尔公司的 8088 微处理器,从而使英特尔公司取得了市场主导地位。自此之后,英特尔公司的每一代产品都成为市场上的标准。[9]

5.3 先发者的劣势

尽管人们注意到先发者存在上述优势,仍有人认为,企业不宜过早进入一个市场。对 50 种产品的历史数据进行研究后,杰勒德·特里斯(Gerard Tellis)和彼得·戈尔德

(Peter Golder)发现,先发者失败的概率更高,约达47%,其平均市场占有率却只有10%。[10]与此相反,早期领导者(即那些在先发者之后进入市场并在产品生命周期的早期成长阶段取得领导地位的企业)的平均市场份额却几乎是先发者的3倍。[11]特里斯和戈尔德指出,之所以认为先发者具有优势,是因为我们对于先发者的概念存在误解。例如,今天很少有人会对宝洁公司宣称它们创造了一次性尿布市场提出异议[12],事实上,宝洁公司进入该市场比Chux(强生集团下属子公司的一个品牌)要晚30年。20世纪60年代中期,《消费者报告》曾经将宝洁公司的帮宝适(Pampers)和强生的Chux都列为消费者最喜爱的品牌,但是随着时间的推移,帮宝适越来越成功而Chux却逐渐淡出市场,这才导致人们以为宝洁公司是一次性尿布市场的最早进入者。

其他一些研究发现,尽管先发者会比其他进入者取得更多的收益,然而他们也要面临更高的成本,这也是他们长期利润更低的原因。[13]先发者通常需要花费大量的资金开发新产品或新服务所需的技术,此外还经常需要为开发供应和分销渠道支付一定的费用,有时还得支付顾客的教育成本。而后进入企业经常可以直接利用先发者在研发上的投资,当市场确定下来以后,后进入企业还可以更好地把握消费者需求,从而避免早进入者经常犯的错误,此外还可避免**在位企业惰性**(incumbent inertia)。[14]后进入企业也可以直接利用新的但更有效率的生产工艺,而先发者要么被早期的技术所羁绊,要么不得不为重建生产系统而花费大量的资金。[15]

5.3.1 研发支出

开发一项新的技术往往需要花费大量的研发成本,而最早开发这项技术的企业不得不为此买单。先发者为了成功开发一项技术,除了要支付该技术的研发成本外,经常还需要为技术路径中其他未能成功商业化的技术承担研发成本。此外,为了开发市场上尚不存在的生产工艺和互补产品,先发者还需要为此承担额外的费用。而新产品开发的失败率却高达95%,因此,第一家开发未经证明的新技术的企业,不仅要承担很高的成本,还要承担很高的开发风险。

相反,后进入企业通常无须对实验室的研究进行投资。一旦某个产品被投入市场,竞争对手将能很快得知如何制造该产品;后进入企业还可以根据市场对某些技术特征的反应来决策自己的开发方向。因此,后进入企业不仅可以节省开发成本,还能开发出与市场偏好更贴近的产品。

5.3.2 尚未开发的供应和分销渠道

当一个企业引入世界性新技术时,市场上往往没有合适的供应商和分销商,因此企业经常要面临独自建立供应和分销渠道的艰巨任务,或者帮助现有供应商开发相关产品。例如,当DEKA准备开发IBOT自我平衡式轮椅时,现有市场上没有一家企业能提供其所需的一种球式轴承,DEKA不得不自己开发模具来生产这种轴承。DEKA的创始人迪恩·卡门(Dean Karmen)说:"没有人愿意开发这种新型的球式轴承,但是为了使轮椅上的引擎能正常工作,我们不得不自己开发这个产品。"[16]

5.3.3 不成熟的必备技术和互补品

当企业开发新技术时,它们经常需要依赖其他生产商提供**必备技术**(enabling technologies)。例如,尽管 PDA 的开发商们已经开发出具有强大处理能力的手掌大小的产品,仍然需要电池和调制解调器技术的进一步发展才能充分释放出该产品的潜力。因为只有很少数的 PDA 生产商涉及电池或调制解调器的开发,大多数 PDA 企业都得依靠电池或调制解调器生产企业开发相关产品。

如第 4 章所述,许多产品的使用都需要有互补品,例如计算机需要软件、相机需要胶卷、汽车需要加油和公路服务等。当一项新技术被引入市场,而一些重要的互补品还没有得到充分的开发时,创新的采用经常会被延迟。燃料电池驱动型汽车开发(见"理论应用"专栏)的例子很好地解释了互补产品和基础设施的缺乏有可能成为早期行动者的严重障碍。

理论应用:"氢经济"遇到的障碍

燃料电池利用氢和氧之间的化学反应来产生电能,它的效率比内燃机还高。内燃机只能将汽油燃烧产生能量的 20% 左右转化成对汽车的驱动力,而燃料电池可以将这个数字提高到 40%~60%,而且它的能源可以是任何富含氢的液体或气体。[①] 氢是地球上含量最多的元素之一,而且可以通过许多方法得到,例如电解水和甲醇蒸馏等。此外,氢燃料电池产生的废气只有水蒸气和二氧化碳。因此,氢是一种不会枯竭而且非常环保的燃料来源。[②] 使用氢驱动汽车(包括其他东西)可以缓解人类对日益枯竭的石油资源的依赖,而且可以大大减轻汽车对环境的污染。许多从事氢燃料电池开发的企业预测"氢经济"时代即将到来,除了用在汽车上,氢燃料电池还可以给家庭和办公室提供能量,并且最终会取代现有的电力网。

人们早在 150 多年以前就开发了氢燃料电池,但是那时的氢燃料电池因为体积过大且价格昂贵而没有应用到汽车上。20 世纪 70 年代,能源危机的爆发再次激发了燃料电池的研究热潮,到 70 年代末和 80 年代,已经有很多模型被设计出来。90 年代,几家大的汽车制造企业,包括丰田公司、戴姆勒—奔驰(现在的戴姆勒—克莱斯勒)已经开发出燃料电池驱动的汽车,并计划将其商业化。然而,在将燃料电池汽车推向大众市场的道路上却遇到了一系列严重的障碍,最严重的问题就是缺乏补充燃料的基础设施。在将燃料电池汽车推向大众市场之前,必须解决补充燃料的问题,让消费者可以简单便捷地补充燃料。这并不是一个小问题,因为现有的遍布全球各个角落的加油站并不能用来加注类似氢这样的气体燃料。尽管液体燃料可以被储存在各种形状的容器里,而氢因为其分子量很小只有在极高压力下才能变成液态,如果被放在现有的汽车储存容器里,氢将很快泄漏出来。无论是燃料补充站还是汽车,都需要将氢压缩在一个高压容器内。另外,现有的加油站大多属于石油公司或者与其有直接关系,而石油公司对于自己在"氢经济"时代所扮演的角色并不清楚,因此许多人怀疑石油公司会利用手中的资源及权力抵制氢燃料电池的推广。为了推动"氢经

---

① www.doe.gov.
② J. Rifkin, "The Hydrogen Economy," *E Magazine*, January-February 2003, pp. 26-37.

济"时代的到来,不仅需要对新的基础设施进行大量的投资,还要克服和解决大量利益相关者之间的冲突,包括政府、公用事业公司、汽车制造商、石油公司及消费者等。

5.3.4 顾客需求的不确定性

市场的先发者经常不能确定顾客对产品特征的最终需求以及他们为购买产品所愿意支付的价格。对于一种非常新的产品技术,顾客往往不清楚它们的价值是什么或者在生活中能起到什么作用,市场研究能起到的作用也就很小。因此,当先发者开始意识到顾客偏好时,经常需要对早期的产品设计做出修改。

例如,柯达在20世纪80年代末推出8mm摄像机时,预期顾客会为这个产品的小尺寸和超强记录能力趋之若鹜,然而市场却对该产品反应平淡。部分原因是8mm摄像机价格更贵,此外消费者没有意识到该产品的价值也是主要原因之一。后来,柯达决定退出这个市场。然而到了90年代早期,消费者喜欢上了8mm摄像机,而此时几个竞争对手(最著名的是索尼)已经成功进入该市场。

尽管先发者有机会通过早期市场上的产品设想以及对消费者教育成本的投资来塑造消费者偏好,然而,消费者教育成本往往很昂贵。如果产品不能较快地为企业带来盈利,企业会在其研发和市场开拓成本的重压之下走向失败,PDA产品的开发就给我们提供了很好的例子。表5.1列出了一系列产品及其相应的先发者、主要跟随者以及最后更成功的企业。

表5.1 先发者和跟随者——谁是赢家?

产 品	先 发 者	主要跟随者	赢家
8mm摄像机	柯达	索尼	跟随者
一次性尿布	Chux	帮宝适、金佰利(Kimberly Clark)	跟随者
平板玻璃	Pilkington	康宁(Corning)	先发者
群件	Lotus	AT&T	先发者
一次性相机	Polaroid	柯达	先发者
微处理器	英特尔	AMD,Cyrix	先发者
微波炉	Raytheon	三星	跟随者
PC机	MITS(Atair)	苹果公司、IBM	跟随者
PC机操作系统	Digital Research	微软(MS-DOS)	跟随者
表格处理软件	VisiCalc	微软(Excell)、Lotus	跟随者
VCR	Ampex、索尼	Matsushita	跟随者
可视游戏控制板	Magnavox	Atari、Nintendo	跟随者
网页浏览器	NCSA Mosaic	网景、微软(IE)	跟随者
文字处理软件	MicroPro(WordStar)	微软(Word)、Wordperfect	跟随者
工作站	Xerox Alto	太阳微系统、惠普	跟随者

资料来源:R. M. Grant, *Contemporary Strategy Analysis* (Malden, MA: Blackwell Publishers, 1998); D. Teece, *The Competitive Challenge: Strategies for Industrial Innovation and Renewal* (Cambridge, MA: Ballinger, 1987); and M. A. Schilling, "Technology Success and Failure in Winner-Take-All Markets: Testing a Model of Technological Lock Out," *Academy of Management Journal* 45 (2002), pp. 387-98.

5.4 最佳进入时机的影响因素

在市场早期阶段,技术的发展还不成熟,是否符合顾客的需求也是未知的;而在市场后期阶段,虽然技术已经得到很好的理解,竞争对手却已经占据了决定性的市场份额。企业如何在尽早开发某项技术还是等待别的企业进行开发之间作出决策?答案将取决于如下几个因素:顾客不确定性、新技术提高的程度、必备技术和互补品的状况、竞争对手进入的威胁、产业呈现报酬递增的程度以及企业的资源状况等。

1. 如何确定顾客的偏好

当第一次开发世界性新技术时,顾客很难理解技术本身及其在生活中所扮演的角色。无论是顾客还是技术开发企业,都不能很好地理解不同技术特征的重要性。当企业和消费者对技术有了足够的了解以后,那些在当初看来十分重要的技术特征却显得不再必要;而那些当初被认为不重要的因素却开始起关键作用。例如,那些经历过20世纪90年代末电子商务狂热时期的企业,在竞相提供在线服务时曾经认为,令人心动的图片和音乐是使网站具有竞争力的关键。而事实上,这些图片和音乐却被证明是那些早期网站的累赘。当时,大多数人还没有高速网络以及足够处理能力的计算机从网站上下载这些图片和音乐,因此多媒体网站并不能吸引人们的注意。

而索尼公司在推出它的 PlayStation 2 时却遇到了完全相反的情形。当索尼公司推出其多功能的 PlayStation 2 时,行业分析家们认为索尼公司过高估计了消费者对在游戏控制器上配置 CD 和 DVD 播放功能的兴趣,而事实却证明索尼公司低估了消费者对这些附加功能的购买意愿。为了迅速建立用户保有量,游戏控制器通常以成本价或低于成本价销售,然后通过消费者对游戏的忠诚来赚取利润。然而,了解到 PlayStation 2 以较低的售价整合了游戏控制器及高清晰 DVD 播放功能,很多消费者在购买 PlayStation 2 时最感兴趣的是 DVD 播放功能,然后才是游戏功能。因此,有很多消费者只买了很少量的游戏,从而使得索尼公司通过游戏赚回利润的策略落空了。注意到这一点之后,微软公司在推出其 Xbox 时不再直接附带 DVD 播放器,而是将 DVD 播放器作为附属产品,消费者如想购买需要额外付钱。

并不是所有的先发者都必须面临消费者不确定性,有一些创新是在很好地了解了消费者需求的情况下进行的。尽管不知道解决方法,有些需求是人们长期以来就非常清楚的。例如,Tagamet(一种用来治疗慢性胃溃疡的药物)的开发就面临很少的消费者不确定性,因为胃病患者早就想找到一种价格适当而又易于使用的药物来减轻胃部不适。一旦这种药物被开发出来,并经过测试和许可,开发商便可以为其注册专利并推向市场,并且在竞争产品出现以前能确保市场份额。对于其他一些具有类似特性的产品,企业更愿意采取早进入策略。

2. 与以前的技术相比,创新提高了多少?

创新相对以前技术提高的程度会影响企业早进入时成功的可能性。也就是说,当新技术相对于提供相似功能的前一代技术或不同的技术有根本性提高时,新技术将能够迅速取得消费者的认可。此时,消费者对新技术价值的怀疑会减少,早期采用会更多,互补品也能提供更多的支持。结果是，企业能迅速了解消费者的期望，从而也会加速人们采用。[17]

3. 创新需要必备技术吗？这些必备技术是否足够成熟？

如前所述，许多创新都要依赖一些关键的必备技术才能实现自身的功能。如果缺乏高清晰度电视信号，高清电视将一无是处；如果没有轻便而长寿的电池，手机和便携式视频播放机也将毫无价值。企业必须确认哪些必备技术对创新有重要影响，并评估要实现预期的功能这些必备技术是否足够成熟（或将足够成熟）。必备技术越成熟，企业就能越早进入；如果必备技术还不够成熟，企业最好等待必备技术的进一步开发。

4. 互补产品是否会影响创新的价值？它们在市场上已经足够普遍吗？

如果互补产品的可获取性和质量对创新价值的影响非常关键，互补产品的状况将决定企业成功进入的可能性。并不是所有的产品都需要互补产品的支持，而更多的产品可以直接利用市场上已有的互补产品。例如，尽管在最近的几十年里35mm的照相机已经发生了很多创新，但是几乎所有的创新都能与35mm的胶卷兼容，因此无须担心这些创新的互补产品。相反，如果创新需要开发新的互补产品，先发者必须找到方法解决其可获取性的问题。有些企业有能力和资源同时开发一个产品及其互补品，而有些企业却没有这个能力。如果市场上并没有创新所需的互补品，而企业又没有能力自己开发这个互补品，企业就不可能成功地早进入。

研究花絮：是否进入？什么时候进入？

在对医疗影像行业30多年的数据进行的研究中，威尔·米歇尔（Will Mitchell）考察了促使某分支行业中的在位企业进入一个新出现分支行业的因素。[①] 例如，是什么因素决定一个X光设备制造商是否会进入以及何时进入核磁共振设备（MRI）行业？虽然新的产品带来新的发展机会，然而新产品也会吞噬现有产品的市场，而且开发新产品还需要对新技术进行投资。在位企业在进入新出现分支行业时经常会表现出行动迟缓[②]，出现这种现象的原因可能是它们有意等待行业动荡平息下来，也可能是它们无意识地被那些导致企业惰性的因素所羁绊，如难以改变已经形成的一些惯例以及对现有供应商和顾客基础的战略承诺等。

米歇尔指出，进入障碍和新产品可模仿性（例如，新产品是否能得到专利制度的有效保护）之间的相互作用造成了不同的进入动力。首先，如果只有一家企业可以提供不可模仿的新产品，该企业完全可以根据自己的意愿选择是否进入及何时进入该产业。然而，如果同时有几家企业可以提供新产品（此时新产品当然也不是不可模仿的），它们会竞相夺取这个市场。在这样的情形下，成为早期产品提供者可以获得很大的优势。最后，如果新产品很容易被模仿（比如竞争对手很容易围绕专利进行创新，从而导致新产品难以得到专

---

① W. Mitchell, "Whether and When? Probability of Incumbent's Entry into Emerging Technical Subfields," *Administrative Science Quarterly* 38 (1989), pp. 208-230.

② F. M. Scherer, *Industrial Market Structure and Economic Performance*, 2nd ed. (Chicago: Rand McNally, 1980).

利制度的保护),企业更愿意等待,而让其他企业承担开发和推广新产品的费用。此时,企业缺乏先进入市场的动力。[①]

米歇尔还发现,那些拥有更多专有资产(这些资产在企业进入新出现分支行业时将非常有用,例如已有的分销渠道在推出新医疗影像产品时就非常有用)的企业,将更有可能进入新的分支行业。如果新产品对企业现有核心产品造成很大威胁(新技术有可能取代现有技术成为市场主导),企业也更可能进入新的分支行业。此外,如果在位企业的核心产品受到了威胁而且市场上有潜在的竞争对手,它可能会更早进入新行业。

5. 竞争对手进入的威胁有多大?

如果存在明显的进入障碍,或具备资源和能力的潜在竞争对手很少,企业就可以等待消费者需求和技术的进一步提高。随着时间的推移,企业可以等待消费者的需求确定下来,必备技术得到提高,相关的支持产品和服务也得到开发,从而使所开发技术的特征更加符合消费者的需求。然而,技术一旦被证明是有价值的,其他企业也会被吸引到这个市场。此时,如果进入门槛较低,市场竞争有可能迅速变得十分激烈,而进入一个激烈竞争市场比进入一个刚出现的市场更具挑战性。[18] 利润将迅速降低,从而要求所有参与竞争的企业更有效率,市场分销渠道也变得十分有限。如果竞争对手进入的威胁非常高,企业应该及早进入市场,从而建立自身的品牌形象、获取市场份额并营造稳定的供应商和分销商关系(这些在上面的"研究花絮"专栏中有进一步讨论)。

6. 产业是否存在采用收益递增效应?

在那些存在采用收益递增效应(由学习效应及网络外部性引起)的行业,允许竞争对手早进入市场从而建立用户保有量的行为是十分危险的。如果竞争对手建立了可观的用户保有量,其不断自我增强的优势将使企业很难跟上。如果还有力量促进采用的唯一主导设计,竞争对手的技术很可能将成为这个主导设计。如果此时专利等知识产权保护制度不允许企业提供兼容技术,企业将无法进入该市场。[19]

7. 企业能否经受早期的损失?

如前所述,先发者往往需要承担巨额的创新成本并冒很大的风险。因此,先发者需要大量的资本,这些资本可能来自企业内部(如先发者是一家大企业),也可能来自企业外部(如通过债务或证券市场)。此外,先发者还得经受一段从创新产品上获得很少销售收入的时期。即使是在技术创新成功的例子中,企业从开始创新到产品被大众市场所接受,往往也要一段很长的时间。S曲线很好地描绘了漫长的技术扩散过程(技术扩散在第 3 章和第 13 章讨论)。一开始创新被采用的速度总是很慢,这期间创新者和早期采用者不断对新技术进行尝试并彼此交流经验。创新初始阶段这种缓慢的发展导致许多创业企业走向死亡。例如,在 PDA 产业,尽管 Go 和 Momenta 等创业企业在技术上得到了市场的赞许,但是它们经受不住如此长的一段市场混乱期,最终导致了资金短缺。IBM 和康柏等企业之所以能存活下来,是因为它们是大企业并采取多元化策略,并不依赖 PDA 带来的

---

① M. Katz and C. Shapiro, "Technology Adoption in the Presence of Network Externalities," *Journal of Political Economy* 94 (1986), pp. 822-841.

收入。Palm 相对较晚进入 PDA 产业,因此不用经历那段很长的产业起步阶段。即使这样,Palm 还是不得不寻求外来的资本——从美国机器人公司(U. S. Robotics)那里获得借款(后来被转让给了 3Com 公司),这笔债务直到 2000 年才还清。

此外,那些拥有丰富资源的企业也较容易赶上先进入企业。[20] 通过扩张性的开发和广告策略,以及利用分销商的关系,后进入企业可以迅速建立起品牌形象,并从先进入企业那里夺取市场份额。例如,尽管雀巢公司以 Taster's Choice 品牌进入冷冻干咖啡市场时已经很晚,但是雀巢凭借其充足的资源开发出了更好的产品并迅速获得了市场认可,从而很快取代了通用食品公司旗下的 Maxim 的领导地位。[21]

8. 企业有资源加速市场对创新的接受吗?

一个拥有充足资金的企业,不仅能够经受住缓慢的市场启动,还能够通过积极投资加速市场发展。企业可以采取对市场教育、培养供应商和分销商以及开发互补产品和服务进行积极投资的策略,这其中每一项措施都可以加速市场对创新的接受,从而赋予了早进入企业更多的处置权。[22] 我们将在第 13 章对这些策略进行详细讨论。可见,企业的资本能够影响市场接纳曲线的形状。

9. 企业的名声是否可以减少顾客、供应商及分销商的不确定性?

除了资本,企业的名声及信誉也会影响最佳进入时机。[23] 对于新技术开发能否成功,企业名声可以发出强烈的信号。顾客、供应商和分销商会根据企业过去的表现来评估企业的技术和市场能力。顾客会把企业的名声看作是创新产品质量的象征,因此在决定是否使用创新产品时不确定性会减少。一个拥有技术领先者良好名声的企业也更容易吸引供应商和分销商。[24] 这些很好地解释了当初微软宣布要进入 PDA 市场时出现的景象:微软公司过去的经历表明它很有可能成为新市场的主导者,因此很多分销商都等待微软产品的出现。在其他条件相同的情况下,那些有良好声誉的公司更容易吸引早期采用者。

5.5 优化进入时机选择的策略

很明显,进入市场时机的选择是一件非常复杂的事情。如果新技术对于消费者具有明显的好处,早进入市场可以给企业带来路径依赖的优势,其他竞争者要想超越这种优势几乎是不可能的。然而,如果企业进入市场时所依赖的新技术并没有给消费者带来多大好处,这个技术很可能不会得到消费者的热烈欢迎。与这种风险相伴随的往往是,旁观的竞争对手将先入者的失败当成自己的优势,将先入者的技术进行改进并引入市场,从而提升市场对该技术的接受程度。因为后进入企业可以直接利用先入企业在研发上的投资,因此可以以更低的成本进入市场,此外,后进入企业还可以通过观察先入企业而获得一定的市场知识。

在上面的分析中,我们一直假定,对于企业而言进入时机只是一个选择的问题。在这一假定之下隐含着这样一层含义,即企业在任何一个时间点都可以引入这项技术。为了实现这一点,企业必须拥有开发符合消费者需求的技术所必需的核心能力,或者能够对技术进行快速开发。此外,如果企业有意改进先进入者的技术并以改进的技术击败市场先进入者,那么企业必须拥有快速循环的开发过程。如果拥有很好的快速循环开发过程,企业不仅具有更好的机会成为先入企业，而且能够利用从消费者那里反馈得来的信息，对技术进行修改，从而更加贴近消费者的需求。实质上，拥有快速开发过程的企业不仅可以利用先发者优势，而且可以利用第二行动者优势。对新产品开发循环所用时间的研究表明，通过战略联盟、多功能新产品开发团队以及**并行开发过程**（parallel development processes）等策略可以大大缩短新产品开发所需时间。第11章将专门讨论企业如何确保自己的创新能够迅速推向市场。

5.6 本章小结

1. 先发者可能会获得建立品牌忠诚和技术领先者名声、优先获取稀缺资源以及开发购买者转换成本等优势。

2. 先发者也可能从因学习效应和网络外部性引起的采用收益递增效应中获益。

3. 一些研究认为先发者面临更高的失败率。先发者不得不承担大量的研发费用并面临很大的消费者不确定性。第二行动者可以利用先发者在研发上及市场开拓上的投资，从而提供开发成本较低及对先发者的错误做出修改后的技术。

4. 先发者有时还不得不面临没有得到很好开发的供应商市场、分销渠道及互补产品等问题，所有这些都会增加对企业向市场引入新产品或服务的挑战。必备技术也可能不成熟，这也会使新技术大打折扣。

5. 许多先发者面临的最大的劣势是顾客需求的不确定性。在技术创新中，顾客自己有时都不太确定自己对技术特征或形式的愿望是什么。在顾客偏好确定之前，企业不得不承受较大的损失。

6. 最佳进入时机受到如下几个因素的影响：技术创新带来的好处、必备技术和互补产品的状况、顾客需求的状况、竞争对手进入的威胁、产业是否面临收益递增以及企业资源等。

7. 拥有快速开发过程的企业在面临进入时机时有更多的选择权。拥有快速开发过程的企业不仅具有可以更早向市场引入新技术的优势，而且能够成为自己的快速跟随者，即对自己的技术进行修改后再引入市场。

术语表

先发者（first movers）：最先提供某项新产品或新服务的企业。

早期跟随者（early followers）：较早进入某个市场但不是最早进入的企业。

晚进入者（late entrants）：那些等到新产品开始向大众市场渗透或者更晚才进入市场的企业。

垄断利润（monopoly rents）：垄断企业可凭借市场势力提高价格，也可以利用其相对于供应商的强势讨价还价能力而压低成本，从而获取的额外经济利益。

在位企业惰性（incumbent inertia）：因为规模庞大、对已有惯例的依赖或对现有顾客和供应商的战略承诺等原因而形成的在位企业对环境变化反应迟钝的趋势。

必备技术(enabling technologies)：为顺利实现某项创新预期的功能而必需的元器件技术。

并行开发过程(parallel development processes)：新产品开发的多个阶段同时进行。

讨论题

1. 早进入市场的优势是什么？后进入市场又有什么优势？
2. 什么是成功的先发者、早期跟随者和晚进入者？分别举出一个例子。
3. 什么因素使得一些产业对于先入者来说更加困难？有对于晚进入没有任何惩罚的产业吗？

补充阅读建议

经典著作

David, P. A., "Clio and the economics of QWERTY," *American Economic Review* 75 (1985), pp. 332-338.

Lieberman, M. B., and D. B. Montgomery, "First-mover (dis) advantages: Retrospective and link with the resource-based view," *Strategic Management Journal* 19 (1998): 1111-1125.

Spence, M., "The learning curve and competition," *Bell Journal of Economics* 12 (1981), pp. 49-70.

Tellis, G. J., and P. N. Golder, "First to market, first to fail? Real causes of enduring market leadership," *Sloan Management Review* 37, no. 2 (1996), pp. 65-75.

近期著作

Ethiraj, S. K. "Performance effects of imitative entry," *Strategic Management Journal* 29 (2008), pp. 797-817.

Min, S., M. U. Kalwani, and W. T. Ronson, "Market pioneer and early follower survival risks: A contingency analysis of really new versus incrementally new product markets," *Journal of Marketing* 70, no. 1 (2006), pp. 15-33.

Schilling, M. A., "Technology success and failure in winner-take-all markets: The impact of learning orientation, timing, and network externalities," *Academy of Management Journal* 45 (2002), pp. 387-398.

Shamsie, J., and C. Phelps, "Better late than never: A study of late entrants in household electrical equipment," *Strategic Management Journal* 25 (2004), pp. 69-84.

Suarez, F. and G. Lanzolla, "The half truth of first-mover advantage," *Harvard Business Review* 83(4) (2005), pp. 121-127, 134.

 尾注

1. R. Agarwal, "Technological Activity and Survival of Firms," *Economics Letters* 52 (July 1996), pp. 101-108; R. Agarwal, "Survival of Firms over the Product Life Cycle," *Southern Economic Journal* 63, no. 3 (1997), pp. 571-584; and R. Agarwal and G. Michael, "The Evolution of Markets and Entry, Exit, and Survival of Firms," *Review of Economics and Statistics* 78 (November 1996), pp. 489-498.
2. P. Golder and G. Tellis, "Pioneer Advantage: Marketing Logic or Marketing Legend?" *Journal of Marketing Research* 30 (May 1993), pp. 158-170.
3. W. Robinson and M. Sungwook, "Is the First to Market the First to Fail? Empirical Evidence for Industrial Goods Businesses," *Journal of Marketing Research* 39 (2002), pp. 120-128.
4. M. Lieberman and D. Montgomery, "First Mover Advantages: A Survey," *Strategic Management Journal* 9 (1988), pp. 41-58.
5. Ibid.; and M. Spence, "The Learning Curve and Competition," *Bell Journal of Economics* 12 (1981), pp. 49-70.
6. Diamond, "The Curse of QWERTY," *Discover* 18, no. 4 (1997), pp. 34-42.
7. P. A. David, "Clio and the Economics of QWERTY," *American Economic Review* 75 (1985), pp. 332-338.
8. Diamond, "The Curse of QWERTY."
9. C. Ferguson and C. Morris, *Computer Wars* (New York: Random House, 1993).
10. P. N. Golder and G. Tellis, "Pioneer Advantage: Marketing Logic or Marketing Legend," *Journal of Marketing Research* 20 (1993), pp. 158-170.
11. G. Tellis and P. Golder, "First to Market, First to Fail? Real Causes of Enduring Market Leadership," *Sloan Management Review*, Winter 1996, pp. 65-75.
12. Procter & Gamble Annual Report, 1977.
13. W. Boulding and M. Christen, "First-Mover Disadvantage," *Harvard Business Review*, October 2001.
14. M. Lieberman and D. Montgomery, "First Mover Advantages: A Survey," *Strategic Management Journal* 9 (1988), pp. 41-58.
15. Boulding and Christen, "First-Mover Disadvantage."
16. E. I. Schwartz, "The Inventor's Play-Ground," *Technology Review* 105, no. 8 (2002), p. 69.
17. A counterargument to this is made in S. Min, M. U. Kalwani, and W. T. Ronson, "Market Pioneer and Early Follower Survival Risks: A Contingency Analysis of Really New versus Incrementally New Product Markets," *Journal of Marketing* 70, no. 1 (2006), pp. 15-33.
18. G. L. Lilien and E. Yoon, "The Timing of Competitive Market Entry: An Exploratory Study of New Industrial Products," *Management Science* 36 (1990), pp. 568-585; R. Makadok, "Can First-Mover and Early-Mover Advantages Be Sustained in an Industry with Low Barriers to Entry/Imitation?" *Strategic Management Journal* 19 (1998), pp. 683-696; and R. W. Shaw and S. A. Shaw, "Late Entry, Market Shares and Competitive Survival: The Case of Synthetic Fibers," *Managerial and Decision Economics* 5 (1984), pp. 72-79.

19. W. B. Arthur, "Competing Technologies, Increasing Returns, and Lock-In by Historical Events," *The Economic Journal*, March 1989, pp. 116-131; and M. Schilling, "Technological Lock Out: An Integrative Model of the Economic and Strategic Factors Driving Technology Success and Failure," *Academy of Management Review* 23 (1998), pp. 267-284.
20. J. Shamsie, C. Phelps, and J. Kuperman, "Better Late than Never: A Study of Late Entrants in Household Electrical Equipment," *Strategic Management Journal* 25 (2003), pp. 69-84.
21. D. A. Aaker and G. S. Day, "The Perils of High-Growth Markets," *Strategic Management Journal* 7 (1986), pp. 409-421; Shamsie, Phelps, and Kuperman, "Better Late than Never"; V. Shankar, G. S. Carpenter, and L. Krishnamurthi, "Late Mover Advantage: How Innovative Late Entrants Outsell Pioneers," *Journal of Marketing Research* 35, no. 1 (1998), pp. 54-70; and G. L. Urban, T. Carter, S. Gaskin, and Z. Mucha, "Market Share Rewards to Pioneering Brands: An Empirical Analysis and Strategic Implications," *Management Science* 32 (1986), pp. 645-659.
22. M. A. Schilling, "Technological Leapfrogging: Lessons from the U. S. Video Game Console Industry," *California Management Review* 45, no. 3 (2003), pp. 6-32.
23. D. A. Shepherd and M. Shanley, *New Venture Strategy: Timing, Environmental Uncertainty and Performance* (London: Sage, 1998).
24. Schilling, "Technological Leapfrogging."

第 2 部分
技术创新战略的制定

在这一部分,我们将讨论制定技术创新战略的几个关键方面:

- 评价公司的现状,界定其战略方向
- 通过定性和定量评价技术来选择创新项目
- 确定企业是否以及怎样进行开发合作,采用什么样的合作方式,如何选择、监督合作伙伴
- 通过诸如专利、商标、版权以及商业秘密等形式制定保护或扩散技术创新的战略

技术创新的战略管理(第 4 版)
Strategic Management of Technological Innovation

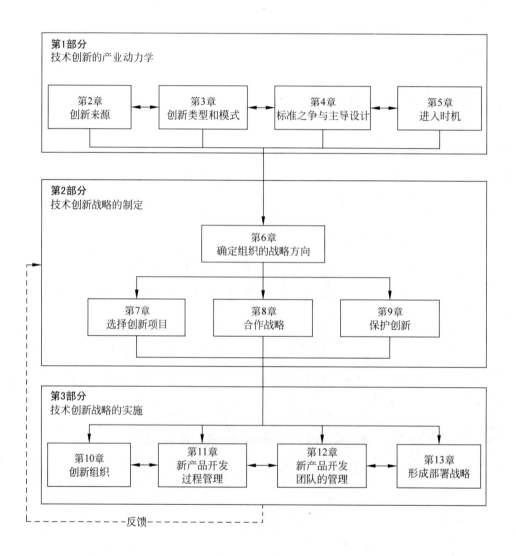

第6章

确定组织的战略方向

健赞公司对罕见病药物的关注[①]

2009年,健赞公司(Genzyme)是全球生物科技领域内的领军企业之一,其2008年的销售收入高达46亿美元,世界各地员工总计1万多人。健赞公司在全球40多个国家和地区拥有85个分支机构,其中包括17个制药厂和9个基因检测实验室。2009年年初,健赞公司实现了预先制定的盈利增长目标——2006—2011年复合盈利增长率达到20%。健赞公司的产品和服务主要集中在罕见的遗传病、肾病、骨科、癌症、器官移植和免疫类疾病以及诊断检测等方面。

在健赞公司所涉及的诸多领域中,它一直被认为是一个领先者。2007年,健赞公司荣获美国国家科技奖,这是由美国总统亲自为科技创新企业颁发的最高荣誉。在《自然》杂志主办的年度科学家调查中,健赞公司多次被评为"最佳雇主"。[②] 此外,健赞公司还获得过很多与环境保护和社会责任等有关的奖励。

卑微的奋斗起点

健赞公司是1981年波士顿研究基因遗传酶疾病的几位科学家一手创办的,患这些罕见疾病(比如戈谢病、法布瑞氏症、黏多糖贮积症等)的人体内缺少某些特定的酶,而这些酶是控制人体新陈代谢必需的,其缺失导致糖、脂肪或蛋白质在人体内堆积并引起持续的疼痛,最终致使病人死亡。1983年,亨利·特米尔(Henri Termeer)加入健赞公司,成为公司的主席(现任公司CEO),当时公司在波士顿肮脏的"战斗区"的一栋旧楼的15层办公。为了加入创立仅2年时间的健赞公司,特米尔辞去了百特公司(Baxter)执行副总裁这一薪酬丰厚的职位,当时很多人都认为他的选择是错误的。[③] 然而,特米尔认为健赞公司正在开辟医药行业的一个新的蓝海:目标瞄准罕见病这一小的细分市场。

[①] Adapted from an NYU teaching case by Jane Cullen and Melissa A. Schilling.
[②] Company Web site: http://www.genzyme.com/corp/structure/awards_genz.
[③] S. Calabro,"The Price of Success," *Pharmaceutical Executive* 26,no. 3 (2006),pp. 64-80.

在医药行业,很多人认为只聚焦在罕见病这一细分市场是无利可图的,因为开发一种新药需要花费 10～14 年的时间,而这期间为开展研究、进行临床试验、获取美国食品和药物管理局(FDA)许可以及将新药引入市场平均需要花费 8 亿美元,因此大部分医药公司通常只关注那些能够服务于上百万人的新药,他们认为只有这样的药才能取得潜在的"巨大成功"。因为他们定义的"巨大成功"是指能够赚得 10 亿美元或者更多的收入,而要取得这么多的收入,就需要成千上万的患有高血压、糖尿病或者高胆固醇等慢性病的人使用这种药。然而,健赞公司却向业内公认的观念——一家公司需要一个获得"巨大成功"的药物才能存活——发出了挑战,健赞公司将只关注一小部分患有严重的、威胁生命的疾病的人需要的药物。[①] 虽然只有少数病人需要这样的药物,但是健赞公司的竞争对手也少了很多。而且,较少数量的病人和较严重的病情让患者很容易获得保险公司的赔偿,从而能够支付新药物的费用。所有这些因素表明,治疗罕见病的药物的边际收益可能会高出普通药物的边际收益。除此之外,销售普通药物的医药公司通常需要强大的销售力量和可观的营销预算来推销新药,而那些聚焦在罕见病药物的公司则可以制定规模较小、目标更明确的销售计划。因为专门治疗罕见病的医生非常少,健赞公司可以直接找到这些医生,而无须投资建立一个强大的销售力量和发起昂贵的广告推广活动。最后,要在小群体中获得具有显著临床价值的治疗方法所需要的临床试验规模也更小(尽管要找到合适的试验对象更加困难)。

罕见病药品法案

健赞公司的运气非常好。1983 年美国食品和药品管理局颁布了《罕见病药品法案》,以此促进罕见病药品的开发。该法案给能够开发出罕见病药品并推向市场的公司提供了优厚的待遇:研发费用大幅度的税收减免和为期 7 年的市场专营权。这种市场专营权相比一般的专利能够让申请者获得更加显著、更多的保护,从而避免竞争对手对市场的蚕食。当药物公司获得某种药物专利时,这种专利只能阻止竞争对手销售相同的药物,而不能阻止竞争对手销售通过其他方法取得的具有相同效果或类似疗效的药物。因此当一家公司研制出一种能够满足某种重大医疗需求的专利药物时,竞争对手之间的竞赛就已经开始了,它们会竞相开发这种药物的不同"版本"(希望是有所改进的),后来者也会申请专利,并与最先出现的药物进行竞争。而开发治疗罕见病药物的公司却可以在长达 7 年的时间里避免类似的竞争。法案的出台就是期望这些药物公司能够收回研发成本并获得具有吸引力的投资回报。

要满足法案对罕见病药物的规定,这种药物治疗的患者在全球不能多于 20 万,这样一来大型的医药公司对此就不感兴趣了,因为这类药物的市场规模太小,而研发治疗药物的风险又很高,大多数生物科技公司都没有看到这个能帮它们进行技术演变的行动机会。然而,健赞公司最终的成功会把它们的注意力吸引到这一规模较小但却有利可图的市场上来。

第一次巨大成功

健赞公司的第一个商业化的产品是 Ceredase——一种蛋白质替代物,用于治疗有可

---

① N. Watson,"This Dutchman Is Flying," *Fortune* (Europe) 148, no. 1 (2003), pp. 55-57.

能致命的被称为戈谢病的罕见基因疾病,这种疾病的患者不足 1 万人。先天性遗传了这种病的孩子大多数活不过 10 岁,成人要是得了这种致命的疾病,其肺、肾、心脏和脾会慢慢衰竭。Ceredase 的临床试验开始于 1984 年,美国食品和药品管理局于 1985 年 3 月将 Ceredase 指定为罕用药。1990 年健赞公司获批可以将 Ceredase 提供给美国以外的患者,一年以后美国食品和药品管理局准许健赞公司在美国本土市场销售 Ceredase。

生产治疗戈谢病的药物时,需要从人体组织内提取一种蛋白质,产生这种蛋白质最多的地方是人的胎盘。提取这种蛋白质的费用很高,难度也很大,这无形中给竞争者的进入设立了很高的壁垒,很多药物专家都认为健赞公司无法在这个产品上获得商业上的成功。正如特米尔所说的:"美国食品和药品管理局认为我们是异想天开。"在一次采访中,特米尔解释说:"为临床试验筹集资金的难度非常大,因为这种酶来源于人类的胎盘,每个胎盘只能为一位病人提供一年的药物用量,因此需要 22 000 多个胎盘。"为了克服这个困难,健赞公司在法国建立了一个制药厂来收集那些没有用的、需要焚烧掉的胎盘组织,从中提取这种酶。曾经有一段时间,美国 35% 的胎盘都流到了这家法国工厂。Ceredase 是唯一经英国政府批准的可以在英国使用的用胎盘制作的药物。① 1991 年,健赞公司收集了 100 万个胎盘组织,但仍无法满足所有患者对这种酶的需要。幸运的是,1993 年,健赞公司研发了这种酶的重组体——Cerezyme。Cerezyme 的出现使得健赞公司可以不再依赖人体组织,大规模高效率的生产成为可能。与此同时,健赞公司又着手开发基因疗法,并探索另一种罕见酶疾病——法布瑞氏症的治疗方法。

保持独立

健赞公司不与大医药公司合作的做法也是史无前例的。大多数生物科技公司都会将技术许可给大型的医药公司,以便利用大公司雄厚的资金实力、生产能力、营销和分销渠道等。特米尔坚持认为健赞公司应该保持独立。他说:"如果我们与一个非常大的公司合作,我们将会逐渐失去我们的战略方向并对大公司形成依赖……我们将尽可能地保持自给自足的状态。"② 对于健赞公司来说,独立进行试验、生产和销售意味着要承担很高的风险,但这也意味着药物销售产生的利润将会全部归健赞公司所有。为了给罕见病药物研究提供足够的资助,特米尔还经营了多种副业,其中包括一家化学用品公司、一家基因咨询公司以及一家诊断检测公司。1986 年,健赞公司成功上市,筹集了 2 700 万美元的资金。特米尔的冒险得到了回报:服用 Cerezyme 的患者每年平均要支付 17 万美元的药费,需要靠这种药物活命的病人大约有 4 500 人,算下来每年仅 Cerezyme 一种药物创造的收入就超过了 8 亿美元。③

生物技术领域的竞争

2000—2008 年,生物技术公司是医药行业中发展最快的一个板块。2006 年全球生物技术产品的销售收入高达 1 537 亿美元,预计到 2011 年该项销售收入将会达到 2 714 亿

---

① "Ten Years of Enzyme Replacement Therapy," www.gaucher.org.uk/tenyearsapr03.htm, retrieved April 21, 2006.
② N. Watson, "This Dutchman Is Flying."
③ D. Shook, "Biotechs Adopt the Orphan-Drug Market," *BusinessWeek Online*, December 13, 2002.

美元。① 在这些收入中,美国占一半多,剩余的是欧洲、日本、拉丁美洲以及亚洲的一些国家和地区。2007年,全球大约有4 400家生物技术公司,其中近800家是上市公司,这些上市公司的销售收入从2006年的784亿美元增长到了差不多850亿美元。然而,这850亿美元的收入中超过一半是由前十大生物技术公司贡献的:安进公司(143亿美元)、基因科技公司(93亿美元)、健赞公司(32亿美元)、UCB(32亿美元)、吉利德科技公司(30亿美元)、雪兰诺公司(28亿美元)、生物基因艾迪克公司(27亿美元)、CSL(21亿美元)、瑟法隆公司(18亿美元)、医学免疫公司(13亿美元)。创建于1976年的基因科技公司是这些公司中资格最老的,安进公司、希龙公司和健赞公司是20世纪80年代早期建立的,剩余的公司都是一些小的新兴公司,员工一般少于500人。实际上,过半数的生物技术公司的员工还不足50人。② 虽然总体收入看起来很可观,但能够创造利润的公司其实很少,2007年该行业的累积亏损为27亿美元。

大多数生物技术公司都是沿着相似的历程向前发展的。它们一般是以研发起步,雇员通常来自大学科学实验室或者大型医药公司。如果这些新创立的企业能够克服早期的困难存活下来,并且有望开发出在商业上可行的治疗方法,那么这些年轻的企业就会寻求与大企业在后续研发、生产和营销等方面进行合作。例如,基因科技公司和吉利德科技公司都与罗氏公司建立了合作关系,安进公司也与雅培公司之间有合作关系。此外,如果一家公司的药物获得了商业成功,它就可以获得重要的谈判筹码——更高的信誉,而且有可能获得资本投资的青睐。

健赞公司与其他生物技术公司有所不同,很早的时候它就已经开始获利了(健赞公司1991年获利2 000万美元,1992年和1993年均为亏损,1994年的利润为1 600万美元),期间它一直保持独立。"我们想把健赞建成一个多元化的公司,用技术帮助那些患有严重疾病的人,通过这种方式获得盈利,以保证能够持续研发出新药。"特米尔如是说。③ 尽管《罕见病药品法案》提供了种种优惠政策,但大多数分析师认为其他任何一家公司都无法实施与健赞公司相同的战略路线。尽管安进公司和基因科技公司也都生产罕用病用药,但这些并不是它们的战略重点。

未来的战略定位

据统计,全世界大约有5 000~8 000种罕见病。来自美国食品和药品管理局的数据显示,1973—1983年这10年中,仅有10种罕用病药品进入市场。自从《罕见病药品法案》颁布以后,已经有300多种罕见病药品被研发出来并获准进入市场,其中大部分罕见病药品都是基因技术公司研制出来的。这些进入市场的罕见病药品均取得了重要的药用价值。④ 健赞公司的实例证明:可以依托规模较小的患病群体建立医药公司,并通过服务这个从经济上看起来不公平的市场获得盈利。从Cerezyme开始,健赞公司陆续开发了

---

① Datamonitor,"Biotechnology: Global Industry Guide," www.datamonitor.com,2009.
② "Top Biotech Companies by 2005 Revenue," www.bioworld.com/img/TopDrugs_sample.pdf.
③ C. Robbins-Roth, *From Alchemy to IPO: The Business of Biotechnology* (New York: Basic Books,2000), p.44.
④ H. Grabowski, "U. S. Has Emerged as World Leader in Important New Drug Introductions," Duke University Working Paper (2006).

其他三种"酶"疗法——治疗某种酶失效引发的基因病的药物。Aldurazyme 为来自 30 多个国家的 400 名儿童和成人提供治疗,他们患有黏多糖贮积症,这是一种"超级罕见"的疾病。此外,来自 40 多个国家的超过 1 700 名患有法布瑞氏症的病人需要服用 Fabrazyme。2006 年,治疗庞贝氏症(一种致命的肌肉衰竭疾病,患有此病的人数不超过 1 万)的药物 Myozyme 获批进入欧洲和美国市场。①

健赞公司保持了早期研发 Cerezyme 时的多元化经营格局,并在 2008 年将公司业务分为四个部门:基因疾病(以酶疾病治疗为基础的分部);心脏新陈代谢和肾病(制造治疗肾病和心血管疾病的药物的分部);生物材料外科手术(制造生物治疗药物和生物材料的分部);血液肿瘤(以癌症的治疗为基础的分部)。2009 年该公司处于后期阶段的重要项目有 7 个,其中包括用于治疗多发性硬化症的 Alemtuzumab、用于治疗成人急性髓细胞性白血病的 Cloar,以及用于治疗家族遗传高胆固醇血症的 Mipomersen。

问题讨论

1. 健赞公司对罕见病药品的关注是如何影响它所面临的外部竞争的?这对它与顾客议价的能力有何影响?
2. 关注罕见病药品如何影响一个生物技术企业获得成功所需要的资源和能力?
3. 健赞公司关注罕见病药品的做法是否行得通?你认为健赞公司有长远战略规划吗?
4. 为什么健赞公司会选择多元化经营,进入其他药物领域?对此你是如何想的?这样做的优势和劣势分别是什么?
5. 对健赞公司未来的发展,你有何建议?

6.1 概述

制定公司技术创新战略的第一步是评价公司目前所处的位置,并确定公司未来的战略发展方向。本章将概述一些评估公司目前所处地位的基本的战略分析方法,并帮助其确定未来的发展方向。掌握这些方法后,公司管理者可以很容易弄清如下问题:

- 在企业所面对的威胁和机遇中,哪些是最迫切的?
- 公司的主要优势和劣势是什么?
- 是否有可持续的竞争优势资源?
- 企业的核心竞争力是什么?这些核心竞争力提供给顾客的价值主张是什么?管理层期望这些价值主张发生何种变化?
- 企业需要培育或取得哪些资源和能力来实现自己的长期目标?

本章中这些分析工具的输出结果正好是第 7 章——创新项目选择中所用的一些工具的重要输入。一个完善的技术创新战略有助于公司提高自己的竞争能力,为公司的未来发展提供方向性指导。制定技术创新战略需要对公司目前的情况进行准确的评价,然后

---

① Genzyme Annual Report 2005.

公司需要明确地表述出自己的战略意图——在公司目前所具有的资源和能力与达到该战略意图需要的资源和能力之间有一定的提升空间。[1] 一个企业围绕一个远景目标调动自己各个方面的资源能够使得该企业形成竞争优势，而其他企业很难模仿这样的竞争优势。[2]

6.2　评价企业当前地位

当评价企业在市场上的地位的时候，采用一些标准战略分析方法来分析企业的内部、外部环境是非常必要的。

6.2.1　外部环境分析

分析外部环境最常用的两种分析方法是波特的"五力模型"和相关者分析。

波特的"五力模型"

在这个模型中，行业的吸引力、企业的机会和威胁通过分析5个方面的因素来确定（见图6.1）。[3]

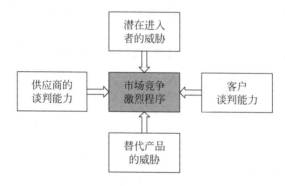

图6.1　波特的"五力模型"

资料来源：Adapted with the permission of The Free Press, a Division of Simon & Schuster Adult Publishing Group, from *Competitive Strategy*: *Techniques for Analyzing Industries and Competitors*, by Michael E. Porter. Copyright © 1980, 1998 by The Free Press. All rights reserved.

虽然最初开发"五力模型"的目的是评价行业的吸引力（即"这是不是一个值得去竞争的行业？"），但实际上这个模型经常被用于评价某个企业面临的外部环境（即"外部环境中的哪些因素会给企业提供发展机遇，哪些会产生威胁？"）。这两者之间的区别很小但却非常重要。对于前者来说，分析的重点在于行业层面，分析时公平地看待市场上所有的竞争者，其目的是确定整个行业是不是有利可图的。而后者的分析视角则是某个特定的企业，通常需要识别企业外部环境中哪些因素影响其与竞争对手的关系，其目标是识别企业面临的威胁和机遇。[4] 举例来说，对零售业进行外部环境分析时，如果只关注这个行业的吸引力，结论可能就是考虑到激烈的价格竞争和较小的差异化经营的机会，这个行业的吸引力不大。

如果对零售业中的沃尔玛进行外部环境分析,结论可能是尽管在这个行业中很难获利,但是沃尔玛却比竞争对手有更强的盈利能力,这是因为沃尔玛凭借其庞大的客户规模、先进技术在进出货物流方面的应用以及缜密的选址战略取得了与供应商和顾客进行谈判的筹码。本章我们主要关注如何分析某个特定企业面临的外部环境中的威胁和机遇,因为它更适合我们的目标——帮助企业找到战略方向。

下面分别介绍这五种力量。

1. 现有市场的竞争激烈程度

一个产业的竞争激烈程度受很多因素的影响。首先,竞争对手的数量和相对规模会影响竞争的态势。总的来说,规模差别不大的竞争对手越多,产业竞争将会越激烈。比如,在**寡头垄断产业**(oligopolistic industries)(一个产业中具有几个非常大的企业),如果企业选择价格竞争(如发生在 PDA 产业中的竞争)的话,竞争将会非常惨烈。相反,如果在寡头垄断的市场中,竞争者避免发生面对面的竞争,或相互之间采用一种默认价格的话,竞争程度将会缓和得多。另外,竞争的激烈程度也会受到竞争者差异化的影响,比如,如果竞争者的差异化比较明显,由于他们的产品市场可能是不同的细分市场,将不会出现直接竞争的情况。例如,尽管健赞公司处在竞争激烈的生物技术行业,它对罕见病药品的专注意味着它一般不会正面与其他竞争者抢夺顾客,这样它就能够制定较高的产品价格,获得较高的边际利润。其次,市场需求也会影响竞争的激烈程度。当市场需求增加的时候,企业将会有很多的销售收入,竞争压力较小。相反,当市场需求下降的时候,公司不得不为了日益减少的销售收入而竞争,这种情况下,竞争会非常激烈。在日益衰落的产业当中,巨大的**退出壁垒**(exit barriers)(如固定投资、对产业的眷恋等)使得企业不会轻易地退出所在产业,从而加剧了市场竞争。

2. 潜在进入者的威胁

潜在进入者的威胁程度主要受产业对新进入者的吸引程度(产业是否盈利,是否增长型的产业,是否有其他吸引力)和**进入壁垒**(entry barriers)的影响。进入壁垒包括:开始的一次性高成本投入、消费者对品牌的忠诚度、获得供应商和经销商支持的难度、政府的管制、市场上现有企业的反击以及其他。产业的高速增长和盈利能力可能会吸引新进入者,但进入壁垒也有可能使新进入者望而却步。比如,智能电话市场的高速增长吸引了许多潜在进入者,但面对诸如诺基亚、爱立信等已经建立很久的市场巨头的挑战,许多公司都知难而退。为了有效地与市场上的这些巨头竞争,一个新进入者必须在生产、广告、分销等方面进行大规模投入。因此,新进入者必须进行大量的初始投入才能在竞争中获得一个较为有利的位置。新进入者可以通过与其他企业的合作来降低进入门槛,比如通过与制造商合作来组织生产,与移动电话服务运营商合作进行分销,这样可以降低进入者的初始投资。

3. 与供应商讨价还价的能力

企业对一个或几个供应商的依赖程度将影响它的谈判能力。如果供应商很少,或供应商差异化很大,企业在做出购买决策时选择余地会很小,在与供应商进行有关价格和供应时间谈判时将处于劣势。相反,供应商很多,而且差异化很小,企业可以让供应商相互竞标。企业从供应商那里的购买数量也是一个重要影响因素,企业购买量占供应商销售额的比例越大,供应商就会越依赖该企业,供应商的讨价还价能力也就越低。相反,供应商的销售量占企业购买量的比例越大,企业将非常依赖该供应商,该供应商的谈判能力会越强。比如,沃尔玛的供应商几乎没有什么讨价还价能力,因为沃尔玛的购买量占了公司每年销售额的很大比例。当英特尔将芯片卖给 PC 生产商的时候,英特尔也一定会采用自己拥有的讨价还价能力与用户谈判。因为当计算机生产商考虑微处理器的潜在供应商的时候,除了与英特尔合作之外几乎没有其他选择,而且绝大部分 PC 软硬件都是与英特尔的处理器相兼容的,企业要想改变供应商就必须面临巨大的**转换成本**(switching costs),这将增加供应商谈判能力。最后,如果企业向后**纵向拓展业务**(vertical integrate)(生产供应商提供的产品),将削弱供应商的谈判能力;反之,如果供应商向前拓展业务,生产下游企业生产的产品,将提升供应商的谈判能力。

4. 与客户的谈判能力

影响与供应商讨价还价的能力的部分因素同样影响与客户讨价还价的能力。公司对少数几个客户的依赖程度将增加客户的谈判能力;反之亦然。如果企业的产品高度差异化,客户的讨价还价能力就低;如果一个企业的产品差异化程度小,客户的讨价还价能力就高。如果客户面对巨额的转化成本,将降低客户的讨价还价能力。最后,如果客户威胁将向后延伸自己的产品线,那么客户的谈判能力将增强;如果企业威胁将向前延伸自己的产品线,那么客户的谈判能力将降低。

5. 替代品的威胁

替代品是指那些被认为不具有竞争性,但对于客户来说却具有同样的功能的产品或服务。比如,星巴克会将其他的咖啡屋作为竞争对手,而将其他的社交休闲场所(如酒吧、饭店)或饮料(如软饮料、啤酒)作为替代品。越是有潜力的替代品,在功能上与企业的产品就会越接近,企业的产品被替代的威胁也就越大。而且,被替代的威胁也会受到相对价格的影响。比如,就速度而言,乘汽车旅游与飞机是无法相比的,但是乘汽车要便宜得多。因此,就存在一个替代的威胁,特别是对于短途旅行而言。值得注意的是,竞争产品与替代产品的区别主要依赖产业如何定义。比如,如果有人将航空作为一个分析单位,汽车将是航空产业的一个替代品。然而,如果将整个交通产业作为一个分析整体,则汽车服务将是航空的竞争对手。

最近,波特又提出了第六个因素——**互补品**(complements)的角色。[5] 如前面几章讨论的那样,互补产品提高了一个产品的效用和实用性。比如,软件就是计算机的一个很重要的互补品,汽油是汽车的一个很重要的互补品。互补品的易得性、价格、质量将对产业面临的威胁和机遇产生重要影响。此外,考虑如下几点是非常重要的:(1)互补品在这个行业中的地位如何;(2)对于那些重要的竞争对手来说,其产品的互补品是不是相同的(影响竞争对手产品的吸引力);(3)哪些人能获得互补品带来的价值。例如,使用打印机的用户必须不断更换墨盒,桌面打印机制造商惠普和利盟(Lexmark)利用这一点赚取了可观的利润。这些制造商在生产打印机时,没有按照统一的标准设计墨盒,而是给不同型号的打印机使用的墨盒也设计了不同的型号,这样做主要是为了避免顾客从其他公司购买惠普和利盟打印机所用的墨盒。然而,墨盒市场丰厚的利润催生了一部分第三方零售商,它们或者复制生产惠普和利盟公司的墨盒,或者是给空了的墨盒添加新的油墨。

利益攸关者分析

利益攸关者(stakeholder)模型通常用于战略研究和规范化研究。战略分析重点放在可能会影响企业经济利益的相关管理问题上。规范化研究重点放在企业关心的有关伦理道德方面的一些管理问题上。[6] 一般情况下,利益攸关者分析的第一步是确定企业行为可能影响的相关各方(这些攸关者与企业之间存在一定的利益关系);对于每一个攸关者,应确定其与企业之间的利益关系如何,他们都为企业提供了哪些便利,他们都应该拥有什么样的权利,从企业的角度来看,哪一方面是最重要的。利益攸关者包括(但不局限于):股东、雇员、客户、供应商、出借人、当地社团、政府、竞争对手等(见图6.2)。

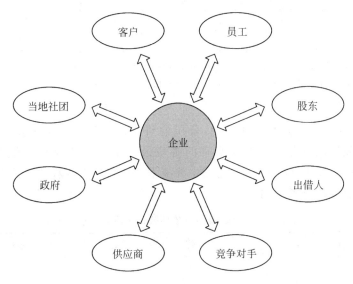

图 6.2 利益攸关者分析

6.2.2 内部环境分析

企业内部环境分析通常以分析企业的优劣势开始。有时候是分析价值链(见图6.3)上的每一个环节,然后组织起来。[7] 迈克尔·波特的价值链模型将企业活动分为主要活动和支持活动:主要活动包括内部物流(与货物的接收、储存、内部分发相关的所有活动);生产运作(从原材料进入到产品产出的各个环节);外部物流(产品的集中、储存、分发等);产品营销及销售(将产品信息通知客户,并采取一系列活动鼓励消费者购买);售后服务(产品销售之后为了保证产品的正常使用而提供的服务)。支持活动包括采购(投入原材料的获取,但与内部物流包括的货物物理上的转移不同);人力资源管理(员工的招聘、培训、补偿等);技术开发(包括设备、软硬件、程序、知识的开发和管理);基础项目(会计、法律咨询、财务、规划、公共关系、质量保护以及确保公司顺利运行的必要的管理活动)。这个模型能够很好地适用一些特定的企业需要,但是,对于生物技术公司和软件开发公司,研发可能是企业的主要活动,而企业内部物流可能并不重要。

这样一来,就能从其对企业价值贡献的角度以及企业在其间的优劣势来考虑每一个活动。比如,表6.1介绍了 Take2 Interactive 软件公司价值链分析的例子,该公司生产

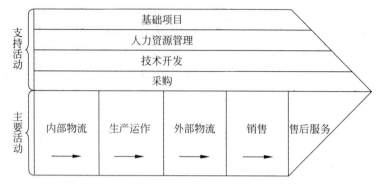

图 6.3 波特的价值链

资料来源：Adapted with the permission of The Free Press, a Division of Simon & Schuster Adult Publishing Group, from *Competitive Strategy: Techniques for Analyzing Industries and Competitors*, by Michael E. Porter. Copyright © 1980, 1998 by The Free Press. All rights reserved.

Grand Theft Auto 录像游戏。在图中，公司的研发被认为是一个主要活动，而支持活动——技术开发却没有考虑。因为所有的游戏最终是由游戏操作台生产厂家而不是 Take2 Interactive 软件公司生产的，它的主要技术活动集中在游戏的设计上，这些在公司的研发活动中已经充分考虑到了。

表 6.1 Take2 Interactive 软件公司价值链分析的例子

价值链活动	优势	劣势
内部物流 不重要；投入的必要性很小		
研发 将艺术制图、声音、创新思想有效融合在一起形成显著区别于消费者心目中的其他产品的能力	Take2 游戏充分发挥 Playstation2 操作台的多边处理潜力，使得游戏更加生动； 并行开发使得开发周期缩短	在网上游戏开发方面缺少经验，这样一旦网上游戏需求加大，将会失去盈利机会
生产运作 公司专注于生产高品质的游戏，每年引入一个新的版本。游戏一旦设计好，就交由电视游戏控制台生产商（索尼）生产	对于少部分游戏的关注使得公司有足够的资源确保游戏获得成功	仅仅集中于少数游戏可能会有风险，如果失败了企业将没有销售收入来支持正常运营； 在游戏的开发和生产上，Take2 完全依赖操作台生产商
外部物流 产品通过游戏零售商（Gamestop）、总销售商，有时候也通过和游戏生产商绑定等形式销售，避免了自己销售的昂贵费用； 与索尼签订了为 Playstation2 配备 Grand Theft Auto 的排他性协议	现有零售商具有非常强的市场渗透能力，能够迅速而广泛地进行推广； 由于索尼的 Playstation2 在电视游戏操作台市场中排名第一，与索尼签订协议等于叩响了一个巨大市场的大门	通过零售商销售的方式使得企业在店铺地点选择、产品升级、定价方面几乎没有控制力； 如果 Xbox 和 GameCube 操作台得到广泛应用，与索尼的排他性协议将限制企业利润

续表

价值链活动	优势	劣势
营销 帮助建立客户产品意识、建立品牌形象、促进销售； 在游戏杂志、广告栏进行广告宣传，并利用网站； Grand Theft Auto 的目标市场转向成人	Grand Theft 一上市就建立了很好的形象，在 2002 年度获得市场第一	一些消费者、零售商和管理机构认为 Grand Theft 具有暴力和色情倾向，有损公司的形象
售后服务 建立技术支持电话热线来帮助客户解决产品使用中遇到的问题	几乎不收取费用； 确保解决问题	
企业基础设施 法律部门授予的游戏买卖特权		被其他企业提起的版权诉讼增多
人力资源管理 企业拥有一批富有创造力的技术人员对于设计优秀游戏非常重要； 2002 年公司拥有全职员工 932 名	公司没有工会； 职工优先认股权计划提高了员工忠诚度和职业道德	
采购 通过采用具有版权保护的标志和音乐取得知识产权	在通过采用具有版权保护的材料获得知识产权方面做得非常成功	

资料来源：S. Balasubramanian, A. Kim, L. Lei, and S. Singh, "Beyond the Mayhem: Take-Two Interactive Software," New York University teaching case, 2003; www. Take2games. com.

  公司的主要优劣势一经确定，就可以确定哪些优势能够成为公司获得持续竞争优势的主要源泉，这样有助于公司认识到应借助哪些有利资源来实现其未来的战略意图。

  具有潜在可持续竞争优势的资源必然是稀缺的、高价值的、持久的和难以模仿的。[8] 即使有些资源是稀缺的、高价值的，而且是有竞争优势的，但是如果企业不能持续拥有该资源优势，或其他企业能够轻易模仿，则该竞争优势也不会持久。比如，一个良好的品牌形象就是一个稀缺的、有价值的资源，但是它需要公司持续地投入来维持，如果企业缺少足够的资金来投入该品牌，该品牌将会退化。而且，许多高价值的资源都容易被其他企业模仿。技术进步往往是逆向工程，另外，一些具有技巧型的市场营销计划、人力资源创新培训也都会被其他企业模仿。也有一些资源是不会轻易被人模仿的。比方说一些具有**隐含性**（tacit）（不容易通过书面形式复制）、路径依赖性（依赖一系列历史事件的发生）、**社会复杂性**（social complex）（由于人们之间的社会交往而产生）、**随机不确定性**（causally ambiguous）（难以确定该资源如何创造价值）的资源，就不容易被模仿。[9] 比如，智力普遍被认为具有隐含、随机不确定性，它具有遗传特性而不是后天训练而成的；另外关于如何获得智力人们所知甚少。先发者优势就是一个路径依赖优势，很难被人模仿——一旦在一个产业中获得了先发者优势,其他企业就不可能有机会获得该优势。企业有了基本内部分析之后,就可以辨识自己的核心竞争力,并制定战略规划。

6.3 识别核心竞争力和能力

有关竞争力和能力在许多关于战略和技术创新的文献中都没有很好地分辨清楚。也有一些学者试图将核心竞争力、特有竞争力、核心能力分辨开来,但往往事与愿违。[10]比如,普拉哈拉德(Prahalad)和哈梅尔(Hamel)用**核心竞争力**(core competency)指代市场上一个企业拥有的不同于其他企业的资源、技术的协调组合。他们用能力来指代那些能够增强企业核心竞争力的更具体的技能(如物流管理、广告宣传等)。相反,其他一些学者认为核心竞争力是更具体的技术或生产技能,而能力的应用基础则更为广泛,包括了企业的整个价值链。[11]考虑到这两个词在语意上的相近性,对这两个词在理解上出现的混淆也很容易理解。很多词典中将这两个词都定义为能力(ability),还有一些用能力来定义竞争力,反过来的也有。比如,能力可以定义为一个人具有的智力和能力。而竞争力被定义为一个人的体力和智力是否足以使他完成一项任务。一些学者努力去分辨这些术语的区别说明了:(1)学者们在理解核心竞争力和特有能力方面的差异性;(2)在区别整体能力中各个具体能力方面所做的努力。例如,阅读能力被认为是学习能力的一个方面。在学校的学习能力包括阅读能力以及其他一些能力,如记笔记、参加讨论、综合以前的知识与现有知识、作业完成情况等。本书中,竞争力与能力交叉使用,但我们将尽可能区别学者们对竞争力和能力的不同理解,并说明核心竞争力和核心能力是如何通过将一些基本的能力组合起来而形成的。

6.3.1 核心竞争力

一个公司的核心竞争力被普遍认为是那些在战略上构成差异性的东西。核心竞争力绝不仅仅是核心技术。核心竞争力是一个企业在几个主要领域的专业知识能力的汇集。竞争力通常包括不同方面的能力,比如,市场界面的管理能力(广告宣传管理和分销管理)、基础设施建立和管理能力(信息系统、物流管理)和技术能力(应用科学、设计)。[12]这个多种能力的汇集使得核心竞争力很难被模仿。例如,索尼公司在微型发展方向的核心竞争力。[13]这个竞争力就是多种技术(液晶技术、半导体技术)的综合,并被应用到多个市场(电视机、收音机、个人数字助理等)上。一个企业的核心竞争力还取决于不同功能、不同业务部门之间的密切联系。

普拉哈拉德和哈梅尔将核心竞争力比作根,从中会长出许多核心产品,如主要零部件。在核心产品的基础上产生了业务部门,它的最后成果就是公司的各种最终产品(见图6.4)。

几个核心竞争力可能会支撑同一个业务部门,几个部门也可能源于同一个核心竞争力。这表明组织机构和激励措施必须鼓励跨战略业务部门资源的合作和联系。如果管理者或资源仅仅专注于自己的业务部门,则在核心竞争力的开发和挖掘方面就可能投资不足。[14]普拉哈拉德和哈梅尔进一步研究认为,战略业务部门应该通过竞标的方式在企业内部招募那些具有专业技能,对项目有突出贡献的专业人员,而不应该将这些人员仅仅看作

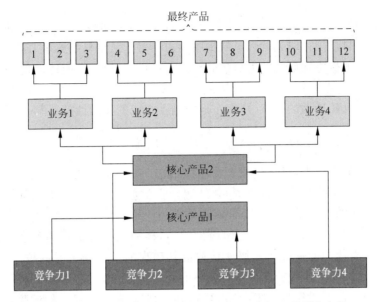

图 6.4　企业的核心竞争力、核心产品、业务部门以及最终产品

资料来源：Reprinted by permission of *Harvard Business Review*. Exhibit from "The Core Competence of the Corporation," by C. K. Prahalad and G. Hamel, May-June 1990. Copyright © 1990 by the Harvard Business School Publishing Corporation, All rights reserved.

战略业务部门的雇员。这些人员应当被看作公司的资产，在不同组织间重新调配。

普拉哈拉德和哈梅尔为辨识企业核心竞争力提供了下面的测试方法。

(1) 它是竞争差异化的主要源泉吗？能为企业提供独特的一面吗？能给客户带来最终价值吗？比如，索尼的微型化发展方便了客户携带，对客户的使用产生了很大影响。

(2) 它超越了单一的业务吗？它是否涵盖了很多业务？包括当前业务和新业务。比如，本田公司在引擎方面的核心竞争力使得公司在汽车、摩托车、割草机以及发电机等多个业务方面获得成功。

(3) 竞争对手难以模仿吗？总之，核心竞争力由多个技术汇集而成，且难以模仿。核心技术的形成可能是几年，甚至是几十年的结果。这些资源和嵌入技能的汇集使得其他企业难以掌握和仿效。

按照普拉哈拉德和哈梅尔的说法，少于五六个核心竞争力，一个企业将很难在市场上成为领导者。即使一个企业拥有 20～30 个特殊能力，也难以分辨出哪些能力是真正的核心竞争力。有关辨认核心竞争力的渐进过程案例，见下面的"研究要闻"专栏。通过将一个业务看作一些核心竞争力的有效组合，管理人员能够更多地关注价值的生成和新业务的开展，而不是仅仅关注成本降低和机会扩张。[15]

6.3.2 核心刚性的风险

有时候，企业擅长的事情往往又成为约束企业发展的瓶颈，使得企业僵化而且过分专注于不合时宜的技能和资源。[16] 激励制度使得那些有助于加强核心竞争力的活动得到发展。组织文化使得那些与核心竞争力紧密联系的人员得到升迁或获得其他资源的资格。这些制度和规则为企业已有核心竞争力的巩固和发展提供了有力保障，同时也阻碍了新的核心竞争力的发展。比如,一个企业对形成核心竞争力的科学规律的重视将会使得该企业对从事其他科学规律研究的人员缺少吸引力。对于从事核心竞争力活动的人员的奖励将会使从事其他探索性研究的人员感到沮丧。最后,如第4章所述,知识积累具有非常强的路径依赖性,那些知识积累得很好的企业建有一条特殊的轨迹,常常发现很难吸收、利用那些不在自己轨迹上的知识,这潜在地限制了企业的灵活性。[17]

6.3.3 动态能力

在快速多变的市场中,对于企业来说,能够形成一个核心竞争力来适应市场变化是非常有用的。而在普拉哈拉德和哈梅尔的模型中,核心竞争力与多个专门的核心产品相对应,也有可能企业的核心竞争力不是针对具体某些产品和技术,而是包含了能够让企业迅速根据市场机会调整组织结构和制度的能力。[18]这样的竞争力被称为**动态能力**(dynamic capacities)。动态能力能够使企业快速地适应新出现的市场和主要的技术断裂。比如,康宁公司将自己的发展作为公司最重要的核心竞争力之一,它对许多领域的研究进行投资,并取得了重大的科学突破(如乳色玻璃及其溶剂);它在新建立的试验基地对新产品和生产工艺进行试验;[19]它与合作伙伴的合作不是针对某一具体项目,而是形成一个灵活的能力集合,拓展了公司的概念。[20]

研究花絮:辨识企业的核心竞争力

马克·盖伦(Mark Gallon)、哈罗德·斯蒂尔曼(Harold Stillman)和戴维·科茨(David Coates)1995年在"Putting Core Competency Thinking into Practice"一文中,提出了识别和培育企业核心竞争力的一个渐进计划。① 这个计划包括6个模块。

模块1——计划开始

公司应该成立一个指导委员会,任命一位项目经理,将该项目的总体目标向公司内部的每名员工传达清楚。项目经理应该组织团队编撰企业内部所有能力的详细目录,并负责在公司内部发行。

模块2——建立企业能力目录

被项目小组识别的能力应当分类汇总,项目小组应该评价其优势、重要性、对公司运作的重要程度。

模块3——能力评价

能力列表应当按照其重要程度及公司内部每个能力的专业技术水平组织起来。

模块4——识别候选竞争力

公司的能力应当放在按照公司可能会关注和培育的竞争力序列上,这个时候一个选项都不要漏掉,需要认真考虑所有的可能性。

模块5——检验候选的核心竞争力

每个候选竞争力都应当按照普拉哈拉德和哈梅尔的最初标准进行测试检验,这个标

---

① Gallon, Stillman, and Coates, "Putting Core Competency Thinking into Practice," *Research-Technology Management*, 38, no 3, pp. 20-29.

准包括：能够给客户带来价值感知吗？能够拓展到多重市场或新型市场中去吗？难以被别人模仿吗？

模块6——评价核心竞争力的地位

在选择了核心竞争力之后，公司应当评价，与竞争对手相比，这些核心竞争力在多大程度上拥有所有权，这个时候公司就可以辨识就某一竞争力而言，还需要在哪些方面进一步培育。

6.4 战略意图

公司的最终目的是创造价值。这就意味着公司不仅仅是提高运作水平和降低成本，而是要整合企业的资源满足客户更多的需要，为员工提供更多福利，为股东提供更多的利润回报。这就需要公司不断开展新业务、开辟新市场，需要公司充分利用自己的资源，而所有这些都需要有公司的战略意图做引导。[21]

一个企业的战略意图是企业的长期奋斗目标，是从企业各级部门提炼出来的、雄心勃勃的，它建立在公司现有核心竞争力的基础上，同时又对现有核心竞争力有所提升和扩展。普拉哈拉德和哈梅尔列举的例子包括：佳能对赶超施乐复印机的痴迷，苹果对确保每个人都拥有自己的个人计算机市场的使命感，雅虎成为世界顶级网上购物广场的目标。一般情况下，战略意图考虑的是10年或20年之后的事情，而且会为员工建立清晰的目标指向。[22]这个前瞻性的定位是非常重要的，如果没有它，公司会紧盯着过去的市场，最终会导致产品和服务只能适应目前的市场需求，而不是未来市场的需要。成功的且富有创造力的公司往往对当前市场上的价格假设提出疑问，它们通过开发超过目前市场需要的产品并将其介绍给客户，达到引导客户消费、引导未来市场需求的目的。[23]

一旦战略意图清晰了，企业就需要找出那些能够用来弥补企业目前情况和战略目标之间差距（包括技术上的差距）（见图6.5）的资源。清晰的战略目标有助于企业集中于技术的开发、投资并将它们运用到新产品中去。[24]许多企业目前采用多维业绩考核系统来表述战略目标，比如将在"理论应用"专栏中介绍的平衡计分卡。

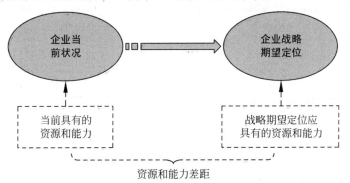

图6.5 找出资源和能力差距

理论应用：平衡计分卡

罗伯特·卡普兰(Robert Kaplan)和戴维·诺顿(David Norton)指出，一个企业的业绩评价方法将会非常显著地影响一个企业是否以及怎样去追求自己的战略目标。他们认为有效的业绩评价方法应该不仅仅体现在财务指标上，而应该是管理过程的一个综合指标。他们提出了一种方法，即"平衡计分卡"。他们认为这种方法在产品提升、过程优化、客户、市场拓展等方面都能起到激励作用。① 平衡计分卡（见图 6.6）强调了在制定关于关键成功因素目标和确定测评指标方面都要考虑的四个方面。

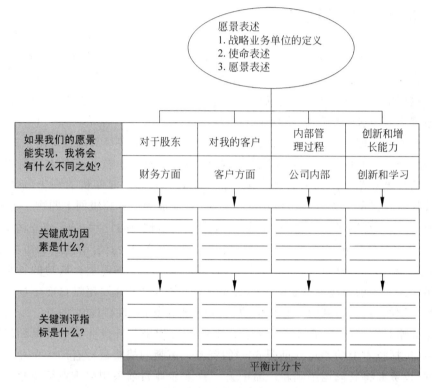

图 6.6 平衡计分卡

资料来源：Reprinted by permission of *Harvard Business Review*. Exhibit from "Putting the Balanced Scorecard to Work," by R. Kaplan and D. Norton, Sep.-Oct. 1993. Copyright © 1993 by the Harvard Business School Publishing Corporation, all rights reserved.

1. 财务方面

目标可能包括"满足股东的期望""在 7 年内使公司的价值翻一番"等，测评指标应当包括投资回报、净现金流、利润增长等。

---

① R. Kaplan and D. Norton, "Putting the Balanced Scorecard to Work," *Harvard Business Review*, September-October 1993, pp. 134-147; and R. Kaplan and D. Norton, "The Balanced Scorecard—Measures That Drive Performance," *Harvard Business Review*, January-February 1992, pp. 71-80.

2. 客户方面

目标可能包括"提高客户的忠诚度""提供一流的客户服务"或改善客户满意度,测评指标可以包括市场份额、重复购买率、客户满意调查等。

3. 企业内部

目标可能包括"减少内部事故率""建立一流的专业团队""提高存货管理水平",测评指标包括每月安全事故次数、专门质量评价、脱销率和存货成本等。

4. 创新和学习方面

目标可能包括"加速和提升新产品开发"或"提升员工技能",测评指标包括过去5年开发的新产品销售比例、新产品开发平均周期长度、员工培训目标等。

卡普兰和诺顿承认,为了适应不同市场和业务的需要,不得不对平衡计分卡模型进行调整。但是在许多行业(如电子、石化、卫生保健)中,许多公司(包括IBM、飞利浦、苹果以及Advanced Micro电器等)都认为平衡计分卡是非常有效的。① 实际上,2002年Bain公司的一份调查数据显示,美国《财富》杂志所评出的1 000家大公司中,50%的美国公司、40%的欧洲公司都采用了不同版本的平衡计分卡。②

6.5 本章小结

1. 企业建立战略目标的第一步是评价企业外部环境,两个最常用的模型是波特的"五力模型"和利益攸关者分析模型。

2. 波特的"五力模型"包括:竞争的激烈程度、潜在进入者的威胁、供应商的谈判能力、客户的谈判能力、替代品的威胁。最近波特又提出了一个因素,即互补产品的角色。

3. 利益攸关者分析包括找出存在利益关系的相关实体,搞清楚他们想从公司得到什么、在公司内他们拥有什么权利。

4. 分析内部环境时,企业一般都从分析价值链上每一个环节的优劣势开始。企业需要搞清楚哪些优势具有获得持续竞争力源泉的潜力。

5. 接下来企业要确定自己的核心竞争力,核心竞争力是市场中能够使自己区别于其他企业的能力的综合。一个业务可能有几个核心竞争力来支撑,一个核心竞争力也可能会支撑几个业务部门。

6. 有时候,核心竞争力可能会成为核心刚性,限制了企业随环境变化而变化。

7. 动态能力是能够使企业根据市场环境和机会的变化迅速调整组织结构和制度的能力。

8. 企业的战略目标应该是长期(10年或20年)的、有雄心的计划,企业战略目标应该建立在现有核心竞争力的基础上并对其有所拓展。

---

① Kaplan and Norton,"Putting the Balanced Scorecard to Work."

② A. Gumbus and B. Lyons,"The Balanced Scorecard at Philips Electronics," *Strategic Finance* 84,no. 5 (2002),pp. 45-49.

9. 企业的战略目标一旦清晰,管理人员就应该明确,为达到战略目标,企业需要开发或获取资源和能力。

10. 平衡计分卡是鼓励企业从多个角度(财物、客户、业务流程、创新与学习等)考虑其战略目标,并建立相应的测评指标的业绩考核系统。

术语表

寡头垄断产业(oligopolistic industries):产业被少数几个大的竞争企业所垄断。

退出壁垒(exit barriers):由于成本和其他方面的投入(如巨大的固定资产投资、对市场的眷恋等),使得企业很难轻易地退出所在产业。

进入壁垒(entry barriers):使得企业很难进入一个产业或需要付出较高代价的因素(如政府管制、巨大的初始投资等)。

转换成本(switching costs):使得企业改变供应商或客户将会造成巨额成本或其他难题的因素,比如已经为了供应商或客户在某个方面合作而做了重大投资。

纵向拓展业务(vertical integrate):从事供应商(向后拓展)或客户(向前拓展)所从事的业务。比如,企业开始生产供应商提供给自己的产品,则为向后拓展;企业购买了分销商,则为向前拓展。

互补品(complements):能够提升其他产品有效性和实用性的产品或服务。

利益攸关者(stakeholder):与企业有相关利益的实体。

隐含性资源(tacit resources):知识等不易成文的无形资源。

社会复杂性资源(social complex resources):由于人们之间相互交往而形成的资源或活动。

随机不确定性(causally ambiguous):在某一资源与它产生的结果之间的难以理解的关系。

核心竞争力(core competency):区别于市场上其他企业的多种能力的有效汇集。

动态能力(dynamic capacities):企业拥有的能够对市场变化快速做出反应的能力。

讨论题

1. 企业的优势、竞争优势和持续竞争优势的区别是什么?
2. 什么原因使得企业的某个能力能成为核心竞争力?
3. 在企业确定其核心竞争力之前,为什么说进行企业的外部和内部分析非常必要?
4. 选择一个你熟悉的企业,能够辨识其核心竞争力吗?
5. "战略目标"思想与那些强调实现企业战略与当前优势、劣势、机会、威胁相适应的模型的区别是什么?
6. 战略目标会过于雄心勃勃吗?

第6章 确定组织的战略方向

 ## 补充阅读建议

经典著作

Barney, J., "Firm resources and sustained competitive advantage," *Journal of Management* 17 (1994), pp. 99-120.

Hamel, G., and C. K. Prahalad, "Strategic intent," *Harvard Business Review*, May-June 1991, pp. 63-76.

Penrose, E. T., *The Theory of the Growth of the Firm* (New York: Wiley, 1959).

Porter, M. E., *Competitive Advantage* (New York: Free Press, 1985).

Prahalad, C. K., and G. Hamel, "The core competence of the corporation," *Harvard Business Review*, May-June 1990, pp. 79-91.

近期著作

Albright, R. E., and T. A. Kappel, "Roadmapping the corporation," *Research Technology Management* 46, no. 2 (2003), pp. 31-40.

Brandenburger, A. M., and B. J. Nalebuff, *Co-opetition* (New York: Doubleday, 1996).

Danneels, E., "The dynamics of product innovation and firm competencies," *Strategic Management Journal* 23 (2002), pp. 1095-1121.

King, A. A., and C. L. Tucci, "Incumbent entry into new market niches: The role of experience and managerial choice in the creation of dynamic capabilities," *Management Science* 48 (2002), pp. 171-186.

Lavie, D., "Capability reconfiguration: An analysis of incumbent responses to technological change," *Academy of Management Review* 31 (2006), pp. 153-174.

Rindova, VP., and S. Kotha, "Continuous 'morphing': Competing through dynamic capabilities, form, and function," *Academy of Management Journal* 44 (2001), pp. 1263-1280.

 ## 尾注

1. G. Hamel and C. K. Prahalad, "Strategic Intent," *Harvard Business Review*, May-June 1991, pp. 63-76.
2. C. K. Prahalad, "The Role of Core Competencies in the Corporation," *Research Technology Management*, November-December 1993, pp. 40-47.
3. M. A. Porter, *Competitive Strategy*. (New York: Free Press, 1980).
4. Michael Porter is fully supportive of both ways of applying the five-force model. Personal communication with Michael Porter, March 25, 2006.

5. M. A. Porter, "Strategy and the Internet," *Harvard Business Review* 79, no. 3 (2001), pp. 62-78; and personal communication, March 13, 2006.
6. S. L. Berman, A. Wicks, S. Kotha, and T. M. Jones, "Does Stakeholder Orientation Matter? The Relationship between Stakeholder Management Models and Firm Financial Performance," *Academy of Management Journal* 42 (1999), pp. 488-507; T. Donaldson, and L. Preston, "The Stakeholder Theory of the Corporation: Concepts, Evidence, and Implications," *Academy of Management Review* 20 (1995), pp. 65-91; and W. Evan and R. E. Freeman, "A Stakeholder Theory of the Modern Corporation: Kantian Capitalism," in *Ethical Theory in Business*, eds. T. Beauchamp and N. Bowie (Englewood Cliffs, NJ: Prentice Hall, 1983), pp. 75-93.
7. M. A. Porter, *Competitive Advantage* (New York: Free Press, 1985).
8. J. Barney, "Firm Resources and Sustained Competitive Advantage," *Journal of Management* 17 (1991), pp. 99-120.
9. R. Reed and R. J. DeFillippi, "Causal Ambiguity, Barriers to Imitation, and Sustainable Competitive Advantage," *Academy of Management Review* 15, no. 1 (1990), pp. 88-102.
10. R. Burgelman, M. Madique, and S. Wheelwright, *Strategic Management of Technological Innovation* (New York: McGraw-Hill, 2001); M. Hitt and R. D. Ireland, "Corporate Distinctive Competence, Strategy, Industry and Performance," *Strategic Management Journal* 6 (2001), pp. 273-293; D. Leonard-Barton, "Core Capabilities and Core Rigidities: A Paradox in Managing New Product Development," *Strategic Management Journal* 13 (1992), pp. 111-125; B. McKelvey and H. E. Aldrich, "Populations, Organizations, and Applied Organizational Science," in *Administrative Science Quarterly* 28 (1983), pp. 101-128; C. K. Prahalad and G. Hamel, "The Core Competence of the Corporation," *Harvard Business Review*, May-June 1990, pp. 79-91; C. C. Snow and L. G. Hrebiniak, "Strategy, Distinctive Competence, and Organizational Performance," *Administrative Science Quarterly* 25 (1980), pp. 317-335; and G. Stalk, P. Evans, and L. E. Shulman, "Competing on Capabilities: The New Rules of Corporate Strategy," *Harvard Business Review*, March-April 1992, pp. 57-69.
11. Stalk, Evans, and Shulman, "Competing on Capabilities."
12. M. Gallon, H. Stillman, and D. Coates, "Putting Core Competency Thinking into Practice," *Research Technology Management*, May-June 1995, pp. 20-28.
13. Prahalad, "The Role of Core Competencies in the Corporation."
14. Prahalad and Hamel, "The Core Competence of the Corporation."
15. Prahalad, "The Role of Core Competencies in the Corporation."
16. Leonard-Barton, "Core Capabilities and Core Rigidities."
17. G. Dosi, "Sources, Procedures, and Microeconomic Effects of Innovation," *Journal of Economic Literature*, September 26, 1988, p. 1130; and M. Tripsas and G. Gavetti, "Capabilities, Cognition, and Inertia: Evidence from Digital Imaging," *Strategic Management Journal* 21 (2000), p. 1147.
18. A. King and C. Tucci, "Incumbent Entry into New Market Niches: The Role of Experience and Managerial Choice in the Creation of Dynamic Capabilities," *Management Science* 48 (2002), pp. 171-86; and K. M. Eisenhardt and J. A. Martin, "Dynamic Capabilities: What Are They?" *Strategic Management Journal* 21 (2000), pp. 1105-1121.
19. M. B. Graham and A. T. Shuldiner, *Corning and the Craft of Innovation* (New York: Oxford University Press, 2001); and C. L. Tucci, "Corning and the Craft of Innovation," *Business History Review* 75 (2001), pp. 862-865.

20. C. A. Bartlett and A. Nanda,"Corning, Inc.: A Network of Alliances," Harvard Business School case no. 9-391-102,1990.
21. Prahalad,"The Role of Core Competencies in the Corporation."
22. Hamel and Prahalad,"Strategic Intent."
23. Prahalad,"The Role of Core Competencies in the Corporation."
24. K. Marino,"Developing Consensus on Firm Competencies and Capabilities," *Academy of Management Executive* 10,no. 3 (1996),pp. 40-51.

第 7 章

选择创新项目

Bug Labs 和长尾理论[①]

2004年克里斯·安德森(Chris Anderson)在《连线》杂志上发表了一篇文章,文中首次提出了"长尾理论"一词,用来描述那些通过销售多种商品而渗透进入多个利基市场的公司的战略。虽然每种商品的销售量可能会很少,但是这些利基市场的销量加起来却是一个大市场。[②] 安德森的这篇文章主要围绕娱乐媒体(如电影、音乐和图书等)展开讨论。传统意义上,娱乐媒体都是"流行主导"的,只有非常流行的东西才能传播。规模经济以及诸如书架空间、电视频道和电台波段等条件的限制,让企业无法负担将所有潜在的图书、唱片或电视节目销售给顾客的成本。例如,按照安德森的说法,沃尔玛至少要销售10万张唱片才能弥补其零售的固定成本并获得利润,但实际上能达到这个销量的唱片还不足1%。流行对于销售量的重要性属于帕累托原理的一个例子。帕累托原理指出,许多事情(如顾客购买某一本书)都符合幂指数形式的分布法则,也就是说20%的书籍、电视节目或者歌曲吸引了80%的生意,剩余的80%的产品(分布中的长尾部分)只吸引了数量很少的顾客。然而,亚马逊、网飞和iTunes等公司采用的新商业模式却让其拥有了虚拟的、无限制的书架空间和无限制的地理位置格局,很短的时间内这些公司就能在这些长尾商品上获利。实际上,在某些市场上,长尾商品的市场总和明显比流行商品的市场大得多。例如,安德森注意到巴诺书店畅销的图书平均有13万多种,但是亚马逊公司所销售的图书中,有一半多都不在巴诺书店销售的13万种书里,从这里可以看出,"真实"的图书市场可能会是名义图书市场的两倍。

Bug Labs的创立者相信电子产品市场同样存在销售长尾产品的机会。正如其创立者彼得·塞梅尔海克(Peter Semmelhack)所说:"控制权正在从生产商向顾客转移,这是

[①] Based on a New York University teaching case, "Bug Labs and the Long Tail," by Douglas Fulop and Melissa A. Schilling, April 2009.

[②] C. Anderson, "The Long Tail," *Wired*, October 2004.

一个趋势,在数字领域尤其如此。例如,以前我们去银行取钱,需要在柜台前排队等候,现在直接从ATM机上就可以取到钱,而且现在足不出户就可以在线进行航班登记,所有这些都与个人的选择有关。现在的市场可以提供非常个性化的产品和服务。现在我想在实体领域拥有与在软件领域同样的控制权。"Bug Labs的目的就是服务于电子产品市场的长尾部分。

一般来说,企业会为大众市场或高端客户群研制电子产品,而忽略长尾利基市场的电子产品需求,因为为这些小规模的市场提供产品在成本上是不划算的,只有从大市场或高端客户那里获得的收入才足以弥补高额的研发成本。塞梅尔海克这样解释说:"公司生产一种产品来满足多个市场,而不是生产多种产品来满足一个市场。"因此,大多数消费者已经习惯于购买事先已经生产出来的产品,而不是幻想购买那些新奇的产品来满足自己个性化的需求。那些为数众多的对定制设备(如便携式的具有全球定位系统功能的条形码扫描器)有需求的顾客,要么忍受没有这种设备的痛苦,要么就得花巨大的成本开发这种专用设备。Bug Labs为克服小规模销售量的限制决定采用模块组合的方式进行生产,具体来说就是Bug Labs会制造一系列具有不同功能的单个Bug模块(如全球定位系统、摄像机、触摸屏、音频播放器、动作传感器),这些不同的模块相互结合在一起就可以组成能够满足消费者各种需求的产品了,乐高积木(Lego®)就是这样的。这些模块将与具有互联网服务功能的开源软件连在一起,任何一种可以联网的设备都可以获得模块中的信息,这样终端客户即使不懂焊接或固态电子学也能够很容易地创造自己想要的"梦想产品"。同样,小企业只需很少的研发投资就可以制造出新的电子产品了。这样,一方面,可以批量生产模块;另一方面,可以生产无穷无尽的个性化产品来服务小的利基市场(要了解有关模块化的更多信息,请参见第10章)。

Bug Labs的新产品开发项目

Bug Labs的硬件平台主要依赖两种关键组件:便携的BUGbase和扩展模块,把扩展模块进行组合并编排在基座上就可以给顾客提供他们所需要的各种功能了。开发者将所需模块与BUGbase单元组合起来,给客户制造一种可编程的便携式手提设备。

为了吸引顾客,Bug Labs生产了顾客所需要的一系列具有不同功能和扩展能力的核心模块以及能够满足这些多功能应用平台的产品。塞梅尔海克解释说,起初设计这些模块是为了向顾客展示"他们是如何制造现有设备的(那些人们都知道的产品),比如液晶显示器、摄像机、全球定位系统等,稍加组装你就可以得到一个具有地理定位功能的摄像机。通过这样的一个展示过程,顾客就了解了整个系统,然后他们自己就可以组合出更富个性化的产品"。

事实上,设计和制造这些模块的成本很高,比如一个新模块从原型设计到小规模生产(几百单位)平均需要花费成千上万美元。而且,产品开发小组一次只能掌控一小部分项目,所以这些项目都是需要经过精挑细选的。然而,在挑选项目的时候,大部分传统的价值分析工具毫无用武之地。比如,计算净现值的方法在这里显然是不合时宜的——从短期来看,模块的制造成本很高,净现值的计算严重地依赖于未来不确定的模块销售量。同时随着Bug Labs的目标顾客从单个的黑客转向系统集成者以及拥有内部硬件开发团队的大公司(这些不同的顾客群体的需求有很大的不同),对市场容量的预测也会产生戏剧性的波动。但是开发成本又不得不通过最初的一小部分销售分期收回,而如果想通过最初的试生产达到收入和成本相抵,那么这些模块的价格就会高得离谱。因此,Bug Labs 只能依靠定性的分析方法。在新产品开发讨论会上需要讨论下面一些重要问题。

1. 新项目进入市场最快要多久?
2. 涉及的技术有哪些?开发这些技术有多难?
3. 这个项目对于目前宣传的公司形象有正面作用吗?它能获得立竿见影的效果吗?
4. 潜在市场在哪里?有多大容量?是否有证据表明市场是在增加或缩小?
5. 是否有顾客向我们提出过这样的需求?又或者有哪个开发者喜欢这个想法?
6. 在没有合作伙伴的情况下,我们是否能够独自完成这个项目的开发?
7. 我们能否找到某个零部件供应商资助我们开发这个项目?
8. 我们是否已经拥有类似的产品?这个新项目是否会影响其他模块的销售?

在许多已经进入计划阶段的模块开发因为缺乏清晰的产品定位被取消之后,Bug Labs 开始大规模地缩减其模块开发项目。Bug Labs 并非开发出模块,再去寻找对该模块有需求的顾客,而是重点关注现有顾客需求。正如产品经理迈克尔·佩迪柯德(Michael Peddicord)所说的,"我们最初计划开发 80 多种模块,但是优先权很快就转移到了能够节约开发成本和现有顾客有需求的模块上——在我们一头扎进更多的项目中之前先销售现有的……直到我们有了清晰的方向,有了销售量的支持,以及有了需求的推动之后,新模块的开发才能确定下来"。业务拓展部的副总裁 Maurizio Arienzo(SMaL Camera 公司前技术总监)也强调说:"Bug Labs 这样的小公司所需要的就是一个大顾客,与之前我在 SMaL 公司遇到的情形是一样的,我们需要这样一个顾客,他占用了我们如此多的时间和精力以至于我们没有足够的资源圆满地完成他的要求,就像现在我们正在谈判的任何一个潜在的大顾客一样。确定某个大顾客以后,我们会围绕他的需求进行模块开发,只有这样现金才会源源不断地流入。"

问题讨论

1. 为什么对于 Bug Labs 来说,采用净现值法或内部报酬率法对待开发的项目进行筛选是困难的?
2. Bug Labs 采用定性的分析方法进行项目决策的优缺点分别有哪些?
3. 围绕现有顾客的需求的优缺点分别是什么?
4. Bug Labs 的项目选择决策是如何受到其关注"长尾"产品的战略影响的?
5. Bug Labs 可以使用本章所讨论的其他项目选择方法吗?如果可以,你推荐使用哪种方法?

7.1 概述

开发创新产品和服务需要消耗大量的资金和时间,同时要冒很大风险。多数研究表明,绝大部分的创新都以失败告终。企业不得不做出艰难的选择,哪些项目是值得投资的?然后,企业还必须确保以严格而谨慎的方式执行这些项目。本章我们将讨论用于评估和选择创新项目的各种方法,从非正式的方法到高度结构化方法,从完全的定性分析到严格的定量分析。我们将从研发投资决策中**资本分配**(capital rationing)的作用谈起,然后介绍用来评估项目的各种方法,包括严格的定量分析方法、定性分析方法以及结合运用定性分析和定量分析的方法。

7.2 开发预算

虽然许多项目评价方法假定所有有价值的项目都应该投资,但是企业却面临资本和其他资源的制约,使得它们不得不在多个有价值的项目中做出选择(或者是从外面获得金融支持,这将在"理论应用"专栏讨论)。许多企业都在运用资本分配模型来制订新产品开发计划。根据这一模型,企业设定一个固定的研发预算(通常是前一年销售额的一个固定百分比),然后对可能的项目进行排序,并确定将投资于哪些项目。企业通常根据行业标准,或者是以往业绩情况来制定自己的研发预算。为了给大家一个关于不同行业不同的研发投入的大致印象,表7.1给出了美国不同行业的企业研发费用情况(以研发费用占销售额的百分比计算,又称为**研发强度**(R&D intensity))。不难看出,一些行业(如软件行业、医药、计算机和电子行业)的研发投入远大于其他行业的研发投入。

表7.1 2011年研发强度最大的10个行业

排名	行业	2011年研发强度(研发经费/销售额)/%
1	医药	16
2	电子器件(含半导体)	12
3	通信设备	11
4	专业工业仪器	8
5	医疗卫生	7
6	家用音视频设备	6
7	科学仪器	6
8	计算机及相关设备	5
9	游戏和周边	4
10	汽车及零部件	4

资料来源:Based on Compustat data for North American publicly held firms; only industries with greater than ten or more publicly listed firms were included. Data for sales and R&D were aggregated to the industry level prior to calculating the industry-level ratio to minimize the effect of exceptionally large outliers for firm-level RDI.

同一个行业内不同企业的研发投入也有很大差别。如表7.2所示,罗氏制药公司的研发投入显著高于制药行业平均水平(21.1% : 16%),而辉瑞公司则比行业水平的研发投入略低一些(13.9% : 16%)。表7.2还揭示了公司规模对研发预算的影响。例如,尽管辉瑞和罗氏公司在2011年投入的研发经费接近,但由于辉瑞公司的规模更大,其研发投入强度低于罗氏。

用于资金分配的项目排序可以通过许多方法得到,包括定量分析方法(如折现现金流法和期权分析法等)、定性分析方法(如问题扫描法和组合图形法等)以及联合使用定量分析和定性分析的方法。熟悉每一种方法的要求和优缺点,将有助于经理们在选择创新项目时做出合理的决策。

表 7.2　2010 年全球排名前 20 的研发投入者

公司	研发投入/10 亿美元	研发强度(研发/销售)/%
1. 罗氏制药	9.6	21.1
2. 辉瑞	9.4	13.9
3. 诺华制药	9.1	17.9
4. 微软	8.7	14.0
5. 默克制药	8.6	18.7
6. 丰田	8.5	3.9
7. 三星	7.9	5.9
8. 诺基亚	7.8	13.8
9. 通用汽车	7.0	5.1
10. 强生	6.8	11.1
11. 英特尔	6.6	15.1
12. 松下	6.2	6.1
13. 葛兰素史克	6.1	14.0
14. 大众汽车	6.1	3.6
15. IBM	6.0	6.0
16. 赛诺菲—安万特	5.8	14.5
17. 本田	5.7	5.5
18. 阿斯利康制药	5.3	16.0
19. 思科	5.3	13.2
20. 西门子	5.2	5.1

资料来源:From B. Jaruzelski, J. O'Loehr, and R. Holman, "Why Culture Is Key: The Global Innovation 1000," *Strategy + Business*, 65 (2011).

7.3　选择创新项目的定量分析方法

项目选择的定量分析方法通常会把对项目的评价,转化为对该项目未来现金回报的预测。尽管定量分析的质量最终取决于初始预测的好坏,却能帮助经理们用严格的数学和统计学方法对项目做比较。这些预测的准确性是值得推敲的,尤其是在具有高度不确定性和快速变化的环境中。最常用的定量分析方法有折现现金流法和实物期权法。

理论应用:投资新技术企业

大公司可以通过内部融资对创新进行投资,而新技术创业企业却只能求助于外部的融资渠道。下面的话听起来有点让人沮丧:对于新技术创业企业来说,它们的技术和商业概念都还没有得到市场认可(有时是它们的管理团队没有得到认可),这导致与大型竞争对手相比,它们面临更高的融资成本,而且融资渠道也十分有限。在企业的创业和成长阶段,企业家们往往不得不向朋友或家人求助,或申请个人贷款。创业企业也有可能从相关的政府机构那里得到最初的资助。如果它们的创意和管理团队足够吸引人的话,它们还有可能从个人投资者或风险投资商那里得到资金上的支持以及经营上的指导。

家庭、朋友和信用卡

当一个企业刚刚起步时,它的技术以及管理团队都还没有经过市场的验证,这就使得对企业的投资有很大风险。在这个阶段,企业家必须经常从那些愿意对企业进行投资的朋友或家人那里筹集最初的资金,或以借款的方式或以出让公司股权的方式。此外,企业家还会努力向当地的银行争取贷款。实际上,有大量的初创企业都是通过信用卡筹集资金的,当然它们也得为此支付高额的利息。

政府拨款和贷款

一些初创企业可能会从政府那里得到启动资金的支持。在美国,有一个通过管理拨款、贷款和风险资金为创业者和创新项目提供支持的专门部门——小企业管理委员会(SBA),其资金主要来源于一些联邦政府机构,包括商务部、农业部、能源部、NASA等。同样,在英国,企业投资部管理着一系列向中小型技术企业提供资金支持的项目,在德国有超过800个国家和州政府的项目为新企业提供资金支持。[①]

天使投资者

天使投资者属于私人投资者,它们投资项目的方式与风险资本不同,往往不会采取成为有限责任股东的形式。天使投资者往往是在商界取得了成功的富有的个人,并且热衷于为初创企业(有时是自己的朋友)提供资金支持,他们投资的项目的规模通常低于百万美元。当天使投资者在投资项目中占了很大的股份时,他们的投资通常会赢得很高的回报。天使投资者通常不会被列入公开的工商名录中,而是通过专门网络进行联系(如个人以前的同事、老师或律师等)。大量的初创企业在"种子"阶段(有实际的产品或公司之前的阶段)就得到了天使投资者的支持。因为这种交易大多不会被公开报道,因此也很难获取相关的数据,而根据新罕布什尔大学创业企业研究中心主任杰弗里·索尔(Jeffrey Sohl)的研究,2008年的天使投资交易大约是55 480笔,投资总额为192亿美元(平均每笔交易34.6万美元)。

风险资本

对于那些资金需求超过100万美元的项目,创业者通常会求助于风险资本,可能是独立风险资本也可能是企业风险资本。

独立风险投资公司管理着一定量的资金,并且只对那些它们认为有快速增长潜力的项目进行投资。许多风险投资公司都只专注于一个行业,从而能够更好地评价该行业内的初创企业。投资经常会采取债权投资和股权投资相结合的方式:如果投资的业绩好会采用较多的股权形式,而如果投资对象的业绩不够理想则会更多采用债权投资的方式。[②]

---

① B. Hall,"The Financing of Research and Development," *Oxford Review of Economic Policy* 18(2002),pp. 35-51.

② Hall,"The Financing of Research and Development."

一旦投资取得成功,风险资本会通过 IPO 或向其他企业出售的方式退出投资,从而获取一定的现金。风险投资家一向非常谨慎,通常会拒绝大部分可供选择的项目。然而,对于那些决定要投资的项目,风险资本则会提供全力支持,包括提供自己在其他投资者那里的信誉(企业因此更容易获得投资)以及经营上的指导。虽然有些风险资本专业投资处于"种子"阶段的项目,但是更多的风险资本是对处于早期阶段的项目提供资金支持。所谓早期阶段,是指这样一个特殊的阶段:产品的早期设计已经取得成功且公司已经组建起来,但是企业还不能通过自身的销售收入来支持企业的继续发展。根据美国风险投资委员会的数据,2010 年美国风险投资总额达 220 亿美元,覆盖了近 2 749 家公司,其中 1 001 家是首次获得融资。

企业风险资本是由企业提供的风险资本。企业通过提供风险投资取得技术开发企业的少量股权,从而获得了解该技术的机会。而所选择的技术往往是企业自身也感兴趣的前沿技术,如果该技术的市场前景得到验证,企业自己将会介入开发。企业可能建立内部的风险投资团队,这种团队通常与企业自己的开发活动有密切联系,也可能创立与公司相对独立的风险基金。[①] 前一种组织方式的优点在于,企业能够借助自身的经验和资源帮助新企业取得成功。然而,在前一种组织形式下,创业企业家会担心提供风险投资的大企业侵占了初创企业的专有技术。在后一种组织形式下,外部风险资金的相对独立性保证了创业家的技术不会被盗取,但这又限制了初创企业利用大企业其他非资金性资产的能力。[②] 根据风险投资委员会的数据,2011 年这类风险投资交易有 3 761 笔,总额达到 22 亿美元,平均每笔 58.2 万美元。参与风险投资的企业如礼来制药、强生、陶氏化学、西门子等,这些公司的风险投资项目都紧跟独立风险投资的脚步。[③]

7.3.1 折现现金流法

许多企业都在使用各种形式的折现现金流法对项目进行评估。折现现金流法是在给定的风险下,预测未来的经济收益是否足以弥补费用的一种定量分析方法。折现现金流法考虑了项目的投资回收期、风险以及资金的时间价值等因素。用来评估投资决策的两种最常用的折现现金流法是**净现值法**(net present value,NPV)和**内部收益率法**(internal rate of return,IRR)。两种方法都依赖对现金流的预测,但是它们看待问题的角度不同。NPV 计算的是"在给定项目的支出、现金流入以及折现率的前提下,该项目在今天能值多少钱?",而 IRR 强调的是"在给定项目支出、现金流入的前提下,该项目的投资回报率是多少?"。无论使用哪一种方法,经理们都必须预测项目支出和收入的额度及时间。两种方法都要求决策制定者应用一些基本的风险预测方法。例如,当项目的风险较大时,在净

[①] P. A. Gompers,"Corporations and the Financing of Innovation:The Corporate Venturing Experience," *Economic Review—Federal Reserve Bank of Atlanta* 87,no. 4 (2002),pp. 1-18.

[②] G. Dushnitsky,"Limitations to External Knowledge Acquisition:The Paradox of Corporate Venture Capital," doctoral dissertation,New York University,2003.

[③] M. Sheahan,"Corporate Spin Can't Mask the VC Units' Blunders," *Venture Capital Journal*,March 1,2003.

现值方法中就会使用较高的折现率。经理们在计算现金流的折现值时,通常会预测较好和较差两种状态下的现金流。

净现值(NPV)

为了计算某个项目的净现值,经理们首先必须预测项目的成本以及项目会产生的现金流入(通常是在一系列"如果……"的假定下得到的)。考虑到项目的风险和资金的时间价值,未来发生的成本和现金流入必须折现到当前年份。净现值(NPV)即为项目现金流入的现值和现金流出的现值的差值,即

$$NPV = 现金流入现值 - 现金流出现值$$

如果 NPV>0,则在给定的支出和现金流入的基础上,项目获得了正的收益。

为了计算现金流入和流出的现值,我们必须以一定的折现率把每一个时期发生的现金流都折现到当前时期(如图 7.1 所示)。如果项目的支出只是在期初(第 0 年)发生,最初的支出可以直接与预测现金流入的现值相比较。在如图 7.1 所示的例子中,未来现金流入的现值是 3 465.11 美元(折现率为 6%)。因此,如果项目的最初投资小于 3 465.11 美元,这个项目的净现值就为正值。如果项目的支出在最初投资以后的期间发生(这是普遍情况),我们也必须把这些支出折现到当前时期。

如果在项目的寿命期内,每期的预期现金流是相同的(如图 7.1 所示),我们就可以使用年金现值公式来计算现值,而不用计算每一期现金流入的现值。这个公式对计算每期具有相同现金流入的项目的现值十分有用。每期现金流为 C、折现率为 r、共有 t 期的项目的现值计算方法如下:

$$年金现值 = C \times \frac{1 - \{1/(1+r)^t\}}{r}$$

计算得出的值可以与最初的投资相比较。如果预期现金流入是永续年金,则上述公式可以简化为

$$永续年金现值 = C \times \frac{1}{r}$$

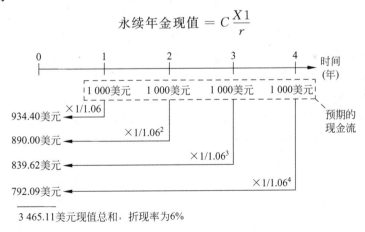

图 7.1 未来现金流现值计算举例

项目支出和未来现金流入的现值也可以用来计算**折现投资回收期**(discounted payback period),即用折现现金流法计算项目达到盈亏平衡所需要的时间。如上面的例子所假设的,最初的投资为 2 000 美元,用折现现金流法,每年累计的折现现金流入为:

年份	累计现金流入/美元
1	934.40
2	1 833.40
3	2 673.02
4	3 465.11

从上表中不难发现,期初的投资将会在第 2 年到第 3 年之间的某个时间全部回收。从上表可知,第 2 年年末的累计现金流入为 1 833.4 美元,因此我们还需要在第 3 年回收 166.60 美元才可达到盈亏平衡。而第 3 年的净现金流入为 839.62 美元,我们用 166.60 除以 839.62 得到 0.2,此值即为在第 3 年收回投资所需时间。从以上分析中,我们可以计算出整个项目的投资回收期为 2 年零 2 个月。

内部收益率(IRR)

一个项目的内部收益率是使该项目的净现值为 0 时的折现率。经理们可以把这个值同他们期望的投资回报率进行比较,从而决定是否对项目进行投资。计算内部收益率通常需要借助试错法,将逐步贴近的收益率代入净现值公式,直到净现值等于零为止。尽管计算器或计算机能够帮助实现这个试错过程,我们必须谨慎行事。因为当每期的现金流有较大差异时,往往会同时存在几个投资回收率,而典型的计算器或计算机程序只会提供第一个适合的值。

净现值法和内部收益率法都提供了具体的财务预测的方法,这有助于战略制定和投资决策。这两种方法都考虑了资金的时间价值、项目风险以及投资和现金流入的时间,它们让项目的回报不再模糊,经理们从而可以安心地做出决策。然而,把模糊性降到最低具有一定的欺骗性,因为要准确预测项目的现金流就如同要准确预测技术可能带来的收益一样,而预测技术可能带来的收益在很多情况下都是一件极其困难的事情。此外,这些方法都排斥那些时间跨度长或风险高的项目,而且它们还难以抓住投资决策在战略上的重要性。技术开发项目对于提升企业的竞争力具有十分重要的作用,并且可以给企业提供未来可供选择的机会。对核心技术的投资也就是对企业竞争力和学习能力的投资,它们给企业创造未来的发展机会,而如果不进行投资,这些机会就不会存在。[1] 因此,典型的折现现金流方法倾向于严重低估一个开发项目对企业的作用。例如,如果用净现值法来评估英特尔公司对 DRAM 技术的投资,将会得出这个项目将带来很大损失的结论(当来自日本的竞争对手将 DRAM 的价格降到英特尔公司难以承受的程度时,公司放弃了 DRAM 业务)。然而,对 DRAM 技术的投资使得英特尔具有了开发微处理器的能力,而微处理器业务给英特尔公司带来大部分的利润。为了更好地把战略意义融入对新产品开发项目的投资决策中,最近一些经理人和学者开始推崇用实物期权方法来评价新产品开发项目。

7.3.2 实物期权法

一个企业开发新的核心技术的同时也在对企业学习和新能力进行投资。因此,开发项目会给企业带来未来的发展机会,如果企业不进行投资这种机会就不会存在。[2] 即使开发项目有时看起来并没有取得成功（如英特尔公司的 DRAM 项目），但是如果我们从项目为企业创造了未来的角度来看待这个问题，则会认为这些投资有很大价值。一些经理人和学者认为，我们应该从**实物期权**（real options）的角度来评估新产品开发项目。

为了更好地理解实物期权，我们首先了解一些实物期权的金融学基础——股票期权。股票看涨期权赋予投资者在未来某段时间内以一定价格（执行价格）购买该股票的权利。如果在规定的时间内，股票的价格高于执行价格，投资者会行使该期权，即以执行价格购买该股票。如果投资者在行使该期权时，股票的价格大于执行价格加上投资者为获得该期权而支付的价格，则投资者从这笔交易中获得了经济收益。如果在未来这段时间内，股票的价格低于期权规定的执行价格，则期权所有者会放弃行使期权。在这种情况下，投资者会损失当初为购买期权所支付的价格。如果投资者在行使股票期权时，股票的价格高于执行价格但是低于执行价格加上期权价格，投资者仍然会行使股票期权。在这种情况下，虽然投资者在这笔交易中受到了损失（损失为期权价格的一部分），但是投资者如果不执行该期权将会受到更大损失（损失为整个期权价格）。

在实物期权中，期权所标的的资产是非金融性资源。[3] 实物期权法认为，投资者对基础研究或突破性技术的最初投资相当于购买了一个看涨期权，希望对新技术的投资在未来会被证明是有价值的。[4] 表 7.3 给出了可以被看作购买看涨实物期权的投资决策的例子。对于研发活动来说：

- 研发项目的支出可以被看作看涨期权的价格。
- 在未来对投资项目进行追加投资所需要付出的成本（如将新技术商业化所需要支付的成本）可以被认为是执行价格。
- 研发项目带来的回报则类似于通过看涨期权买来的股票的价值。[5]

表 7.3 实物期权法的实例

投资带来的期权	期权的本质	执行期权时得到的利益	执行价格	影响期限的因素
对某项技术进行商业化的许可证	对该技术进行商业化的权利	• 商业化带来的现金流 • 制造经验 • 营销和分销经验	制造、营销和分销引起的成本	• 专利保护的期限 • 替代品的可获取性
合作对象的股权	获得合作对象的权利	• 现金流 • 合作对象的能力	获得合作对象付出的成本	• 被其他合作对象或外部企业接管
研发能力	开发并商业化某项技术的能力	• 现金流 • 技术专长	执行该技术要支出的成本	• 竞争对手模仿或替代技术的开发能力

资料来源：From K. D. Miller and T. B. Folta, "Option Value and Entry Timing", *Strategic Management Journal*, 23(2002), pp. 655-665. Copyright © 2002 John Wiley & Sons Limited. Reproduced with permission.

如图 7.2 所示，只要股票的价格低于执行价格，则以该股票为标的物的看涨期权的价值为零。如果股票价格高于执行价格，看涨期权的价值则会随着股票价格的上涨而上涨，股票价格上涨 1 美元则期权价值上涨 1 美元（这也是图 7.2 中的直线呈 45°角的原因）。[6]

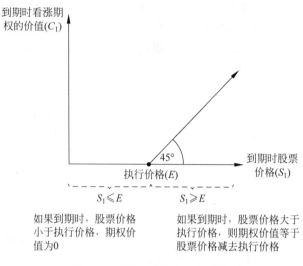

图 7.2　到期日看涨期权的价值

期权之所以有价格是因为未来存在不确定性,而技术的发展同样也具有很大的不确定性,因此我们用实物期权法来评估新技术投资项目是合理的。尽管这个领域还没有很多实证研究,但是几位学者已经在用期权方法评估新技术开发项目方面提出了方法论及其应用。[7] 同时,一些证据表明在新技术投资项目决策中,使用期权方法会比使用折现现金流方法取得更好的效果。[8]

然而,另外一些学者却警告不要滥用实物期权法。他们指出,实物期权法所依赖的一些金融市场的基本假设并不适用于对新技术的投资。[9] 例如,期权价格隐含的假定是,投资者可以以一个较低的价格获取或保留期权,再根据市场信号决定是否需要执行该期权。[10] 如果企业是对其他企业的技术创新进行风险投资,这个假定是成立的;但是如果企业是对自己内部的创新活动进行投资,则这个假定不再成立。当企业单独从事新产品的开发时,它不太可能以较低的成本就获得这个看涨期权,在能够判断项目能否获得成功之前,企业必须全力以赴地对这个项目进行投资。[11] 此外,股票的价格与股票持有者的行为是无关的,也就是说,期权所有者能够做的事情就是观察股票的价格跌涨。而研发投资的价值却与投资者的行为息息相关,企业对项目的投资程度、企业的开发能力、配套资产以及战略等都对研发项目的回报有重大影响。[12] 因此,在研发投资活动中,投资者不再是简单地观望投资的升值或贬值,而是成为投资价值的决定者。

7.4　选择创新项目的定性分析方法

在选择创新项目时,有很多因素是难以被量化的,或者说量化会引起错误的结果。因此,大多数新产品开发项目都需要对大量的定性信息进行评估。几乎所有的企业都在使用一些定性评估的方法对潜在的项目进行评估,这些评估方法中既有集体讨论这种非正式的形式,也有高度结构化的方法。

7.4.1 问题扫描法

作为项目决策的起点,管理团队通常会对该项目潜在的成本和收益进行讨论,他们通常会把潜在的问题列一个清单以使讨论更加有效。这些问题通常会被划分成几类,如顾客层次、企业能力层次以及项目的时间和成本等。[13]下面提供了一些例子。

顾客层次

市场
- 谁最可能成为新产品的顾客?
- 市场有多大?产品会有其他的市场吗?
- 需要采取什么样的营销策略引起顾客的注意?

使用
- 顾客如何使用产品?
- 产品能给顾客提供哪些新的便利?
- 顾客最有可能用哪些产品来替代该产品?

兼容性和易使用性
- 产品能与顾客手中现有的互补品兼容吗?
- 新产品是否需要部分顾客学习很多新东西?
- 顾客如何看待产品的易使用性?
- 产品需要顾客付出其他成本吗?

分销和定价
- 顾客上哪里去买这个产品?
- 产品需要安装或组装吗?
- 顾客愿意为这个产品支付多少价格?

能力层次

现有的能力
- 新项目能增强企业的核心能力吗?能成为企业持续竞争优势的来源吗?
- 新项目会抛弃企业现有的部分能力吗?是放弃现有的产品还是吞噬现有产品的部分市场?如果是,企业是否有策略来应付可能出现的现金流短缺?
- 企业拥有必要的制造能力吗?如果没有,这些能力是自己能够建立起来,还是需要从外部获取(如外包等)?
- 企业需要雇用具有新技能的员工吗?

竞争对手的能力
- 是有一个还是多个竞争对手有更好的能力开发这个项目?
- 如果企业不开发这项技术,竞争对手有可能开发吗?
- 企业能通过专利、版权、商标或商业秘密等方式来保护自己的知识产权吗?
- 企业应该设法与潜在的竞争对手合作吗?

未来的能力
- 项目能帮助企业建立实现企业战略意图的新能力吗?

- 新能力能帮助企业开发什么样的产品或市场?
- 该项目平台能导致新的系列产品吗?

项目时间和成本

时间
- 完成项目需要多长时间?
- 企业可能是第一个把产品引入市场的吗? 技术上的领先是值得追求的战略吗?
- 市场准备好接受产品了吗? 例如,互补技术是否已经得到很好的开发? 顾客能否意识到技术的价值?
- 企业如果错过产品的预期推出日期,会对项目的潜在价值造成什么样的影响?
- 市场上是否已经存在合适的供应商和分销渠道?

成本
- 项目的成本是多少? 这个成本可能会发生什么样的变化?
- 制造成本是多少? 随着生产经验的积累,这个成本会以什么样的速率下降?
- 为使消费者适应新产品,企业需要支付其他成本(如互补品的生产、安装费用、技术支持费用等)吗?

列出了一系列问题之后,经理们就可以有条理地讨论项目有关问题。或者他们可以制定一套打分机制,给每个问题打分,并根据问题的重要性赋予每个问题一定的权重,以便在后续的分析中使用。例如,可以使用斯科特打分法对项目与现有能力的匹配性进行打分,从项目与现有能力很好地匹配,到项目与现有能力不能匹配,划分成多个等级,每个等级对应一定的分数。

虽然如上面所述的这种问题扫描法并不能为企业提供是否需要对一个项目进行投资的具体答案,但是它们能帮助企业更广泛地考虑那些在研发投资决策中起重要作用的问题。以本章开始提到的波音公司开发音速巡洋舰的项目为例,尽管定量分析方法表明该项目并不会盈利,但是如果我们考虑到这个项目对公司开发能力的作用,就会认为这个项目是必需的。正如波音公司的研发项目经理沃尔特·吉勒特(Walt Gillette)所说:"如果公司在12~15年内不开发新的飞机,公司将会失去必要的技能和经验。大多数开发上一代飞机的员工或退休或跳槽到其他企业,如果我们不开发新的飞机,他们的技能和经验也就无法传递到波音公司的下一代员工。"[14]因此,即使这个项目的唯一回报只是提高了公司的技术开发能力,我们也认为开发音速巡洋舰对于波音公司有很大价值。这种价值是难以用定量方法来衡量的,但是通过定性分析方法我们可以清楚地意识到。

7.4.2 综合项目计划框架

许多企业发现根据风险水平、资源投入以及现金流的时间安排等绘制研发组合图非常有帮助。管理者可以利用研发组合图来比较期望的项目余额与实际的项目余额。[15]管理者还可以使用这种组合图来识别其能力限制从而更好地进行资源配置。[16]企业会同时使用如图7.3所示的项目图对新产品开发项目进行辅助管理。在该图中,共有四类开发项目,分别是前沿型、突破型、平台型和衍生型。从长期来考虑,任何一项特定的技术都会通过这四种项目类型进行演化。前沿型项目是商业化研发项目的前奏,也是开发战略性尖端技术的必要准备。突破型项目是指结合革命性的新产品和新工艺技术开发新产品的项目。例如,本田公司的氢燃料电池项目可以被认为是前沿型项目,因为这一技术离商业化应用还有很长一段距离;而本田公司的混合动力汽车——Insight 的开发却可以被认为是突破型项目。Insight 结合了很多革命性的技术,并实现了商业化应用。

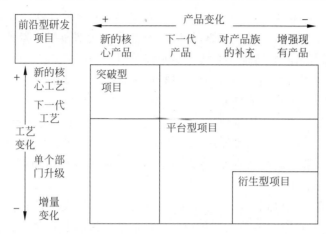

图 7.3　项目图

资料来源：Adapted with the permission of The Free Press, a Division of Simon & Schuster Adult Publishing Group, from Revolutionizing Product Development: Quantum Leaps in Speed, Effciency, and Quality by S. C. Wheelwright, and K. B. Clark. Copyright © 1992 by Steven C. Wheelwright and Kim B. Clark. All rights reserved.

平台型项目开发的技术通常会使得新一代产品与以往产品相比,在成本、质量和性能方面有很大改善。衍生型项目通常会涉及产品或工艺技术的增量改进,或两者同时发生。平台型项目是服务于核心顾客群的,而衍生型项目通常是为了迎合某个特定细分市场顾客的特定口味,对某一产品的基础平台设计做出修改。例如,亨特公司的"无忧"牌(Care Free)加湿器就是一个产品平台,这个平台衍生出了几种不同型号的加湿器以适应不同顾客的需要。不同型号产品之间,有的是蓄水箱的尺寸不同(如 2 加仑、2.5 加仑和 3 加仑等),有的型号带有数字化的恒湿器,有的型号甚至带有夜视灯。然而,所有这些型号的产品都是基于 Permawick 过滤器和风扇系统开发出来的。同样,丰田佳美也是一个由不同型号的汽车组成的产品平台,包括佳美 LE、佳美 SE 和佳美 XLE 等。尽管所有的这些型号都有相同的基础设计,但是为了迎合不同细分市场顾客的需要,每一个型号都提供了不同的特征组合。

企业利用项目组合图,对所有现有的和正在考虑中的项目进行分类,这种分类一般是根据项目所要求的资源(如研发人员、时间、资金等)和它们对企业产品线的贡献程度而进行的。企业因而可以绘制出项目图,并找出目前的开发战略存在的缺口。[17]管理者可以利用项目图找到他们所期望的项目组合,并据此分配资源。这种项目组合应该同时与企业的战略意图及所拥有的资源相匹配(正如在第 6 章中分析的那样)。例如,一个正处于适度增长的企业可能会将其研究开发预算的 10% 分配给突破创新项目、30% 给平台创新项目、60% 给衍生创新项目。一个追求更快增长的公司可能会将更大比例的预算分配给突破创新项目和平台创新项目,而一个需要产生更多短期利润的公司可能会将更高比例的预算分配给衍生型项目。[18] 近期,由产品开发和管理协会组织的一项调查显示,那些被调查的项目中差不多有 8% 是突破型或更高级的研究开发项目,17% 是平台型项目,剩余的 75% 是衍生型项目。

绘制出研发项目组合图后,企业在编制预算和制订计划时,可以同时兼顾短期的现金流需求和长期发展战略的需要。例如,如果一个企业把大部分投资都集中在衍生型项目上,虽然企业可以低风险地迅速商业化很多研发项目,并从中获取很好的项目投资回报,但是一旦市场上的技术发生转移,企业将很难适应新技术条件下的竞争环境。相反,如果一个企业在前沿型和突破型项目上分配过多资源,虽然它可以领导尖端技术的发展,但是会因为没有从平台型项目或衍生项目上获取足够多的收入而造成现金短缺问题。正如通用电气前任总裁杰克·韦尔奇曾经说的:"如果你不能在近期获利,你就难以在长期中取得发展。有人适合管理近期的事务,有人善于管理长期的发展。而管理所做的事情就是把这两样东西整合起来。"[19]

这一点在医药行业得到了深刻的诠释。在医药行业,研发项目的失败率极高,产品研发周期也很长,同时还特别依赖于专利的保护。正是因为以上因素,常常有企业突然发现企业的产品线出现了灾难性的缺口。研究表明,研究开发一种新处方药平均需要 12 年的时间,研发成本大约是 3.59 亿美元。2011 年,全球很多大型医药企业由于其最为倚重的药物的专利权即将到期而面临"专利悬崖",这将使它们遭受同类药物的更为激烈的竞争。这造成了企业销售收入的大幅波动,从而给企业(包括管理人员、制造能力、管理研发基金等)带来了极大的压力。因此,许多制药公司都将其重心转移到销量较低的特殊药物上来,因为这些罕见病用药所需的营销投入少,面临的竞争也没那么激烈,因此更加有利可图。

7.4.3　Q 分类法

Q 分类法是一种从多种不同维度对实体或创意进行分类的简单方法。Q 分类法开始是被用于区分人类多种多样的个性,以制定衡量顾客偏好的标尺。Q 分类法的具体操作方式是给团体中的每一个人都分配一叠卡片,每张卡片上都写着一个对象或创意(在新产品开发项目中将是潜在的项目)。组织者给出选择项目的一系列标准(如技术可行性、市场影响、与战略意图的匹配性等),每个人根据这些标准对项目进行排序(如根据与战略意图的匹配性)或分类(如根据技术的可行和不可行)。然后要求每个人把自己的排序或分类与其他人做比较,并对项目分类进行讨论。经过几轮分类和讨论后,大家会就最佳的项目组合达成一致意见,至此也就完成了 Q 分类法。[20]

7.5　定量分析和定性分析结合的方法

如上所述,无论是定量分析方法还是定性分析方法,在帮助经理们选择创新项目的时候都各有优点。因此,很多企业结合使用这两种方法进行投资决策。[21] 例如,企业在使用定量分析方法的时候会辅助使用问题扫描法等定性分析方法。同样,企业在项目图上平衡项目组合时,可能会使用定量分析方法来预测该项目组合未来的现金流状况。现在也有一些评价方法试图把定性分析的技巧引入定量分析中,如联合分析法和数据包络分析法等。我们接下来就讨论这两种方法。

7.5.1 联合分析法

联合分析法(conjoint analysis)是一系列技术的组合,包括分散选择、选择模型、等级选择、平衡矩阵和两两比较等。联合分析法通常被用来评估单个因素对某项选择所做出的贡献,例如产品特征的相对价值,又如一个开发项目中不同产出的相对重要性。人们发现要为某项决策中的每个影响因素赋予权重是一件很困难的事情,而联合分析方法可以通过统计分析做到这一点。联合分析方法能够把对一个复杂决策的主观评价分解成定量的数据,而这些数据则评估了不同标准的相对重要性。

联合分析法最普通的应用是评价不同产品属性对于顾客的相对重要性,而得到的评价可以被用于开发和定价决策。例如,我们可以召集一批相机的潜在顾客,给他们每人发一叠卡片,卡片上列出有着相同特征和价格的各种型号的相机。然后,要求每个人根据自己的购买意愿给每个型号的相机打分(如从 1 到 10),或者给出他们最愿意购买的相机的型号。我们再用多元回归的方法分析不同属性对所有等级相机的影响程度,最后我们会得到每种属性的权重,这些权重比较客观地给出了这些人在评价产品时考虑因素的定量信息。根据这些权重,企业可以在一系列"如果……则"的问题的引导下,考虑不同产品结构的市场反应。例如,万豪(Marriott)用联合分析法找出了对于中等价位的宾馆消费者最看重的是什么。这种分析帮助万豪成功地开拓了庭院式旅馆的业务(见"理论应用"专栏)。

理论应用:万豪的庭院式旅馆

20 世纪 80 年代中期,万豪面临提供全面服务的高档宾馆市场趋于饱和的局面。万豪的经理们清楚,要想保持公司每年 20% 的销售收入增长,必须开拓新的市场。万豪的管理层发现,价格介于每天 35~60 美元的中档宾馆有很好的市场机会。而消费者对这类宾馆目前的主流供应商(如假日旅店,霍华德·约翰逊等)的满意度都不是很高,因此万豪的经理们相信,如果他们能够更加令人满意地提供此类服务设施,一定会受到消费者的热烈欢迎。然而,他们也意识到万豪最具价值的资源就是其良好的品牌形象,并不愿意让低档次的旅馆随便挂上万豪的牌子。

公司谨慎地制订了一份详细计划,以评估一个中等价位的旅馆应该有什么样的设计。公司成立了一个专门的评估小组,确定有哪些类型的细分市场以及影响顾客决策的主要因素。公司最后得到的旅馆的影响因素包括外部环境、房间、饮食、休息厅、服务、休闲设施以及安全性等。每一个影响因素都包含几个特定的属性,每种属性又可以根据不同的产品或服务质量划分成多个等级。例如,"服务"这个影响因素的属性之一就是"房间预订服务",公司为房间预订服务设定了"直接给宾馆打电话"和"800 免费预订电话"两个级别。公司挑选了一群顾客组成一个研究样本,给每位顾客都发了 7 张卡片,分别对应上述 7 个影响因素,卡片上列出了影响因素下包含的属性、属性对应的等级以及每个等级相应的价格。现假定给每位顾客35美元,并要求他们依次对每一张卡片进行评估,即根据自己的意愿选择服务内容。如果最后总的价格超出了35美元,则要求他们去掉一些服务内容或选择较便宜的服务。这项研究可以帮助经理们了解顾客的偏好以及不同细分市场的差别。在了解顾客偏好的基础上,经理们设计了各种组合了不同服务的旅馆模型,然后要求每一位参与者给不同的模型评分。这样一来,经理们就可以用回归的方法确定,某个特定属性下不同等级的服务是如何影响顾客对整个旅馆模型的评分的。如图7.4所示,当顾客给旅馆模型评分后,该旅馆模型对应的服务等级和顾客们的评分会被记录到一张空白表格中。然后把评分对属性等级进行回归,就会得到一个评估不同属性相对重要性的模型。

旅馆模型 1	旅馆模型 2	旅馆模型 3
预订服务		
800 电话(1)	拨打旅馆电话(0)	800 电话(1)
房间服务		
所有项目,全天24小时(5)	有限项目,从早晨6点到半夜12点(3)	无(0)
报纸投递		
无(0)	每天(1)	无(0)
……		

属性	预订服务	房间服务	报纸投递	……	总评价(1-10)
参加者 1					
旅馆模式1	1	5	0		8
旅馆模式2	0	3	1		7
旅馆模式3	1	1	0		5
参加者 2					
旅馆模式1	1	5	0		7
旅馆模式2	0	3	1		9
旅馆模式3	1	1	0		4
……					

图 7.4 用联合分析法评价旅馆模型

资料来源:From R. J. Thomas, *New Product Success Stories* (New York: John Wiley & Sons, 1995).

在以上这个利用联合分析法得到的模型的基础上,万豪的经理们提出了庭院式旅馆的概念:一个提供有限设施,有着小型餐馆和小型会议室以及封闭式庭院的相对较小的宾馆(150个房间左右),同时宾馆应该有很好的安全设施和优美的外部风景,每天的收费为40~60美元。万豪提供的庭院式宾馆被证明是相当成功的,到2002年年底,已经有533家庭院式旅馆(其中508家在美国),它们的平均入住率达到了72%,远高于行业的平均水平。

7.5.2 数据包络分析法

数据包络分析法(data envelopment analysis,DEA)是利用多种标准对项目(或其他决策)进行评价的一种方法,而不同标准之间的度量方式不尽相同。[22]例如,对于一个特定的潜在项目群,企业可能会根据如下标准来评价该项目群:现金流状况;按照项目与公司现有能力的匹配度进行的排序;按照项目对公司期望获得的能力的贡献度进行的排序;对技术可行性进行打分得到的分数以及根据消费者购买意愿打分得到的分数。每一种标准都代表了项目的不同维度,而且项目在不同维度上的数据都有着不尽相同的度量单位。例如,第一个维度是以美元衡量的,属于连续型数据;接下来两个维度都是定序尺度的数据,对于这种类型的数据,不同值之间的差异能表达的信息很少;最后两个维度是基于排序系统或等级系统得到的数据(如从 1 至 7 的李克特量表)。

数据包络分析法利用线性规划法综合不同维度的数据,从而得到一个假设的**效率边界**(efficiency frontier),该边界代表了各个维度的最优状态。数据包络分析法还可以区分哪些变量是输入量(如成本),哪些变量是输出量(如预期利润)。进而我们可以计算出每一个项目到该边界的距离,该距离便是项目的效率值。我们可以根据这些效率值对项目进行排序,或者找出那些明显胜出的项目。[23]表 7.5 给出了一个使用数据包络分析法的例子,这是贝尔实验室的尖端技术组在评估项目时所使用的数据。尖端技术组选择了三个维度对项目进行评估,分别是项目投资意愿、投资额以及现金流状况,其中现金流状况预测了好、坏和最可能三种情形,而投资意愿则分别从知识产权收益和市场收益两个角度来衡量(根据公司自己的模型,每个项目分别被赋予了 1、1.5 和 2.25 三个值中的一个)。如表 7.4 所示,尽管每个项目都有着不同的风险和收益,贝尔公司还是利用数据包络分析法对所有项目进行了排序。

表 7.4　贝尔实验室的先进技术用 DEA 法评价出的项目排序　　　　　　　　　　　　美元

顺序	知识产权	产品市场	投资	现金流(最有可能)	现金流(好)	现金流(坏)
1	2.25	1.5	4 322	1 296 700	1 353 924	1 184 192
2	1.5	1.5	850	525 844	551 538	493 912
3	1.5	1.5	1	4	4	3
4	2.25	2.25	478	545 594	822 164	411 082
5	1.5	1.5	1	15	15	11
6	1.5	2.25	65	89 144	178 298	0
7	1.5	1.5	1 068	685 116	1 027 386	342 558
8	1.5	1.5	4	3 766	4 707	2 284
9	1.5	1.5	20	4 800	4 800	−96
10	1.5	2.25	2	23	27	18
50	1.5	2.25	9	116	139	93
100	1.5	1.5	15	60	72	48
150	2.25	2.25	40	5 531	13 829	2 766
200	2.25	1.5	38	90	135	45

资料来源:From J. D. Linton, S. T. Walsch, and J. Morabito, "Analysis, Ranking and Selection of R&D Projects in a Portfolio," *R&D Management* 32,no. 2(2002),pp. 139-148.

数据包络分析法最大的优势在于,它使企业能够从多种角度对项目进行评价。然而,与前面介绍的其他方法一样,数据包络分析法得到的结果的好坏要依赖于所用数据的好坏。经理们不得不承担这样的责任，即确定哪些维度是重要的从而被引入分析中，并且要确认所用的数据是准确的。

7.6 本章小结

1. 企业经常会混合使用一些定量分析和定性分析的方法，以决策应该对哪些项目进行投资。尽管有些方法会认为所有的项目都应该投资，但是资源往往是有限的，企业不得不慎重选择项目，从而合理分配资源。

2. 用于评估项目的最常用的定量分析方法是同属于折现现金流法的净现值（NPV）法和内部收益率（IRR）法。尽管这两种方法都可以帮助企业预测出在考虑了资金时间价值情况下的项目具体回报，但是预测结果的好坏要依赖于所用数据的准确与否。而且，这两种方法都会排斥那些长期的或者是高风险的项目，还会低估那些对企业战略有重要影响却不能通过现金流体现出来的项目。

3. 一些企业开始使用实物期权法来评估项目。实物期权法尤其适合评估那些对企业长期业绩有重大影响的项目。不幸的是，新产品开发的投资决策与期权方法所隐含的假设并不一致。

4. 问题扫描法是一种用于评估新产品开发项目的常用的定性分析方法，它从多个角度提出问题，并以此来评估创新项目。这些问题有时只是为了在讨论创新项目时更加有条理，而有时却可以被用来评定项目的级别，从而在定量分析和定性分析结合的方法中使用。

5. 公司的项目组合通常会包括各种类型的项目（如前沿型、突破型、平台型和衍生型等），而不同类型的项目对于资源和回报率都有不同的要求。公司可以利用项目图确定它们的项目平衡组合是什么（或者应该是什么），并依此来分配资源。

6. Q分类法是一种用来评估项目的定性分析方法，这种方法要求参与项目评估的每个人根据不同的标准对项目进行排序。Q分类法更多的是提供了一种讨论问题的方式。

7. 联合分析法是一种把对不同选择的定性评价转化成该选择定量的权重的方法。这种方法经常被用于评估不同产品属性在消费者眼中的价值。

8. 数据包络分析法（DEA）是另外一种结合了定量分析和定性分析的项目评价方法。通过与假设的效率边界进行比较，数据包络分析法有助于我们对那些有着多种维度的项目进行排序，而且维度的度量单位也都不尽相同。

术语表

资本分配（capital rationing）：将有限的资源分配到不同的用途上。

研发强度（R&D intensity）：研发费用占销售额的比例。

净现值（net present value，NPV）：项目的现金流入现值减去现金流出现值。

内部收益率（internal rate of return，IRR）：项目产生的回报率，它等于项目的净现值为零时的折现率。

折现投资回收期（discounted payback period）：项目的现金流达到盈亏平衡所需要的时间。

实物期权（real options）：股票期权定价方法在非金融资产投资中的应用。

联合分析法（conjoint analysis）：用于评估不同因素在某项选择中的权重的一组技术。

数据包络分析法（data envelopment analysis，DEA）：在多重标准的基础上通过与假设的效率边界进行比较，对项目进行排序的方法。

效率边界（efficiency frontier）：假设的最佳特征组合形成的边界。

讨论题

1. 折现现金流法（如净现值法和内部收益率法等）的优缺点是什么？
2. 实物期权对于哪种类型的新产品开发项目是适用的？对哪些类型的不适用？
3. 为什么一个企业要同时使用定量分析方法和定性分析方法来评估项目？
4. 请举出一个你所熟悉的新产品开发项目。对该项目的评估用了什么方法？你认为用什么方法是最合适的？
5. 用不同的方法决定是否需要对一个项目进行投资时，是否会得出同样的结论？为什么？

补充阅读建议

经典著作

Bowman, E. H., and D. Hurry,"Strategy through the option lens: An integrated view of resource investments and the incremental-choice process," *Academy of Management Review* 18 (1993), pp. 760-782.

Dixit, A. K., and R. S. Pindyck, *Investment under Uncertainty* (Princeton, NJ: Princeton University Press, 1994).

Wheelwright, S. C., and K. B. Clark, "Creating project plans to focus product development," *Harvard Business Review*, March-April 1992, pp. 67-82.

近期著作

Amram, M., and N. Kulatilaka, *Real Options: Managing Strategic Investment in an Uncertain World* (Boston, MA: Harvard Business School Press, 1999).

Ding, M., and J. Eliashberg, "Structuring the new product development pipeline," *Management Science* 48 (2002), pp. 343-363.

Linton, J. D., S. T. Walsch, and J. Morabito, "Analysis, ranking and selection of R&D projects in a portfolio," *R&D Management* 32, no. 2 (2002), pp. 139-148.

Loch, C. H., "Selecting R&D projects at BMW: A case study of adopting mathematical programming models," IEEE *Transactions on Engineering Management* 48 (2001), pp. 70-80.

尾注

1. B. Kogut and N. Kulatilaka, "Options Thinking and Platform Investments: Investing in Opportunity," *California Management Review* 36, no. 2 (1994), pp. 52-72.
2. Ibid.
3. M. Amram and N. Kulatilaka, *Real Options: Managing Strategic Investment in an Uncertain World* (Boston: Harvard Business School Press, 1999); and K. D. Miller and T. B. Folta, "Option Value and Entry Timing," *Strategic Management Journal* 23 (2002), pp. 655-665.
4. D. Hurry, A. T. Miller, and E. H. Bowman, "Calls on High-Technology: Japanese Exploration of Venture Capital Investments in the United States," *Strategic Management Journal* 13 (1992), pp. 85-101.
5. G. Mitchell and W. Hamilton, "Managing R&D as a Strategic Option," *Research Technology Management* 31, no. 3 (1988), pp. 15-23.
6. S. A. Ross, R. W. Westerfield, and B. D. Jordan, *Fundamentals of Corporate Finance* (Boston: Irwin, 1993).
7. M. Amran and N. Kulatilaka, *Real Options* (Boston: Harvard Business School Press, 1999); F. P. Boer, "Valuation of Technology Using Real Options," *Research Technology Management* 43 (2000), pp. 26-31; and R. T. McGrath, "Assessing Technology Projects Using Real Options Reasoning," *Research Technology Management* 43 (July-August, 2000), pp. 35-50.
8. M. Benaroch and R. Kauffman, "Justifying Electronic Banking Network Expansion Using Real Options Analysis," *MIS Quarterly* 24 (June 2000), pp. 197-226.
9. M. Perlitz, T. Peske, and R. Schrank, "Real Options Valuation: The New Frontier in R&D Evaluation?" *R&D Management* 29 (1999), pp. 255-270.
10. E. H. Bowman and D. Hurry, "Strategy through the Option Lens: An Integrated View of Resource Investments and the Incremental-Choice Process," *Academy of Management Review* 18 (1993), pp. 760-782.
11. M. A. Schilling, "Technological Lock Out: An Integrative Model of the Economic and Strategic Factors Driving Success and Failure," *Academy of Management Review* 23 (1998), pp. 267-285.
12. T. Chan, J. A. Nickerson, and H. Owan, "Strategic Management of R&D Pipelines," Washington University working paper, 2003.
13. K. R. Allen, *Bringing New Technology to Market* (Upper Saddle River, NJ: Prentice Hall, 2003).
14. L. Gunter, 2002, "The Need for Speed," Boeing Frontiers. Retrieved November 20, 2002, from www.boeing.com/news/frontiers/archive/2002/july/i_ca2.html.
15. Y. Wind and V. Mahajan, "New Product Development Process: A Perspective for Reexamination," *Journal of Product Innovation Management* 5 (1988), pp. 304-310.
16. C. Christenson, "Using Aggregate Project Planning to Link Strategy, Innovation, and the Resource Allocation Process," Note no. 9-301-041 (2000), Harvard Business School.

17. S. C. Wheelwright and K. B. Clark,"Creating Project Plans to Focus Product Development," *Harvard Business Review*, March-April 1992.
18. C. Christenson,"Using Aggregate Project Planning to Link Strategy, Innovation, and the Resource Allocation Process."
19. J. A. Byrne,"Jack," *BusinessWeek*, June 8,1998,p. 90.
20. Allen,*Bringing New Technology to Market*; and A. I. Helin and W. B. Souder,"Experimental Test of a Q-Sort Procedure for Prioritising R&D Projects," *IEEE Transactions on Engineering Management* EM-21 (1974),pp. 159-164.
21. R. G. Cooper,S. J. Edgett,and E. J. Kleinschmidt,"New Product Portfolio Management: Practices and Performance," *Journal of Product Innovation Management* 16 (1999), pp. 333-351.
22. A. W. Charnes,W. Cooper,and E. Rhodes,"Measuring the Efficiency of Decision Making Units," *European Journal of Operational Research* 2 (1978),pp. 429-444.
23. J. D. Linton, S. T. Walsch, and J. Morabito, "Analysis, Ranking and Selection of R&D Projects in a Portfolio," *R&D Management* 32,no. 2 (2002),pp. 139-148.

第 8 章 合作战略

Dyesol：合作利用太阳能[①]

2012 年,位于澳大利亚的 Dyesol 公司被视为染料敏化太阳能电池领域全球最著名的生产商。染料敏化太阳能电池(DSC)是一种低价薄膜分子材料,能够从太阳光中吸收能量并转化为电能,能量转化效率堪比植物光合作用。植物叶子中的叶绿素吸收阳光并用能量将水和 CO_2 转化为碳水化合物和氧气。在 DSC 材料中,叶子被多孔二氧化钛纳米材料代替,叶绿素则被一种长寿命的染料代替。[②] 尽管它需要两步光电反应(而传统的光电反应只用一步),但它不论在投入还是制造成本上都极有可能比传统太阳能材料便宜。更重要的是,它可以被设计成有韧性、有弹性的薄片,比安装在屋顶或农场中的太阳能板要美观得多。DSC 材料可以直接被应用到建筑中,安装在交通设施中也行。2012 年,DSC 的能量转化效率仍低于其他一些薄膜太阳能材料,不过它尚且处于研发初期,许多科学家们坚信它将大力推动清洁能源的发展,使其同传统化石燃料发电相比更具价格竞争力。

Dyesol 和 DSC 材料的发展历史

20 世纪 60 年代,科学家们意识到发光有机材料可以通过氧化电极聚集能量。在接下来的 20 年间,科学家们致力于将这一发现转化为真正的"人工光合作用"。然而,他们的努力始终没有获得理想的成果,能量转化效率始终不高。1988 年,在瑞士洛桑联邦理工大学,科学家迈克尔·格雷策尔(Michael Grätzel)发现了纳米技术,这使得人工光合作用得以成真。他在一块海绵表面覆盖上薄薄的涂层,这能够有效增加光感面积从而提高效率。之后,他同布莱恩·奥瑞根(Brian O'Regan)合作,发明了格雷策尔电池,即早期涂

[①] Based in part on a case written by S. Agarwal, M. Balaban, M. Hill, N. Wadhwa, N., and O. Wichiencharoen. "Dyesol: Turning solar cells into solar cash," New York University teaching case (2012).

[②] http://www.dyesol.com/index.php? page=How+DSC+Works.

层太阳能电池的雏形(格雷策尔后来凭此获得了 2010 年千禧技术发明奖)。[1]

可持续技术国际委员会(STI)、太阳能电池协会以及洛桑联邦理工大学后续花费 14 年进行技术的商业化。但投资者显然对 STI 等花费大量精力制造大规模生产设备的行为并不感兴趣,因为投资风险过高。所以这些联盟的机构打算转变思路,并于 2004 年成立了 Dyesol。Dyesol 作为供应商将技术出售给其他公司用作商业用途。Dyesol 开始联合相关重点行业的公司成立合资公司以期加速推动这项技术的商业化应用,其中最著名的两家公司是塔塔钢铁公司和皮尔金顿公司(Pilkington)。

塔塔钢铁公司和皮尔金顿公司

塔塔钢铁公司是世界上第五大钢铁制造商,2011 年收益达 260 亿美元,同时它还是印度最著名、规模最大的跨国企业集团塔塔集团的子公司。同塔塔钢铁的合作让 Dyesol 有机会获得资金和生产经验上的支持,同时也有助于提升 DSC 这项技术的知名度并提升该技术在国际市场上的商业化应用。2011 年,Dyesol 和塔塔钢铁欧洲分公司宣布,它们制造出了世界上最大的 DSC 部件——一块被涂满 DSC 材料的钢铁。截至 2012 年,塔塔 Dyesol"太阳能钢铁"屋顶已经被安装于威尔士的可持续建筑外壳中心(SBEC)。[2]

尽管这些合资企业能够提供强有力的机制将 DSC 技术的效用放大,但仍存在风险,塔塔集团下属的化学公司很可能最终通过反向工程学会 Dyesol 的涂层技术并设法避开 Dyesol 的专利转而将技术作为己用。如果这成为现实,Dyesol 将深陷一场旷日持久且成本高昂的专利战,以避免今后的更大损失。

皮尔金顿是一家总部位于英国圣海伦的跨国玻璃制造商,2011 年收入为 3.73 亿美元。它因 20 世纪 50 年代的浮法玻璃生产法而成名;这种开创性的方法通过高温盒体使玻璃熔化成为液态从而制造出更高品质的平板玻璃。[3] 它通过授权将这项技术推广到世界各地进行生产。2006 年,皮尔金顿被日本板硝子株式会社(NSG)收购,之后成立了世界上最大的平板玻璃工厂。

在同皮尔金顿的合作中,皮尔金顿北美分部和 Dyesol 分别占股 50% 成立了一家名叫 DyeTec 太阳能的合资公司。[4] DyeTec 太阳能公司将 Dyesol 的 DSC 技术应用在建筑玻璃外墙上以形成光电结构。跟与塔塔的合作相似,皮尔金顿的平板玻璃产品很受那些看好太阳能但又希望保持建筑玻璃外墙美感的人群的欢迎。然而,涂层平板太阳能玻璃在此之前尚未被商业应用,因此市场是否接受仍存很大变数。

展望未来

公司的一些管理者认为,公司与其聚焦在花费大量时间的合资企业项目上,不如开放

---

[1] B. O'Regan and M. Grätzel. "A low-cost, high-efficiency solar cell based on dye-sensitized colloidal TiO$_2$ films," *Nature* 353 (1991) (6346), pp. 737-740.

[2] Dyesol Limited - Boardroom Radio webcast (http://www.brr.com.au/event/89663/richard-caldwell-executive chairman-dr-gavin-tulloch-executive-director? poput=true&wl=152). Brr.com.au, retrieved on January 6, 2012.

[3] T. C. Barker. *The Glassmakers: Pilkington*, 1826-1976 (1977). London: Weidenfeld & Nicolson.

[4] D. Savastano. "Through partnerships, Dyesol makes gains in the BIPV market," in *Printed Electronics* (March 2012).

许可给很多有能力将 DSC 技术同自己的产品结合并商业化的公司。但另一些人认为 DSC 的市场化应用尚处于早期,依靠技术许可进行商业化是不明智的;被许可者不太有激励去进一步改进技术或确保技术应用的效果。

问题讨论
1. Dyesol 同塔塔钢铁的合资有何利弊?
2. Dyesol 同皮尔金顿的合资有何利弊?
3. Dyesol 需要在合作中设立严格保护的许可协议吗?
4. 你认为什么机制能够更好地保障 Dyesol 的利益并帮助其实现目标?

8.1 概述

企业经常要面对一些困难的抉择,例如,如何界定企业经营活动的边界,也就是说如何决定是由企业独立进行经营活动,还是与一个或者多个合作伙伴合作完成。正如在第 2 章中谈到的,技术创新中有相当一部分是通过多人或者多个组织之间的努力合作实现的,而不是由个人独立完成或者在单个企业内部实现的。与独立经营相比较,合作经常能够使企业以较少的成本、较低的风险和较快的速度实现更多的技术创新。但是,合作往往使得企业不得不在某种程度上放弃对开发过程的控制权,合作也使得技术创新能给自身企业带来的预期回报由于与合作伙伴分享而降低,而且合作使得企业会面临其合作伙伴在研发过程中渎职的风险。本章我们将首先讨论企业选择合作开发或者独立开发的可能原因,然后考察一些最常见的合作类型及其优劣势。

8.2 独立开发的原因

一个企业选择独立进行项目开发可能有许多原因。首先,企业可能认为不需要与其他企业或组织合作——企业可能掌握了独立开发该项目的所有必需的能力和资源。其次,也可能是由于,尽管企业希望从合作伙伴那里获取互补的技术或者资源,但是没有合适的拥有所需资源的企业或组织,或者这样的企业和组织并不愿意合作。企业选择独立进行项目开发的原因还包括,如果选择合作的话,企业的私有技术会面临泄密的风险,或者企业想完全控制项目开发的过程和独占开发完成后的回报。此外,企业独立进行技术创新的开发还可能是因为独立开发能够为企业建立和更新自身能力带来更多的机会。

1. 能力的获取

对于某个项目的开发,企业是否选择合作,在很大程度上取决于企业对独立开发所需要的能力的掌握程度,以及一个或者多个可能的合作伙伴对这些能力的掌握程度。如果已经掌握了该项目所需要的全部能力,那么企业可能就不需要与外部合作,因而会倾向于独立开发。此外,假如企业发现自身缺乏某些必需的能力,但是却找不到掌握这些能力的有合作可能的企业,那么企业也将不得不独立发展这些能力,并独立进行项目开发。

例如,20 世纪 70 年代末,孟山都公司打算研发一款种子,通过基因手段让它能够不受除草剂的干扰存活下来。1974年孟山都牌除草剂推向市场并获得成功;然而,除了杂草,其他的植物也在除草剂的作用下奄奄一息,因此在使用时不得不小心谨慎。如果作物能够通过基因改良对除草剂产生抵抗力,那么除草剂就能更便捷地大规模使用。那时生命科学技术还处于发展初期,并没有合适的合作伙伴能够提供这种技术;于是孟山都决定抓住这一机会,在内部成立一个独立事业部并宣布将生命科学领域作为新的战略发展目标。[1] 1983年,孟山都成功生产出首例转基因作物,但直到1995年才成功制造出首例转基因作物种子并进行商业化。[2] 尽管很多环保组织对孟山都的除草剂和转基因种子都提出抗议,但这两者的结合不可否认是一次重大成功。截至2002年,超过1.3亿亩地使用了孟山都的转基因种子。[3]

2. 私有技术的保护

企业有时候之所以避免合作,是由于害怕因技术泄密而丧失对私有技术的控制。与合作伙伴一起工作可能使企业当前的私有技术暴露在未来竞争者的技术间谍的眼皮底下。此外,对于任何一项开发项目中产生的新技术,企业都可能希望对其拥有完全的、独一无二的控制权。

再回顾一下开篇的案例,Dyesol在推广光感涂层电池的时候是否应该同塔塔钢铁合作呢?尽管通过合作,Dyesol能够获得它缺少的必需资金和成熟的生产与营销能力,但它同样还可能面临技术泄漏到塔塔钢铁的危险。

3. 技术开发和使用的控制

某些企业选择不合作是因为希望完全控制研发过程以及完全控制研发成功的新技术的使用。这种期望可能是出于务实的原因(例如,它们认为新技术能带来高额利润,因而不想与合作伙伴分享利润)或者企业文化的原因(例如,一个企业的文化可能强调独立和自力更生)。这些原因都可以以本田公司为例证。尽管其他汽车制造商积极地建立**联盟**(alliance),合作进行汽车设计并开发提高汽车制造效率的新工艺,本田公司却对建立合作关系非常谨慎。本田公司决定,不加入汽车制造商联盟(该产业贸易组织领导了反对严格的燃油和排放标准的运动),其中有务实的原因,也有企业文化的原因。从务实的立足点出发,本田公司担心参加该组织会限制其环保型汽车的开发方向,而本田公司打算做该领域的市场领先者。公司的企业文化更是坚定了本田公司不结盟的信念,本田文化强调对企业的技术开发及其方向保持绝对的控制。本田的董事长吉野浩行(Hiroyuki Yoshino)的声明对此做出了阐释:"自己的人生,与其被别人决定,不如自己决定。"[4]

4. 形成和更新企业能力

即便合作能节省时间和金钱,企业也可能选择独立开发,因为它们相信开发过程中投入的努力是形成和更新企业能力的关键。独立进行技术创新要求企业发展自身的技能、开发新的资源和增进对市场的认识。正如第7章所述,创造和提升企业能力可能比技术创新本身更有价值。在此引用波音公司的沃尔特·吉勒特关于音速飞机的发展的一段话做恰当的说明:"产业经验表明,如果一个企业12~15年内都没有开发一种新型飞机,那么企业的技术和经验就会过时。开发出上一种型号飞机的人许多都已经退休或者跳槽到其他企业,他们的技术和经验将无法传递给下一代波音人。"[5]

尽管有种种理由使企业选择独立进行开发活动,但也有许多理由使得企业愿意进行合作开发，并且现在看来，合作的趋势在不断上升。接下来，我们将讨论合作的优势，以及各种合作形式的优劣势。

8.3 合作的优势

合作进行项目开发能给企业带来许多好处。

第一，合作使企业能够获取必需的技术和资源，并且这样的获取方式比独自开发要快得多。[6]在企业把某种技术性知识转化为成功的商业化产品的技术产业化过程中，缺少某种必需的配套资产是很常见的。假如没有时间限制，企业总能自主开发出这些配套资产。但是，这样做延长了新产品开发周期。一种取而代之的方案是建立战略联盟或者签署许可协议，企业可以借此迅速获取重要的配套资产。[7]例如，苹果公司开发高端激光打印机LaserWriter的时候，它并不具备制造打印机的机械装置的专业技术，而且独立开发这种技术需要花费相当长的时间。苹果公司说服了打印机市场的技术领先者佳能公司，两家合作开发这个项目。[8]在佳能公司的帮助下，苹果公司很快推出了高质量的激光打印机。

第二，与其一切都自力更生，还不如从合作伙伴那里获取一些必要的能力或资源，这样能帮助企业降低资产负债率并提高其资产的灵活性。这在以技术迅速更新为特征的市场中显得尤为重要。迅速的技术变化导致产品市场的迅速变化。产品的生命周期缩短了，同时技术创新成为竞争的首要动力。当技术进步速度很快的时候，企业往往力求避免被过多的固定资产所束缚，因为它们很快就会过时。这时企业往往希望变得更专业化，并通过与其他专业化企业合作来获取自身不具备的资源。

第三，与合作伙伴的合作，是企业的一种重要的学习来源。与其他企业的密切联系能促进企业间的知识转移，并且能够促进那些单个企业无法开发成功的新技术的产生。[9]通过共享技术资源和能力，企业能够扩展其知识基础，并且比不合作的时候要快得多。

第四，企业选择合作进行项目开发的主要原因之一是分担项目的成本和风险。当项目需要大量的投资，而未来的产出具有高度不确定性时，这就显得尤为重要。[10]

第五，企业间的合作开发能够促进一种共同标准的形成。在开发阶段的合作是确保在技术的商业化阶段的合作的一种重要途径，对于需要广泛兼容性和大量互补产品的技术来说，这是至关重要的。1997年，诺基亚、摩托罗拉和爱立信组建了非营利组织WAP论坛，来建立一种通用的无线电信格式。WAP是无线应用协议（Wireless Application Protocol）的缩写。这是一个开放的全球通信标准，目的是使移动设备的用户，例如手机、寻呼机和智能电话的用户能够方便快捷地从互联网上获取信息。这些企业希望，通过成立WAP论坛，能够防止出现多个标准间的竞争。2002年，WAP论坛主动与开放移动结构（Open Mobile Architecture）组织合并组成开放移动联盟（Open Mobile Alliance，OMA）。到2003年年初，超过200个移动运营商、设备制造商和软件开发商已经签字同意该标准。[11]

但是并不是所有这种合作都能如此成功。例如，1992年，IBM、苹果和惠普成立了一家名为Taligent的**合资企业**（joint venture）来共同开发一种操作系统，以取代微软的视窗系统，成为个人计算机操作系统上的主导标准。但是尽管用了3年时间，耗费了5亿美元来开发和推广这种新的操作系统标准,最后这家合资企业还是没能实现预期目的,并最终解散。

世界范围内,技术的使用联盟或研究联盟的数量在 20 世纪 90 年代达到了顶峰(如图 8.1 所示),这主要是由于信息技术产业(计算机、通信设备和软件)中公司之间的联盟活动形成的。之后,联盟活动开始急剧下降,并在 2000 年降到了一个很低的水平,然而 2005 年前后,联盟活动又开始活跃起来。[12]

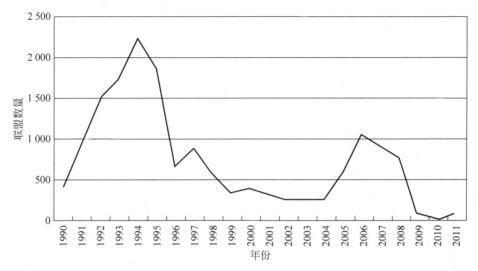

图 8.1　1990—2011 年全球新技术联盟或研究联盟组织

资料来源:Thomson's SDC Platinum Database.

8.4　合作的类型

合作中的伙伴是多种多样的,包括供应商、客户、竞争对手、配套产品制造商,还包括在不同市场上提供类似产品的企业、在类似的市场上提供不同产品的企业、非营利组织、政府、大学等。合作的目的也有很多种,包括生产、服务、营销,或者以技术为基础等。在北美,有 23% 的联盟是以研发为目的的,同类的联盟在西欧和亚洲的比例分别为 14% 和 12%。[13]

合作的组织形式也是多种多样的,从非常不正式的联盟到高度结构化的合资企业或者技术交换协议——**许可证**(licensing)。在技术创新过程中,最常见的合作方式包括战略联盟、合资企业、许可证、外包和集体研究组织。

8.4.1　战略联盟

企业可以通过结成战略联盟获取自己不具备但又急需的能力,或者在参与其他企业的开发活动的过程中,通过杠杆效应,使自身的能力得到更充分的利用。在开发一项新技术或者开拓一个新市场的时候,分别具备所需能力某些方面的各个企业可以组成联盟来共享它们的能力和资源,从而能够以更快的速度、更低的成本来开发这项技术或者开拓这个市场。

即便某个企业并不欠缺能力,仍然可能选择以合作的方式进行开发,目的是分散项目的风险,或者加快市场开拓和渗透的速度。大企业与小企业之间的联盟,目的可能是通过合作研发,大企业可以获得开发项目的部分成果;与此同时,小企业可以利用大企业强大的资本、分销和市场能力,或者利用大企业的信誉。[14] 例如,为了共同的利益,已经有许多大的制药企业和小的生物技术企业建立了联盟:制药企业获得生物技术企业的药物开发成果,生物技术企业获得制药企业的资本、制造和分销能力。

联盟可以提高企业整体的灵活性。[15] 通过联盟,企业可以在一个风险性项目中只持一定比例的股份,这样,随后企业既可以提高其股份比例,也可以卖掉股份,将自己的资源转而投向其他机会,这就保持了灵活性。[16] 对于一个企业很感兴趣的商机,在机会还处于成型期的时候,企业可以通过联盟尽早介入。联盟还能使企业迅速调整其要获取的能力的类型和规模,这在快速变化的市场中是非常重要的。

联盟还能够使企业通过相互学习来发展新的能力。联盟中的企业可以寄希望于企业间的知识转移,或者将各个企业的技术和资源联合起来,共同创造新的知识。但是,联盟关系通常缺乏共同的语言、惯例和相互间的协调,而这些都是有助于知识转移的——尤其是对于那些复杂的缄默知识来说,而这些知识很可能使企业获得持续的竞争优势。[17] 利用联盟来学习,需要为之投入相当多的资源,例如,需要实验设施、一些愿意在本公司和合作企业间奔走的员工以及一些积极有效的措施,以便将所学习到的内容融入本企业中。[18]

伊沃斯·道茨(Yves Doz)和加里·哈默尔(Gary Hamel)认为,可以把企业的联盟战略按照两个维度进行分类。[19] 第一个维度是联盟企业间**能力互补**(capability complementation)或者**能力转移**(capability transfer)的程度。第二个维度是联盟的结构,即联盟是两两结盟,还是多个企业共同组成一个联盟网络(如图8.2所示)。

	两两联盟	联盟网络
能力互补	A GE-SNECMA 联盟	B Corning Glass 联盟
能力转移	C Thomson-JVC 联盟	D Aspla

图 8.2 技术联盟战略

资料来源:From Y. Doz and G. Hamel,1997,"The Use of Alliances in Implementing Technology Strategies," In M. L. Tushman and P. Anderson, *Managing Strategic Innovation and Change*,1997. By permission of Oxford University Press,Inc.

在A象限,两个企业组成联盟,相互提供项目所需的互补技术或者技能。例如,20世纪70年代中期,通用电气和法国喷气引擎制造商SNECMA组建了一家名为CFM国际的合资企业来开发一种新的喷气引擎。这家合资企业将通用电气的F101涡轮喷气发动机技术和SNECMA的低压风扇技术结合起来,开发了一种大功率、节油的喷气引擎。因为F101是美国空军使用的一项敏感的军用技术,所以这家合资企业成立时很慎重,力图避免私有技术在企业间的转移。通用电气将其负责的F101部分制成一个密封的"黑匣子",然后运到一个单独的装配车间进行装配。CFM国际最终开发成功的这种引擎——CFM56,成为航空史上最成功的喷气引擎。[20]

在B象限,多个企业组成一个联盟网络,将它们的互补技术和资源结合起来。例如,一直作为玻璃产品制造商的康宁公司通过建立一个联盟网络,利用合作伙伴的互补技术,已经将其玻璃技术扩展到其他领域,包括医疗产品、计算机产品和纤维光学领域。康宁公司并不打算将合作伙伴的技术吸收融入自身,而是把其与合作伙伴的关系看作一个广义上的企业,这个企业由一些独立的业务组成一个灵活的、平等的网络。[21]

在C象限,两个企业间建立联盟,进行技术转移。道茨和哈默尔举出了JVC和Thomson的联盟作为例子。尽管两个企业都生产录像机(VCRs),但是Thomson公司想要从JVC得到录像机产品的数据采集技术和制造技术,而JVC需要向Thomson学习如何打入欧洲市场。通过能力交换,两个企业都能公平地各取所需。

在D象限,企业利用联盟网络互相交换能力,并且共同发展新的能力。在本章后面将会讨论的集体研究组织(包括制造技术领域的Aspla和National Center)就是联盟网络的实例。在这种网络中,有一个规范的主体来控制整个网络。设计这样的组织结构是为了使其中的成员能够集体创造、共享和使用知识。在确立自己的联盟组合前,公司的管理者应该仔细考虑可能带来的竞争效应、互补效应、网络效应。首先,如果不同的联盟都服务于同一战略目的,那么可能会有投资冗余过剩的风险或不同合作者之间可能存在竞争冲突。当合作伙伴成为竞争对手时,联盟决策的代价和收益都需要被谨慎掂量。其次,如果谨慎经营,互补型联盟有非常大的附加价值。例如,一家制药公司可能同一个合作伙伴共同进行新药的研发,而同另一家公司合作以拓展该药的销售渠道,以促使新药更快地上市。[22]在这样的情形下,不同联盟之间相互促进强化,收益加倍。最后,管理者需要考虑公司的联盟组合将公司置于关系网络中的什么位置,是如何将公司自身同合作伙伴以及合作伙伴的合作伙伴联系起来的。[23]这样的网络在信息传播及其他资源整合方面起着非常关键的作用,并且联盟网络中的有利位置能够帮助公司获取巨大的优势(参见本章"联盟网络的战略地位"专栏)。

通过联盟获得机会和灵活性是需要付出代价的。由于共同责任是有限的,这会导致联盟中的每一个成员都存在潜在的机会主义和利己主义。[24]一些研究表明,所有失败的联盟中有超过一半是因为两个独立企业的活动很难协调,而当企业追求各自的自身利益而不是联盟的整体利益时就会对双方产生损害。[25]企业必须始终保持警惕,以确保联盟不会一不小心就导致向一个潜在的竞争者泄露太多。按照道茨和哈默尔的观点,尽管合作伙伴间的分权原则有利于建立相互信任和交流,但是权力的过分分散也可能是一个危险的信号,会使得企业内部对信息保密放松警惕。[26]应该定期告知企业内各个级别的雇员,哪些信息和资源是对合作伙伴完全开放的,并且企业应当密切关注合作伙伴需要什么信息,以及获取了什么信息。[27]

8.4.2 合资企业

合资企业是一种特殊的战略联盟形式,有着明确的结构和责任。虽然战略联盟可以是两个或者多个企业之间的任何一种正式或者非正式的关系,但一个合资企业要求联盟的任何一方都有相当数量的股权投资，并最终形成一个独立的实体企业。联盟各方对合资企业所投入的资本和其他资源，以及从合资企业得到的分红，都事先以契约的形式作了详细的说明。

例如，2005年，新生命科技公司（美国）和InvaPharm公司（乌克兰）宣布，它们将组建合资企业——Invamed Pharma公司，为美国市场生产处方药。新生命科技公司将会为这个合资企业提供资金，而InvaPharm公司将提供技术和知识产权。在这个新的合资企业中，两家公司各占50%的股权。

8.4.3 许可证

许可证是一种契约式协议，组织或个人（许可证持有者）可以借此获得使用其他组织或个人（许可证颁发者）的私有技术（或者商标、版权等）的权利。许可证使企业能够迅速获取自己没有的技术（或者是其他的资源或能力）。例如，当微软公司意识到自己在时间上已经落后于网景公司，需要尽快获得一种网络浏览器技术打入市场的时候，它通过许可证的方式从Spyglass公司获得了生产IE的能力。微软还收购了几家公司（包括Vermeer技术公司、Colusa软件公司和eShop公司等），并借助收购向市场推出其他的网络应用软件。

对于许可证颁发者来说，许可证能使企业的技术渗透到更大范围的市场，而这单凭自己是做不到的。例如，汽车制造业的供应商之一德尔菲汽车公司（Delphi Automotive）开发了一种软件，能够对包括车削、研磨和钻孔在内的机械加工的各个方面进行模拟。这种软件使制造商可以通过大量的加工模拟，找到改进加工工艺的办法。德尔菲汽车公司开发该软件的初衷是自己使用，但是它后来意识到通过向其他企业颁发许可证可以赢得更多的利润。[28]

对许可证购买者而言，从其他企业获得一项技术许可证的成本一般比自己独立开发该技术低得多。如前所述，新产品开发是高投入、高风险的；通过许可证，企业可以获得一项在技术或者商业应用上已经成熟的技术。然而，技术许可证往往会颁发给许多用户，所以通过许可证获取的技术不太可能成为企业持续竞争优势的来源（因为很多潜在的许可证购买者都可以购买该技术），但宝洁可能是一个非常值得借鉴的反例。通过"联结与开发"计划，宝洁从外部吸收创意和技术并运用于研发。通过许可证获得的技术仅仅只被当作新产品的基础，然后宝洁会利用自己的专家团队和丰富的资源进一步尽心打造产品，这一过程很难被模仿。[29]这一举措如今被很多公司借鉴参考，可以视作"开放式创新"的标志。[30]

许可证协议通常会对许可证购买者强加许多严格的限制，以便许可证颁发者能够对技术的使用保持控制权。但是，随着时间的推移，许可证购买者能够从授权技术的使用过程中获取有价值的知识，随后利用这些知识开发出自己的私有技术。最后，许可证颁发者对技术的控制可能逐渐销蚀。

有时候，企业在竞争对手开发出其他的竞争性技术之前，就对外颁发其私有技术的许可证。如果竞争对手可能模仿该技术的主要特性，或者该产业很可能最终形成一种主导设计（详见第4章），这就非常重要。通过向外部潜在的竞争对手颁发技术许可证，许可证颁发者放弃了独占该技术带来的垄断利润,但是这样做可以阻止其他企业开发自己的私有技术,也就是说,阻止了竞争对手的产生。因此,颁发许可证意味着企业选择了稳定的许可证使用费收入,而不是将赌注压在争夺成为市场的主导设计的竞争中——要么赢得很多,要么输得很惨。

8.4.4 外包

在进行技术创新开发的过程中,要想有效并且高效率地完成创新的整个价值链上的各个部分,对企业能力、设备或者企业规模往往有很高的要求,单个企业可能不具备所有的资源。这时候企业可能会将某些部分外包给其他企业来完成。

一种常见的外包形式是利用合同制造商。**合同制造**(contract manufacturing)使企业不需要进行长期投资或增加劳动力就能达到市场需求的生产规模,因此给企业提供了更大的灵活性。[31] 合同制造还使企业能够以其竞争优势为中心,进行专业化经营活动,至于那些自身不具备的资源,则让其他企业提供所需的支持。合同制造还能使企业进一步扩大规模经济效益,并且利用专业制造商更高的生产效率,因此能够降低成本,并提高企业对环境变化的反应速度。[32] 例如,苹果公司在产品发布前的几周才完成了iPhone屏幕的重新设计,它让中国代工厂的负责人带领8 000名工人加班完成任务。这些工人连续加班12个小时熟练地将玻璃屏幕安装到倾斜的架子上。96小时内,一条流水线一天能够装配完成1万台iPhone。"这样的速度让人诧异,"苹果公司的一位高管说,"美国没有任何一条流水线比得上。"尽管苹果公司在美国的雇员只有4.3万,在其他国家的雇员只有2万,但另外有70万人为苹果工作着,他们属于苹果的合作方,生产、装配、销售着苹果的产品。美国总统奥巴马曾问道:"怎么样才能在美国生产iPhone?"乔布斯回答道:"那些工作岗位再也回不来了。"苹果的高管认为,海外大规模的代工厂以及工人的勤奋和熟练技巧让美国的工厂没有丝毫竞争力。但面对海外代工有损美国就业的批评声,苹果公司解释说:"我们将iPhone售往100多个国家,我们唯一的使命就是尽可能地做出最好的产品。"[33]

其他的经营活动,如产品设计、工艺设计、营销、企业信息技术或者产品分销也都可以外包给外部的其他供应商。例如,Flextronics and Solectron等一些大型合同制造商现在不仅仅替企业进行生产,还常常帮助企业完成产品设计。IBM和西门子能够给企业提供一套完整的信息技术解决方案,而联合包裹服务公司(UPS)则会考虑企业在后勤和分销上的需要。但是,外包也有许多弊端。对外包的依赖导致企业丧失了重要的学习机会,并可能最终造成企业在学习能力上的劣势。[34] 因为缺乏对发展自身能力的投资,企业有可能无法开发与产品相关的许多技术和资源,而这可能影响企业未来的产品平台的开发。过分依赖外包使企业面临变得外强中干的风险。[35] 事实上,普拉哈拉德(Prahalad)和哈默尔(Hamel)认为,高士达(Goldstar)、三星和大宇等韩国企业积极地为潜在的竞争对手充当合同制造商,使这些企业的投资外溢。这就使得三星这样的企业可以利用潜在竞争对手的资金来加速自身能力的发展,同时使对手的能力渐渐销蚀。[36]

外包还有可能导致企业不得不增加大量的交易成本。[37] 例如,合同制造需要一份清晰明确的合同:对产品设计、成本和数量的要求需要企业间有详细的沟通并在投入生产前确定。发出订单的企业还可能不得不竭尽全力,以避免其私有技术被合同制造商窃取。另外,合同制造商为了获得订单,往往不得不接受较低的价格,因而承受了很大的成本压力,所以它们会非常小心地确认合同,以免在按照合同投资进行生产之后,受到发出订单企业的控制。[38]

8.4.5 集体研究组织

某些产业中,许多企业共同建立了集体研究组织,如半导体研究公司(Semiconductor Research Corporation)和美国钢铁协会(American Iron and Steel Institute)。[39]集体研究组织有许多可能的形式,包括贸易协会、以大学为基础的研究中心,或者私营的研究公司。

许多这类组织都是通过政府或者产业协会发起设立的。例如,美国制造科学中心(NCMS)就是于1986年由美国国防部、制造技术协会、制造研究会、通用汽车公司以及其他20家制造企业共同组建的,其成立目的是促进产业界、政府和研究机构之间的合作。截至2012年,该中心拥有175个法人成员,分别来自美国、加拿大和墨西哥。一般来说,NCMS的项目涉及15～20个组织,项目期为2～4年。[40]

其他一些集体研究组织是由私营企业自己发起设立的。例如,2002年,6家日本电子产品制造商(富士通、日立、松下电器、三菱电器、NEC和东芝)成立了一个名为Aspla的集体研究组织,进行先进计算机芯片的设计开发。全球化的竞争使芯片的利润不断下降,导致日本的许多电子企业损失惨重。此外,先进芯片结构的研究需要投入大量的资金。集体研究组织使这些企业能够分担开发费用,并且帮助日本的半导体产业保持竞争优势。Aspla成立之初,每个成员企业对其投资15亿日元(折合1.3亿美元),根据计划,每个成员企业每年还需对合作研究投入大约8 500万美元。[41]日本政府也承诺对Aspla投资2.68亿美元。

8.5 合作方式的选择

表8.1概括了企业内部独立开发和各种合作方式的优缺点。平均而言,企业独立进行内部的技术开发,是相对来说较慢也较昂贵的方式。此时企业承担了所有的成本和风险,并且要花费可观的时间来学习新技术、改进其设计,还需要开发生产和维修工艺以应用新技术。但是,独立进行技术开发的企业保持了对技术开发和使用方式的完全控制权。内部独立开发也能使企业利用杠杆效应充分发挥现有能力,并为发展新能力提供了很大的潜力,但是几乎不能获取其他企业的能力。因此,假若企业在新技术所要求的能力方面具有优势、资金雄厚并且时间充裕的话,适合进行内部独立开发。

由于战略联盟可以采取多种形式,所以导致技术开发的速度、成本和对技术的控制权都可能有很大差异。某些战略联盟方式能够使企业以较低的成本、相对较快的速度获取其他企业的技术,但对技术的控制程度较低。某些战略联盟形式的目的在于将企业私有技术应用于更广的市场,这种方式速度快、成本低,并且企业能够保持对技术足够的控制。大部分的联盟方式都有利于企业在现有能力基础上利用杠杆效应发展新的能力。战略联盟能否帮助企业学习到其他企业的能力,取决于联盟的目的和结构。

表 8.1　各种开发方式的优缺点

开发方式	速度	成本	控制权	发挥现有能力的杠杆效应的可能性	发展新能力的可能性	获取其他企业能力的可能性
内部独立开发	低	高	高	有	有	无
战略联盟	不一定	不一定	低	有	有	有时候有
合资企业	低	分担	分享	有	有	有
接受许可证	高	中等	低	有时候有	有时候有	有时候有
颁发许可证	高	低	中等	有	无	有时候有
外包	中等/高	中等	中等	有时候有	无	有
集体研究组织	低	不一定	不一定	有	有	有

比较起来，合资企业在结构化上做得要好得多。虽然一般来说，合资企业进行技术开发所花费的时间和企业独立进行技术开发差不多，但是如果能充分结合多个企业的能力，开发速度可能会快一些。合资企业使合资各方能分担技术开发的成本，但是也分享了对技术的控制权。因为合资企业通常意味着在两个或多个企业之间建立长期的关系，这导致在新产业或新业务的开发过程中，企业很有可能利用自身现有能力，发挥杠杆效应，发展新的能力，并学习合作企业的能力。如果企业把学习其他企业的能力作为重点的话，建立合资企业的方式可能比建立其他战略联盟或者独立开发都更合适。

技术许可证提供了一种迅速获取新技术的方法，而且比起企业自行开发，在成本上要低很多。但是，企业对于新技术的决定权是有限的，因此对于技术的控制程度是较低的。采用技术许可证也可能使企业能够利用自身现有能力，发挥杠杆效应，发展新的能力，这取决于企业的融合能力和许可证的内容。例如，许多新药和医疗方法都是先在大学的研究中心或者医学院校里开发出来的。制药企业和生物技术企业获得许可证之后，利用企业自己的药物开发、测试和生产能力，进一步研究这些发现能否商业化应用。通过获得药用化合物和医疗方法的许可证，制药企业和生物技术企业可以迅速获取它们需要的药物，从而使其生产线不会闲置，而且企业能将其研发投入集中于那些在研究机构中已经证明有应用潜力的药物。

当企业要获得其产品和服务所需的技术时，许可证是获取这样的技术授权的很好的方式。但有些企业认为这些技术不是决定企业竞争优势的技术。例如，当数码相机制造商需要耐用、轻便而且契合其相机设计的一体化电池时，大部分这类企业都不会意识到电池的电力对于企业的竞争优势是重要的，并因此依赖外部的技术供给来满足需要。此外，缺乏技术专长的企业可以借助许可证尽早进入市场，积累经验，以便企业在将来利用这些经验发展自身的技术能力。

颁发技术许可证是企业迅速扩展其技术应用范围的有效手段，而且这几乎不需要成本，还很可能获得一批忠诚用户。此时虽然企业放弃了技术的部分控制权，但通过许可证协议中的限制条款，仍然可以对技术保持适度的控制。颁发技术许可证对于企业的现有能力起到了杠杆作用，从而使技术能应用于范围更广的产品和市场，而这是企业无法独立完成的。但是，这种方式对于企业发展新的能力几乎不能提供任何帮助。有时候，通过扩展应用范围，将技术应用到企业不了解的产品和市场中，颁发技术许可证也可能是企业获取其他企业能力的一种方式。

当企业把产品设计、生产或者分销外包时,就意味着它有意识地放弃对技术或产品的控制,目的是利用其他企业的技术专长,或者获得更低的成本结构。尽管外包是要付费的,但是一般来说要比自己发展相应的能力便宜得多,而且快得多。尽管外包几乎不能帮助企业发展新的能力,但它使企业将投入集中在那些能获得最大回报的经营活动上,从而发挥企业现有能力的杠杆作用。例如,耐克公司的战略是几乎将其所有的运动鞋的生产都外包给亚洲的合同制造商,这使得耐克能够集中精力发挥其在设计和营销方面的竞争优势,同时利用合同制造商低廉的劳动力价格和资本成本。因此,在以下情况下选择外包可能是正确的选择:(1)对于企业的竞争优势来说不重要的经营活动;(2)那些如果放在企业内进行会严重降低企业灵活性的经营活动;(3)企业在成本或质量上处于劣势的经营活动。

一般来说,加入一个集体研究组织意味着一个长期的承诺,而不仅仅是迅速地获取能力或技术。与战略联盟一样,企业参加集体研究组织也有多种形式;因此,成本和控制权是非常重要的。对于企业来说,集体研究组织不仅提供了向其他企业学习的很好的机会,而且使企业能更好地利用现有能力,发挥杠杆作用,或者在其基础上发展新能力。尽管集体研究组织可能不能马上获得新产品或者新服务的回报,但是对于那些技术复杂、需要对基础科学进行大量投资的产业来说,加入集体研究组织是非常有帮助的。通过知识共享和共同努力,集体研究组织中的企业可以分担基础研究的成本和风险,同时加快基础研究向应用技术转化的速度。

8.6 合作伙伴的选择和管理

通过合作获得其他企业的技术或者资源并不是没有风险的。[42] 合作伙伴所提供的资源可能很难确定是否适用于本企业,尤其是当这些资源难以评估的时候,如知识和经验。合作伙伴还有可能利用合作关系,不公平地窃取对方企业的技术。此外,由于管理者只能监控和有效管理有限数量的合作,所以随着合作伙伴的增加,对合作进行管理的效率是随之下降的。这不仅可能导致合作各方所得的回报减少,甚至当合作数量太大时,还会出现亏损。[43] 使这类风险最小化,企业需要限制合作的数量、仔细地选择合作伙伴,并建立正确的管理机制来限制投机行为。[44]

8.6.1 合作伙伴的选择

合作的成功很大程度上依赖于对合作伙伴的选择。有许多影响因素决定了合作各方之间的匹配好坏程度,包括它们的相对规模和市场力量、所拥有资源的配套程度、目标的一致与否以及价值观和文化是否相近。[45] 这些影响因素可以简化为两个维度:资源匹配和战略匹配。[46]

资源匹配是指合作各方的资源在多大程度上能够有效地整合到一个统一的战略中去创造价值。[47] 资源可以是配套型资源或者增补型资源。大部分合作的动机是企业需要获取自身不具备的资源,这样的合作是建立在合作各方的资源配套的基础上的。本章所举的大部分例子都是建立在资源配套的基础上的，例如，苹果公司的计算机技术与佳能公司的打印机技术的配套，或者 Abgenix 公司的先进药物与大型制药企业和生物技术企业的开发和分销经验的配套。其他的合作中，企业会寻求所拥有资源与其自身资源类似的企业作为合作伙伴，这样的资源称为增补型资源。增补型资源的联合使合作各方能够获得市场力量或者规模经济。例如，英国石油公司与美孚石油公司将它们在欧洲的许多工厂合并，以获得规模经济，并降低成本。[48]

战略匹配是指合作各方在目标和风格上的兼容程度。合作各方的目标并不需要是相同的，只要一方目标的实现不以伤害盟友或合作伙伴为代价即可。不理解合作伙伴的真正目标，或者目标与本企业不兼容的企业勉强结盟，都会导致冲突、资源浪费和机会的丧失。达斯（Das）和滕（Teng）以通用汽车公司与韩国大宇公司之间的勉强结盟为例来说明这个问题。通用汽车希望通过联盟降低其现有汽车模型的成本，而韩国大宇的目标是开发新技术、设计新的汽车模型。由于通用汽车的成本导向与韩国大宇的研发导向之间不兼容，这个联盟最终失败了。[49]

在用来评估企业自身所处地位和战略方向的工具中，有许多同样可以用来对可能的合作伙伴进行评估（回顾这方面内容请参见第 6 章）。这包括运用 SWOT 分析来评估合作对企业的影响、对外部环境的机会和威胁的影响、对企业内部的优势和劣势的影响，或者评估通过合作形成持续竞争优势的可能性，以及评估企业实现其战略意图的能力。

对企业外部环境的机会和威胁的影响

评估合作对企业的机会和威胁的影响，包括下列问题：

（1）合作将如何改变消费者和供应商的讨价还价能力？

（2）合作会影响进入威胁吗？例如，合作伙伴可能成为新的竞争对手吗？合作关系会对产业的其他潜在进入者造成进入壁垒吗？

（3）合作会对企业与其竞争对手的相对地位产生影响吗？

（4）合作会对配套产品的可得性或者替代品形成的威胁产生影响吗？

对企业内部优劣势的影响

评估合作对企业内部的优劣势的影响，包括下列问题：

（1）合作如何扩大或者提升企业的优势？合作会给企业的优势带来风险吗？

（2）合作怎样帮助企业克服其劣势？

（3）合作会产生使竞争对手难以模仿的竞争优势吗？这样的竞争优势能否用合作以外的方式获得？

（4）合作能够扩大或者提升企业的核心能力吗？

（5）合作是否可能影响企业的财务优势或者劣势？

对战略方向的影响

评估合作与企业战略方向的匹配与否包括下列问题：

（1）合作如何与企业的战略意图的表述相一致？

（2）企业要实现其未来的战略目标，在资源或技术上需要弥补某些缺陷，合作对此有帮助吗？

（3）合作的目标会随时间而改变吗？如果发生改变，这些改变是否与企业的战略方向兼容?

8.6.2 合作伙伴的管理

成功的合作协议一般会有清晰而且灵活的监督和**治理**(governance)机制。[50]不令人感到惊奇的是,参与合作的风险资源越多(例如,前期的投资额越大,或者用来合作的知识产权的价值越大),合作各方在合作关系中加入的治理结构可能就越多。[51]用来管理其合作关系的治理机制组织主要有三种:合作协议、股权和关系治理。[52] **合作协议**(alliance contracts)利用协议中的法律约束条款来确保:合作伙伴清楚地知道自己在合作中的权利和义务;当合作伙伴违反协议时,有适用的法律措施对此予以补救。典型的这类协议包括如下内容。

(1) 合作各方在合作过程中应尽到怎样的义务,包括资金、服务、设备以及知识产权等。

(2) 合作各方对于合作的控制权如何,例如,协议可能会规定合作中的成员是否有权允许新的合作伙伴加入,或者改变协议的条款。协议还可能规定合作各方对于在合作过程中开发出来的私有产品或者工艺拥有哪些权利。

(3) 对合作什么时候开始以及怎样进行也应作规定。例如,合作协议可能规定所需要投入的现金、知识产权或者其他资产,以及规定资产投入的时间安排。

这类协议还常常包括对于合作各方遵守协议状况的监管机制,例如要求合作各方接受定期检查,并定期汇报。[53]有些合作协议要求进行定期的审计,审计可以由合作伙伴或者第三方执行。还有很多协议包含了合作终止条款,即当已经不再需要合作(例如,当合作的使命已经完成,或者合作的某一方改变了目标),或者合作各方无法就分歧达成一致时,可以停止合作。[54]市场和企业战略都会随时间而变化,因此有效的合作协议应该具有足够的灵活性以适应这种变化,并且为不打算继续合作的成员提供良好的退出机制。

研究花絮:联盟网络的战略定位①

越来越多的研究表明,公司在联盟网络中的地位影响其获取信息和其他资源的能力及其对最终结果的控制力。例如,处在网络最中心地位的公司一般会获得较多的信息,并且能够比处于较次要地位的公司更快地获得信息。一般来说,在网络中占据关键中介位置的公司(如一家在两个互不联系的企业群中间充当联系人的公司)可以从两个方面获得利益:第一,它可以接触到不同的信息(假定这组企业群具有截然不同的信息资源);第二,它通过占据一个关键的"守门"位置来控制两组企业群之间的信息传递。此外,企业在联盟网络中的地位还可以向其他合作伙伴传递有价值的信号,表明该企业所拥有的资源的价值。例如,如果一家新成立的企业或者一家小企业与一些重要的、具有创新能力的企业形成了联盟,这些联盟企业就成为这家企业的信誉保证,否则外界很难对该企业的价值

---

① Adapted from M. A. Schilling, "The Global Technology Collaboration Network: Structure, Trends, and Implications," New York University working paper, 2009.

做出评价。① 并且这种信誉的增强可以增加该企业获得融资或吸引其他重要联盟的机会。

图 8.3 列示了 1998 年全球技术联盟网络(由 SDC 联盟数据库提供的基于研究和开发联盟、跨技术转移协定以及 1996—1998 年形成的交叉许可协议等)的一些重要组成部分(一些最大的联盟组织)。② 图中上方的大的联盟组织中的企业大部分来自以电子技术(计算机硬件和软件、通信设备和服务、运输设备等)为基础的行业,图中下方的联盟网络主要是一些以化工和医药(制药、化工、医疗卫生服务、医疗器械等)为基础的企业。此外,这些联盟组织中还包括很多教育机构(主要是一些大学)。正如图中所示,一些公司(如

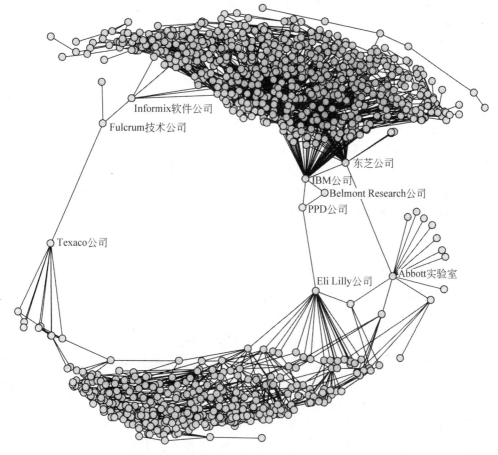

图 8.3　1998 年全球技术联盟网络(主要组成)③

---

① T. Stuart,"Interorganizational Alliances and the Performance of Firms: A Study of Growth and Innovation Rates," *Strategic Management Journal* 21 (2000),pp. 791-811.

② Adapted from Schilling, "The Global Technology Collaboration Network: Structure, Trends, and Implications."

③ Adapted from Schilling, "The Global Technology Collaboration Network: Structure, Trends, and Implications."

IBM、东芝等)加入的联盟明显比其他公司多,一个组织在联盟网络中拥有的联系数量被称为组织的"中心度",一般来说,一个组织的中心度与其规模和优异程度有关。组织的规模和优异程度有助于确定该组织对于潜在合作者的吸引力,通常来说只有大型组织才具有掌控多个联盟的必要资源。然而,并不是说只有一个组织规模大或者足够优异才能占据一个关键的中介地位。中介是指一个组织在网络中传递信息或其他资源时的重要程度,通常用"中间中心度"来衡量,它是用一个组织处在其他几组组织最短的传递线路上的次数来计算的。图中所示的中间中心度得分最高的三个组织是 IBM、礼来(Eli lilly)和 PPD(Pharmaceutical Product Development Inc., 一家合同研究公司)。1996—1998 年,PPD 只有 3 个联盟,但是图 8.4 反映了这些联盟对于整个网络的联系有多么重要,IBM 与 PPD 连接,PPD 再与礼来连接,这样就在电子技术联盟中心与化工/医药技术联盟中心之间搭建了一座桥梁。这个连接是图中所示的两个联盟之间仅有的三个连接桥梁中的一个,并且是三者中最中间的一个。

对处于中心地位能够获得更大的好处,还是处于中介地位能获得更大的好处,仍存在不小的争论。尽管很多学者辩论说处于中心地位的公司可以最大限度地获取信息,并且能够最大限度地影响信息的传递,但也有一些学者辩驳说这些处于中心地位的企业要受到它们与其他企业之间联系的限制,并建议最好还是占据一个中介位置。对于中介位置的好坏也有类似的争论——尽管一个中介者可以接触到不同的信息,并充当互不相连的群组之间信息传递的"守门人"角色,但是中介者从这种地位中所获得利益的大小是不确定的。有人认为中介者很难充分吸收和利用这些五花八门的信息,并建议它们最好选择全部处于一个组织而不是充当众多组织之间的联系桥梁。换句话说,与一个中介者进行联系可能比做一个中介者更好,然而,我们通常认为,没有哪个组织想要被孤立(即不与这个网络进行联系),或者是处于"摇摆不定"的位置(即只有一个联系,因此就像一个钟摆那样挂在网络的外面)。

很多合作会涉及**股权**(equity ownership)的分配问题,例如,合作中每一方都贡献了一定的资金,则合作中的收益分配都会按照资金比例进行。股权能够有效地匹配合作者的意愿并提升各方对合作项目的归属感和责任感,强化合作过程中的监督和管理,因为根据产权所有的利益分配是合作获得成功的重要基础。

此外,许多合作还依赖**关系型治理**(relational governance)。关系型治理是基于合作伙伴的期许、信任和声誉而进行的自我约束和规范,这通常会出现在长期合作关系中。研究发现,关系型治理能够很好地减少合作关系管理过程中的契约和监控成本,并增进同合作伙伴间进一步的合作、共享及相互学习。[55]

8.7 本章小结

1. 在技术创新的过程中,对于企业是否选择合作方式,有许多影响因素。其中有一些最为重要的因素,包括企业(或可能的合作伙伴)是否需要某些能力或者资源;合作导致私有技术被潜在的竞争者窃取的可能性;对开发过程或者创新成果的控制权对企业的重要程度；以及开发项目在企业建立自身能力或者获取其他企业能力的过程中扮演什么样的角色等。

2. 如果企业自身已经掌握了所需的能力和其他资源，就可能选择规避合作，这样的企业希望保护私有技术不受侵犯、控制开发的进程，或者更倾向于自己进行能力的建设而不是从合作伙伴那里获取能力。

3. 合作的优势包括分担项目开发的成本和风险、资源和技术配套、利用相互的知识转移并共同进行知识创新，以及促进共同标准的形成。

4. 术语"战略联盟"指的是一类广泛的合作活动，覆盖范围从高度结构化的合作（如合资企业）一直到非正式的合作。战略联盟能方便地实现合作各方间的资源配套或者能力相互转移，以完成特定项目。这种能力转移通常需要各方之间广泛的协调和合作。

5. 合资企业是企业间的一种合作方式，需要大量的股本投入，并且常常以形成一个独立的企业实体的方式出现。合资企业的设立通常是为了使合作各方分担项目的成本和风险，并且合作各方很可能实现能力的共享和转移。

6. 许可证指的是某项技术（或资源）使用权的买卖。不管是要获得技术（对许可证购买者来说）还是要对技术实施杠杆作用（对许可证颁发者来说），许可证都是一种快速且有效的方式，但是对企业发展新的能力难以提供帮助。

7. 外包使企业能够迅速获得其他企业的知识专长、规模或者其他优势。企业可能将某些经营活动外包，以节省企业自己完成这些经营活动所需的固定资产。外包还能提高企业的灵活性，并使企业将精力集中在其核心能力上。但是，过分依赖外包有可能使企业虚有其表、外强中干。

8. 可以由多方共同成立集体研究组织，共同进行高风险、大规模的先进项目的研究。

9. 不管采取哪一种合作方式，都是在一系列变量之间进行取舍和权衡，这些变量包括速度、成本、控制权、发挥现有能力杠杆效益的可能性、发展新能力的可能性，或者获取其他企业能力的可能性。企业在实施合作战略之前，需要对这些做评估和权衡。

10. 成功的合作要求合作伙伴的选择满足资源匹配和战略匹配的条件。

11. 成功的合作还要求建立明确并且灵活的监管机制，以确保合作各方了解其权利和义务，并对合作各方权利的运用和义务的履行情况提供评估办法以及必要时强制履行义务的方法。

术语表

联盟（alliance）：对企业间所有合作关系的概括。联盟可以是长期或者短期的，可以有正式的契约，或者是非常不正式的合作。

合资企业（joint venture）：两个或多个企业间的一种合作关系，通常合作各方会投入相应的股本，并最终形成一个新的商业实体。

许可证（licensing）：一种契约式协议，通过许可证，一个组织或个人（许可证持有者）获得使用其他组织或个人（许可证颁发者）的私有技术（或者商标、版权等）的权利。

能力互补（capability complementation）：联合（"共享"）其他企业的能力和资源，但这些能力或资源并不一定需要在企业间转移。

能力转移(capability transfer):企业间交换能力的方式,从而合作各方能够将合作伙伴的能力吸收到本企业中,并独立将其应用于特定的项目开发。

合同制造(contract manufacturing):企业雇用其他企业(通常是专业化制造商)来生产其产品。

治理(governance):外部的管理和/或控制的行为或过程。

合作协议(alliance contracts):法律条款以确保合作者能够(1)明晰在此次合作中的权利和义务;(2)如果一方违反合同有关规定,另一方将获得法律补偿和保障。

股权(equity ownership):合作中每一方都出具一定的资金并获得相应的产权比例,合作过程中的所有收益将按照比例进行划分。

关系型治理(relational governance):基于合作伙伴的期许、信任和声誉而进行的自我约束和规范,这通常会出现在长期合作关系中。

讨论题

1. 在一个项目的开发过程中,合作有哪些优势和劣势?

2. 合作的各种方式(例如,战略联盟、合资企业、许可证、外包和集体研究组织)是怎样影响合作的成功的?

3. 选择一个在两个或者多个企业之间的合作例子。合作与独立开发各有哪些优势和劣势?它们选择了哪一种合作方式?该合作方式有哪些优势和劣势?

4. 如果一个企业认为合作进行项目开发能实现其利益最大化,你对其合作伙伴的选择、合作方式的选择以及对合作关系的管理有些什么建议?

补充阅读建议

经典著作

Freeman, C., "Networks of innovators: A synthesis of research issues," *Research Policy* 20 (1991), pp. 499-514.

Hagedoorn, J., "Understanding the rationale of strategic technology partnering: Interorganizational modes of cooperation and sectoral differences," *Strategic Management Journal* 14 (1993), pp. 371-386.

Hamel, G., "Competition for competence and inter-partner learning within international strategic alliances," *Strategic Management Journal* 12 (summer issue, 1991), pp. 83-103.

Kogut, B., "Joint ventures: Theoretical and empirical perspectives," *Strategic Management Journal* 9 (1988), p. 332.

Powell, W. W., K. W. Koput, and L. Smith-Doerr, "Interorganizational collaboration and the locus of innovation: Networks of learning in biotechnology," *Administrative Science Quarterly* 41 (1966), pp. 116-145.

Teece, D., "Competition, cooperation, and innovation: Organizational arrangements for regimes of rapid technological progress," *Journal of Economic Behavior and Organization* 18, pp. 1-25.

近期著作

Ahuja, G., "Collaboration networks, structural holes, and innovation: A longitudinal study," *Administrative Science Quarterly* 45 (2000), pp. 425-455.

Baum, J. A. C., T. Calabrese, and B. S. Silverman, "Don't go it alone: Alliance network composition and startups' performance in Canadian biotechnology," *Strategic Management Journal* 21 (2000), pp. 267-294.

Rothaermel, F. T., Hitt, M. A., and Jobe, L. A. "Balancing vertical integration and strategic outsourcing: Effects on product portfolio, product success, and firm performance," *Strategic Management Journal* 27 (2006), pp. 1033-1056.

Sampson, R., "The cost of misaligned governance in R&D alliances," *Journal of Law, Economics, and Organization* 20 (2004), pp. 484-526.

Schilling, M. A., and C. Phelps, "Interfirm collaboration networks: The impact of large-scale network structure on firm innovation," *Management Science* 53 (2007), pp. 1113-1126.

尾注

1. C. W. L. Hill, "Monsanto: Building a Life Sciences Company," in *Cases in Strategic Management*, eds. C. W. L. Hill and G. Jones (Boston: Houghton Mifflin, 2004); and S. Brooks, M. A. Schilling, and J. Scrofani, "Monsanto: Better Living through Genetic Engineering?" in *Strategic Management, Competitiveness and Globalization*, 5th ed., eds. M. Hitt, R. Hoskisson, and R. D. Ireland (Minneapolis/St. Paul: West Publishing, 2002).

2. R. T. Fraley, S. B. Rogers, and R. B. Horsch, "Use of a Chimeric Gene to Confer Antibiotic Resistance to Plant Cells. Advances in Gene Technology: Molecular Genetics of Plants and Animals," *Miami Winter Symposia* 20 (1983a), pp. 211-221.

3. R. Melcer, "Monsanto Wants to Sow a Genetically Modified Future," *St. Louis Post Dispatch*, February 24, 2003.

4. M. Takanashi, J. Sul, J. Johng, Y. Kang, and M. A. Schilling, "Honda Insight: Personal Hybrid," New York University teaching case, 2003; and "Toyota, Honda Forge Ahead in Hybrid Vehicle Development," *AP Newswire*, March 13, 2002.

5. L. Gunter, "The Need for Speed," *Boeing Frontiers*. Retrieved November 20, 2002, from www.boeing.com/news/frontiers/archive/2002/july/i_ca2.html.

6. Su Han Chan, W. John Kensinger, J. Arthur Keown, and D. John Martin, "Do Strategic Alliances Create Value?" *Journal of Financial Economics* 46 (1997), pp. 199-221.

7. G. Hamel, Y. L. Doz, and C. K. Prahalad, "Collaborate with Your Competitors—and Win," *Harvard Business Review*, January-February 1989, pp. 133-139; W. Shan, "An Empirical Analysis of Organizational Strategies by Entrepreneurial High-Technology," *Strategic Management Journal* 11 (1990), pp. 129-139; G. P. Pisano, "The R&D Boundaries of the Firm: An Empirical Analysis," *Administrative Science Quarterly* 35 (1990), pp. 153-176; and R. Venkatesan, "Strategic Sourcing: To Make or Not to Make," *Harvard Business Review* 70, no. 6 (1992), pp. 98-107.

8. D. Teece, "Profiting from Technological Innovation: Implications for Integration, Collaboration, Licensing and Public Policy," *Research Policy* 15 (1986), pp. 285-305.

9. D. C. Mowery, J. E. Oxley, and B. S. Silverman, "Technological Overlap and Interfirm Cooperation: Implications for the Resource-Based View of the Firm," *Research Policy* 27 (1998), pp. 507-524; J. A. C. Baum, T. Calabrese, and B. S. Silverman, "Don't Go It Alone: Alliance Network Composition and Startups' Performance in Canadian Biotechnology," *Strategic Management Journal* 21 (2000), p. 267; J. P. Liebeskind, A. L. Oliver, L. Zucker, and M. Brewer, "Social Networks, Learning, and Flexibility: Sourcing Scientific Knowledge in New Biotechnology Firms," *Organization Science* 7 (1996), pp. 428-444; and L. Rosenkopf and P. Almeida, "Overcoming Local Search through Alliances and Mobility," *Management Science* 49 (2003), p. 751.

10. J. Hagerdoon, A. N. Link, and N. S. Vonortas, "Research Partnerships," *Research Policy* 29 (2000), pp. 567-586.

11. "More Cohesive Industry Standards Ahead?" *Frontline Solutions* 3, no. 9 (2002), p. 58; and B. Smith, "OMA Starts Ringing in the Future," *Wireless Week* 8, no. 42 (2002), pp. 1, 46.

12. M. A. Schilling, "Understanding the Alliance Data," *Strategic Management Journal* 30 (2009), pp. 233-260.

13. N. H. Kang and K. Sakai, "International Strategic Alliances: Their Role in Industrial Globalisation," Paris, Organisation for Economic Co-operation and Development, Directorate for Science, Technology, and Industry, working paper 2000/5.

14. Teece, "Profiting from Technological Innovation."

15. M. A. Schilling and K. Steensma, "The Use of Modular Organizational Forms: An Industry Level Analysis," *Academy of Management Journal* 44 (2001), pp. 1149-1169.

16. R. McGrath, "A Real Options Logic for Initiating Technology Positioning Investments," *Academy of Management Review* 22 (1997), pp. 974-996.

17. S. Ghoshal and P. Moran, "Bad for Practice: A Critique of the Transaction Cost Theory," *Academy of Management Review* 21 (1996), pp. 13-47.

18. C. K. Prahalad and G. Hamel, "The Core Competence of the Corporation," *Harvard Business Review*, May-June 1990, pp. 79-91; and Hamel, Doz, and Prahalad, "Collaborate with Your Competitors—and Win."

19. Y. Doz and G. Hamel, "The Use of Alliances in Implementing Technology Strategies," in *Managing Strategic Innovation and Change*, eds. M. L. Tushman and P. Anderson (Oxford, U. K.: Oxford University Press, 1997).

20. G. W. Weiss, "The Jet Engine That Broke All the Records: The GE-SNECMA CFM-56," *Case Studies in Technology Transfer and National Security*; and P. Siekman, "GE Bets Big on Jet Engines," *Fortune*, December 19, 2002.

21. A. Nanda and C. A. Bartlett, "Corning Incorporated: A Network of Alliances," Harvard

Business School case no. 9-391-102,1990.
22. P. Kale and H. Singh, "Managing Strategic Alliances: What Do We Know Now, and Where Do We Go From Here?" *Academy of Management Perspectives* (2009) August, pp. 45-62.
23. M. A. Schilling and C. Phelps, "Interfirm collaboration networks: The impact of large-scale network structure on firm innovation," *Management Science* 53 (2007), pp. 1113-1126.
24. K. R. Harrigan, "Strategic Alliances: Their New Role in Global Competition," *Columbia Journal of World Business* 22, no. 2 (1987), pp. 67-70.
25. P. Kale and H. Singh, "Managing Strategic Alliances: What Do We Know Now, and Where Do We Go From Here?" *Academy of Management Perspectives* (2009) August, pp. 45-62. See also Bamford, J, Gomes-Casseres, B, and Robinson, M. "Envisioning collaboration: Mastering alliance strategies." San Francisco: Jossey-Bass.
26. Hamel, Doz, and Prahalad, "Collaborate with Your Competitors—and Win."
27. Ibid.
28. P. E. Teague, "Other People's Breakthroughs," *Design News* 58, no. 2 (2003), pp. 55-56.
29. L. Huston and N. Sakkab, "Connect and Develop: Inside Procter & Gamble's New Model for Innovation," Harvard Business Review, (2006), March 1st.
30. H. W. Chesbrough, Open Innivation: The New Imperative for Creating and Profiting From Technology. (2003) Boston: Harvard Business School Press.
31. J. Holmes, "The Organization and Locational Structure of Production Subcontracting," in *Production, Work, Territory: The Geographical Anatomy of Industrial Capitalism*, eds. M. Storper and A. J. Scott (Boston: Allen and Unwin, 1986), pp. 80-106; and Teece, "Profiting from Technological Innovation."
32. Schilling and Steensma, "The Use of Modular Organizational Forms."
33. C. Duhigg and K. Bradsher, "How U. S. Lost Out on IPhone Work," *The New York Times*, January 22, 2012, pp. 1, 20-21.
34. D. Lei and M. A. Hitt, "Strategic Restructuring and Outsourcing: The Effect of Mergers and Acquisitions and LBOs on Building Firm Skills and Capabilities," *Journal of Management* 21 (1995), pp. 835-860.
35. Prahalad and Hamel, "The Core Competence of the Corporation."
36. Ibid.
37. Pisano, "The R&D Boundaries of the Firm."
38. Schilling and Steensma, "The Use of Modular Organizational Forms."
39. V. K. Narayanan, *Managing Technology and Innovation for Competitive Advantage* (Upper Saddle River, NJ: Prentice Hall, 2001).
40. C. Pellerin, "Consortia: Free Enterprise Meets Cooperation and the Results Can Be Good for Robotics," *The Industrial Robot* 22, no. 1 (1995), p. 31.
41. Associated Press, July 11, 2002.
42. C. W. L. Hill, "Strategies for Exploiting Technological Innovations: When and When Not to License," *Organization Science* 3 (1992), pp. 428-441; W. Shan, "An Empirical Analysis of Organizational Strategies by Entrepreneurial High-Technology," *Strategic Management Journal* 11 (1990), pp. 129-139; and Teece, "Profiting from Technological Innovation."
43. M. A. Schilling and C. W. L. Hill, "Managing the New Product Development Process: Strategic Imperatives," *Academy of Management Executive* 12, no. 3 (1998), pp. 67-81.
44. O. E. Williamson, *The Economic Institutions of Capitalism* (New York: Free Press, 1985).

45. J. Bleeke and D. Ernst, "Is Your Strategic Alliance Really a Sale?" Harvard Business Review 73, no. 1 (1995), pp. 97-105; T. K. Das and B. Teng, "Between Trust and Control: Developing Confidence in Partner Cooperation in Alliances," *Academy of Management Review* 23 (1998b), pp. 491-512; R. M. Kanter, "Collaborative Advantage: The Art of Alliances," Harvard Business Review 72, no. 4 (1994), pp. 96-108; and B. Uzzi, "Social Structure and Competition in Interfirm Networks: The Paradox of Embeddedness," *Administrative Science Quarterly* 42 (1997), pp. 35-67.
46. T. K. Das and B. S. Teng, "Managing Risks in Strategic Alliances," *Academy of Management Executive* 13, no. 4 (1999), pp. 50-62.
47. Ibid.
48. J. G. Crump, "Strategic Alliances Fit Pattern of Industry Innovation," *Oil & Gas Journal*, March 31, 1997, p. 59; and Das and Teng, "Managing Risks in Strategic Alliances."
49. Das and Teng, "Managing Risks in Strategic Alliances."
50. T. Pietras and C. Stormer, "Making Strategic Alliances Work," *Business and Economic Review* 47, no. 4 (2001), pp. 9-12.
51. R. Gulati and H. Singh, "The Architecture of Cooperation: Managing Coordination Costs and Appropriation Concerns in Strategic Alliances," *Administrative Science Quarterly* 43 (1998), pp. 781-814.
52. P. Kale and H. Singh, "Managing Strategic Alliances: What Do We Know Now, and Where Do We Go From Here?" *Academy of Management Perspectives* (2009) August, pp. 45-62.
53. L. Segil, "Strategic Alliances for the 21st Century," *Strategy & Leadership* 26, no. 4 (1998), pp. 12-16.
54. Pietras and Stormer, "Making Strategic Alliances Work."
55. I. Filatotchev, J. Stephan, and B. Jindra. "Ownership structure, strategic controls and export intensity of foreign invested firms in emerging economies." *Journal of International Business Studies* 39 (2008), pp. 1133-1148. See also R. Gulati, "Does familiarity breed trust? The implications of repeated ties for contractual choice in alliances," *Academy of Management Journal* 38 (1995), pp. 85-112; and B. Uzzi. "Social structure and competition in interfirm networks: The paradox of embeddedness," *Administrative Science Quarterly* 42 (1997), pp. 35-67.

第 9 章 保护创新

数字音乐发行革命[①]

弗朗霍夫公司（Fraunhofer）和 MP3

1991年，德国的弗朗霍夫公司开发了一种算法，这种算法将会给音乐传播、存储和消费方式带来革命性的变化。该算法（通常被称作编码解码器）能够将数字化音频压缩到其原来大小的1/10左右，而音质基本不会受到影响。这种编码格式还能让歌曲的信息（如歌曲名称和歌手的名字）与音频文件一起保存。这种音频文件压缩格式后来被冠名为MPEG-1 layer 3，即 MP3。到1995年，能够让消费者将光盘上的歌曲转换为 MP3 格式文件的软件出现了，这个技术改变了大家操控音乐的方式——现在一首歌曲可以以某种方式保存到硬盘上，同时音频文件也可以变小从而可以在网络上进行分享。使用者通过在线分享音乐，使得这种 MP3 格式开始广泛流行，软件公司也开始发布多种 MP3 格式的编码器（将文件压缩为 MP3 格式的应用程序）和解码器（播放 MP3 格式音频的播放器）。硬件生产商也决定对这种新趋势进行投资，好几家生产 MP3 播放器的硬件厂家开始进入市场。

随着 MP3 这种文件格式变得越来越流行，弗朗霍夫公司陷入进退维谷的境地——是应该取得 MP3 算法应用的专利，然后向其他使用者收取专利费呢，还是应该继续允许其他使用者及软件和硬件生产商免费使用这种算法，以增强 MP3 格式的强劲势头？如果限制该算法的使用，它就会面临竞争对手崛起的风险，比如微软和索尼公司可以开发类似的具有竞争力的格式。但是如果允许大家免费使用 MP3 格式的算法，它将很难从这种创新上获利。

弗朗霍夫公司决定采取部分开放许可的方法，并在1995年与 Thomson 多媒体公司

[①] Adapted from a New York University teaching case by Shachar Gilad, Christopher Preston, and Melissa A. Schilling.

建立了合作关系，让其成为 MP3 专利的独有许可代理商。① 反过来，Thomson 多媒体公司与包括苹果、Adobe、Creative Labs、微软在内的十多家公司进行谈判并达成协议，现在为数众多的 MP3 授权使用者（到 2001 年 4 月已有 100 家公司）可以向消费者提供便利的编码器、解码器接入和一般的文件格式。一般来说，授权使用者会向消费者提供免费的解码器，而向那些想要编码 MP3 格式的消费者收取少许的费用。

弗朗霍夫公司不断进行创新，后来又引入了 MP3pro 格式，并与杜比公司（Dolby）联合开发了高级音频编码（Advanced Audio Coding，AAC），随后苹果公司采用了这种编码格式。其他许多公司也开发了自己的音频压缩编码格式，其中包括索尼公司（1991 年最初开发的 ATRAC 编码解码器，主要应用于 Mini Discs② 和微软公司（1994 年发布的 WMA③）。然而，到 1996 年为止，MP3 格式在全球范围的任何计算机上都可以找到，这似乎表明 MP3 格式已经在音频压缩格式的竞争中取得了主导地位。

纳普斯特（Napster）独领风骚

1999 年，波士顿东北大学的学生肖恩·范宁（Shawn Fanning）发布了纳普斯特。这是一个软件程序，能够让联网用户非常方便地共享 MP3 文件。纳普斯特为那些想要在线分享音乐和搜索音乐的发烧友们提供了一种界面友好的解决办法——通过给用户提供一个搜索框界面，在用户与拥有他们想要下载的文件的用户之间建立点对点的连接。纳普斯特服务器本身并不存储任何 MP3 文件，而只是建立一个信息数据库，里面储存哪些用户要分享什么文件以及它们是否在线等信息，并提供下载链接服务。纳普斯特是第一批广泛采纳的"点对点"的应用模式之一，并且帮助了 MP3 这个名词的普及。

纳普斯特是完全免费的，而且随着接入网络的人数越来越多，他们能够下载的音乐也越来越多。用户还越来越多地进行受版权保护的资料（一些商业唱片和歌曲）的交易，实际上，绝大多数通过纳普斯特下载的音乐都是受版权保护的。截至 2000 年 3 月，纳普斯特的下载份数已达到了 500 万份。④ 在最顶峰的时候，纳普斯特的用户数量曾达到 7 000 万。⑤

尽管纳普斯特受到世界范围内"音乐盗版者"的欢迎，但是代表美国主流音乐企业法人的交易团体——美国唱片行业协会（RIAA）感到越来越恐慌。RIAA 担心这种日益增长的非法音乐交易会导致其会员企业利润的减少，因为在线交易的绝大部分的流行商业音乐的版权都是由唱片公司拥有的。于是 RIAA 对纳普斯特提起了诉讼，为此纳普斯特的用户尽量离线使用这项服务，并减少非法的文件共享。这一举动备受争议，其原因有多个。一些分析家认为仅通过法律途径很难打赢与技术进步相关的官司，就像这次，RIAA 就不可能成功，除非它能够给那些喜欢在线购买音乐的用户提供一个合法的替代方案。还有一些分析家的态度则更加强硬，辩驳说唱片公司要维护的不仅是艺术家们的权益，还

---

① "Thomson Multimedia Signs 100th mp3 Licensee," press release (PR Newswire), April 18, 2001.
② Junko Yoshida, "Sony Sounds Off about Mini Disc," *Electronic World News*, no. 41 (June 3, 1991), p. 15.
③ Jack Schofield, "Music Definitions," *The Guardian*, October 5, 2000, p. 3.
④ Karl Taro Greenfeld, "The Free Juke Box: College Kids Are Using New, Simple Software Like Napster to Help Themselves to Pirated Music," *Time*, March 27, 2000, p. 82.
⑤ Michael Gowan, "Easy as MP3," *PC World* 19, no. 11 (November 2001), p. 110.

包括一种已经过时的商业模式。① 他们认为纳普斯特之所以受到大家的欢迎,部分是因为传统音乐传播模式的死板和价格的昂贵,而音乐爱好者们又不得不购买那些他们认为定价过高的唱片,同时他们还不能选择购买某个单曲。在娱乐行业,对商业模式变革的反对已经不是第一次了,似乎这个行业不愿意接受一切新技术。2001年《经济学人》中的一篇文章指出:"留声机将会代替乐谱,收音机的兴起将会威胁到留声机唱片的销售,录像机会摧毁电影行业,盒式磁带录音机宣告了音乐商业的厄运……在每一个例子中,这些恐惧被证明是毫无根据的。新技术会以一种前所未有的方式进行市场扩张。"② 还有一些评论者认为,这种新技术会给唱片行业带来好处,如果治理得当的话,将会产生一种低廉的音乐传播方式,并让唱片公司直接接触最终顾客,从而可以进行目的性更强的营销。

2001年,纳普斯特主动寻求与RIAA进行合作,内容是创造一个合法的数字传播模式,通过提供订阅服务让用户能够获取在线音乐。然而,RIAA拒绝了纳普斯特抛出的橄榄枝,反而继续对纳普斯特提起法律诉讼。2001年7月,法庭判决RIAA获胜,纳普斯特的服务被迫下线,这对于全球"点对点"热衷者来说是一个巨大的打击。

尽管唱片公司打赢了与纳普斯特的官司,但是他们也开始意识到"斗争"还远远没有结束。与纳普斯特相似的服务开始在网上发迹,并向那些"知情的用户"提供继续盗版音乐的机会。唱片公司开始不断地向"点对点"服务和涉及非法文件交易的用户提起诉讼,并且最终不得不答应提供一种合法的替代服务的要求。随后,华纳唱片公司与BMG、EMI和RealNetworks组成团队引入了MusicNet,索尼娱乐公司则和环球唱片公司联合开发了Pressplay,这两个都是提供订阅服务的,能让用户合法地从网络上下载音乐。然而,为了控制音乐目录,唱片公司采用了专有的文件格式,并且严格限制数字版权管理解决方案,所有这些都给用户带来了额外的烦恼。此外,没有获得授权的"点对点"服务,如Kazaa或者Gnutella,其提供的音乐下载范围要比这两种服务提供的下载范围更广。"点对点"的音乐交换服务还在继续增加,RIAA需要一个救世主,斯蒂夫·乔布斯正好出现了。

恰逢其时的 iTunes

2003年4月28日,苹果公司的iTunes Music Store开始营业了。在与五家主要的唱片公司(包括索尼、环球、BMG、华纳唱片公司和EMI)达成协议之后,iTunes发布了最初的包括20万首歌曲的目录单,用户可以以每首99美分的价格购买。③ iTunes一出现就显示出了成功的迹象,第一年的下载量就达到了5 000万次,并且很快成为在线音乐分销的主导者。④ 苹果公司在保证唱片公司通过Music Store提供的文件可以得到合法共享保护的情况下,为唱片行业带来了福音,其对非法共享的成功阻止还要归功于"FairPlay"这种数字版权管理解决方案。其实,iTunes Music Store提供了两种格式的音频文件——高级音频编码(AAC)和优化的MP3格式,受到苹果公司FairPlay DRM的保护,歌曲文件只能在5台计算机上同时上传,并且只有使用iPod这种MP3播放器才能播放。

---

① "The Same Old Song," *The Economist* 358, no. 8210 (January 24, 2002), pp. 19, 20.
② "The Same Old Song," *The Economist* 358, no. 8210 (January 24, 2002), pp. 19, 20.
③ Michael Amicone, "Apple Took a Big Bite Out of the Market," *Billboard* 116, no. 16 (April 17, 2004), p. 2.
④ "Tunes Music Store Downloads Top 50 Million Songs," press release, March 15, 2004.

除此之外,这些文件不能通过 E-mail 或网络传递,并且通过一个子目录结构,这些存储在 iPod 上的文件就变成"隐藏"的了,这样就很难从朋友的 iPod 中复制歌曲。所有这些措施都有助于防止用户向其他人大量传递音乐文件,这让唱片公司的经理们倍感轻松。

iTunes 的成功是由一系列因素促成的。首先,苹果公司的"酷"形象不管对于唱片公司还是用户都具有很强的吸引力。其次,该公司还采用了用户熟悉的 MP3 格式,对在线音乐的标价也极具诱惑,同时它与五家主要唱片公司的许可协议也使得其可以为顾客提供"一站式"的服务。另外,FairPlay DRM 不像其他竞争格式那样有很多限制,[1]这一点对于众多用户来说是非常重要的。与此同时,苹果公司 iPod 的成功也进一步加速了 iTunes 的成功。iPod 是一款精心设计的、用户友好的并大力营销的硬盘式便携 MP3 播放器,尽管其可靠性(主要是与其电池寿命相关的)[2]和音质[3]等受到一些质疑,但是这种播放器受到许多休闲音乐消费者的追捧。让 RIAA 感到欣慰的是,iPod 要求用户只能通过 iTunes 在线下载和收集音乐,这样就使得存储在 iPod 上的或通过 iTunes 购买的音乐的分享变得更加困难。

唱片行业又找到了一条新的收入丰厚(iTunes 每销售 99 美分就会有大约 70 美分直接传送回唱片公司[4])的分销渠道,而且苹果公司与所有的主要唱片公司都签订了许可协议,这就让苹果公司拥有了一个巨大的歌曲目录。苹果公司恰恰就是利用了这个歌曲目录吸引用户通过 iTunes Music Store 购买音乐,从而推动了苹果 iPod 的销售,因为在 iTunes 上购买的音乐无法使用其他竞争对手的 MP3 播放器播放。苹果公司的定位非常好,但是威胁也随之来临。

2006 年 3 月,法国国会通过了一项法案,要求苹果公司向在法国境内的其他竞争对手公开其 FairPlay DRM 技术。[5] 这也就意味着苹果公司将不得不允许用户从其在法国的 iTunes Music Store 上下载的歌曲能够在其他非 iPod 的 MP3 播放器上播放,并且 iPod 也要能够播放其他竞争对手的文件格式的音频,比如通过 Sony Connect 在线音乐商店购买的索尼 ATRAC3 格式的音频文件。许多用户可能会欢迎这种通用性,但是这种做法将会对让唱片行业心态放松的"单一运营者许可模式"形成挑战,同时能够为苹果公司创造一个巨大的、忠实的顾客基础。刚开始,分析家们推测苹果公司将会撤出法国市场,但事实恰恰相反,苹果公司开始与唱片公司谈判以求进一步降低 DRM 的限制。到 2009 年 3 月,苹果公司最终说服了几家主要的唱片公司,这样通过 iTunes 销售的歌曲就不再需要 DRM 了。与此同时,苹果公司采取了差别定价的模式,这种定价模式曾是众多唱片公司准备长期采取的模式。

智能手机的出现加速了电子音乐销售的增长,因为用户们用智能手机就能够存储并欣赏电子音乐而不用再借助其他的设备;2011 年,电子音乐的销售额首次超过了传统唱片,占据了音乐市场 50.3% 的市场份额。然而,分析师们预言,在不久的将来,音乐将经

---

[1] "Tunes Music Store Downloads Top 50 Million Songs," press release, March 15, 2004.
[2] "Apple Faces Class Action Suits on iPod Battery," *Reuters*, February 10, 2004.
[3] Randall Stross, "From a High-Tech System, Low-Fi Music," *New York Times*, July 4, 2004, p. 3.
[4] Alex Veiga, "Recording Labels, Apple Split over Pricing," *Associated Press*, April 2, 2006.
[5] Rob Pegoraro, "France Takes a Shot at iTunes," *WashingtonPost.com*, March 26, 2006, p. F06.

历有价无市的转变,因为随着越来越多像 Pandora 和 Spotify 这样的在线音乐播放软件的出现,人们可以在不购买的情况下随心所欲地随时在各种设备上听音乐。

问题讨论

1. 哪些行业因素引发了上文所描述的音频分销革命?哪个利益相关者从这场革命中的获利最大(或最小)?
2. 为什么唱片公司设立的音乐商店没能吸引大量的订阅者?要想吸引大量的订阅者,这些唱片公司应该如何做出改变?
3. 决定 iTunes 持续获取成功的因素是什么?

9.1 概述

在制定公司技术战略的时候,一个重要的事项就是决定是否及如何保护技术创新。传统上,经济学和战略管理的知识告诉你应该严格地保护创新,以使自己成为创新的最主要受益者,但实际上是否及如何保护创新是一个非常复杂的问题。有时候,不严格地保护创新反而对公司更有利,因为这样可以鼓励其他厂商(包括辅助品提供商)支持这项技术,从而促进技术的扩散,使这项技术更有可能成为主导设计。本章我们先回顾那些影响公司获取创新收益的因素及公司可以采取的保护创新的机制;然后,分析完全私有战略和完全开放战略,研究如何平衡保护技术和扩散技术及其一些内在的因素;最后,列举公司在制定保护创新策略方面应该考虑的一些因素。

9.2 独占性

独占性(appropriability)是指一个公司能获取其创新租金的程度。一般来说,独占性取决于竞争对手能否容易或者说快速地模仿这项创新。而竞争对手模仿创新的容易度反过来又取决于技术本身的性质以及对这项创新所采取的保护机制。

有些技术的固有特性使得其很难被模仿,技术背后所体现的知识可能是不常见的,并难以被复制。一个公司特有的经历或人才库构成了一个竞争对手所不具备的专有知识。如果创新的知识基础是**缄默的**(tacit)(它不容易被编写整理成文本或程序)或**社会复杂的**(socially complex)(它是通过人们之间的复杂相互作用产生的),那么竞争对手通常就很难复制。[1] 例如,一个拥有由天才科学家组成的研究团队的公司就可能有一个稀有的且难以模仿的知识库。虽然这些科学家的一些技术可以通过模仿的培训程序获得,但"天才"通常意味着这些个体(或群体)拥有非常难以通过培训模仿的——如果不是不可能的话——自然禀赋或能力。另外,如果这个研究团队的独特能力在一定程度上是由于他们之间的相互作用而产生的话,那么这些能力就具有社会复杂性。个体间的相互作用可以极大地影响个体的感知,进而影响个体及群体的发现或学习。这些相互作用的结果是具有途径依赖性的,不同的个体组合、相互作用的时间和性质会导致具有不同特性的结果。这也就意味着由一个群体相互作用产生的知识不能被其他个体和群体所复制。

然而许多创新相对来说比较容易被竞争者模仿，因此个体和公司通常会采取一些法律措施来保护自己的创新。大多数国家通常会提供以下几种保护知识产权的方式：专利、商标、版权和商业秘密法。

9.3 专利、商标和版权

虽然专利、商标和版权都是设计出来保护知识产权的，但它们都有不同的保护对象。**专利**（patent）是用于保护创新的，而**商标**（trademark）是保护那些区别商品的文字或符号，**版权**（copyright）则是保护具有原创性的艺术或文字成果。因此对于一台典型的计算机来说，它的零部件设计是由专利来保护的，标识（比如"IBM Thinkpad"）则是由商标法来保护的，而版权则用来保护软件（在本章的后面会提到，许多软件现在也适合用专利来保护）。

大多数文献都把正式的知识产权保护起源归因于 15 世纪的英国，那时英国的君主开始以盖着国玺的"专利证书"授予制造商和商人某些特权。人们所知道的最早的一个例子是，1449 年亨利六世授予来自提拉姆（Utynam）的约翰以前英国所没有的新东西——专利。这个专利给予约翰在 20 年内独占一种生产彩色玻璃的方法的权利。[2] 版权保护则从 1710 年才开始，当时有一个法令为书籍和其他一些文字作品提供保护。虽然关于商标（或者更一般地说是"所有权标识"）的保护最早可以追溯到公元前 3 500 年，但保护商标的法案到 18 世纪才出现。1791 年，托马斯·杰斐逊应帆布制造商的要求倡议根据宪法中的商业条款制定一项保护商标的法令。1857 年法国也颁布了商标法，英国则随后于 1862 年颁布了相关法令。[3] 第一个国际性的商标协议是在 1883 年的《工业产权保护巴黎公约》中制定的。

9.3.1 专利

在许多国家，发明者都可以为自己的创新申请专利保护。在美国，专利是由联邦政府授予的一项所有权，它在一个有限时期内排除了其他人在美国制造、使用、销售或进口该发明的行为，作为交换，在专利到期后将会向公众披露发明的细节。[4]

专利通常可以归纳成不同的种类。在美国，实用新型专利授予那些创造或发现了新的有用的流程、机器和制造品或材料组合的发明者。设计专利授予那些为制造品创造出新颖的和装饰性的设计的发明者。植物专利则授予那些发明或发现新颖独特植物品种，并可对其进行无性繁殖的人。根据美国专利法的规定，任何一项发明必须满足下列三个标准才能授予专利。

(1) 它必须具有实用性（即必须能够产生人们所期望的结果，解决某一问题，改善一个现有产品或提出现有产品的新用途）。

(2) 它必须具有新颖性（即必须没有被注册过专利或在出版物上发表及公开使用一年以上）。

(3) 它必须具有创造性（即一个拥有此专利领域技术或经验的人士若不经过相当的努力是不可能实现相同的发明的）。

那些属于自然法则（如重力）的科学原理发现是不能申请专利的，因为它们是始终存

在的事实。特别要指出的是,下列情况是不能申请专利的:
- 以一种材料代替另一种材料(如以塑料代替金属);
- 仅仅改变现有设备的尺寸;
- 使某种物品便携化;
- 以一种元素替代另一种等同的元素;
- 改变一种物品的形状。

印刷品一般不适合申请专利,它们通常使用版权来保护,下一节将会讨论这个问题。

在1998年以前,大多数软件算法都不适合申请专利,它们一般仅适合用版权来保护。然而,1998年最高法院关于支持一个基于软件算法的共同基金计算机化管理方法的专利申请的裁决打开了软件算法申请专利的闸门。1997—2000年,关于基于软件的商业运作方法的专利申请增加率超过了700%。[5] 例如,亚马逊公司就为其1-click系统申请了专利,这个系统使顾客下订单变成一个流水线式的过程。[6]

为一项发明申请专利是个严肃的工作。发明者必须解释如何实现和使用这项发明,并声明这项新发明的特别之处。通常还需要有对于这项发明的描述。在美国,专利审查员会对报上来的专利申请进行检查,并可能修改申请人对于专利的主张。然后,专利会被公开一段时间,在这段时间内其他发明者可以对这项专利申请提出质疑(例如,如果他们认为这项专利侵犯了先前已批准的专利的话)。如果提出申请的专利符合授予专利的标准,专利将会被批准。从提出申请到最后授予专利的流程会持续2~5年时间,2011年的平均时间为33个月。过去20年间,专利申请的时间在持续增长,这主要是由于美国本国和国外的专利数量都在急剧增长,而专利审查机构的资源没有及时跟进匹配。在某些产品周期较短的行业,这样的漫长等待无疑会大大降低专利能够发挥的价值。因此,不少提案建议专利审查体系进行改革以提高效率(见图9.1)。

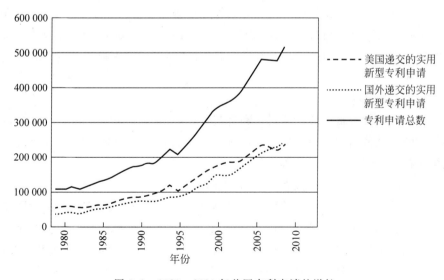

图9.1 1980—2010年美国专利申请的增长

在申请和维持专利的过程中也会产生一系列的费用。美国专利和商标局有两种费用的价格表——一个是针对"小实体"的(个体发明者和少于500个雇员的公司),另一个是针对"大实体"的(见表9.1)。一个小实体在美国要完成整个专利申请流程需要支付大约1 500美元的申请费和5 000~10 000美元的律师费。

表9.1　2012年4月美国专利和商标局费用表　　美元

费用种类	正常费用	小实体费用
专利申请费		
实用新型专利基本申请费	380	190
实用新型专利查册费	620	310
实用新型专利审查费	250	125
设计专利基本申请费	250	125
设计专利查册费	120	60
设计专利审查费	160	80
植物专利申请费	250	125
植物专利查册费	380	190
植物专利审查费	200	100
专利获批准后的费用(专利被批准后付款)		
实用新型专利授权费	1 740	870
设计专利授权费	990	495
植物专利授权费	1 370	685
公开费	300	300
专利维护费(使专利保持有效性)		
专利投保后3.5年	1 130	565
专利投保后7.5年	2 850	1 425
专利投保后11.5年	4 730	2 365

实用新型专利通常能比其他形式的专利得到更多的保护。在1995年之前，美国政府授予专利所有者17年的保护期，1995年之后，这个期限延长到了20年。虽然不同国家间的专利法差别很大(下文将予以详细介绍)，但几乎所有的国家都为发明专利提供20年的保护。

国际上的专利法律

绝大多数国家都有自己的法律对专利进行保护。但是一项专利在一个国家申请成功了并不等于能在其他国家也得到保护。如果个体或公司需要得到多国的专利保护，必须到不同国家根据它们的法律要求再进行申请。

不同国家的专利制度是有很大不同的，美国就是一个典型。例如，大多数国家规定如果在申请前公开同发明创造相关的信息会影响到申请，但在美国则有一年的宽限期(即申请人在申请专利前一年就可以公开相关信息)。因此，要想使专利得到多国的保护，申请人在公开专利相关信息之前应该根据最严格的申请标准来准备，即使专利申请人打算首先在美国申请专利。另外，许多国家还要求从专利被授予起一段时间(通常是3年)内，专利必须在申请国被制造出来，这称作"工作要求"。其结果使得发明者在他不打算建立生产设施的国家很难申请到专利。

一些国际条约试图协调世界上不同国家的专利制度，其中最有影响力的是《工业产权保护巴黎公约》和《专利合作条约》。

《工业产权保护巴黎公约》

《工业产权保护巴黎公约》(又称《巴黎公约》)是一个国际性的保护知识产权的公约,到 2003 年为止一共有 164 个成员国。根据《巴黎公约》的规定,任何一个成员国的公民都可以在其他成员国申请专利,并享受申请国的国民待遇。因此,《巴黎公约》在其成员国之内消除了本国居民和他国居民间的专利歧视。另外公约还规定了专利和商标的"优先权"。发明人只要在一个成员国申请专利,就可以在一定期限内在其他成员国申请同样的专利。这个期限对于实用新型专利是 12 个月,外观设计是 6 个月。更为重要的是,在第一个国家的申请时间被认可为在其他成员国的申请时间。这使得发明人自第一次申请专利后在不同的国度都拥有了申请这项专利的优先权。例如,一个发明者于 2003 年 1 月在马达加斯加岛申请了一个实用新型专利,另一个发明者则于 2003 年 6 月在法国申请了类似的专利,那么当马达加斯加岛的申请者于 2003 年 12 月在法国申请这项专利时,它就可以主张优先权。法国的申请者必须说明他的发明同前者有着本质的不同,否则法国发明者的申请将会被否决。

正如前面所提到的,在许多国家公开发明信息会使得发明者失去得到专利保护的权利。然而,根据《巴黎公约》的优先权规定,发明者将其成果在其中一个成员国申请专利后即可公布相关信息,与此同时他不会失去在其他成员国的申请资格,因为申请时间是按最早的时间计算的,在其他国家的专利申请将被视为在公开信息之后作出的。如果没有这个公约,那么发明者几乎不可能在美国首先申请后,再到其他国家申请专利,因为美国会公开申请专利的信息。

《专利合作条约》(PCT)

另一个重要的国际专利条约是《专利合作条约》,或称 PCT。该条约主要是协助专利申请的。条约规定申请人可以向一个 PCT 专利受理局提出申请,这种申请可以使申请者拥有向 100 多个国家在两年半内申请此专利的权利。申请者完成申请后,PCT 的检索单位将对此申请进行检索以确保它不侵犯别人的优先权。检索完成后,申请人可以选择进入 PCT 第 2 章所规定的流程,这时 PCT 的机构会根据 PCT 的标准来评估发明被授予专利的可能性。最后,申请人必须要求 PCT 填写他想使其成果受到保护的国度的申请文本。

在 PCT 申请专利有许多好处。首先,向 PCT 递交申请使发明者获得了一个以后在多个国家申请的期权,而不需要向这些国家支付费用。借助 PCT 申请,在只需向 PCT 支付一次申请费用而不用向各个申请国分别支付专利申请费的情况下,就为发明者在多个国家确立了申请的日期(这使得发明者对于后来者的主张有了优先权)。虽然最终申请者还是要向最终的申请国支付专利申请费,但它大大延长了支付的时间。因此,发明者有时间评估专利可被授权的可能性及专利潜在的盈利能力。如果 PCT 的部门认为专利可能不会申请成功或发明的获利性比较小,那么专利申请人就可以省去向某个具体国家申请专利的费用。

另外通过 PCT 申请,还可以使申请结果变得统一。虽然没有要求成员国授予在 PCT 申请成功的发明以专利,但在实践中,PCT 的专利申请结果对于成员国的专利部门是否授予专利有很强的参考意义。截至2012年4月,PCT共有144个成员国。

9.3.2 商标和服务标记

商标是用于区别一方的商品与另一方的商品的文字、短语、设计或其他标记。许多计算机上的"Intel Inside"标识语就是一个商标,人们所熟悉的耐克公司的"Swoosh"(耐克钩)也是商标。服务标记同商标基本上是相同的,但它特指一个服务提供商而不是产品制造商的标识。通常我们所指的商标涵盖了商标和服务标记。

商标和服务标记可镶嵌在任何可以被人类五官识别的指示物中。它通常包含在可被视觉识别的指示物中,如文字、图形和口号。不过,它也可能是通过其他器官来识别的,如声音(某些公司或品牌的商标有特殊的音调)或味觉(如香水)。商标权可以阻止其他人以类似的标识来制造混淆,不过它不能阻止其他公司以明显不同的商标销售相同的商品和服务。

商标权或服务标记权只要通过合法的使用就可以获得,而不需要经过注册;然而进行注册可以带来很多好处。第一,对商标进行注册相当于公开地提出对商标所有权的主张。第二,只有对商标进行注册才能到美国联邦法庭对商标侵权行为提出诉讼。第三,对商标进行注册可以得到国际保护,因为在美国注册的商标可以再拿到其他国家去注册,而且可以阻止进口商品对商标权的侵害。2012年4月,美国专利和商标局对于商品注册收取375美元的申请费。通常在美国专利和商标局注册一项商标需要10~16个月的时间,但对于商标的保护则从申请日开始算起。与专利和版权不同,商标只要在使用就可以得到保护,不过需要定期去再注册。

国际上的商标保护

几乎所有的国家都提供某种形式的商标注册和保护。中央政府或地方政府设有包含了所有注册和再注册商标信息的商标库。为了消除需要在每个国家或地区都注册商标的麻烦,世界知识产权组织管理着一个国际商标注册系统,它主要由《商标国际注册马德里协定》和《马德里协议》两个条约组成。这两个条约中任何一个条约的成员国都是马德里同盟的成员。任何一个居住在同盟任何成员国的个人,或同盟成员国的任何公民,或在同盟成员国从事经营活动的实体都可以到所在成员国的商标管理部门进行国际注册,注册后商标在其注册人所选择需要保护的国家也将得到保护。截至2012年4月,马德里同盟共有85个成员国。

9.3.3 版权

版权是授予作品作者的某种形式的保护。在美国,原创性文学作品、戏剧、音乐、艺术作品和其他特定的作品可以得到版权保护。[7] 与商标类似,版权只要作品合法地使用就可以获得。版权的获得与否与作品是否公开发表无关,其他人不可以制作或传播获得版权的作品。1976年《版权法案》第106条规定,版权的拥有者有下列排他性权利(可以授权给别人):

- 以副本或唱片的形式复制作品;
- 以现有作品为基础创作衍生作品;

- 以销售、转让所有权、出借或租赁等形式向公众发布作品的副本或唱片;
- 公开表演文字、音乐、戏剧、舞蹈、手势、动作照片和其他视听形式作品;
- 公开展示已获版权的文字、音乐、戏剧、舞蹈、手势、画报、图表、雕刻、包括个人照片在内的动作照片或其他视听形式作品;
- 以数字式音频传送的方式公开表演录制的声音作品。

然而,这些权利是有限制的。特别地,公平使用的条款规定,大多数出于批评、评论、新闻报道、教学、学术和研究目的而使用受版权保护的作品并不构成对版权的侵犯。另外,一些形式的作品也不能获得版权保护。例如,还未能以某种可接触的形式表达出来的作品不适于版权保护(如没有记录的即席演讲)。标题、名字、短语、口号、成分列表等也不适于版权保护。

与专利不同,版权在作品正式完成并以书面或录音的形式固定下来后就会自动获得。作者并不需要专门到相关的版权管理部门进行登记。当然到管理部门进行版权登记可以向公众正式表明对自己的作品有著作权,另外在侵权诉讼时也需要相关证明。2012 年 4 月,在美国版权局注册一个版权的基本费用为 35 美元,通常需要 3~10 个月才能得到版权证明。

1978 年以前,一个版权从其获得后开始算仅有 28 年的保护期(不过,最后一年作者可以选择是否续注册另一额外的保护期)。然而,修订后的美国版权法给予 1978 年后创作的作品的保护期为作者终身及其死亡后 70 年。

国际上的版权保护

与专利和商标一样,国际上并没有能够在全世界自动保护作者版权的国际版权法。然而,大多数国家都同时对本国和外国的作品提供保护,国际上的一些相关条约也在帮助简化寻求这些保护机制的过程。这其中最为重要的是《保护文学艺术作品的伯尔尼公约》(简称《伯尔尼公约》)。公约阐述了所有成员国对版权的最低限度保护机制,并要求成员国对国外的作品提供同国内作品一样的保护。其他一些著名的条约有《世界版权公约》《保护表演者、音像制品制作者和广播组织罗马公约》《布鲁塞尔卫星信号保护协定》和《世界知识产权组织版权条约》。

 ## 9.4 商业秘密

由于申请专利需要公开产品或流程的详细的技术信息,因此发明创造者或公司通常更愿意采用商业秘密的形式来保护自己的知识产权。**商业秘密**(trade secret)是指属于一个企业且不为他人所知的信息。由于商业秘密不需要受专利法严格的要求约束,因此能够为更多种类的资产和活动提供保护。比如,饮料的配方是不能申请专利的,但它可以被认为是一种商业秘密。商业秘密法的历史可以追溯到罗马法中关于惩罚引诱他人泄露雇主经营事务细节的条款。[8]

一项信息要成为商业秘密通常要符合两个条件:(1)能为公司带来以经济租金形式表现出来的独特优势;(2)这项信息只有保持秘密状态才能有价值。比如,一个公司的顾客信息、营销策略或制造工艺等信息可以称为商业秘密。商业秘密法保护这些信息不被其他公司不正当地获取。在美国，商业秘密法是以州为单位来执行的，不过，《统一商业秘密法案》努力使各州间的法律保持一致。

一项信息要得到《统一商业秘密法案》的保护，必须满足下面三个标准：
- 必须不是众所周知的或已经可以通过合法手段获得；
- 必须具有经济价值且其价值依赖于它的秘密性；
- 信息的拥有者必须采取合理的措施对其进行保护。

如果一项信息符合这些标准，根据《统一商业秘密法案》的规定，它的所有者可以阻止其他人未经其同意就从这项信息中获益。尤其是这个法案还规定，个人或群体符合下列条件中任何一条，就不能未经信息所有者授权而复制、使用或用其他的方式从该商业秘密中获益：

（1）他们负有保护的义务（如雇员、律师）；
（2）他们签署了保密协议；
（3）他们以不正当的方式，如偷窃或抢劫，获得秘密；
（4）他们从没有权利泄露该项信息的人手中获取此信息；
（5）他们不小心获得了信息，但有理由相信他们知道的这项信息是受商业秘密法保护的。

在美国的大多数州，如果某项商业秘密的所有者相信他方偷窃或不正当地泄露了自己的商业秘密，则可以要求法庭颁布禁令禁止进一步使用该项秘密，并且他们还可以进一步就任何因他方不正当使用该项商业秘密所造成的经济损失进行索赔。例如，2002年11月，宝洁公司控告宝来齐公司（Potlatch Corporation）以雇用两名宝洁前纸制品制造专家的方式偷窃了该公司 Bounty 纸巾和 Charmin 浴巾的生产方法的商业秘密。宝来齐公司是一家大型私有制造商，主要为 Albersons 和 Safeway 等杂货品连锁店制造厕纸、擦面纸、餐巾纸和纸巾。2003年3月，两家公司达成了庭外和解，不过协议的具体内容并没有对外公布。[9]

9.5 保护创新机制的有效性及其应用

保护创新机制的有效性在产业内和产业间有着很大的差异性。[10] 在一些行业，比如制药行业，像专利这样的法律保护机制是非常有效的。但在另一些行业，比如电子行业，专利和版权所能提供的保护就相对比较小，因为其他公司可以在不侵犯专利权的情况下围绕专利进行发明（比如后面"理论应用"专栏所描述的 IBM 个人计算机设计所遭遇的情况）。另外，众所周知，以专利的形式保护生产流程（如制造技术）也是非常困难的。如果专利不能提供有效保护，公司通常会依赖商业秘密；然而，商业秘密保护的有效性也会因技术的特性及产业环境的不同而大不相同。为了保护一项商业秘密，公司必须做到在展示其产品的同时不能泄露背后的技术，但在许多情况下，公开了产品就等于公开了一切。

在一些竞争性环境中，公司更愿意自由地扩散技术而不是保护它。如果一个产业具有报酬递增的特性，公司有时选择自由地扩散技术可以增加这些技术成为主导设计的可能性。我们在第 4 章讨论到,学习曲线效应和网络的外溢性可以使得一些行业呈现随着采用者的增加而出现报酬递增的情况:一项技术的使用者越多,就越有价值。[11]这种效应会导致一种赢家通吃的局面并形成自然垄断。一个公司控制了这项标准,就可以获得垄断租金并对其所在行业及相关行业有着明显的方向性控制权。[12]

这种令人羡慕的结果是非常有利可图的,公司可能会愿意牺牲短期的利益来增加它们的技术成为主导设计的可能性。因此,公司会自由地扩散技术[比如,通过**开源软件**(open source software)或自由许可协议]来促进技术的繁殖及进入一个自我增强的良性循环以使其成为一种主导设计。然而,公司这样做通常会面临一种困境:技术被自由地泄露给竞争对手,公司因而失去了在技术成为主导设计时获取垄断租金的可能性。另外,一旦失去了技术的控制权,想再夺回来就很困难了。最后,技术的自由扩散可能导致整个技术平台的碎片化:不同生产商会根据自己的需求改进技术,从而使得技术分裂成许多非标准化的版本(比如 UNIX,本章后面将会做更详细的解释)。为了平衡这些矛盾,公司通常会采取部分保护创新的策略,即在完全私有系统和完全开放系统之间选择一个点。

理论应用:IBM 与克隆者的攻击

1980 年,IBM 迅速地发布了自己的个人计算机(PC)。20 世纪 70 年代个人计算机刚推出时,大多数的主流计算机厂商都认为这是供少数计算机爱好者所需的特殊商品。让每个人的桌子上都有一台计算机在那时还是一个看起来很不切实际的想法。但当这个行业的销售额达到 10 亿美元的时候,IBM 坐不住了,它生怕自己在这个可能成为计算机行业的主流市场的市场上无一席之地。为了尽早地开发出自己的个人计算机,IBM 大量使用了其他供应商的现成部件,比如英特尔的 8088 处理器和微软的软件。IBM 一开始并不担心有人仿冒它们的产品,因为它拥有"基本输入/输出系统"(BIOS)的知识产权,BIOS 是连接计算机硬件和软件的代码,它由版权加以保护。如果其他公司复制了 IBM 的 BIOS 代码,那么它就侵犯了 IBM 的版权,并会招致 IBM 法律部门的穷追猛打。

然而,围绕 IBM 的版权进行创新并不困难。版权虽然保护了那些代码,但并不能保护这些代码所产生的功能。康柏公司首先通过几个月的努力用反求工程的方法测出了 IBM 的 BIOS 的每项功能,而这并没有侵犯 IBM 的版权。首先康柏的软件团队在不使用产生功能的源代码的情况下,记录出每个给定命令下 IBM 计算机的功能。康柏所求出的功能列表被送到了一个被称为"处女"的软件开发小组(小组成员绝对可以证明没有接触过 IBM 的 BIOS 代码)。① 这些程序员仔细研究了功能列表,并用自己的代码编出了具有相同功能的程序。一个同 IBM 产品具有完全相同功能的合法新产品 BIOS 就这样制成了。第一年康柏的销售量就打破了 IBM 兼容机每年 47 000 台的纪录,而其他的克隆者也迅速地跟进了。

---

① R. Cringely, *Accidental Empires* (New York:HarperCollins,1992).

9.5.1 完全私有系统与完全开放系统

完全私有系统(wholly proprietary systems)是指技术归公司所有,并通过一系列的专利、版权、商业秘密以及其他机制来保护它。这些技术一般只能由开发者合法地使用或扩展。完全私有系统通常同其他厂商的产品不能兼容。由于它们的生产是基于受保护的技术的,其他厂商通常不能为完全私有的系统开发部件。完全私有系统使得它们的开发者能够有机会从技术中获取租金。然而,它也使用户因为高成本及不能同其他部件兼容而不愿意采用它。

完全开放系统(wholly open systems)是指一项产品或流程所采用的技术没有使用专利、版权或商业秘密等机制加以保护。它可能是基于现有的标准或新开发出来的自由开放式技术。完全开放的技术可以自由获得、扩展和传送给其他任何人。这种技术通常商业化得很快,但开发者很难获得足够的回报。

许多技术系统都介于完全私有和完全开放两者之间,它们是部分开放的,但同时又有一些保护机制加以限制。因此,从一个完全私有——完全开放连续系统的角度出发考虑问题是很有用的(见图 9.2)。比如,大多数主流的视频游戏机厂商对它们的游戏机是采用完全私有的系统(任天堂、索尼和微软),但它们的游戏却有有限的许可权。这种许可政策是为了鼓励其他开发商为游戏机开发游戏软件,同时保持游戏机厂商对游戏强有力的控制权。所有为游戏机开发的游戏在商业化前都必须得到游戏机厂商的许可。例如,微软的 Xbox 游戏开发商必须先申请"Xbox 注册开发项目"(对于大的游戏软件开发商)或"Xbox 孵化项目"(对于小型或新的游戏软件开发商)。只有获准参加了这两个项目的其中之一,才有可能获得相关的开发工具,但这还不能保证它们所开发的游戏最终得到批准。游戏最终批准还有一个独立且严格的流程。

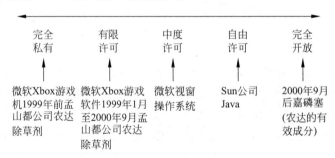

图 9.2 从完全私有到完全开放的连续系统的例子

与游戏机不同,微软的视窗操作系统相当开放。视窗是有版权保护的,微软对视窗的升级拥有排他性的控制权;但微软同时也允许辅助软件开发商获取部分源代码以开发辅助软件,另外它许可这些厂商生产辅助的应用软件,并许可硬件厂商以**原始设备制造商**(original equipment manufacturers,OEMs)的方式捆绑销售它的软件。那些得到许可的厂商可以销售它们开发的基于视窗的应用软件或捆绑的视窗硬件,那些获得许可的厂商可以在其他商品中使用和捆绑被许可的软件,但不能扩展它。比如,应用软件开发商可以生产和销售在视窗下使用的应用软件,只要这些应用软件没有影响视窗本身的功能。

本章后面的"理论应用"专栏中的案例中提到的太阳微系统公司的"源代码协会"（与开放源代码相对应）政策使得Java变得更加开放。这个政策使得任何人都可以得到Java完整的源代码，并能在此基础上开发应用软件，甚至可以根据自己的需求更改源代码。另外，这些开发商也不需要向太阳微系统公司支付任何费用。不过任何对于Java核心架构的更改都需要得到太阳微系统公司控制的Java标准团队JCP的批准。源代码协会成立的目的是改善Java的质量并开发更多的相关应用软件，但同时也使太阳微系统公司保留了对核心开发平台的控制，使得核心开发平台不至于因为没有管理的开发而变得破碎。

事实上，因为专利权或版权过期，很多曾是完全私有或部分开放的技术变得完全开放了。例如，孟山都的明星产品Roundup除草剂就是基于一种化学原料草甘膦，这是属于孟山都的专利。这款强力有效的除草剂被超过100个国家的农民使用并为孟山都的销售业绩做出了持续贡献。[13]然而，1999年专利即将过期，孟山都开始将这种化学原料的使用权许可给其他一些公司（包括陶氏化学、杜邦和诺华）。2000年9月，草甘膦的美国专利过期，任何公司都能够在美国生产并销售这款除草剂而不必支付专利费，草甘膦变成了一项完全开放的专利。

9.5.2 保护的优点

由于受到保护的技术具有更强的盈利能力，开发商们通常会有更多的钱、更高的积极性投入技术的开发、升级及销售中。如果这项技术成功的主要收益被单个公司获取的话，那么这个公司进一步投资开发技术的热情会变得更高。从技术中获取的利润可能会被直接投到这项技术的进一步开发中。有时技术的拥有者还可以采取渗透战略（即以低价甚至免费的方式提供技术）以便迅速建立这项技术的市场地位，他有可能投入大量资金来宣传这项技术以增强技术的认可度，他甚至还会资助辅助产品的生产，以使用户能更好地接受它。公司愿意牺牲短期的利润来换取相关技术成为一种市场标准，因为标准一旦确立，回报是惊人而持久的。但是，如果几家公司同时拥有这项技术，那么某个公司采取牺牲短期利益来促进标准建立的战略有很大的风险，因为长期的利益是不确定的。在这个公司大把烧钱培养这项技术时，其他公司却来抢夺这项技术带来的利润。

技术保护还使得技术的开发公司可以获得技术的**架构控制能力**（architectural control）。架构控制能力是指公司能够决定技术的结构、运作以及同其他产品和服务的兼容性的能力。它还指公司决定此项技术未来发展途径的能力。架构控制是非常有价值的，特别是当技术同其他产品和服务的兼容性是非常重要的时候。控制了该项技术的架构，公司就能使自己的其他零部件与技术兼容，同时限制其他公司产品与该项技术的兼容性。[14]公司还可以控制技术的升级或更新速度、技术的演化途径和它同老版本的兼容性。如果公司的这项技术能够成为一项主导技术，那么公司通过对这项技术的架构控制就可以极大地影响整个行业。通过选择性兼容，公司可以决定哪家公司可以做得好，哪家公司做得不好。另外，公司还能通过这个技术平台来确保自己有不同种类的收入来源。

微软的视窗操作系统就是这种战略的典范。由于视窗是在个人计算机市场上居于统治地位的操作系统，并且它是计算机硬件和软件交互作用的界面，因此微软在整个市场上有着强大的影响力,而且它对架构的控制还影响了整个计算机系统的演化。另外,微软还可以把众多的应用软件捆绑到核心软件上,从而把许多应用软件商都逼到了绝境。以前用户购买一个操作系统,还需为计算机再安装卸载程序、磁盘管理程序和内存管理程序,但视窗95和98整合了所有这些产品及其他更多的功能。这种"大章鱼式"的扩张方式深远地影响了整个行业的竞争环境,如Qualitas、Stac Electronics、Microhelp、Quarterdeck及其他公司都不得不放弃曾经很有盈利能力的产品。

9.5.3 扩散的优点

支持技术开放而不是保护技术最主要的一个论据就是开放技术可以促使技术被快速采纳。如果多个公司一起进行技术及相关产品的生产、销售和升级,那么技术地位的确立速度一般都会快于仅有单个公司参与。另外,多个公司间的竞争也会使得技术的价格下降,从而增加了对用户的吸引力。而且多个公司一起支持某项技术也会使得用户或辅助品的生产商更看好这项技术(或对技术的未来更有信心)。这种信心会使更多的用户和辅助品生产商加入整个产业中,这反过来又刺激了更多的公司去支持这项技术。因此技术的开放战略可以促进技术地位的确立及增加辅助品的可获得性。[15]

开放技术还能得到外部开发群体的溢出效应。例如,网景公司的浏览器(Netscape Navigator)、UNIX和Linux的开发都从外部开发者中受益匪浅。通常向全世界广大的潜在技术受益者开放源代码,可以获取原技术拥有者所不具备的庞大人才库和资源。

不过外部开发也是有成本和风险的。首先,外部开发者与内部开发者不同,他们之间缺乏协调。每个外部开发者都有自己的目标;他们不是为了未来能把技术形成某个统一的版本而努力,而是向着不同的方向,甚至是相互冲突的方向前进。[16]其次,他们的劳动很多时候也是重复的,由于缺乏有效的沟通,许多人常常都在努力解决同一个问题。最后,是否及如何把这些外部开发者的成果融入技术中,并分发给其他用户也是很困难的工作。UNIX的例子就是一个很好的证明。

UNIX这个操作系统最初是由AT&T的贝尔实验室在1969年开发出来的。由于当时司法部的一个部门禁止AT&T商业化出售这项技术,所以AT&T就通过一个系统许可协议把源代码给了其他公司。最早的被许可者(最有名的是加利福尼亚大学伯克利分校)根据它们各自的目的更改了软件,从而形成了不同的版本。虽然后来软件协会多次试图标准化UNIX操作系统,但并没有成功。AT&T后来也尝试发布了几个UNIX的版权但仍无济于事。最后,AT&T把负责UNIX的部门卖给了Novell,Novell又把UNIX的商标权转售给了X/Open标准设定团体。[17]

由于保护技术及开放技术都有一系列收益和风险,公司应该仔细考虑以下因素,以决定是否及多大程度地保护它们的创新。

生产能力、营销能力和公司资本

如果公司不能制造出足够多的高质量产品(或者不能把它们强力推向市场),那么采取严格的保护机制从而使公司成为技术的独家供应商会严重阻碍技术的采用。比如,JVC在推广其VHS标准录像机时,意识到自己在生产和营销方面的能力同索尼公司(索尼公司推广的是Beta制式的录像机)相比有很多差距。JVC通过一系列广泛的许可和

OEM协议把日立、松下、三菱和夏普捆绑到一起,来提高此项技术的生产速度。

类似的,如果配套品对技术的成功有着重要的影响,那么公司必须自己能够生产足够多的种类和数量的配套品;或者支持其他公司去生产;或者通过更开放的技术战略鼓励其他公司来生产。美国游戏行业内成功的厂商都支持游戏的内部开发(不同来源的内部开发者能保证游戏机发布的时候有足够多样化的游戏)和第三方开发(保证能够有足够多的数量的游戏)。任天堂和世嘉先前都有投币式游戏的开发经验,因此有着很强的游戏开发专长。微软有着很长的开发以个人计算机为基础的游戏的历史,因此有一些游戏开发经验,与此同时它还收购了一些小型的游戏开发商(如 Bungie)来增强开发游戏机游戏的技能。[18]索尼先前没有开发游戏的经验,但它积极地收购内部开发商、许可外部开发商并同 Metrowerks 合作提供开发游戏的工具,以使外部开发商能更好地为 PlayStation 开发游戏。因此,如果缺乏生产能力或者生产足够多样化的配套品的经验,或者没有资本来快速收购这些能力,它必须通过更加开放的技术战略来提供某些形式的资助以鼓励配套品的集体生产。

理论应用:太阳微系统公司和 Java[①]

太阳微系统公司于1982年在美国加利福尼亚州 Mountain View 地区成立,它最初经营的业务是制造高端计算机工作站。太阳微系统公司从创立伊始就坚信,计算机的力量源于网络而不是个人计算机(PC)。以 PC 为中心的模式限制了用户的处理能力,并使应用软件只能在一台机子上使用,但以网络为中心的模式使得用户能够共享分布在网络上处理能力和应用程序。太阳微系统公司认为随着信息科技把越来越多的计算机联结在一起,网络式的计算机产业就会变得越来越有力量。太阳微系统公司的理念是"网络就是计算机"。在这个理念的指导下,太阳微系统公司制造了有强大相互通信能力的工作站和服务器。另外,太阳微系统公司更愿意使用基于开放式标准而不是受知识产权保护的标准技术,因为这样可以保证公司的产品同其他产商产品间的兼容性。1995年,太阳微系统公司的营业收入达到了70亿美元,员工总数则高达2万人。

发布 Java:一种通用的语言

1995年5月,太阳微系统公司开发了一种旨在改变整个计算机行业的面向网络的计算机程序语言,它的名字是 Java。同其他的程序语言不同,以 Java 为基础的软件能在任何计算机、任何操作系统中使用,它实现了"一次编程,处处使用"的梦想。以 Java 为基础的软件甚至能在个人数字助理(PDA)和手机等小型电子产品上使用。[②] 太阳微系统公司认为 Java 和快速成长的网络组合在一起能把计算机行业从原先的以 PC 为中心转到以网络为中心上来。由于 Java 使得应用程序能在不同的操作系统上运行,这样用户就可以方便地在不同的操作系统间共享这些软件。这也就意味着减少了对特定操作系统标准的依赖(也就是微软的视窗),同时增加了对促进网络互联产品的需求(如太阳微系统公司的产品)。

---

① www.java.sun.com.
② Robert D. Hof,"Sun Power," *BusinessWeek*, January 18,1999,p. 78.

自由许可

太阳微系统公司是通过一系列广泛的许可协议来销售Java的。刚开始太阳微系统公司只要求用户支付一笔很少的许可费来获取和使用Java，但它要求所有被许可以Java为基础的软件都交给太阳微系统公司来做兼容性测试，并限定了被许可人可以改变Java标准的程度。另外，太阳微系统公司还保留了所有同Java有关的知识产权，也就是说被许可人对Java的任何改动、增加或升级的所有权都归太阳微系统公司。

然而到了1998年，Java的用户超过了90万，许多行业领袖都认为Java的成长已超出了太阳微系统公司的控制能力。另外，许多计算机产业的厂商也对太阳微系统公司有着严格限制性的许可政策感到不满，它们认为这同太阳微系统公司所倡导的开放标准的宗旨不相吻合。即使是太阳微系统公司最忠实的盟友IBM，也认为太阳微系统公司必须放弃对Java的控制权而把它交给中立的标准管理团体。IBM Java软件的总经理帕特里夏·舒尔茨（Patricia Sueltz）说："Java已经大到不是任何一个公司能控制得了的。"①

然而太阳微系统公司的首席执行官斯科特·麦克尼利（Scott McNealy）却认为如果公司放弃对Java的控制，可能会与UNIX一个下场。20世纪90年代初，美国的软件协会曾想标准化UNIX，但是失败了。虽然有许多重要的公司都采用了UNIX，但每个公司都根据各自的需求对系统进行改造，这使得整个标准很不统一。麦克尼利评价道："UNIX的问题在于没有人保护这个品牌，因此它就失去了价值。"②

政策的改变

在计算机行业的重压之下，太阳微系统公司也逐渐开放Java。截至2003年，太阳微系统公司已开始向"源代码协会"免费发放Java的源代码，并免除了所有的版权费用。不过，太阳微系统公司还是要求所有以Java为基础的软件必须通过兼容性测试，并保留所有的知识产权。③ 太阳微系统公司还创立了自己的Java标准团体，名为Java Community Process（JCP）。这个协会包括了Java编程的领军人物，并在太阳微系统公司的监控之下。JCP负责所有对Java的改动、升级及规则的制定。太阳微系统公司认为让不同的公司加入这个协会可以满足标准化的要求，并同时保留了对Java的最终控制权。

行业内对单一技术源的反对

有时行业内的其他厂商能够对某些会导致一个（一些）厂商不适当的控制权的技术采用施加很强的影响，从而导致这种技术被抛弃或变得更加开放。索尼和飞利浦公司的超级音频CD（SACD）就是一个例子。索尼和飞利浦联合开发了压缩光盘（CD），并向每一张CD盘收取版税，这使得它们获取了数亿美元的收入。其他世界顶级消费电子品厂商（包括日立、JVC、松下、三菱和东芝以及唱片制造商时代华纳和Seagram集团）联合起来组建了数字视频光盘（DVD）联盟。这个联盟的目的是推广DVD标准从而取代CD，并把

---

① "Why Java Won't Repeat the Mistakes of UNIX," *Byte*, January 1997, p. 40.
② Antone Gonsalves and Scot Petersen, "Sun Pulls Plug on Java Standardization Efforts," *PC Week*, December 12, 1999.
③ M. Cusumano, Y. Mylonadis, and R. Rosenbloom, "Strategic Maneuvering and Mass Market Dynamics: VHS over Beta," *Business History Review*, Spring 1992.

所得版税分给10个联盟成员。[19] 业内的观察家注意到,促使这个联盟形成的原因是阻止索尼和飞利浦控制下一代音频格式。因此公司在制定技术战略的时候,必须注意到行业内对单一技术源的反对程度。如果行业存在很强的反对力量,拥有技术的公司应该尝试通过开放自己的技术来增加此项技术成为行业主导设计的可能性。

内部开发资源

如果公司没有足够的资源(资金、技术能力)来开发技术,就很难开发出有足够市场吸引力的技术,并及时地对其进行升级。在这种情况下,公司可以通过运用更加开放的技术战略来利用其他公司(或个人)的开发能力。比如,网景公司在浏览器领域与微软展开竞争的时候,发现自己在内部人力资源及资金实力上根本无法同微软抗争。微软有着像古罗马军团那样强大的内部开发团队及大量可投入浏览器开发的资金,网景公司如果仅靠内部资源根本无法同微软竞争。于是网景向外部的开发团体开放了自己的源代码,用它们的力量来完善Navigator浏览器。

防止碎片化

如果技术的标准化和兼容性很重要的话,维持核心产品的完整性是非常有必要的,而外部开发会带来一定的风险。在前面所提到的UNIX的例子中,如果开发商放弃了对该项技术开发的所有控制权,就会没有"牧羊人"来引导技术的演化并保证技术标准的完整性。因此,如果一项技术需要标准化和兼容性,技术的开发商必须对技术保留某种程度的控制权,或者找到或建立另一个有权威性的管理团体来做这件事。

架构控制的利益

通过架构控制来影响一项技术的演化总是有价值的,然而,如果一家企业是该项技术配套产品的大生产商,这种价值会更大。拥有架构控制能力的公司可以使得技术与自己的配套品兼容而与竞争对手的配套品不兼容。如果这项技术被市场选择为主导设计,这种架构控制能力可以使公司获得相当大份额的配套品生产利益。另外,通过对竞争对手和其他厂商的选择性兼容,公司可以对竞争环境施加巨大的影响。

架构控制能力也可以使得公司能够引导技术开发的努力,从而充分发挥公司的核心能力。技术具有路径依赖性,演化中的一些小事件可以使技术被引到无法预料的方向上去。如果公司在特定演化路径上下大赌注(例如,因为它的技术能力更适合某个路径而不适合其他路径),可以使得架构控制权获得更大价值,因为它通过阻止不受欢迎路径的源头进入市场,而破坏了这些路径。

 ## 9.6　本章小结

1. 公司获取的创新租金很大程度上取决于竞争对手能否快速及容易地模仿这项创新。有些创新的特质决定了它是难以模仿的,而另一些创新则是由于公司采取了一些保护创新的机制而使得它难以被模仿。

2. 大多数国家主要采取专利、商标和版权这三种法律机制来保护创新。每一种机制用于保护不同的作品或商品。

3. 国际上有许多条约来协调不同国家的专利、商标和版权法。大多数国家现在都有某种形式的专利、商标和版权法，在一些情况下这些法律保护还能自然地延伸到多个国家。

4. 商业秘密为创新提供了另一种保护机制。公司以商业秘密的方式保护知识产权，在他方错误地获取和使用这些知识产权的时候需要求助于法律手段。

5. 用法律机制来保护创新在一些行业比较有效，在另一些行业，围绕专利或版权进行发明比较容易。类似的，在一些行业几乎不可能用商业秘密的方式来保护创新，因为商业化创新也就意味着揭露背后的技术。

6. 有时候，选择是保护还是开放技术并不容易，两种战略都能带来潜在的优势。许多公司既不完全开放也不完全私有化技术，而是采用部分开放的战略。

7. 保护创新使得公司能够获得大部分的创新收益。这些收益可能会被投入技术的进一步开发、升级和生产配套产品中。

8. 保护创新还能让公司保留架构控制能力，使公司能够引导技术的开发，决定与其他产品的兼容性，并阻止因为其他公司介入生产而导致产生相互不兼容的不同版本的技术。

9. 开放技术可以鼓励多家公司一起生产、销售和提升技术，并可能加快技术的开发和扩散。技术的开放战略在行业内存在技术采用规模报酬递增的情况下特别有用。当单个生产商没有足够的资源来开发、生产、推广和销售这项技术时，这种战略也是有效的。

术语表

独占性（appropriability）：一个公司能从创新中获取租金的程度。

缄默知识（tacit knowledge）：那些不容易用书面形式来编码化或转移的知识。

社会性复杂知识（socially complex knowledge）：由不同个体相互作用而产生的知识。

专利（patent）：用来保护流程、机器、自制品（或自制品的设计）或者各种设备的财产权。

商标（trademark）：一种用来区分事物来源的标志。

版权（copyright）：用来保护创作者作品的财产权。

商业秘密（trade secret）：属于某个公司的私有的信息。

开源软件（open source software）：源代码可供其他人免费使用、扩增、再销售等的软件。

完全私有系统（wholly proprietary systems）：商品所包含的技术是私有的，并通过专利、版权、商业秘密或其他机制加以严格的保护。这些技术有可能只能由其开发者合法地生产和扩展。

完全开放系统（wholly open systems）：商品所包含的技术没有受到保护，其他厂商可以自由地获得、生产和扩展它。

原始设备制造商（original equipment manufacturers，OEMs）：公司使用其他厂商的零部件来组装产品，也称为增值经销商（VARs）

架构控制能力(architectural control):公司(或者一群公司)能够决定技术的结构、运作、兼容性和发展方向的能力。

讨论题

1. 专利、版本和商标的区别是什么?
2. 一家公司在多个国家销售其创新产品时,在制定其创新保护战略时要考虑哪些因素?
3. 商业秘密在哪些情况下比专利、版权和商标更有用?
4. 试举出一种情况,在这种情况下没有一种我们所讨论过的法律保护机制(专利、版权、商标和商业秘密)能够适用。
5. 试举出一种本章中没有讨论过的创新,并说明你认为它处于完全私有和完全开放连续体中的哪一点。
6. 你认为什么因素影响了上一问题所讲的创新保护战略的选取?你认为这种战略好吗?

补充阅读建议

经典著作

Levin, R., A. Klevorick, R. Nelson, and S. Winter, "Appropriating the returns from industrial research and development," *Brookings Papers on Economic Activity, Microeconomics* 3 (1987), pp. 783-820.

Bound, J., C. Cummins, Z. Griliches, B. H. Hall, and A. Jaffe, "Who does R&D and who patents? in *R&D, Patents, and Productivity*, ed. Z. Griliches (Chicago: University of Chicago Press for the National Bureau of Economic Research, 1984).

Teece, D. J., "Profiting from technological innovation—Implications for integration, collaboration, licensing and public-policy," *Research Policy* 15, no. 6 (1986), pp. 285-305.

近期著作

Astebro, T. B., and K. B. Dahlin, "Opportunity knocks," *Research Policy* 34 (2005), pp. 1404-1418.

de Laat, P. B., "Copyright or copyleft? An analysis of property regimes for software development," *Research Policy* 34 (2005), pp. 1511-1532.

Boldrin, M., and Levine, D. K., *Against Intellectual Monopoly* (Cambridge, UK: Cambridge University Press, 2008).

Jaffe, A. B., and J. Lerner, *Innovation and Its Discontents: How Our Broken*

Patent System Is Endangering Innovation and Progress, and What to Do about It (Princeton, NJ: Princeton University Press, 2004).

Lecocq, X., and B. Demil, "Strategizing industry structure: The case of open systems in a low-tech industry," *Strategic Management Journal* 27 (2006), pp. 891-898.

Ziedonis, R. H., "Don't fence me in: Fragmented markets for technology and the patent acquisition strategies of firms," *Management Science* 50 (2004), pp. 804-820.

 尾注

1. J. B. Barney, "Firm Resources and Sustained Competitive Advantage," *Journal of Management* 17 (1991), p. 990.
2. U. K. Patent Office.
3. U. S. Trademark History Timeline at www.lib.utexas.edu/engin/trademark/timeline/tmindex.html.
4. Definition from the United States Patent and Trademark Office.
5. "Software Patent," *Bank Technology News* 14, no. 3 (2001), p. 25.
6. A. B. Silverman, "Software Patents for Methods of Doing Business—A Second Class Citizen No More," *Journal of Management* 52, no. 19 (2000), p. 64.
7. U. S. Copyright Office.
8. The Trade Secrets home page.
9. S. Decker, "Procter & Gamble, Potlatch Resolve Trade Secrets Suit," *Seattle Post Intelligencer*, March 14, 2003.
10. R. Levin, A. Klevorick, R. Nelson, and S. Winter, "Appropriating the Returns from Industrial Research and Development," *Brookings Papers on Economic Activity, Microeconomics* 3 (1987), pp. 783-820; and J. Bound, C. Cummins, Z. Griliches, B. H. Hall, and A. Jaffe, "Who Does R&D and Who Patents?" in *R&D, Patents, and Productivity*, ed. Z. Griliches (Chicago: University of Chicago Press for the National Bureau of Economic Research, 1984).
11. W. B. Arthur, *Increasing Returns and Path Dependency in the Economy* (Ann Arbor: The University of Michigan Press, 1994).
12. C. H. Ferguson and C. R. Morris, *Computer Wars* (New York: Random House, 1993); and R. Henderson and K. Clark, "Architectural Innovation: The Reconfiguration of Existing Product Technologies and the Failure of Established Firms," *Administrative Science Quarterly* 35 (1990), pp. 9-30.
13. S. Brooks, M. A. Schilling, and J. Scrofani, "Monsanto: Better Living through Genetic Engineering?" in *Strategic Management, Competitiveness and Globalization*, 5th ed., eds. M. Hitt, R. Hoskisson, and R. D. Ireland (Minneapolis/St. Paul: West Publishing, 2001).
14. M. A. Schilling, "Toward a General Modular Systems Theory and Its Application to Interfirm Product Modularity," *Academy of Management Review* 25 (2000), pp. 312-334.
15. C. W. L. Hill, "Establishing a Standard: Competitive Strategy and Technological Standards in Winner-Take-All Industries," *Academy of Management Executive* 11, no. 2 (1997), pp. 7-25;

and M. A. Schilling,"Winning the Standards Race: Building Installed Base and the Availability of Complementary Goods," *European Management Journal* 17 (1999), pp. 265-274.

16. R. Garud, S. Jain, and A. Kumaraswamy, "Institutional Entrepreneurship in the Sponsorship of Common Technological Standards: The Case of Sun Microsystems and Java," *Academy of Management Journal* 45 (2002), pp. 196-214.

17. D. Essner, P. Liao, and M. A. Schilling, "Sun Microsystems: Establishing the Java Standard," Boston University teaching case no. 2001-02, 2001.

18. J. Kittner, M. A. Schilling, and S. Karl, "Microsoft's Xbox," New York University teaching case, 2002. 45.

19. J. Brinkley, "Disk versus Disk: The Fight for the Ears of America," *New York Times*, August 8, 1999.

第 3 部分
技术创新战略的实施

在这一部分，我们将探讨技术创新战略实施的几个关键方面：

- 企业如何结构化以提高其创新的可能性以及新产品开发的效率和开发的速度；
- 管理新产品开发过程，以最大化地满足用户需求，同时缩短开发周期并控制开发成本；
- 组建、调整和管理新产品开发队伍，以使新产品开发效率最大化；
- 形成一个有效地将创新推向市场的战略，包括时机、许可证战略、定价战略、分销和营销。

技术创新的战略管理（第 4 版）
Strategic Management of Technological Innovation

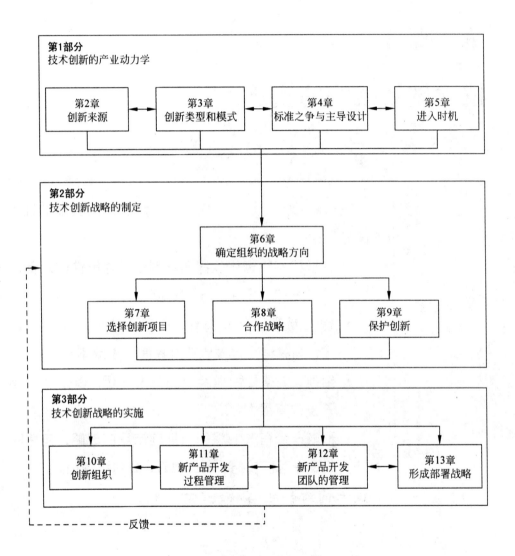

第 10 章 创新组织

谷歌公司的创新组织

谷歌公司创建于1998年,当时斯坦福的两名博士生谢尔盖·布林(Sergey Brin)和拉里·佩奇(Larry Page)开发了一个通过关联性对随机搜索结果进行排序的程序,紧接着他们创办了谷歌公司。很快,他们开发的程序就催生了一个强有力的互联网搜索引擎,并吸引了一大批忠实的用户。该搜索引擎能够让用户迅速通过一个简单、直观的用户界面搜寻到所需的信息,同时也让谷歌能够出售一部分针对性更强的广告空间。

谷歌公司很快就成长了起来。2001年,布林和佩奇雇用埃里克·施密特太阳微系统公司的前CTO和网威公司(Novell)的前CEO埃里克·施密特(Eric Schmidt)出任谷歌公司的CEO。2004年,谷歌公司上市并募集了16亿美元的资金,这是当时公众期望值最高的IPO之一。在施密特的带领下,公司正在追求一个远大且符合实际的目标:"在全球范围内整合信息资源,并获得公众的认可。"这一目标引导谷歌公司充分利用其核心搜索能力和广告销售能力,并将这些能力运用到博客、在线支付、社交网络以及其他与信息推动有关的商业活动上。

到2012年,谷歌已经成长为一个拥有近380亿美元累积资金的帝国,其员工人数超过了3万。尽管规模如此壮大,谷歌公司却尽量避免等级制度和官僚主义在公司内部滋生,并努力保持一种"小公司"的感觉。正如施密特在一次采访中所说的:"创新通常都是由那些有闲暇时间思考新想法并实施它的人或团队推动的,这是永恒的真理,100年前是这样,100年以后还会是这样。靠强迫是无法创新的。因此,即使你的生活已经一团糟了,你也要有放松的时间,对创新来讲这一点是非常重要的。这样你才可能说,'可能我没有做正确的事情'。或者'也许我应该想到那个新方法'。人类思维的创造性是没有时间表的。"[1]

---

[1] J. Manyika,"Google's View on the Future of Business: An Interview with CEO Eric Schmidt," *McKinsey Quarterly*, November 2008.

秉承这一信念，谷歌公司的工程师们都被组织成一个个小的技术团队，这些技术团队拥有相当大的决策权。公司总部的每个角落，从摆有沙发的公用办公室、休息室到被大家称为"Charlie's Place"的大型公共咖啡馆，都被营造成一种培养非正式沟通和合作的氛围。① 管理者们通常把谷歌的结构称作一种灵活的、扁平的"技术官僚"体制，在这里，资源的配置和权力的分配均以创新想法的质量为依据，而不是按照上下级或等级位置来分配。施密特这样评论说："在谷歌，我们尽最大努力所要避免的一件事情是，那种妨碍跨部门合作的事业部式的结构分类，这样做的难度很大，所以我理解为什么人们总是想要建立事业部，并给每个事业部配备一个主任。但是一旦建立了事业部制度，一些非正式的联系就会随之消失，而在开放的公司文化环境中这种非正式的联系会产生很多的合作关系。如果员工了解公司的价值导向，他们就应该能够自发组织研究那些他们最感兴趣的问题。"②

谷歌公司组织结构中的一个关键要素就是它的激励机制——它要求技术人员把20%的时间花到他们自己选择的创新项目上。这项为鼓励创新而设立的预算不仅要为那些创造性极强的员工提供能放松身躯的活动设施，它还能激发员工产生新的想法。正如谷歌的一位工程师所说的："这并不是一件只能利用闲暇时间做的事，更多的是要大家抽时间去做。见鬼！我还没有一个像样的可以花掉我20%的时间去完成的项目，所以我需要一个这样的项目。如果我没有想出富有新意的点子，我敢肯定这将会对我的绩效考评产生负面影响。"③管理者们也面临类似的激励机制。谷歌公司要求每一位经理把70%的时间放在核心业务上，20%的时间放在那些相互关联但彼此又不同的项目上，剩余的10%的时间花在新产品上。根据玛丽苏·迈耶（Marissa Mayer）（谷歌公司负责搜索产品和用户经历的主任）的说法，谷歌公司很大一部分新产品和新属性（包括Gmail和AdSense）是由对谷歌工程师的20%的时间激励创造出来的。

在斯坦福大学的一次播客采访中，安迪·格罗夫（Andy Grove）（英特尔的前CEO）评论说，谷歌公司的组织看起来混乱无序，甚至说"从外表来看，对谷歌公司组织结构最恰当的描述是，它就像……放大了的布朗运动"，他还质问施密特是否认为这种模式将会永远持续下去。施密特回答说："有一个秘密要告诉大家，那就是谷歌也存在一些运行很规矩的部门。我们的法律部门、财务部门，我们的销售力量都是正规的配置，我们的战略计划活动、投资活动、兼并重组活动也都是按照非常传统的方式进行的。因此谷歌公司最能吸引大家注意力的地方就在于它的创造力，也就是创造和设计新产品的地方，这个地方一定是与众不同的。对我们来说，这种模式将会在相当长的一段时间内起作用……看起来好像小团队可以跑到前面，而且我们可以复制公司的这种模式。"④

---

① From "The Google Culture," www.google.com.
② Manyika,"Google's View on the Future of Business."
③ B. Iyer and T. H. Davenport, "Reverse Engineering Google's Innovation Machine," *Harvard Business Review*, April 2008.
④ Podcast retrieved on April 13, 2009, at http://iinnovate.blogspot.com/2007/03/eric-schmidt-ceoof-google.html.

讨论题

1. 谷歌公司的创新团队按照这种灵活、扁平的"技术官僚"体制进行组织的好处和坏处分别是什么？
2. 谷歌的公司文化对其吸引和招揽人才会产生什么影响？
3. 谷歌公司的创新团队与公司其他部门有着非常不同的结构和完全不同的控制，你认为这种管理的挑战是什么？
4. 一些分析家评论说谷歌公司的这种形式自由的组织结构和允许员工将20%的时间用于个人项目的激励机制只有在谷歌才可能成为现实，因为谷歌公司之前的成功已经为公司积累了丰厚的资金。你同意这样的说法吗？如果谷歌公司面临实力相近的竞争对手，它还能够继续保持这样的管理风格吗？

10.1 概述

一个组织的结构及其运作程序，控制过程的规范化、标准化程度可以从很大程度上影响其创新的可能性、创新项目的有效性以及新产品开发的速度。[1] 例如，经常有人争论说，规则程序最少的灵活的小型组织比较适合创新和尝试，会产生更多的创新思想。同时，经常提到的另外一个观点是，完善的程序和标准可以确保一个组织做出较好的发展投资决策，而且能使项目实施更快、更高效。那么，管理者们如何判断什么样的结构和控制模式对他们的公司最合适？

绝大多数公司都会采用某种特定的产品团队结构来组织新产品的研发过程，我们将在第12章中进一步论述这些团队是如何组织和如何架构的，本章我们将回顾有关研究公司的规模和结构维度（如规范化、标准化和集中化）如何影响一个公司的创新活动的研究。通过研究这些结构维度，我们将阐释为什么有些结构维度更适于鼓励创新，可以带来新的思想，而有些结构模式更适合高效率地生产新产品。我们还将探索什么样的结构模式可以在保证公司各项发展活动协调一致的前提下，实现两种模式结合以达到最佳效果——鼓励创新的自由流动组织及企业家精神结构和控制加上效率最大化的规范化、标准化结构。本章随后还将探讨跨部门创新管理的挑战。许多跨国公司都面临如何为开发活动选址并进行管理的具体难题。我们将介绍一些研究跨国公司如何平衡这些选择的研究工作。

10.2 公司的规模和结构维度

10.2.1 规模：越大越好吗？

20世纪40年代，约瑟夫·熊彼特（Joseph Schumpeter）对反托拉斯法的支持者发起挑战，提出大规模的公司比较有利于创新。[2] 熊彼特指出：第一，资本市场还不完善，大公司更有能力为研究与开发项目募集资金；第二，销售额高的公司可以更好地分散研究与开发的固定成本，而且比销售额低的公司更容易获得较高的回报。大公司可以有更好的辅助商业活动，如营销或财政计划等，这使它们成为更高效的创新者。而且，大公司也因其全球性网络而更容易获取信息和资源。

大规模的另一个优势在于规模效应和学习效果。如果大公司提高在研究与开发上投入的绝对数额，它们还可以达到规模经济的效应，并获取研究与开发中的学习曲线优势——也就是说，时间越长它们的收益越大，效率也越高。[3] 通过投资研究与开发，公司提高了新产品开发的能力，同时也改进了研究与开发流程。公司还可以积累更好的研究设施和人员。而且，当一个大公司在选择和开发创新项目上经验日趋丰富时，公司也就学会了更好地选择适合公司能力的项目，并获取了更大的成功可能性。

跟小公司相比，大公司在从事大型或者高风险创新项目上更具优势。[4] 例如，只有像波音这样的大公司才能开发并生产747飞机，只有大的医药公司才有实力投资几百万美元进行药物的研究与开发，而且只期待能够成功开发出一两种药物。[5] 这表明在开发规模较大的行业（也就是说，平均来讲开发项目比较大，耗资较高），大公司在创新上要优于小公司。从理论上讲，小公司的联合也可以获取同样的规模优势，但是实际上，小公司联盟的协调十分困难。单个的大公司有严格的等级制度对整个开发活动进行管理，以保证开发中的合作和协调，而联合体通常没有这样有效的权威和控制机制。

然而，随着公司的成长，由于管理控制的减弱，其研究与开发效率会降低。[6] 也就是说，公司越大，就越难管理和激励员工。而且，随着公司的成长，单个的科研人员或企业家越来越难以从他们努力所带来的回报中受益，因此他们的创新积极性将会减弱。[7] 由此可见，随着公司的不断成长，其管理机制的效力将会降低。

另外，由于规模增大会导致对变化的反应比较迟钝，因此也可能降低大公司的创新能力。由于存在多级管理层以及完备的政策和程序，大公司一般都有很大的官僚惰性。[8] 例如，20世纪80年代，施乐公司发现，原来在新产品开发中为了防止差错而增加的管理层却产生了阻止项目进展的副作用，从而延长了产品开发周期，使施乐在与更为敏捷的日本对手竞争时处于不利位置。[9]

大批的雇员、大量的固定资产、大批已制定的与客户或供应商的协议都是产生惰性的源泉，这些使得公司很难迅速转变发展方向。随着雇员人数的增长，交流和协调也变得更加困难，并容易导致决策延误。当大公司有大量固定资产和/或相当的固定成本时，它们一般倾向于保持产生现金流的现有方式，而不愿意压赌注进行大的变革。对现有客户和供应商的战略承诺也会把公司束缚在现有的业务和技术上，使其难以应对技术变革。因此，战略上的承诺会导致伊卡洛斯困境（Icarus Paradox）——公司之前在市场上的成功会阻碍其接受新的技术（关于伊卡洛斯困境的更多知识，请参见下面的"理论应用"专栏）。

相对于大公司来讲，小公司一般更为灵活，更具活力。它们不会受制于多级管理层，也不会受制于大规模的固定资产，或者对众多雇员、客户、供应商的战略承诺。在小公司里，管理雇员和奖励他们在创新方面的努力或成果也更为简单。[10] 因为资源有限，小公司在选择项目时会更加小心，这样，新产品的成功率就比较高。

理论应用：施乐与伊卡洛斯困境

根据希腊神话所描述，当迈诺斯王（King Minos）把工匠代达罗斯（Daedalus）和他的儿子伊卡洛斯囚禁起来的时候，代达罗斯用蜡和羽毛制成了翅膀，这样他和他的儿子就可以借助这些翅膀逃离了。伊卡洛斯被这神奇的翅膀迷住了，不顾他父亲的警告向太阳越飞越近。他实在飞得太高了，太阳融化了翅膀，伊卡洛斯掉到海里淹死了。① 这个神话的启示就是现在人们所熟知的伊卡洛斯困境——你所擅长的最终也可能成为毁灭的根源。成功可能导致过分自信、粗心，并对自己的做事方式毫不怀疑。

例如，20世纪六七十年代，施乐公司在复印机市场上就有这种自负，并导致它对日本竞争对手在小型和廉价复印机市场上的侵袭不以为然。施乐的管理层根本不相信那些竞争对手可以制造像施乐那样在质量和成本上具有优势的复印机。然而，施乐公司犯了一个非常危险的错误。到了70年代中期，施乐公司被日本公司侵占去的市场份额已令人非常不安。当佳能公司推出一款售价比施乐公司制造成本还低的复印机时，施乐公司意识到自己遇到麻烦了，必须通过高标准定位和根本性的重组来使公司转变方向。

许多实证研究都试图去验证大的公司规模是有利于创新还是不利于创新。有关专利数量、新药物开发和改进产品效能的技术创新等方面的一些研究表明，小公司在创新能力上通常比大公司更胜一筹。[11]例如，几项有关专利产出的研究显示，小公司在研究与开发上花钱更为谨慎，效率也更高，单位研究与开发经费产出的专利量也比较高。[12]一项针对116个开发新的B2B产品的公司进行的研究也发现，即使考虑到创新的相对重要性，小公司（年销售额低于1亿美元）的开发周期也明显低于大公司（年销售额达到或高于1亿美元）。[13]可是，另外一些研究却显示，在某些行业，大公司的创新能力要优于小公司。[14]

虽然公司的规模并不是一个很好操纵的特性，许多大公司还是设法使公司显得小一些。一种常用的方法是把整个公司分成几个小的子单元，然后鼓励每个子单元发展自己的企业文化。众多研究都表明，在技术变化较快的行业，许多大的层级制公司都**拆解**（disaggregated）（或松绑）成小公司的网络，这些小公司通常更专业化、更自主甚至是独立的。[15]在这些行业，很多公司都经历了大规模的机构精简，取消了很多职能部门和管理层。20世纪由多个部门组成的巨型公司被瘦身后的多个公司取代，这些公司变得业务更集中，运行更灵活，公司之间通过结盟、供应关系、销售协议形成松散的网络伙伴关系。[16]基于这种现象产生了一些新名词，如虚拟组织[17]、网络组织[18]、模块化组织[19]。

因为企业也会利用大公司—小公司混合体来改变企业其他的结构维度（包括规范化、标准化、集权程度），在对公司的结构维度进行回顾后，我们将对这些灵活的方法进行更深一步的探讨。

10.2.2 公司的结构维度

最可能影响企业创新意向和创新效益的结构维度包括规范化、标准化和集权程度。

---

① J. J. Rotemberg and G. Saloner, "Benefits of Narrow Business Strategies," *American Economic Review* 84, (1994), pp. 1330-1349.

公司的**规范化**(formalization)是指公司利用规则、程序和书面文档来结构化组织内个人或集体行为的程度。这些规则和程序有助于公司活动的标准化，并通过提供清晰的行为预期和决策制定标准来规范雇员的行为。规范化可以在某种程度上弥补管理中的疏忽，因此使大公司雇用较少的管理人员就可以运行顺畅。这一点在随后有关3M公司的"理论应用"专栏中得到了体现，在这个案例中赖尔(Lehr)和雅各布森(Jacobson)都通过制定更多的纪律和规则来应对公司成长中面临的困难。赖尔和雅各布森希望通过建立规范的程序来选择和管理开发项目，提高公司中分散化开发活动的整体效率和一致性。然而，高度规范化也会使公司变得僵化。[20] 如果公司把所有的活动都用详细的程序加以规范，那么它就会抑制员工的创造力。员工会感觉到没有足够的动力去实施新的解决问题的方法。这一点在3M公司的案例中也提到了，员工对新规划方法的反感导致了道德和激励问题。

与此相似，**标准化**(standardization)可以确保公司活动运行顺畅，并产生可预测的成果，但是标准化同时也会抑制创新。标准化是指公司活动开展方式的统一程度。标准化还可以保证质量，并确保客户和供应商得到一致和公平的答复。但是，因为要把变化最小化，标准化会限制创造力和尝试，从而妨碍了创新思想的产生。

集权程度(centralization)是指决策制定权掌握在公司高层的程度，**分权程度**(decentralization)则是指决策权分散到公司中下层的程度。集权化既可以指活动地点的选择(即公司活动在某个中心地点集中的程度)，也可以指有关活动的决策权地点的选择。也就是说，活动可能在远离公司总部的地方举行，但有关活动的决策权仍保留在总部——这比纯地理位置上的集权化范围更广。

对于那些同时进行很多研究与开发项目的公司来说，是集权还是分散研究与开发活动是一个很复杂的问题。把研究与开发活动分散到公司的不同部门可以使这些分支机构开发出更贴近特定部门需求的新产品或新工艺(见图10.1)。它们开发出来的解决方案会更好地在所在部门运作，且更能满足所在部门客户的需求。这些开发项目还会利用不同部门的各种知识和市场联系。但是，研究与开发活动分散化之后，也会有重复创新的危险。许多研发活动会在不同的部门被重复，一项技术开发后的价值也因为不能在其他部门应用而无法充分体现出来。而且，拥有多个研究与开发部门还可能使规模经济和学习

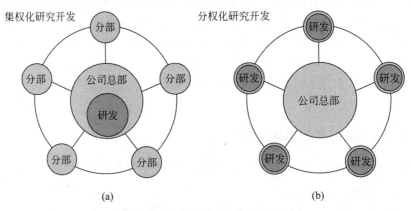

图10.1 研发活动的集权化和分权化

曲线效应得不到体现。

与此相反，如果公司把研究与开发集中于一个部门，则可以实现研究与开发规模经济最大化，并使研发人员的分工更为细致，另外还可以通过开发多个项目实现学习曲线效应的最大化。这也使得核心研发部门能够在整个公司范围内部署新技术，提高新产品开发的一致性，并防止出现新技术的价值没有在整个组织内被充分利用的情况。例如，20世纪80年代后期，英特尔认识到，随着半导体行业日益增加的复杂性和信息处理的需求，其分权模式的开发过程（研发都被分散到各个不同的事业部）会导致严重的开发延迟和成本超支。因此，20世纪90年代，英特尔开始授权一个单一的分部全权负责新产品的开发流程，这样英特尔将其所有的研发流程都改成了集权管理的模式。这一研发团队拥有最多的研发资源（在公司中地位是最高的），一旦完成了一项新开发流程并通过测试以后，它将会被复制（这个过程在英特尔公司被称为"完全复制"）到公司其他所有的分部中。

不同类型和不同行业的公司，对集权模式和分权模式的开发流程的应用也不同。例如，劳拉·卡迪纳尔（Laura Cardinal）和蒂姆·奥帕勒（Tim Opler）的研究表明高度多元化且研发活动密集的公司倾向于建立独立的研发中心来协调不同部门间的沟通和创新转移。[21]另外，一项由皮特·戈尔德（Peter Golder）主持的研究表明，在消费品行业通常会分散研发活动，而在电子行业则会把研发活动集中化以充分发挥各种能力。[22]

关于集权化是增强还是减弱了公司在应对技术变革（或其他环境变化）时的灵活性和灵敏性还存在争论。一个高度集权化的公司可能比较适合大胆的变革，因为它可以果断地把变革的决定通过其严密的命令—控制体系传送到下层组织。而分权化的组织在做出重大变革时则要努力协调所有的部门。但在分权化的公司中因为决策不需要都经过最高管理层，对于一些技术和环境的变化反应则会更加灵敏；低层的员工就可以做出决策，并独立地进行变革，进而使行动变得更为迅速。

理论应用：3M公司的结构变革

1916年，3M公司销售和生产部的总经理威廉·麦克奈特（William McKnight）授权建立了公司第一个实验室，以提高3M砂纸的质量。麦克奈特坚信企业家精神和创新的力量。他通过设定一系列富有挑战性的目标及给个人相当大的自主权去追求他们的目标来鼓励创新。例如，麦克奈特规定公司25%的销售收入必须来自过去5年开发的新产品。他还签署了一项称为"私营"的计划，规定研究人员可以把15%的时间花在任何他们感兴趣的项目上。

随着公司的不断成长，麦克奈特仍坚持维持一个中央研究与开发实验室，同时鼓励不同部门根据自己所面临的需求进行各自的研发活动。然而，随着3M产品线的不断扩大，3M公司的许多职能管理（如生产和销售）变得非常困难。1944年，麦克奈特开始试行一种更加分权化的组织形式，每个部门不仅有自己的研发实验室，还有自己的生产运营和销售队伍。麦克奈特相信小的独立经营单元比大公司成长得更快，并形成了一种"成长和分离"的经营哲学。每个部门都是独立的，当它们的开发项目变成一个成功的部门时，这个部门也会被独立出去成为一个新的部门。

到1980年卢·赖尔（Lou Lehr）接管公司的时候，3M已经成长为一个具有85种基本技术,并参与了 40 个主要产品市场竞争的大公司。赖尔担心公司最大的优势会变成一种劣势——独立的产品线会使公司的努力碎片化。赖尔对各个部门花费大量时间重复从事一些活动,以及不能在不同部门间充分利用可能还有价值的技术的情况感到很担忧。他希望有着技术相关性的部门能够在研发中进行合作,并且新技术能在整个公司范围内得到应用。因此他把公司的 42 个部门和 10 个群组根据技术的相关性重组为四个大的业务部门。他还建立了三个层次的研究体系:中央研究实验室集中于长期导向的基础研究,大业务部门实验室则服务于相关部门群,并开发相关核心技术来为这些部门的中期(5~10 年)成长提供动力,部门实验室则为一些立即要实现应用的项目做开发工作。赖尔还强调开发流程的规范化——3M 的一些经理把这项举措称为"按磅来做计划"。他还中止了一些多年都没有取得成功的项目。

1986 年,新首席执行官杰克·雅各布森(Jack Jacobson)的到来为 3M 公司带来了更多的规范。雅各布森把过去 5 年开发出来的新产品的销售收入占总销售收入比重的目标提高到了 35%。他把研发的投入比率提高到了一般美国公司的两倍,但同时他也要求公司集中于现有的项目上,并缩短开发周期。他还在全公司范围内推行以团队工作来替代个人的企业家行为。虽然雅各布森的初衷是提高效率,一些研究人员开始对部分变革感到不满。他们认为以团队来管理所有的研发项目会损害 3M 公司的个人企业家文化,另外过多的规范也减少了创造性和激情。激励和道德问题开始出现了。

因此,到了 1991 年德西·德西蒙(Desi Desimone)开始成为公司新的首席执行官的时候,他开始把公司转回原先轻度松散、鼓励企业家精神的老路上来。他认为他的前任们已经为创新建立了一个很好的框架,不需要转到无法控制的模式上。不过他也认为公司需要在自由和控制间更多地进行平衡,这从他下面的一段话中可以看出来:

高层经理的角色就是在公司建立一种人人都理解 3M 运营模式价值的内部环境,一种以创新和尊重他人为核心的文化。如果你们的高层经理把这些原则落实了,就在公司内创建了一种信任关系。高层经理需要信任底层的创新流程,当有人坚持一个受阻的项目还有前景时不要把大门关上。另外底层的员工在高层经理干预或控制自己的活动的时候也要相信高层经理。

资料来源:Adapted from C. Bartlett and A. Mohammed, "3M: Profile of an Innovating Company," Harvard Business School Case #9-395-016, 1995.

10.2.3 机械化与有机结构

规范化和标准化的结合就形成了我们通常所说的机械化结构。**机械化结构**(mechanic structure)有着很好的运营效率,特别是在大规模生产的环境下。严格地遵守制度和程序并把大部分活动都标准化,使公司成为一台有着很强一致性和可靠性的马力充足的机器。[23] 例如,戴尔公司通过一个高度集权化、规范化和流程化的组织结构实现了杰出的运营效率,它能以最便捷且是低成本的方式来销售它的产品。[24] 虽然机械化的结构通常与高度集权化相关联,但是有时机械化的结构在高度分权的组织中也可以通过以规范化防止高层的疏忽来实现。通过制定详细的规则、程序和标准,高层经理可以在把决定权下放给公司低层的情况下仍能确保低层的决策与高层管理者的目标一致。

然而,机械化结构通常被认为不利于创新。机械化结构通过僵硬地与标准保持一致并尽可能减少变化来实现效率,而这可能损害公司的创造力。**有机结构**(organic structure)则比较灵活,它的规范化和标准化程度较低,通常人们认为它比较适合创新和动态的环境。[25]在有机结构中,员工对自己的岗位职责和操作流程有着更多的自主权。由于许多创新都是从不断尝试中来的或者是即兴之作,有机结构通常被认为更适合创新,虽然它可能对效率造成损害。[26]

10.2.4 规模与结构

本章前面讨论过的公司规模的优势和劣势都是与规范化、标准化和集权程序等结构维度相关的。大公司通常需要更高的规范化和标准化,因为当公司长大后就很难再像以前那样进行直接管理了。规范化和标准化使公司内的协调变得容易了,但与此同时也使得公司变得机械化了。许多大公司试图通过分权来克服这种僵化和惰性,进而使公司的各个部门像小公司那样运作。比如,通用电气、惠普、强生和通用汽车等公司都试图重组成由小公司构成的业务群组来保证获取整个公司资源,同时又能保持小公司的简单性和灵活性,从而同时获取大公司和小公司的优势。[27]下一节我们将介绍几种使公司既能获取大公司优势及机械化结构的有效性和快速运作的速度,同时又能保持小公司的创造性和企业家精神及有机结构的方法。

10.2.5 灵巧型组织:两种世界的最好结合?

大多数公司既要保持现有产品线的效率、一致性和渐近性创新,又要通过更多的根本性创新来开发新的产品线并对技术的变革作出反应。图斯曼(Tushman)和奥雷尔(O'Reilly)认为解决这个问题的办法就是建立灵巧型组织。[28]**灵巧型组织**(ambidextrous organization)是一种由多种内部不一致的结构所构成的复杂组织形式,它同时实现了短期效率和长期创新的目的。[29]这种公司会在一些部门使用机械化结构,同时在另一些部门实行有机结构。根据这种基本原理,可以把研发部门建的同机构内的其他部门完全不同(可以是地理上的或结构上的不同)。公司的制造和销售部门可以是高度规范化和标准化的,而研发部门则没有规范化和标准化。根据不同的目标,不同部门的激励机制也可以不同,从而鼓励员工形成不同的行为模式。公司在具有规模经济的活动方面维持集权化和高度的一致性,比如制造部门,同时把研发等活动分权化,使其像小型的独立创业企业。虽然传统的调研强调在企业之间扩散信息的重要性,从而确保新产品开发中的各种创意可以相互发酵,但是近期的研究却指出,在各个团队间保持一定的隔离状态,至少是在开发的初期,是有很多好处的。当多个团队彼此密切联系时,将存在某个看起来(至少是在一开始时)具有优势的解决方案会过于仓促地被其他团队采纳的风险。这会导致所有的团队都趋向于同一个创意,从而阻碍了其他可能具有长期优势的创意的发展。[30]与此一致,对"臭鼬工厂"(skunk works)的大量研究表明,将新产品研发团队与主流组织相分离的做法可以让公司受益颇丰。[31]将这些团队与公司的其他组织分离,然后允许它们探索新的替代方案,并不受公司其他组织的要求的羁绊。

类似的,有着多个产品部门的公司有时也会发现需要把一个或多个部门的结构有机化,以此来促进创造力和对环境变化的快速反应。比如,《今日美国》(USA Today)在决定为它深受欢迎的报纸建立一个在线版本的时候,管理层发现他们需要一个更柔性的程序来适应技术的快速变化和在线报纸所需要的信息实时更新的要求。在线报纸也需要不同的激励机制来吸引和留住技术人才。最后,公司为在线报纸建立了一个独立的部门,它拥有不同的报告结构、不同的报酬结构、不同的文化规范(关于工作着装和工作时间的要求)以及低度规范化。

苹果公司提供了另一个例子。1980年,苹果公司艰难地推出了拥有更高速度的芯片的 Apple Ⅱ 个人计算机。然而,斯蒂夫·乔布斯(Steve Jobs)对这个产品的设计感到不满;他希望有一个产品能通过根本性地改变人与计算机的交互方式对这个世界进行一场革命。他希望开发一种拥有友好用户界面和配套齐全的计算机,这样就连对计算机的技术特征没有兴趣的人也能被吸引进来,它就可以成为人们每天生活的延伸。乔布斯于是同一群工程师开始开发一种名为 Macintosh 的新产品,该产品最初是由苹果公司的另一位工程师杰夫·拉斯金(Jef Raskin)开发的。乔布斯不相信公司原有的成长环境能够培育一场根本性的变革,因此他为 Macintosh 建立了一个拥有自己独特文化的独立部门。他竭力向这个部门灌输一种自主创业的氛围,这种氛围来自他对公司在一个车库初创时的回忆,在那里,特行独立、行为古怪的软件开发人员很流行。他鼓励 Macintosh 开发小组成员把自己想象成一个离经叛道者,他甚至在办公楼上挂了一个有骷髅加交叉腿骨图形的海盗旗。乔布斯还把开发小组带到与世隔绝的旅游地,并再次向他们灌输做背教者的文化,比如引用类似这样的话:"成为海盗比加入海军更为有趣。"[32]

如果大公司可以拥有具有小企业激励和行为特征的内部结构,那么许多关于公司规模对技术创新影响的逻辑就变得毫无意义。单个组织内可以有多种文化、结构和流程;大公司可以有富有企业家精神的部门,它既可以利用整个大组织的资源,又可以具有小公司所拥有的精心选择项目和激励研发人员的机制。这种企业单元可以在大型的、以效率为导向的组织中进行不连续创新,进而促进整个组织的创新。

公司也可以通过不断改变组织结构来获取部分机械化组织和有机组织的优势。[33]斯科哈文(Schoonhoven)和杰里尼克(Jelinek)通过研究英特尔、惠普、摩托罗拉、得州仪器和国民半导体公司(National Semiconductor)发现,这些公司中在正式的报告结构、半正式的报告结构和非正式的报告结构间存在一种"动态张力"。[34]这些组织虽然有着非常明确的汇报结构和正式的开发程序,它们同时也会根据环境的变化经常重组以改善报告关系和责任。因此,虽然组织会使用貌似机械式的结构来维持生产的系统性和效率,不断地重组也可以使公司变得有柔性。

这些公司还在团队、项目小组和点线式关系中采用了斯科哈文和杰里尼克所称作的半正式结构(即报告关系并没有在组织图中正式标明)。这些半正式的结构都是问题导向的,它们比公司的其他部分更容易改变。它们也为不同部门间的相互作用提供了平台,因而在跨界面管理中起到了很重要的角色。半正式结构的一个优点就是它所促进的相互作用是基于兴趣而不是正式的管理层级。这样员工就更有动力且会有更多吸收了多方面信息的新思想产生。一个员工是这样描述的:"有时创新就在人们交谈的房间中发生。一个人同另一个人谈话,而另一个人则站在旁边偷听,手上还在卷着卫生纸。"[35] 半正式结构的不足之处在于它们需要更多的时间去管理,而且难以被取消。由于半正式结构不是正式报告结构的一部分,所以有时它们难以通过有权力解散它们的人的手建立起来。

10.3 模块化和"松散连接"组织

公司可以使用的另一种平衡效率和柔性的方法是采用可用于模式化制造系统的标准化制造平台或部(组)件。这使得它们在部件层次实现了标准化的优势(如效率和可靠性)而在终端产品层次则实现了多样化和柔性化。

10.3.1 模块化产品

模块化是指一个系统的部件可以被分离和重新组织的程度。[36] 通过使产品模块化可以在特定输入组合的情况下大大增加可能配置的种类。[37] 例如,宜家(IKEA)的很多书架就是这样设计的,用户可以根据自己不同的需要进行组合。书架和支撑部件都有标准的规格,它们可以容易地与其他标准组件搭配在一起。类似的,现在的炉子也提供了扩展功能的手段,它们的燃烧装置可以被拆卸下来,代之以其他的烧煮器械,如烧烤铁格子或煎饼用的浅锅。甚至出版社也利用最新的信息技术进展来实现模式化设计,教师可以从现有书的章节、论文、案例或自己的材料中选取一些组成自己的教科书。

许多产品是在用户没有感觉到其模块性的情况下实现模块化生产的。通过将常用的零部件进行标准化,并采用一种灵活的生产技术——快速地从一种装配结构转换到另一种结构,企业只需要对零部件进行组合就可以生产一系列不同的产品模块,同时还可以获得生产单个零部件的规模经济和效率。例如,克莱斯勒公司就是通过把所有新车型建立在一系列标准平台上成为汽车行业内新产品开发速度最快的汽车生产商之一,这种做法还能把新产品开发成本控制在很低的水平上。印度的塔塔汽车公司在2008年引入了一款价值2 500美元的车,模块化的生产方式让这一车型变得更加引人注目。Nano全部是由一些可以以组件的形式出售和运输的零部件组装生产的,这些组件都可以由当地的创业企业提供。通过这种方式,Nano可以按照流水线的方式进行生产,其分销也变得更快,甚至可以渗透到更加偏远的市场。[38]

产品设计中的模块化是通过确定界面标准规格来实现的。例如,宜家在设计书架组件的时候就规定了标准的接口,这样不同组件可以自由地被组装在一起。更换其中一个组件也不需要改变其他组件的设计。因为模块化使得在给定输入组合的情况下可以实现一系列的终端产品,因此它使得公司在满足用户不同需求的同时可以实现相对较高的性能成本比。另外,由于模块化使得在升级一个组件的时候不需要改变其他组件,公司及用户就可以在不改变整个系统的情况下升级产品。个人计算机就是模块化系统带来方便升级的好例子。比如,如果用户想让他们的计算机有更大的内存或更好的显示器,他们不需要要更换整个机器,而仅需要购买并安装额外的内存或新的显示器。

当顾客的需求千变万化时,模块化的生产方式就变得更加有价值。例如,假定一辆汽车是由一系列的零部件组装而成的。能够融合进一辆车的零部件种类越多,模块化生产可能得到的汽车结构也就越多,相应的,"限制"在某种单一汽车结构上的机会成本也会越高。进一步来说,顾客对汽车性能的要求差别越大,他们就越不喜欢单一的汽车结构。模块化的生产方式使得不同顾客可以挑选到最能满足他们偏好的车型。[39]与此相反,如果众多顾客需要的产品是一样的,那么生产企业从模块化系统中的获益就很少——对能够满足顾客需求的最佳的零部件组合方式的确定将会变得非常简单,最后直接将其整合为一种非模块化的系统就能解决一切问题了。

产品的模块化程度越高,整个生产系统的模块化程度就越高。标准化生产可以减少不同零部件生产商之间的冲突,使零部件生产商可以按照自己的计划自由灵活地安排生产。这种灵活性被称作"松散连接的组织结构",接下来将会详细介绍。

10.3.2　松散连接的组织结构

产品的模块化也能使得组织形式变得模块化,通常我们称之为松散连接的组织结构。[40]在一个松散连接的结构中,开发和生产活动不是紧密地结合在一起的,它们之间的协调是通过遵守共同的目标和标准来实现的。例如,如果每个开发团队都接受一个共同的开发计划和界面标准,它们开发的组件就能有效地连接在一起,这样就不需要这些小组紧密地协作。标准界面在所有的开发和生产部门提供了一种"嵌入式合作"。[41]这使得一个产品的部件可以由一个公司内高度自主的部门来分别生产,甚至可以由其他的公司来完成。

信息技术的进展也使得松散连接的组织结构变得越来越普遍。[42]信息技术可以使公司以更低的成本来接收和处理更多的信息,这大大增加了公司开发活动组合的选择权。[43]例如,信息技术降低了公司寻找一个合适开发伙伴的成本,同时降低了监控合作伙伴绩效的成本。这在尼克·阿盖尔(Nick Argyres)所研究的B-2隐形轰炸机案例中表现得非常明显。B-2轰炸机是一种非常先进的军用飞机,是由诺斯罗普(Northrop)、波音、沃特(Vaught)和通用电气等公司联合开发出来的。[44]阿盖尔发现先进的信息技术使得通过官僚机构来协调合作活动的需求变小了。通过使用信息技术和开发出界面标准——一个协调跨公司沟通的共享"技术语法"——参与B-2轰炸机开发的公司可以自主地开展工作,同时又能保持协调性。

由于对整合在一块的需求减少了,公司可以有更大的研发柔性和更多的产品配置。比如,公司可以围绕与自己核心能力相关的领域进行技术创新,并把其他活动外包或与其他厂商形成联盟。把公司的活动集中于自己有竞争优势的领域,可以增加开发出对用户有吸引力的高性价比的产品的可能性,而与此同时减少了维持广泛业务所需的管理费用和管理复杂性。这会给整个行业带来翻天覆地的变化,以往那些垂直结构的大型整合公司会被一些更加敏捷、更加专业化的生产商代替。[45]例如,当计算机工作站代替了它们更加集成的前身、微型计算机(以前都是采用专用的中央处理器、专用的系统驱动和专用的操作系统整合而成的),整个计算机行业的生产就变得更加模块化了,Prime,Wang and Data General等集成生产商都被网络生产商(包括太阳微系统公司、Silicon Graphics、摩托罗拉等)代替了,把网络生产商的组件进行组合就可以得到多种结构的终端产品。

然而松散连接也存在缺点。许多活动要整合在一块才能获取明显的协同效应。[46]特别是,那些需要经常交换复杂或缄默知识的活动需要紧密的整合而不是松散的连接。比如,开发一种药物传输系统就需要与这种药物的开发部门紧密协作。药物的药性和剂量必须先经过精确的计算并根据传输系统释放药物的速度对设计进行调整。传输系统材料的选择也要先经过与药物化学成分相作用的风险评估。如果不断需要这种紧密的合作,那么最好对从事开发活动的各方进行紧密整合。

一个经过紧密整合的公司也为解决冲突提供了一种可能比市场更有效、更便宜的机制。[47]例如,在一个公司内的新产品开发过程中不同部门产生了争端,公司的高层经理就可以决定采取哪一种方案,并通过自己的权威来协调这些开发部门。但如果开发伙伴分布在不同的公司,且相互之间仅通过合作协议来开展工作,那么每个公司都拥有解决纠纷的自主权并选择一种适合自己的方案。如果这些公司最后不能就问题的解决达成一致,那么它们就有可能寻求法庭或仲裁来解决纠纷,而这是一种既费钱又费时的选择。

理论应用:波音787梦幻客机(Dreamliner)的"松散耦合"生产①

2003年年底,波音公司启动了其即将投产的787梦幻客机的销售计划,随之波音787梦幻客机迅速成为历史上销售最快的商用客机机型。截至2011年,波音公司已经收到了800多份预定单,超过了历史上的任何一款飞机。②梦幻客机随即成为波音公司的重大转折点。自1994年波音777客机升空之后,波音公司就再也没有推出过新机型。从那时起,空客公司开始领跑航空行业的创新,而波音公司则只满足于扩展和改善现有机型,如波音737和747。当时许多人认为波音公司已经丧失了开发新机型的能力,③因此梦幻客机的成功将会向市场传递该公司未来发展的强有力的信号。

梦幻客机是一种超高效的长途中型客机,它是第一架主要由碳纤维复合材料制成的商用客机,碳纤维复合材料大大减轻了飞机的重量,因此与传统的客机相比,梦幻客机的燃油效率更高。同时,因为这种复合材料比铝制材料更容易塑形,所以梦幻客机的机翼就像鸟类的翅膀一样曲线十分优雅。此外,由于这种复合材料具有出人意料的强度和抗腐蚀性,机舱可以承受重压,舱内也更加湿润,这样空中旅行就会舒服很多。④复合材料还让波音公司能够很容易地将那些大的、作为单个模块生产的机头、机身机舱和机身尾部、机翼、水平稳定翼、垂直稳定翼等进行组装来完成梦幻客机的生产,而不是像以前生产的客机那样,需要用铝板把它们一块一块包起来。⑤

波音787项目的创新远远不止在飞机的组成材料上,为了787这个项目,波音公司还

---

① Adapted from "The Loosely Coupled Production of Boeing's 787 Dreamliner" by Jaspal Singh and Melissa A. Schilling, New York University teaching case.

② C. Drew,"Boeing Posts 20% Profit Gain But Cuts Forecast For 2012 As Jet Completion Slows," *New York Times*, January 25, 2012.

③ M. V. Copeland,"Boeing's Big Dream," *Fortune* 157, no. 9 (2008), pp. 180-191. The Dreamliner's success or failure would thus send strong signals to the market about the company's prospects for the future.

④ S. Holmes,"Better Living at 30,000 Feet," *BusinessWeek*, August 2, 2007.

⑤ R. Renstrom,"Boeing's Big Gamble: Half-Plastic Dreamliner," *Plastics News*, July 2, 2007.

变革了涉及商用客机制造的生产流程。波音787的生产将采用一种更为松散的生产模式，这种模式比目前任何一种商业客机生产模式都松散。来自全球各地的几十家合作伙伴将参与飞机大型模块的生产，并将这些大型模块进行预先组装，然后将这些组装好的大型部件运送到波音公司完成最后的组装。① 例如，来自日本的三菱(Mitsubishi)、川崎(Kawasaki)和富士(Fuji)三家公司分别获得了制造机翼、机身前部和中心翼盒的合同。萨博(Saab)将负责制造货舱门，意大利的 Alenia Aeronautica 负责制造水平稳定翼和机身中部，还有来自其他国家的几十家公司将负责生产其他的部件。② 总之，梦幻客机差不多有70%的部件的制造是在美国本土之外的国家完成的。这种快速增长的外包预计将会带来如下好处：分散客机制造的风险；控制成本；改善国外的销售预期等，因为飞机购买者及其所在国政府通常很愿意负责客机的制造。③

尽管十几年前波音公司就开始将部分飞机制造外包了，但直到波音787，飞机制造外包的新时代才真正开始，波音公司的角色从传统的设计者和制造者向"基本要素公司"(自身只保留核心设计和最后的集成组装，而其他所有的东西都依靠精挑细选的外部团队)转变。④ 然而，这种给行业带来巨大变革的新生产模式也存在一定的弊端。项目本身的复杂性和为数众多的供应商使得协调活动变得更加困难，期间仅由于协调不到位就发生了多次生产延期。尽管原定于2007年8月对梦幻客机进行第一次试飞，但是直到2011年年末客户才收到第一批梦幻客机。协调分布在全球的供应商使得波音公司在飞机制造过程中面临诸多挑战，导致多次生产延误与设计调整。波音公司管理层表示公司第一批飞机将很难盈利，因为即使他们增加几条装配线，返修的工作和设计上的变动也花费巨大。⑤ 波音公司管理层也承认在供应链的管理上出现了一些失误，工程副总裁麦克·登顿(Mike Denton)也暗示公司正考虑是否要将一些任务重新拿回公司做。他说："未来，我们将会承担更多的设计工作，在制造下一个新客机时我们甚至将会参与一些关键零部件的制造，而不是将其全部外包给合作伙伴。"⑥

10.4 管理跨边界创新

20世纪90年代，许多公司都经历了研发活动的急剧全球化。[48] 到90年代末，荷兰和瑞士的公司超过50%的研发活动都是在国外的分支机构完成的，而这一比例在西欧接近

---

① P. Hise,"How Many Small Businesses Does It Take to Build a Jet?" *Fortune Small Business* 17, no. 6 (2007), pp. 42-45.

② J. Weber,"Boeing to Rein in Dreamliner Outsourcing," *BusinessWeek Online*, January 19, 2009, p. 10.

③ J. Weber,"Boeing to Rein in Dreamliner Outsourcing," *BusinessWeek Online*, January 19, 2009, p. 10. And M. Mecham,"The Flat-Earth Airplane," *Aviation Week & Space Technology*, July 3, 2006, p. 43.

④ Mecham,"The Flat-Earth Airplane."

⑤ C. Drew,"Boeing Posts 20% Profit Gain But Cuts Forecast For 2012 As Jet Completion Slows." *New York Times*, January 25, 2012.

⑥ Weber,"Boeing to Rein in Dreamliner Outsourcing."

30%,在美国是5%。⁴⁹跨国公司对创新活动的组织也因此变得很有兴趣。前面提到过的集权化还是分权化问题的讨论在跨国公司特别明显。国外的市场提供了高度多元化的信息和资料来源。它们或许还有高度多元化的产品需求和不同的运营规则。这促使许多公司考虑采用分权化的研发来吸收各地的信息并使创新活动适应各地市场的需求。然而,以分散形式完成的创新很难扩散到其他部门。根据当地市场需求开发出来的个性化产品和流程很难转移到服务于其他不同市场的部门中去。那些习惯自己完成所需创新的部门也不愿意把成果同他人分享,因为它们认为这侵犯了自己私有的知识。它们或许也不愿意采用其他部门的创新,因为它们认为其他部门的创新不能满足自己部门的市场需求(这种现象称为非本地发明的症状)。然而,跨国公司创造价值的一种重要机制就是把技术创新(或其他核心能力)放到多个市场中进行应用。让创新活动完全独立自主地开展就有可能丧失这种机制。跨国公司如何才能解决这种困境呢?克里斯托夫·巴特莱特(Christopher Bartlett)和苏曼特拉·格豪夏尔(Sumantra Ghoshal)的一系列研究分析了管理跨国创新的各种方法的优缺点。他们列举了公司可以采用的四种战略:全球中心战略、在当地为当地战略、区域杠杆战略和全球合作战略。⁵⁰

全球中心战略(center-for-global strategy)要求所有的创新活动都在一个地方完成。然后这些创新会被部署到公司在全球的各个机构。创新活动的集中化使得管理层:

- 紧密协调所有的研发活动(既包括部门间,也包括项目间);
- 实现研发活动的专业化和规模经济,避免一项活动在多个部门重复进行;
- 开发和保护核心能力;
- 保证创新在全公司有统一的标准并得到实施。

当经理们有强烈的欲望控制技术的演化,或他们对保护技术的产权非常关注,或研发活动需要紧密的协作,或需要对技术变化作出快速反应而分散开发会造成低效率时,他们会倾向于选择全球中心战略。⁵¹然而,全球中心战略可能不能很好地满足不同市场的多元化需求。另外,服务于这些市场的部门也可能不愿意采用或者改进全球中心的创新。这就导致了集中开发的成果不能很好地适应国外市场的需求,或导致开发活动缓慢没有效率。

与全球中心战略不同,**当地为当地战略**(local-for-local strategy)要求每个国家的分支机构都有自己的资源来根据本土市场的需求进行创新。当地为当地战略能够获取多元化的信息和资源,并能根据本土市场的需求和品味进行创新。当分支机构具有高度自主权且市场是高度异质化的时候,经理们会倾向于选择当地为当地战略。

然而,当地为当地战略也有一些缺点。每个部门进行重复或类似创新会导致大量重复的研发活动。另外,单个部门进行研究可能缺少规模经济,而且有价值的创新可能无法在全公司范围内得到扩散。

随着时间的推移,公司设计了一系列战略,试图同时获取全球中心战略和当地为当地战略的优点。巴特莱特和格豪夏尔把其中的一种战略称为**区域杠杆战略**(locally leveraged strategy)。采用这种战略的公司试图通过在全公司扩散区域部门的创造性资源和创新性开发活动来获取杠杆优势。这种战略使得公司既能够获得区域市场创造的多元化思想和资源,又能在全公司范围内充分利用它们。消费品市场实现这种战略的一种措施就是任命某个人为全球品牌管理人。这个人负责在公司的多个部门使用一个成功的品牌,同时维持这个产品的形象和定位。[52]这种战略在公司的不同市场具有类似需求时特别有用。

全球合作战略(globally linked strategy)则要求创建一个分散化的研发机构系统,系统内的每个机构都与其他机构相关联。每个区域分部可能会被要求负责不同的创新任务,并且这个创新任务要满足公司的全球需求。比如,某跨国汽车制造商可能会授权欧洲分部开发一个主要适合欧洲市场需求,但同时也能够被卖到美国、加拿大和南美市场的微型汽车模型。与此同时,美国分部则承担了与其他制造商合作开发更有效率的制造流程任务的大部分,这个流程最终要能适合全公司需求。因此,虽然创新是分散化的,以求利用不同区域市场的资源和人才库,它同时也会进行全球协调以适合公司的整体目标。这种战略也试图把创新活动中的学习扩散到整个公司范围。这种战略有着很强的吸收和整合全球资源的能力,但也要花费很多时间和金钱用于大量的协调工作。

在区域杠杆战略和全球合作战略中,研发部门都是分散化的且相互联系。不同的是各个研发部门的使命不同。在区域杠杆战略中,每个分散化的研发部门在相当大程度上是独立的,它们会进行与所在区域经营单元需求相关的所有开发活动。这也意味着,比如,如果某个区域经营单元生产和销售健康护理产品、美容产品和纸制品,那么它的研发部门就可以开展所有与这些产品相关的项目。然而,为了确保最好的创新能在全公司范围内得到应用,公司会设立一些整合机制(例如,定期召开跨部门会议,或建立专门的联络人,如国际品牌管理人)来鼓励每个部门与其他部门分享自己最好的开发成果。与此不同的是,全球合作战略下,虽然研发部门是分散的,但它们的角色不同。与区域杠杆战略中对所有与经营单元业务相关的领域都进行开发不同,它们会集中于某一特定领域进行开发活动。比如,虽然区域经营单元经营的产品包括健康护理产品、美容产品和纸制品,但它的研发部门的角色可能会定位于纸制品创新,而其他经营单元的研发部门则会集中开发健康护理产品或美容产品。或者它的研发部门会定位于所有产品的基础化学品的应用,而其他研发部门则进行包装创新等。在这个战略中,每个部门必须利用当地市场的一些资源优势(比如充足的木材资源或化学技术公司集群)。这个战略在利用国外市场的多元化资源和知识优势的同时还根据公司整体研发战略中对各个部门的角色的良好定位把它们都连接在一起。

巴特莱特和格豪夏尔认为跨国公司的总体目标就是要使集权化的研发更有效(即能够更好地服务不同的区域市场),同时使得分权化的创新活动能够更有效率(即消除重复并获取不同部门间的协同效用)。巴特莱特和格豪夏尔建议采用一种跨国策略,即资源和能力在公司的任何一个部分都能得到充分利用,并且能够开发任一区域市场出现的机会。他们认为公司如果采用如下措施就能实现这个目标:

- 鼓励公司不同部门间互惠的互相依赖(即每个部门都必须认识到它与公司其他部门间的依赖性)。
- 使用跨部门的整合机制,如跨部门团队、人员跨部门轮换等。
- 平衡国家品牌和组织的全球形象。

爱立信公司为此提供了一个极好的例子。爱立信不是采用严格的集权化或分权化的结构来组织其创新活动,而是在这两者之间不断变动。有时,为了某个特定项目的需要,爱立信会增加集权和全球整合程度;而另外一些时候,它会给各个分散的区域部门在创新活动上更多的自主权。通过使用杰里尼克和斯科哈文所说的动态张力的策略,爱立信定期调整结构以平衡一体化和自治的程度。为了鼓励部门间的整合,爱立信会抽调50～100位工程师到不同部门工作1～2年,这种人员轮换计划促进了知识在公司内的扩散。[53]此外,鼓励工程师融合到公司的不同领域中去,可以使其在整个公司及一些特定的部门确立自己的形象。

10.5 本章小结

1. 关于企业规模对创新的影响争论了50多年。规模可以带来研发的规模经济,更有可能获取辅助资源(如资金和市场准入)和学习效果。然而,规模也与惰性和管理问题相关。

2. 许多大公司试图通过把自己变成由更专业化的部门组成的网络而自我感觉小一点。这些部门可以像小型的、富有企业家精神的公司那样运作。

3. 公司的结构维度,包括规范化、标准化和集权程度,也会影响公司的创新倾向和效益。规范化和标准化可以提高效率,但也会抑制尝试和创造力。集权程度对创新的作用则要模糊一点,有时集权能使创新的速度明显加快,而在另一些场合,分权则能使经理们更好地应对当地需求而作出更多的创新。

4. 传统上,学者们把组织结构分成两大类:机械结构,即高度规范化和标准化,能提高生产效率;有机结构,即松散和自由流动,能促进创造力和尝试。

5. 灵巧组织试图同时实现大的机械结构公司的效率与小的有机结构公司的创造力和企业家精神。这些公司可能有拥有不同结构和控制机制的部门,而且这些结构还可能不断地交替。

6. 最近许多公司开始在公司内和公司间采用松散连接网络从事开发活动。这种转换的部分原因是信息技术的进步及随之而来的协调成本的降低。

7. 跨国公司面临决定在哪里及如何从事研发活动的严峻挑战。其中一个主要的挑战是权衡如何在利用区域市场的知识和资源的同时,保护整个公司的一致性及使技术在公司范围内得到扩散和充分应用。

术语表

拆解(disaggregated):一个东西根据其组成要素分成几个部分。

规范化(formalization):公司利用规则、程序和书面文档来结构化组织内个人或集体行为的程度。

标准化(standardization):公司活动开展方式的统一程度。

集权/分权(centralization/ decentralization):集权程度是指决策制定权掌握在公司高层的程度,分权程度是指决策权分散到公司中下层的程度。

机械化结构（mechanistic structure）：一种以高度规范化和标准化为特征的结构，它使得公司运营几乎是自动化或机械式的。

有机结构（organic structure）：一种以低规范化和标准化为特征的组织结构。员工可能没有很完善的岗位职责，运营过程也可能充满变化。

灵巧型组织（ambidextrous organization）：一个组织同时表现得像两个不同公司一样的能力。公司的不同部门有着不同的结构、控制系统，进而使它们有不同的文化和运营模式。

臭鼬工厂（skunk works）：该词来源于美国洛克希德·马丁公司在1943年6月所设立的下属的高级技术研发部门，该研发团队只用很短的时间就为美国空军开发了一种喷气式战斗机。之后，这个词就被用来特指那些几乎完全独立于母公司的新产品研发团队，它们往往拥有相当程度的分权，而且很少有官僚主义。

全球中心战略（center-for-global strategy）：所有的创新活动都在中央研发中心完成。创新成果向整个公司扩散。

当地为当地战略（local-for-local strategy）：公司每个部门或分支机构都根据本土市场需求进行自己的研发活动。

区域杠杆战略（locally leveraged strategy）：每个部门或分支机构都进行自己的研发活动，但公司也试图把创新成果向全公司扩散。

全球合作战略（globally linked strategy）：创新活动是分散化的，但也根据公司的全球需求进行合作。

讨论题

1. 有没有一些特定类型的创新活动适合大公司而不适合小公司？类似的，有没有某些创新活动适合小公司而不适合大公司？
2. 规范化程序在提高创新的效力或效率方面有什么优劣势？
3. 公司在决定研发活动集权化程度的时候要考虑哪些因素？公司是否必须同时使用集权化和分权化的方法来管理创新活动？
4. 与在一个国家中经营的公司相比，为什么跨国公司研发活动的集权化和分权化问题更突出？
5. 巴特莱特和格豪夏尔所建议采用的跨国策略的优劣势是什么？

补充阅读建议

经典著作

Burns, T., and G. M. Stalker, *The Management of Innovation* (London: Tavistock Publications, 1961).

Chandler, A., *Strategy and Structure: Chapter in the History of the American*

Industrial Enterprise (Cambridge, MA: Harvard University Press, 1962).

Ettlie, J. E., W. P. Bridges., and R. D. O'Keefe, "Organization strategy and structural differences for radical versus incremental innovation," *Management Science* 30 (1984), pp. 682-695.

Schilling, M. A., "Towards a general modular systems theory and its application to inter-firm product modularity," *Academy of Management Review*, 25 (2000): 312-334.

Schumpeter, J. A., *Capitalism, Socialism and Democracy* (New York: Harper & Brothers Publishers, 1942).

Thompson, J. D., *Organizations in Action* (New York: McGraw-Hill, 1967).

近期著作

Argyres, N., and L. Bigelow, "Innovation, modularity, and vertical deintegration: Evidence from the early U. S. auto industry," *Organization Science* 21 (2010), pp. 842-853.

Fang, C., J. Lee., and M. A. Schilling, "Balancing exploration and exploitation through structural design: advantage of the semi-isolated subgroup structure in organizational learning," *Organization Science*, 21 (2010), pp. 625-642.

Sanchez, R., and J. Mahoney, "Modularity, flexibility, and knowledge management in product and organization design," *Strategic Management Journal* 17 (1996), pp. 63-76.

Siggelkow, N., and D. Levinthal, "Temporarily divide to conquer: centralized, decentralized, and reintegrated organizational approaches to exploration and adaptation," *Organization Science* 14 (2003), pp. 650-669.

Tushman, M., W. K. Smith., R. C. Wood., G. Westerman., and C. O'Reilly, "Organizational designs and innovation streams," *Industrial and Corporate Change* 19 (2010), pp. 1331-1366.

 # 尾注

1. D. Dougherty, "Reimagining the Differentiation and Integration of Work for Sustained Product Innovation," *Organization Science* 12 (2001), pp. 612-631; A. Griffin, "The Effect of Project and Process Characteristics on Product Development Cycle Time," *Journal of Marketing Research* 34 (1997), pp. 24-35; E. H. Kessler and A. K. Chakrabarti, "Innovation Speed: A Conceptual Model of Context, Antecedents, and Outcomes," *Academy of Management Review* 21 (1996), pp. 1143-1191; and A. Menon, J. Chowdhury, and B. Lukas, "Antecedents and Outcomes of New Product Development Speed: An Interdisciplinary Conceptual Framework," *Industrial Marketing Management* 31 (2002), pp. 317-328.

2. J. A. Schumpeter, *Capitalism, Socialism and Democracy* (New York: Harper & Brothers

Publishers, 1942).
3. W. M. Cohen and D. A. Levinthal, "Absorptive Capacity: A New Perspective on Learning and Innovation," *Administrative Science Quarterly* 35 (1990), pp. 128-152; and M. I. Kamien and N. L. Schwartz, "Market Structure and Innovation—A Survey," *Journal of Economic Literature* 13 (1975), pp. 1-37.
4. F. Damanpour, "Organizational Size and Innovation," *Organization Studies* 13 (1992) pp. 375-402.
5. R. L. Daft, *Organization Theory and Design* (Minneapolis: West Publishing Company, 1995).
6. W. Cohen and R. Levin, "Empirical Studies of Innovation and Market Structure," in *Handbook of Industrial Organization*, vol. II, eds. R. Schmalensee and R. D. Willig (Amsterdam: Elsevier Science Publishers B. V., 1989).
7. Ibid; and J. Rotemberg and G. Saloner, "Benefits of Narrow Business Strategies," *American Economic Review* 84, no. 5 (1994), pp. 1330-1349.
8. G. Gilder, "The Revitalization of Everything: The Law of the Microcosm," *Harvard Business Review* 66, no. 2 (1988), pp. 49-61.
9. M. Kharbanda, "Xerox Corporation: A Case Study in Revitalizing Product Development," in *Time-Based Competition: The Next Battleground in American Manufacturing*, ed. J. D. Blackburn (Homewood, IL: Business One Irwin, 1991), pp. 177-190.
10. A. Cotterel, *The Encyclopedia of Mythology* (London: Smithmark, 1996).
11. J. Bound, C. Cummins, Z. Griliches, B. H. Hall, and A. Jaffe, "Who Does R&D and Who Patents?" in *R&D, Patents, and Productivity*, ed. Z. Griliches (Chicago: University of Chicago, 1984); A. K. Chakrabarti and M. R. Halperin, "Technical Performance and Firm Size: Analysis of Patents and Publications of U. S. Firms," in *Innovation and Technological Change: An International Comparison*, eds. A. J. Acs and D. B. Audretsch (Ann Arbor, MI: University of Michigan Press, 1991); S. B. Graves and N. S. Langowitz, "Innovative Productivity and Returns to Scale in the Pharmaceutical Industry," *Strategic Management Journal* 14 (1993), pp. 593-605; and G. N. Stock, N. P. Greis, and W. A. Fischer, "Firm Size and Dynamic Technological Innovation," *Technovation* 22 (2002), pp. 537-549.
12. Z. Griliches, "Patent Statistics as Economic Indicators: A Survey," *Journal of Economics Literature* 28 (1990), pp. 1661-1707; and F. M. Scherer, "The Propensity to Patent," *International Journal of Industrial Organization* 1 (1983), pp. 107-128.
13. A. Griffin, "Product Development Cycle Time for Business-to-Business Products," *Industrial Marketing Management* 31 (2002), pp. 291-304.
14. W. M. Cohen and S. Klepper, "A Reprise of Firm Size and R&D," *Economic Journal* 106 (1996), pp. 925-951; and R. Henderson and I. Cockburn, "Scale, Scope and Spillovers: The Determinants of Research Productivity in Drug Discovery," *Rand Journal of Economics* 27 (1996), pp. 32-59.
15. R. Ashkenas, D. Ulrich, T. Jick, and S. Kerr, *The Boundaryless Organization: Breaking the Chains of Organizational Structure* (San Francisco: Jossey-Bass Publishers, 1995); J. Hagel and M. Singer, "Unbundling the Corporation," *Harvard Business Review*, March-April 1999, pp. 133-141; M. A. Schilling and K. Steensma, "The Use of Modular Organizational Forms: An Industry Level Analysis," *Academy of Management Journal* 44 (2001), pp. 1149-1169; C. Snow, R. Miles, and H. J. Coleman, "Managing 21st Century Network Organizations," *Organizational Dynamics* 20, no. 3 (1992), pp. 5-20; and T. R. Zenger and W. S. Hesterly, "The Disaggregation of Corporations: Selective Intervention, High-Powered Incentives, and

Molecular Units," *Organization Science* 8 (1997), pp. 209-223.
16. R. S. Achrol, "Changes in the Theory of Interorganizational Relations in Marketing: Toward a Network Paradigm," *Academy of Marketing Science* 25 (1997), pp. 56-71.
17. H. Chesbrough and D. Teece, "When Is Virtual Virtuous? Organizing for Innovation," *Harvard Business Review*, January-February 1996, pp. 65-73; and D. Churbuck and J. S. Young, "The Virtual Workplace," *Forbes* 150, no. 12 (1992), pp. 184-190.
18. C. Jones, W. Hesterly, and S. Borgatti, "A General Theory of Network Governance: Exchange Conditions and Social Mechanisms," *Academy of Management Review* 22 (1997), pp. 911-945; R. E. Miles and C. C. Snow, "Organizations: New Concepts for New Forms," *California Management Review* 28, no. 3 (1986), pp. 62-73; and R. E. Miles and C. C. Snow, "Causes of Failures in Network Organizations," *California Management Review* 34, no. 4 (1992), pp. 53-72.
19. D. Lei, M. A. Hitt, and J. D. Goldhar, "Advanced Manufacturing Technology: Organizational Design and Strategic Flexibility," *Organization Studies* 17 (1996), pp. 501-524; R. Sanchez, "Strategic Flexibility in Product Competition," *Strategic Management Journal* 16 (1995), pp. 135-160; R. Sanchez and J. Mahoney, "Modularity, Flexibility, and Knowledge Management in Product and Organization Design," *Strategic Management Journal* 17 (1996), pp. 63-76; and Schilling and Steensma, "The Use of Modular Organizational Forms: An Industry Level Analysis."
20. Menon, Chowdhury, and Lukas, "Antecedents and Outcomes of New Product Development Speed."
21. L. Cardinal and T. Opler, "Corporate Diversification and Innovative Efficiency: An Empirical Study," *Journal of Accounting & Economics* 19 (1995), pp. 365-382.
22. P. N. Golder, "Insights from Senior Executives about Innovation in International Markets," *Journal of Product Innovation Management* 17 (2000), pp. 326-340.
23. P. S. Adler, "Building Better Bureaucracies," *Academy of Management Executive* 13, no. 4 (1999), pp. 36-50.
24. M. Treacy and F. Wiersema, "Customer Intimacy and Other Value Disciplines," *Harvard Business Review* 71, no. 1 (1993), pp. 84-94.
25. M. P. Miles, J. G. Covin, and M. B. Heeley, "The Relationship between Environmental Dynamism and Small Firm Structure, Strategy, and Performance," *Journal of Marketing Theory and Practice* 8, no. 2 (2000), pp. 63-75.
26. D. Leonard, *Well-Springs of Knowledge: Building and Sustaining the Sources of Innovation* (Boston: Harvard Business School Press, 1996); C. Moorman and A. Miner, "Organizational Improvisation and Organizational Memory," *Academy of Management Review* 23, no. 4 (1998), pp. 698-723; and D. Dougherty, "Reimagining the Differentiation and Integration of Work for Sustained Product Innovation," *Organization Science* 12 (2001), pp. 612-631.
27. Daft, *Organization Theory and Design*; and Menon, Chowdhury, and Lukas, "Antecedents and Outcomes of New Product Development Speed."
28. M. L. Tushman and C. A. O'Reilly, "Ambidextrous Organizations: Managing Evolutionary and Revolutionary Change," *California Management Review* 38, no. 4 (1996), pp. 8-31.
29. M. L. Tushman and C. A. O'Reilly, *Winning through Innovation: A Practical Guide to Leading Organizational Change and Renewal* (Boston: Harvard Business School, 1997); and M. L. Tushman and W. Smith, "Organizational Technology: Technological Change, Ambidextrous

Organizations and Organizational Evolution," in *Companion to Organizations*, ed. J. A. Baum (New York: Blackwell Publishers,2002),pp. 386-414.

30. C. Fang,J. Lee, and M. A. Schilling, "Balancing exploration and exploitation through structural design: advantage of the semi-isolated subgroup structure in organizational learning," *Organization Science* 21 (2010),pp. 625-642.
31. J. M. Benner and M. Tushman, "Exploitation, exploitation, and process management: The productivity dilemma revisited," *Academy of Management Review* 28 (2003),pp. 238-256; and J. L. Bower and C. M. Christensen,"Disruptive technologies: catching the wave," *Harvard Business Review* 73,no. 1 (1995),pp. 43-53.
32. M. Rogers,"It's the Apple of His Eye," *Newsweek*, March 1,2003.
33. N. Siggelkow and D. Levinthal, "Temporarily Divide to Conquer: Centralized, Decentralized, and Reintegrated Organizational Approaches to Exploration and Adaptation," *Organization Science* 14 (2003),pp. 650-669.
34. M. Jelinek and C. Schoonhoven, *The Innovation Marathon: Lessons from High Technology Firms* (Oxford,UK: Basil Blackwell,1990); and C. B. Schoonhoven and M. Jelinek,"Dynamic Tension in Innovative,High Technology Firms: Managing Rapid Technological Change through Organizational Structure," in *Managing Strategic Innovation and Change*, eds. M. L. Tushman and P. Anderson (Oxford: Oxford University Press,1996).
35. Schoonhoven and Jelinek, "Dynamic Tension in Innovative,High Technology Firms."
36. M. A. Schilling,"Toward a General Modular Systems Theory and Its Application to Interfirm Product Modularity," *Academy of Management Review* 25 (2000),pp. 312-334.
37. C. Y. Baldwin and K. B. Clark, *Design Rules*, *Volume 1*: *The Power of Modularity* (Cambridge,MA: MIT Press,2000); R. Garud and A. Kumaraswamy, "Technological and Organizational Designs for Realizing Economies of Substitution," *Strategic Management Journal* 16 (1995),pp. 93-109; and Sanchez,"Strategic Flexibility in Product Competition."
38. J. Hagel and J. S. Brown,"Learning from Tata's Nano." *BusinessWeek*, February 27,2008.
39. M. A. Schilling,"Towards a General Modular Systems Theory and its Application to Inter-firm Product Modularity," *Academy of Management Review* 25 (2000),pp. 312-334.
40. Sanchez and Mahoney, "Modularity, Flexibility, and Knowledge Management in Product and Organization Design."
41. Schilling and Steensma, "The Use of Modular Organizational Forms"; and Sanchez and Mahoney,"Modularity, Flexibility, and Knowledge Management in Product and Organization Design."
42. E. Brynjolfsson,T. W. Malone,V. Gurbaxani,and A. Kambil,"Does Information Technology Lead to Smaller Firms?" *Management Science* 40 (1994),pp. 1628-1645; and T. R. Zenger and W. S. Hesterly, "The Disaggregation of Corporations: Selective Intervention, High-Powered Incentives,and Molecular Units," *Organization Science* 8 (1997),pp. 209-223.
43. E. Brynjolfsson, "Information Assets,Technology,and Organization," *Management Science* 40 (1994),pp. 1645-63; and L. M. Hitt,"Information Technology and Firm Boundaries: Evidence from Panel Data," *Information Systems Research* 10,no. 2 (1999),pp. 134-150.
44. N. S. Argyres,"The Impact of Information Technology on Coordination: Evidence from the B-2 'Stealth' Bomber," *Organization Science* 10 (1999),pp. 162-181.
45. Schilling and Steensma,"The Use of Modular Organizational Forms."
46. Chesbrough and Teece,"When Is Virtual Virtuous?"; and Schilling and Steensma,"The Use of

Modular Organizational Forms."
47. Chesbrough and Teece,"When Is Virtual Virtuous?"
48. R. D. Pearce and M. Papanastassiou, *The Technological Competitiveness of Japanese Multinationals* (Ann Arbor: University of Michigan Press,1996); and R. D. Pearce and M. Papanastassiou, "R&D Networks and Innovation: Decentralized Product Development in Multinational Enterprises," *R&D Management* 26 (1996),pp. 315-333.
49. O. Gassman and M. von Zedtwitz, "Trends and Determinants of Managing Virtual R&D Teams," *R&D Management* 33, no. 3 (2003), pp. 243-262; J. Dunning, "Multinational Enterprises and the Globalization of Innovatory Capacity," *Research Policy* 23 (1994),pp. 67-88; and P. Patel,"Localised Production of Technology in Global Markets," *Cambridge Journal of Economy* 19 (1995),pp. 141-153.
50. C. A. Bartlett and S. Ghoshal, "Managing Innovation in the Transnational Corporation," in *Managing the Global Firm*, eds. C. A. Bartlett,Y. Doz,and G. Hedlund (London and New York: Routledge,1990).
51. Ibid; and A. M. Rugman,"Research and Development by Multinational and Domestic Firms in Canada," *Canadian Public Policy* 7 (1981),pp. 604-616.
52. Golder,"Insights from Senior Executives about Innovation in International Markets."
53. T. Madsen,E. Mosakowski, and S. Zaheer, "The Dynamics of Knowledge Flows: Human Capital Mobility,Knowledge Retention and Change," *Journal of Knowledge Management* 6,no. 2 (2002),pp. 164-177.

第 11 章

新产品开发过程管理

青蛙设计公司[①]

青蛙设计公司是一家拥有 400 多名员工的全球设计公司,它在全球有 9 个工作室(加利福尼亚州旧金山、得克萨斯州奥斯汀、纽约、加利福尼亚州圣何塞、华盛顿州西雅图、意大利米兰、荷兰阿姆斯特丹、德国斯图加特和中国上海)。该公司设计的产品包括苹果公司的 Macintosh 计算机、汉莎航空公司的候机楼以及索尼单枪三束彩色显像管电视机。青蛙公司还将其设计技术应用于公司的组织结构,将公司本身作为一件设计品。青蛙公司的客户涉及各行各业,包括电子消费品、零售、娱乐、金融、医药、汽车、软件和时装等,其客户还包括一些全球著名的公司,如迪斯尼、惠普、通用、AT&T、戴尔、路易威登、MTV、斯普林特(Sprint)、西门子、雅虎和微软。青蛙公司凭借一流的技术风格和闻名全球的经营理念——信奉"表达形式应追随心情"的理念——创造了一系列具有能够引起顾客共鸣的审美特性的产品。

不仅仅是一家工业设计公司

对青蛙公司来说,"设计"不仅仅是创造新产品——它还帮助一些公司谋划未来的战略方向,有时候甚至是"重新塑造"这些公司。正如营销经理米克·马利西克(Mick Malisic)所描述的,青蛙公司主要从事三种工作。

- **"进化"**(Evolving)。重振一个公司现有的资产活力。例如,青蛙公司重新设计了汉莎的头等舱、商务舱及休息室,重新恢复了已有的产品,并且重新思考了顾客对它们的印象。
- **"扩张"**(Expanding)。为现有的市场和新市场设计新的产品和服务。例如,当迪斯尼表露出想要开发迪斯尼自己的电子消费产品(而不是将其品牌许可给第三方的电子消费品生产商)的兴趣时,青蛙公司为迪斯尼设计了一系列的电子消费品,

---

[①] Adapted from a New York University teaching case written by Prof. Melissa A. Schilling and Valerie Casey of frog design.

其中包括DVD播放机、电视机、对讲机、无绳电话机等。青蛙公司首先找出零售商所需求的产品特性和能够接受的成本点,然后设计一些能够获得巨大成功的产品线。

- "**想象**"(Envision)。重新思考品牌价值。例如,青蛙公司通过预想未来摩托罗拉公司能够创造什么产品,帮助摩托罗拉公司找出了一个重塑摩托罗拉未来的机会。这一过程的关键在于要能够识别出5~10年之后行业内将会发生的产品革命,然后建立逐步演变的产品路线,使消费者能够很容易地接受某类新产品。在摩托罗拉公司的例子中,就是要对耐用的便携式无线计算机设备产品线进行概念设计,包括配有微型数码摄像机的太阳镜,并且镜头内还配有能够查阅电子邮件的装置;拥有两个波段的无线电信号和智能电话功能的手表;以及能够对你的书写进行电子备份的智能钢笔。

起步于"蝌蚪"(Tadpole)……

1969年,德国理工大学一位30岁的学生哈特姆特·艾斯林格(Hartmut Esslinger)赢得了当年的学生设计大赛,从而获得了为德国电子行业巨头维佳(Wega)公司设计一款新电视机的任务。艾斯林格以此为起点,创建了自己的工作室——艾斯林格设计公司,当时参与设计工作的还有另外两个学生安德列亚斯·豪格(Andreas Haug)和乔治·施普伦(George Spreng)。电视机的设计取得了巨大的成功,后来艾斯林格又相继为维佳公司设计了100多种产品。之后索尼公司并购了维佳公司,艾斯林格在1978年为索尼公司设计了标志性的索尼单枪三束彩色显像管电视机。

1981年,艾斯林格再一次获得了转变的机会。斯蒂夫·乔布斯正在全球范围内寻找一个能够为旗下的大项目——Macintosh计算机进行设计的团队。当乔布斯找到艾斯林格的时候,他确信自己为Macintosh找到了合适的设计团队。乔布斯和艾斯林格达成了几百万美元的交易,为此艾斯林格在加州建立了一个工作室。1982年艾斯林格设计公司被重新命名为青蛙设计公司,如今已经成了创新和大胆的创造性想象力的代名词。艾斯林格本人也成为一个颇具传奇色彩的人物——第一位高科技工业设计超级巨星。[①] 1990年,艾斯林格登上了《商业周刊》杂志的封面,这无疑奠定了他的偶像地位,当时他身着皮革衣服,站在一辆摩托车旁边。

青蛙设计公司的团队

对于客户的每一个项目,青蛙设计公司都会派出一个拥有各种技能的团队,这个团队通常包括视觉设计师、设计分析师、商业和品牌战略家,以及机械和软件工程师。一般来说,设计分析师会一直待在团队中直到项目完工;而视觉设计师则会同时服务于多个项目;商业和品牌战略家往往是在项目开始的时候涉入较多,也就是当整个设计团队进行设计研究和市场机会评估的时候;机械工程师和设计技术师往往是在项目后期阶段有很多的参与,也就是在将设计变成实物的时候。战略家、工程师和技术师则会在整个项目实施过程中进行分析、提出意见,并对设计进行修正和定型。同时,每一个工作室还配有两名创造经理,他们负责在各个开发阶段把握项目的发展方向。创造经理必须熟练掌握设

---

① P. Burrows,"frog design's New Lily Pad," *BusinessWeek Online*, August 13,2004.

计团队中囊括的所有技能师的各种技术术语,以确保项目的意义和目的保持一致,并保证青蛙设计公司的最终成果能够传递给顾客。

青蛙设计公司的设计流程

青蛙设计公司的设计流程从产品创意阶段开始,一直延伸到产品的销售,通常包括产品设计、工程设计、生产、制图、标志和包装。青蛙设计公司强调,要在更深的情感层次上打动顾客。正如艾斯林格所说:"不可思议的是制造商和顾客同时获得了他们所没有预料到的好处。"

青蛙设计公司的设计流程包括三个阶段:发现、设计和交付。

发现

在发现阶段,青蛙设计公司设计团队的成员要做大量的调研工作,来深入地了解客户的商业活动、市场、品牌、用户和技术。在这一阶段,全部的调研结果都会被集中起来进行综合分析,以此来识别目标、机会和一些关键的成功因素。

青蛙设计团队通常会采取各种措施以创造新颖的设计解决方案。比如,召开由青蛙设计公司的设计师、来自客户项目团队的成员以及潜在顾客组成的头脑风暴协商讨论会,期间将会有一位"关键的主持人"来引导整个团队进行从几小时到5天时间不等的结构化的思维讨论会,然后再将其划分成更小的小组开展一系列事先设计好的活动,帮助他们将技术、品牌与顾客体验的新方式联系起来。之后这些想法将会被收集起来,由团队成员直接从主观上进行情感分析,而不是实证分析。通常,发现阶段与设计阶段会有相当多的重叠,这两个阶段中的很多活动往往是同时进行的。

设计

在设计阶段,青蛙设计公司的设计团队会把无形的创意想法转换成有形的可以进一步应用和评估的解决方案,并将产品的概念和机会与生产、营销的目标和约束进行对比。设计阶段的工作包括设计素描透视和基本的三维模型图、测试项目的实用性及评估项目的可行性。有时候,设计团队会采用设计专家研讨会的方法——一种可以快速做出决策的设计会议,参会者中有很多人是设计专家,他们主要通过画素描,或者使用泡沫、胶带和胶水等基本材料制作模型。

设计阶段通常会把潜在顾客的设计建议融合进去,并依赖他们的建议反复进行修改。例如,设计者用泡沫制作出简单的三维模型以后,将其拿给一部分顾客,让他们讨论应该如何使用这个产品或者如何进行改进以使其变得更有用或更有吸引力。青蛙公司的创意经理瓦莱丽·凯西(Valerie Casey)注意到,当消费者看到那些简单的、最基本的模型之后,他们通常会给出一些有益于产品改进的意见。她认为在这个阶段,顾客可以毫无顾忌地对设计雏形提出大幅度的修改建议;相反,那些制作更加精细或详尽的模型往往会限制顾客对潜在产品提出改进建议。凯西还发现,与顾客频繁的沟通交流——一般每个项目设计成型之后有4次或以上——不仅让设计出的产品更符合市场的口味,而且能节省大量的开发时间,因为与顾客的交流可以帮助设计者更好地识别消费者的需求,从而避免了大量耗时耗力的工作。

青蛙设计公司更重视基本模型、素描轮廓和数据透视,对功能模型的关注比较少,基本模型或者视觉效果图比功能模型有更强的可塑性并且成本也低得多。例如,一个简单的咖啡壶"外观原型"(一种看起来像功能产品但实际上并不能用的模型)需要花6万美元才能制作出来,而仿真的照片透视图、纸质模型或泡沫模型,抑或电脑辅助设计则以很少的成本就可以达到差不多的效果。

交付

在交付阶段,青蛙设计公司的设计团队会对挑选出的设计方案进行精练。所有的产品特性、模型、工具和生产细节都要交给客户,如果有必要,还会向顾客提供一些培训、测试或者生产合作支持等。对一部分客户来说,交付阶段意味着把产品说明书提交给客户;而对有些客户来说,交付阶段要求设计公司全程跟踪产品从生产到分销的过程。例如,对于迪斯尼公司的设计任务,青蛙设计公司会紧跟着生产商;而对于塔吉特(Target),它只要保证产品已经被放到塔吉特的货架上就可以了。青蛙设计公司还与代工巨头伟创力(Flextronics)建立了合作关系,这样青蛙设计公司就可以从头至尾参与某个项目了,如设计电子元件、创建完工产品的"形象和感觉"、产品的交付生产等。

讨论题

1. 青蛙设计公司的活动是如何影响下面这些能力的?(1)最大限度地满足顾客的要求;(2)缩短开发周期;(3)控制开发成本。
2. 在设计阶段的早期让顾客参与进来,这样做的好处和坏处分别是什么?
3. 在开发阶段,采用计算机辅助设计或生产(CAD/CAM)和仿真照片透视图而不采用功能化模型的优缺点是什么?
4. 青蛙设计公司的方法是否只适合一部分开发项目的设计?如果是这样,它最适合哪种开发项目或者最不适合哪种开发项目?
5. 青蛙设计公司的产品开发方法对于那些负责自己生产、营销和分销的公司来说是否有效率?

11.1 概述

在许多行业,快速、高效地开发新产品的能力是促使企业成功唯一最重要的因素。在一些行业,如计算机软件和硬件、通信、汽车、家用电器等,企业超过50%的销售额通常依靠过去5年内推出的产品。尽管企业将注意力热切地集中在新产品开发上面,但是新产品开发项目的失败率仍然是令人痛苦地居高不下。根据多方面估计,超过95%的新产品开发项目未能获得经济的回报。[1] 这其中有许多项目从未完成,有许多项目在市场中挣扎。因此,有大量的研究集中在如何使新产品开发过程更高效上。本章讨论新产品开发过程的战略要素,这些要素是从总结好的和坏的新产品开发过程的经验中得来的。

我们首先将着眼于新产品开发过程的三个关键目标。这三个目标是:最大限度地满足消费者的需要、缩短开发周期和控制开发成本。然后我们将转向实现这些目标的方法,包括采纳并行开发过程、运用项目主管以及让用户和供应商参与新产品开发过程。最后我们将着眼于企业能用来提高新产品开发过程效率的一些工具,包括创建与生/杀决策点，阶段门过程，通过质量功能配置限定设计目标，通过面向制造的设计和采用 CAD/CAM 减少开发费用和开发时间，用新产品开发过程矩阵评估新产品开发过程的业绩。

11.2 新产品开发过程的目标

一个新产品要开发成功，必须同时实现三个目标：(1)最大限度地满足消费者的需要；(2)缩短开发周期；(3)控制开发成本。有时候这三个目标是相互矛盾的。

11.2.1 最大限度地满足消费者的需要

一个新产品要在市场上取得成功，必须比同它竞争的产品具有更多引人注目的特点、更好的质量和更有吸引力的价格。尽管这些条件显然很重要，但是很多新产品开发项目却未能做到。这可能是由许多原因造成的。企业可能不十分清楚产品的哪些特点对用户最有价值，将过多的资源用在开发用户并不需要的产品特点上，而没有开发出用户需要的产品特点。企业也可能过高估计了用户为产品的某些特点支付的愿望，致使企业生产出的产品集成了很多特点，但是因为价格过高而导致市场表现差强人意。企业也有可能在区分消费需求的异质性方面存在困难；如果不同的消费群体之间对产品特点有不同的需求，那么最终会导致企业生产的产品在相互冲突的产品特点之间折中，从而使产品对任何消费群体都没有吸引力。

与市场上已有的产品相比，有大量的新产品具有先进的技术特征，但是却不能满足消费者的需求，逐渐被市场抛弃。例如，较早进入个人数字助手产品市场的苹果公司的产品 Newton MessagePad，这是一款在很多方面都很有特点的产品。它采用的芯片 ARM610 RISC 具有超强的处理能力，操作系统是开放式的(软件开发人员认为操作系统应具有的特征)，苹果公司已经开放授权，鼓励其他厂家迅速广泛地采用这个操作系统，该产品的重量、大小和电池寿命均优于其他早期竞争对手。然而，Newton MessagePad 仍然尺寸过大，不适于放在口袋中，这限制了它作为掌上设备应具有的实用性。此外，许多用户认为屏幕太小不方便使用。早期的手写识别软件存在的问题也被很多人视为该产品的致命缺陷之一。

另一个是飞利浦公司试图进入电视游戏市场的例子。1989 年，飞利浦公司推出了 Compact Disc Interactive(CD-i)。该产品是 32 位的系统(这个产品比世嘉公司的 32 位的 Saturn 和索尼公司的 32 位 Playstation 还要早)，除了具有游戏机的功能外，还提供了一定数量的具有教育功能的程序和播放 CD 的功能。飞利浦过高地估计了这些产品功能对消费者的价值和消费者愿意支付的价格。CD-i 的价格是 799 美元，这个价格是任天堂和世嘉公司视频游戏系统的两倍。并且，CD-i 的操作十分复杂，一个熟练的销售代表演示该产品需要半小时。该产品没有吸引众多的消费者，最终被飞利浦公司放弃了。

11.2.2 缩短开发周期

如果一个产品从开发到进入市场的时间过长，那么即使开发出的产品非常接近用户的需求也可能失败。我们在第 5 章中讨论过，产品抢先进入市场会帮助企业建立用户对品牌的忠诚度,抢先获得稀有资产,把握用户的转换成本。如果一个公司进入市场过晚,那么它会发现消费者已经在使用其他产品了。而较早地在市场上推出产品则有更多的时间开发(或鼓励其他公司开发)提升产品价值和吸引力的配套产品。[2] 其他条件相同的情况下,早推向市场的产品比晚推向市场的产品更可能有好的基础,也更可能获得配套产品。

关于**产品开发周期**(development cycle time)的另一个重要问题与开发成本和产品生命周期有关。首先,许多开发成本与开发周期有直接的关系。当开发周期延长时,企业付给开发人员的工资和企业的资金成本都在增加。其次,一个进入技术市场比较慢的公司不太可能在该项技术被淘汰之前收回开发的固定成本。这种现象在变化较快的行业(如平均生命周期小于 12 个月的电子行业,包括个人计算机、半导体行业等)特别明显。进入市场较慢的公司会发现,当它们将产品推向市场时,市场已经转而需求基于下一代技术的产品了。最后,一个产品开发周期较短的公司能够在发现产品瑕疵或在技术升级换代时迅速地改进和升级产品;能够利用第一先动者和第二先动者的优势。

一些研究人员也指出了缩短产品开发周期和迅速将产品推向市场所存在的问题。德巴(Dhebar)指出,迅速推出产品有可能使消费者产生抵触情绪,消费者会为自己的购买行为感到后悔,因为他们刚刚购买的产品已经落伍了,他们会警惕地对待新产品以免自己购买的产品很快就因落伍而被淘汰。[3] 其他一些学者提出,快速的新产品开发可能会以牺牲质量为代价而导致推出产品的效果并不好。[4] 缩短产品开发周期使开发团队负担过重,从而使产品设计和生产工艺上的一些问题被忽视。为了满足加速产品开发的要求也常会牺牲充分的产品测试。[5] 然而,尽管存在这些风险,许多研究还是发现,在产品开发速度和新产品的商业成功之间存在很强的正相关关系。[6]

11.2.3 控制开发成本

有时一个企业强求开发出超过消费者期望的产品和过早地将产品推向市场,会意想不到地发现它们的开发成本急剧增加,以致即使市场热情地接受了它们开发的产品,它们也不可能补偿付出的成本。这突出了开发工作不仅要有效率而且要节省成本。本章的后面将讨论监控开发成本的方法。

11.3 顺序开发过程与部分并行开发过程

20 世纪 90 年代中期以前,大部分美国公司的产品开发过程是一个开发阶段结束后进行另一个开发阶段(见图 11.1(a))。在整个过程中存在许多入口(门),在每个入口(门),管理者决定开发是进行到下一阶段,还是返回到上一阶段进行修改,抑或是中止开发项目。一般来说,研发和营销提供了有关判断市场机会和概念开发阶段的全部输入信息,由研发领导产品设计,制造领导工艺设计。这里的关键是,顺序开发过程没有关于设计出的产品是否适合制造的早期预警系统。如果研发工程师未能直接与制造工程师交流,那么在产品开发阶段就会出现问题,产品设计不能满足制造要求的条件。随之而来的是项目在产品设计和工艺设计阶段之间反复,从而导致开发周期延长。[7]

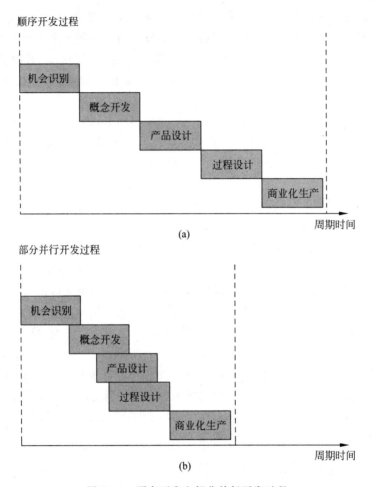

图 11.1　顺序开发和部分并行开发过程

为了缩短开发周期、避免浪费时间和在开发的各个阶段之间反复折腾，许多企业采用了**部分并行开发过程**（partly parallel development process）（有时也称作同步工程）。[8] 如图 11.1(b)所示，产品设计在概念开发阶段完成前就已经开始了，工艺设计在产品设计阶段开始后不久随之开始，使得不同阶段的工作更紧密地协调，最大限度地减少研发阶段设计的产品既难以制造、成本又高的可能性。同样也会减少产品设计在不同设计阶段之间的反复并缩短整个开发周期。

并行开发过程并不是万能的。在一些情况下，并行开发过程会增加开发过程的成本和风险。例如，如果产品设计的变化要求工艺设计的改变，会导致在产品设计结束之前重新开始工艺设计。这样的风险在快速变化和具有高度不确定性的市场中尤其高。[9] 而且当工艺设计开始后，即使产品在市场测试中显示产品设计不是最优的，管理者也不愿意更改产品设计。这些风险正好是顺序开发过程——阶段门方法（本章稍后的部分将会详细介绍）试图避免的。

11.4 项目主管

一些关于新产品开发的研究建议企业指派（或鼓励）企业中职位较高的员工推动新产品开发项目。[10] 高职位的行政人员有能力和威望去支持一个新产品开发项目并为之努力。他们使得新产品开发项目中的人力和资金分配变得容易，保证开发周期不会由于资源的限制而延长，并保证项目组有足够的动力去克服新产品开发过程中不可避免的障碍。[11] 高职位的项目也可以促进在产品开发项目团队中来自不同部门的成员之间的交流和合作。由于在压缩开发周期、使设计的产品更符合用户的要求方面需要来自不同部门的项目成员之间的交流与合作，这种方法能够提高开发过程的效能。到2001年，68%的北美企业、58%的欧洲企业和48%的日本企业采用这种方法管理新产品开发过程。[12] 下面的"理论应用"专栏将介绍一个成功利用这种方法的例子。

理论应用：Zantac 的开发过程

20世纪70年代英国的 Glaxo 控股公司是世界上最大的制药集团之一，该公司最著名的产品是婴儿食品，它当时需要一个新的主打产品来刺激销售。在审视公司研究能力的时候，Glaxo 研究实验室的主管戴维·杰克(David Jack)参加了诺贝尔奖得主詹姆斯·布莱克(James Black)的一次演讲。詹姆斯·布莱克是 SmithKline Beecham 美国实验室的研究人员。在演讲中，布莱克描述了一种治疗溃疡的新的可能的方法，这种方法通过一种名为 H2 抑制剂的化合物抑制胃肠细胞分泌酸液达到治疗的目的。杰克被激起了兴趣。溃疡是很常见的疾病，这为有效的治疗方法提供了很大的市场机会。杰克开始实验各种化合物，试图找到有效和安全的分子式。不幸的是，SmithKline Beecham 的研究人员于1977年找到了 Tagamet，在终点线上战胜了 Glaxo。Tagamet 革新了治疗溃疡的方法，销售业绩明显上升。①

虽然感到气馁，但是杰克的团队仍然继续工作。其他公司（包括 Merck 和 Eli Lilly）也在继续开发自己的治疗溃疡的药，杰克相信将新药推向市场仍能够给这些公司的市场重重的一击。那一年开发团队找到了基于 Ranitidine 的化合物（Tagamet 是基于 Cimetedine 的化合物），这种化合物实现了治疗溃疡的期望目标。然而，杰克认识到 Glaxo 要想在市场上击败 Merck 和 Eli Lilly，需要减少为期10年的药物安全验证实验以快速进入市场。为了实现这个目标，杰克提议采用并行开发过程，这是首次在制药行业采用这一方法。杰克用同时做药物安全实验的方法取代了顺序的药物安全实验的方法（从小白鼠实验到猴子实验，从短期毒性实验到长期毒性实验）。② 这个强化的产品开发过程能够减少一半开发时间——5年就可以了，但是它成本高也存在风险。如果各项工作增

---

① A. Corsig, T. Soloway, and R. Stanaro, "Glaxo Holdings PLC: Zantac," in *New Product Success Stories*, ed. R. Thomas (New York: John Wiley & Sons, Inc., 1995), pp. 242-252.

② A. Corsig, T. Soloway, and R. Stanaro, "Glaxo Holdings PLC: Zantac," in *New Product Success Stories*, ed. R. Thomas (New York: John Wiley & Sons, Inc., 1995), pp. 242-252.

加的开发成本太多,那么通过销售药物来收回成本将变得困难。

幸运的是,Glaxo 的财务总监保罗·基洛拉米(Paul Girolami)选择推动、支持这一项目。基洛拉米称公司应该为能打动人的有美好前景的药物冒一些合理的风险,"把所有的鸡蛋放在一个篮子里集中了你的心思;因为你最好确信你的篮子是一个好篮子"。① 基洛拉米不仅使公司相信为缩短开发周期而投资是值得的,他同时坚持产品必须改进,改进后的药物每日只需服用一次(Tagamet 每日需服用两次),这样产品就会比 Tagamet 有更少的副作用。这些特点会使 Zantac 成为市场上更好的产品,帮助 Glaxo 从 SmithKline Beecham 手中抢到更多的市场份额。开发过程是成功的,产品定于 1982 年推向市场。为了收回开发成本,基洛拉米采用高价策略(比 Tagamet 的价格高 1/3),对市场宣称该产品的优点源于代价高昂的开发成本。他坚持在全球的主要市场上同时推出该药物,并且与 Hoffman-LaRoche 建立分销联盟来加速产品占领美国市场。

基洛拉米的战略是成功的,在产品推出的当年年末,Zantac 一个月从 Tagamet 手中争取了 10 万名病人。1987 年年底,Zantac 的销售额超过了 Tagamet;到 1991 年,Zantac 成为世界上使用最多的处方药,也是在美国第一个实现销售额超过 10 亿美元的药物。② 后来,戴维·杰克和保罗·基洛拉米都被授予爵位,保罗·基洛拉米还被任命为 Glaxo 的主席。③

项目主管的风险

具有活力的项目方法也存在风险。一个作为项目的管理者的角色可能对项目实际价值判断不清。在产品开发过程中,乐观是非常普遍的,调查显示:在预测项目未来的现金流方面普遍存在高估的趋势。[13] 作为项目主管,乐观情绪常常达到极端的程度。项目的管理者可能会增加投资,甚至组织内部的其他人都认为项目没有什么价值的时候,或者其他因素导致项目的原始价值不复存在的时候,也不愿意取消该项目。司空见惯的情况是:由于项目主管的狂热和一意孤行而力排众议使得许多项目得以开发时,破产法庭里却挤满了许多后悔当初如此热情开发项目的公司。在开发项目上投入了很多声望和时间的项目主管会发现很难减少自己的损失,就像投资者继续拿着已经贬值的股票试图挽回自己已经受到的损失一样。虽然高级经理的权威在项目中是一项有利于得到资源和有助于协调工作的资产,但是这项权威同样也会使企业的其他成员即使在项目的期望价值已经为负的情况下也不愿挑战权威。[14]

企业也可能从项目的反对力量中得到好处,这些反对力量扮演了"魔鬼的鼓吹者"的角色。企业应该鼓励公开表达反对意见的企业文化,应该鼓励项目主管用基本的客观标准考核他们的项目而不是通过自己的个人力量。[15] "研究花絮"专栏总结了被广泛接受的关于项目主管的五个误区。

---

① C. Kennedy, "Medicine Man to the World," *Director* 46, no. 4 (1992), pp. 106-110.
② "Anti-Ulcer Drugs: Too Much Acid," *The Economist* 318, no. 7700 (1991), pp. 82-84.
③ Corsig, Soloway, and Stanaro, "Glaxo Holdings PLC: Zantac."

研究花絮：关于产品主管的五个误区

斯蒂芬·马卡姆(Stephen Markham)和琳达·艾曼—史密斯(Lynda Aiman-Smith)认为，关于产品主管有太多的误区被广泛地接受了。他们虽然相信产品主管对于新产品开发是必不可少的，但他们认为产品主管要发挥作用，必须充分理解产品主管在新产品开发中的角色。他们在理论上和经验上系统地研究了有关产品主管的文献，并找出了五个误区。

1. 有产品主管的项目在市场上成功的可能性更大。斯蒂芬·马卡姆和琳达·艾曼—史密斯总结了项目主管方面的经验数据，发现项目主管可能导致成功也可能导致失败。他们指出当项目主管能够提高项目完成的可能性时，决定市场成败的很多因素是项目主管无法控制的。[①]

2. 产品主管参与项目是因为他们更多是对项目感兴趣而不是从自我利益出发。斯蒂芬·马卡姆和琳达·艾曼—史密斯通过数据发现，项目主管更愿意支持可能对自己部门有利的项目。

3. 产品主管更愿意推动根本性创新的项目。大样本的经验证据显示项目主管支持根本性创新和连续创新的意愿是一样的。[②]

4. 产品主管更可能来自组织的高层。斯蒂芬·马卡姆和琳达·艾曼—史密斯认为有很多关于高层(或低层)的管理者更愿意做产品主管的错误说法。虽然有很多描绘优秀的高层管理者做项目主管的故事，就像有很多描绘低层管理者的项目主管积极为项目而奋斗的故事一样，经验证据显示项目主管可能是来自公司的任何级别的管理者(注意：这个研究没有显示来自不同级别的项目主管在支持项目时同样有效)。

5. 产品主管来自营销部门的可能性更大。斯蒂芬·马卡姆和琳达·艾曼—史密斯认为很多传闻都强调项目主管有营销背景，但是有190个项目主管样本的经验研究发现产品主管来自公司各个职能部门。这项研究发现，15%的项目主管来自研发部门，14%来自营销部门，7%来自生产部门，6%是总经理级别的。有趣的是，8%的项目主管是创新的潜在用户。[③]

[①] S. Markham, S. Green, and R. Basu, "Champions and Antagonists: Relationships with R&D Project Characteristics and Management," *Journal of Engineering and Technology Management* 8 (1991), pp. 217-242; S. Markham and A. Griffin, "The Breakfast of Champions: Associations between Champions and Product Development Environments, Practices, and Performance," The *Journal of Product Innovation Management* 15 (1998), pp. 436-454; and S. Markham, "Corporate Championing and Antagonism as Forms of Political Behavior: An R&D Perspective," *Organization Science* 11 (2000), pp. 429-447.

[②] Markham, "Corporate Championing and Antagonism as Forms of Political Behavior."

[③] D. Day, "Raising Radicals: Different Processes for Championing Innovative Corporate Ventures," *Organization Science* 5 (1994), pp. 148-172.

11.5 用户和供应商参与开发过程

前面提到,许多产品因为没有在价格和性能方面满足用户的需求,或者投入市场太晚而没有获得经济回报。这两个问题都可以通过用户和供应商参与产品开发过程得到解决。

11.5.1 用户参与

企业通常根据财务因素、产品水平、新产品体现的技术匹配情况,而不是根据市场标准来做决策,导致企业产品的增量升级适应企业当时行为的情况发生。[16] 经过筛选的决策应该将目标集中在新产品对于用户的优点、优越性和目标市场的增长上。[17] 用户通常最能识别新产品的最佳性能和最基本的服务需求。让用户参与实际的开发团队或参与设计产品初始版本,并鼓励用户对产品设计提出建议,可以帮助企业将开发工作集中在能更好地适应用户需求的项目上。[18]

许多企业在开发过程中通过 Beta 测试较早地得到用户的需求。Beta 版的产品是指一种提供给用户做测试和反馈的处于开发阶段的初始模型,Beta 版的产品也可以使企业在商业化生产之前向市场传递企业自身产品具有哪些特点的信息。有些公司的新产品开发过程允许顾客更多的参与,比如允许顾客"协同开发"终端产品。例如,韩国的一家在线新闻报纸公司 OhMyNews 就刊登了一些来自"市民记者"的稿子。该公司只雇用了少量的写作和编辑人员,其报纸的大部分内容是 7 万多名普通平民贡献的。对于每篇被录用的新闻稿,写作者可以获得 2 美元,如果新闻稿刊登出来后能够获得大众的普遍认可,作者还可能得到一些奖金。2009 年,该网站一天能够吸引 250 万的网页浏览量。[19]

一些研究指出,企业应该重视领先用户的需求而不是普通用户的需求。**领先用户**(lead users)是那些在同一市场中对某一产品和普通用户有相同需求,但是这种需求比普通用户需求要早几个月或者几年,并且期望从中得到较多好处的用户。[20] 根据产品开发和管理协会(Product Development & Management Association)所做的一项调查,企业宣称它们所开展的项目中有 38% 的收入是从领先用户那里获得的。如何利用领先用户的更多细节将在"理论应用"专栏讨论。

理论应用:产品概念开发的领先用户方法

欧洲建筑构件和设备制造商 Hilti 公司在开发管道悬挂系统时采用了利用领先用户的方法。这家企业首先通过电话访谈的方式识别哪些用户是领先用户(处于市场趋势的最前沿并在新方法中获得极大好处的用户)。领先用户被邀请参加一个为期 3 天的产品概念开发工作小组,这个小组的目的是开发满足用户要求的管道悬挂系统。在小组工作结束的时候会设计一个满足所有领先用户要求的悬挂系统方案。然后 Hilti 公司会把这个设计提供给 12 个普通用户(这些用户都不是领先用户,但是与 Hilti 公司有着长期的密切关系)。这 12 家用户中的 10 家都倾向于使用这个设计而不是市场上目前可以得到的解决方案,同时它们也愿意付出比市场上同类产品高出 20% 的价格购买这个产品。不仅这个项目是成功的,而且领先用户方法比企业过去使用的通过市场调研的产品开发方法更快、费用更低。Hilti 公司过去使用的产品开发方法通常需要 16 个月,费用是 10 万美元,但是领先用户方法只需要 9 个月,费用为 51 万美元。

资料来源：C. Herstatt and E. von Hippel,"Developing New Product Concepts via the Lead User Method: A Case Study in a Low-Tech Field," *Journal of Product Innovation Management* 9(1992), pp. 213-221.

11.5.2 供应商参与

在新产品开发过程中,供应商参与和用户参与背后的逻辑基本是一样的。通过利用供应商的知识,企业可以扩展它的信息资源。供应商可以成为产品开发团队的成员或者充当联盟伙伴中顾问的角色。在任何一个案例中,供应商都能在改进产品和提高开发效率方面贡献想法。例如,一个供应商或许能够提供另一种实现同样功能的方案而成本更低。另外,通过与供应商的协作,管理者能够确信只要及时满足各种条件就可以对产品进行迅速的改进,使开发时间最小化。[21] 大量研究都支持这个结论,许多企业通过引入愿意合作的供应商参与产品开发工作,用更少的时间、更低的成本拿出了更高质量的产品。[22] 例如,克莱斯勒公司从 1989 年开始把供应商数量从 2 500 家削减到 1 140 家,这 1 140 家供应商获得了长期的合同并参与克莱斯勒公司的汽车设计工作。克莱斯勒公司提出了 SCORE(Supplier Cost Reduction Effort)动议,鼓励供应商在产品开发过程中提出节约成本的建议。到 1998 年年底共节约了 25 亿美元。

波音公司的 777 开发团队有用户参与和供应商参与开发工作;他们(包括工程师、飞行员、乘客)与波音的工程师一同工作确保设计出的飞机具有最好的性能和舒适性。波音还邀请通用电气和其他的供应商参加项目团队,这样飞机的发动机和机身能够同时设计得具有最大的适应性。

11.5.3 众包

公司还能够通过众包的方式将创新项目向社会开放,在诸如 InnoCentive、Yet2、TopCoder 等众包平台上发布问题并奖励解决问题的参与者。参与众包问题解决中的个体往往是为了寻求成就感、自我挑战和社会声誉,而并非为了赚取高额奖励。例如,本杰瑞(Ben & Jerry's)邀请消费者参与设计新口味的冰激凌,最佳口味的提交者将有机会前往多米尼加共和国享受农场参观之旅。同样,LG 利用众包开发新款手机,奖金为 2 万美元。

11.6 改进新产品开发过程的工具

一些用来改进开发过程最著名的工具包括阶段门法、质量功能配置(质量屋法)、面向制造的设计和计算机辅助设计/计算机辅助制造法等。采用有用的工具能够极大地加速新产品开发过程和提高产品对于用户需求的适用性。

11.6.1 阶段门法

如上节所讨论的,增加投资有可能导致管理者在预期的价值变为负的很久后还支持该项目,并且推进坏项目的成本非常高。为了避免这些,许多管理者和研究人员建议在产品开发过程中使用**生/杀决策点**(go/kill decision points)工具。体现生/杀决策点最广为人知的开发模型是罗伯特·G.库伯(Robert G. Cooper)发展的阶段门法。[23] 阶段门法为推进项目通过不同开发阶段提供了一幅蓝图。图11.2展示了一个典型的阶段门过程。

```
发现:想法征集
  入口1:构思筛选
阶段1:范围
  利用易得的信息逐渐缩小可选方案的范围,简短而初步的筛选
  入口2:想法是否值得实施调查
阶段2:建立商业案例
  更细节的调研以完善商业案例(包含市场和技术方面的):产品的定位与定义、评价提案及提案的详细规划
  入口3:商业案例是否合理?
阶段3:开发
  产品设计、研发和测试,以及为大规模生产和产品上市制订的计划
  入口4:项目是否应该做外部测试?
阶段4:测试和修正
  对新产品的测试,对生产线的测试,对营销方案的调研,同时布置生命周期计划
  入口5:产品是否为商业化做好准备
阶段5:投放市场
  全面生产、市场投放、开始销售
事后评估
  对计划我们是怎么做的?我们学到了什么?
```

图11.2 典型的阶段门过程:从想法到投放市场

资料来源:R. G. Cooper, "Stage-Gate Idea to Launch System," *Wiley International Encyclopedia of Marketing:Product Innovation & Management* 5,B. L. Bayus (ed.),(West Sussex UK:Wiley,2011).

在每个阶段,由一个跨部门人员组成的团队(由项目团队的领导者领导)承担平行进行的设计活动来降低开发项目的风险。在过程的每个阶段,团队需要收集重要的技术、市场和财务信息应用到项目采纳(生)、终止(杀)、保持或者回头重来的决策中。

在阶段1,团队进行迅速的调查和形成项目的概念。在阶段2,团队建立一个商业案例,它包括明确的产品、商业的论证以及下一步行动的详细计划。在阶段3,团队开始真正的产品设计并开发,包括勾画出制造过程、市场投放和运作计划。在这个阶段,团队还会确定下个阶段应用的测试计划。在阶段4,团队为计划的新产品实施确认和修正过程,并制订营销和生产计划。在阶段5,产品准备投放市场、进行大规模商业化的生产并开始销售。[24]

前述的每个阶段都是一个生/杀的入口(门)。这些入口(门)用来控制项目的质量并且确保项目以一种经济有效的方式实施。入口(门)作为漏斗来去除不适当的项目。每个入口(门)有三个组成部分:一套被要求的交付标的物(这些是前面阶段的结果和门径评价的输入),判断的准则(这些是用来做出通过/否决决定的问题或衡量标准)和产出(这些是门径评价过程的结果,并且可能包括采纳、终止、保持或者回头重来的决策;产出也应该包括下一步日程和交付标的物的行动计划)。

因为一个开发项目的每个阶段的成本都比前一个阶段的成本高得多,因此,将开发过程分解成阶段可以把开发投资解析成一系列递增的投资约束。当不确定性减少时再增加费用。图11.3显示了在制造业产业中一个特定开发过程每个阶段不断增加的成本和周期。

阶 段	时间	纲用(美元)
0. 有一个想法		
1. 简单构思和概略	1周	100
2. 实施前期研究	2周	1 000
3. 设计和定义规范	1个月	10 000
4A. 开发模型和测试		
4B. 市场研究		
4C. 战略适合评价和NPV风险分析	2个月	100 000
5A. 按比例增加和建造实验厂		
5B. 市场测试	8个月	1 000 000
6A. 建造工厂		
6B. 宣传,投放市场和营销	16个月	10 000 000

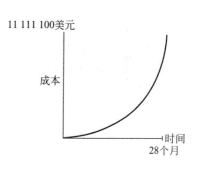

图 11.3 每步骤的开发时间和成本增加

资料来源:From Frederick D. Buggie, "Set the 'Fuzzy Front End' in Concrete," *Research Technology Management*, vol. 45, no. 4, July-August 2002. Reprinted with permission of Industrial Research Institute.

许多公司对阶段门法进行修改,以更明确地适合公司或者产业的需要。例如,当埃克森(Exxon)的管理者强烈地提倡应用阶段门法来跟踪和管理开发项目时,他们也感觉到标准的5阶段体系不能恰当地表达该公司的需要,该公司的基础研究是产生创新的基本组成部分。埃克森的管理者创造了自己的扩展的阶段门体系,包括指导性的基础研究。相应的阶段门体系包括两个基础研究阶段(图11.4中阶段A和阶段B)和5个应用研究与开发阶段。在阶段A,公司识别潜在的商业机会和一个预想技术的竞争优势。公司随即开发一个基础研究项目,以便明确科学的交付标的物、得到这些标的物的方法和所需的资源。在阶段B,埃克森的研究部门开始实施阶段A开发的项目,应用科学方法为选择商业机会产生指导原则。阶段1识别最好的线索,应用原理图评价来确定该线索是否可行。[25]阶段2到阶段5则依照一个典型的阶段门法进行。

根据产品开发和管理协会的研究,几乎60%的美国公司(包括IBM、宝洁、3M、通用

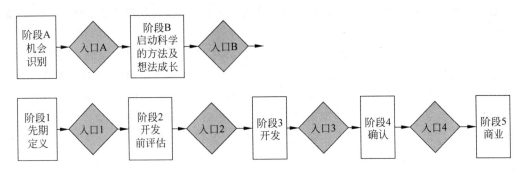

图 11.4 埃克森研究和工程的阶段门体系

汽车和康宁)应用某些类型的阶段门法来管理其新产品开发过程。康宁已经强制性地将其应用于所有的信息系统开发过程,并且康宁的管理者们相信利用该方法能更好地评估所有待考虑项目的潜在回报。他们也表示阶段门法缩短了开发时间,使他们能识别应该被终止的项目和增加产生商业化项目的内部开发产品的比例。[26]

11.6.2 质量功能配置(QFD)——质量屋

作为一个在工程、营销和制造人员之间增强沟通和协调的全面过程,QFD 是在日本发展起来的。[27] 为了达到这个目的,管理人员在一个非常结构化的模式下完成问题解决的过程。QFD 的组织框架是质量屋(见图 11.5)。质量屋是一个描绘了客户需求和产品属性的矩阵。这个矩阵可以通过下面一系列步骤完成。

	工程属性	重要程度	车门重量	车门铰链的刚度	车门密封的紧密性	车窗密封的紧密性	竞争品A	竞争品B	新设计的评价
客户需求	容易开关	15	9	3			7	4	
	在斜坡上能够保持开放	10	3	9			6	7	
	不会漏雨	35			9	9	7	6	
	隔离路上的噪声	20	1		9	9	4	7	
	在碰撞事故中保护乘客	20	9				4	7	
	每个工程属性的相对重要性		365	135	495	495			
	设计目标								

图 11.5 车门质量功能配置——质量屋

(1)团队首先必须识别客户需求。在图 11.5 中,市场研究已经识别了客户对于一个轿车车门最为重视的五个属性:容易开关;在斜坡上能够保持打得开;不会漏雨;隔离路上的噪声；在碰撞事故中保护乘客。

（2）团队从客户的角度根据这些属性的相对重要性权衡客户的需要。这些信息可以从集中的小组讨论会或与客户的直接交流中获得。权重通常按照百分比输入，所以一列的和是百分之百。

（3）团队识别驱动产品性能的工程属性——在本例中为轿车车门。在图11.5中，四个属性是重要的：车门的重量，车门铰链的刚度（不易弯曲的铰链能够帮助车门在斜坡上正常开关），车门密封的紧密性，车窗密封的紧密性。

（4）团队在不同的工程属性之间加入相关性来评价一个属性可能正向或负向影响另外一个属性的程度。相关性被加入表格峰顶的矩阵。在本例中，车门重量和铰链刚度之间的负向标记表示一个重的车门减小铰链的刚度。

（5）团队填满中央矩阵的主体部分。矩阵中的每个单元表示工程属性和客户需要之间的关系。一个数字（在这个例子中，1、3或9）放置在每排（客户需要）和每列（工程属性）交叉点上的单元中，代表了彼此之间关系的强度，1代表了弱的关系，3代表了中等程度的关系，9代表了很强的关系。如果没有关系，单元是空白的。

（6）团队将客户需要的每个属性的重要性程度及其与工程属性的关系相乘（1、3或9）。然后将这些数字以每列加总起来，生成每个工程属性相对重要性的和。例如，铰链的强度会影响门的易开性以及在山坡上的门是否能够保持闭合。因此，为了计算铰链强度的相对重要性，团队会将客户需要的门易开性的重要性程度乘以其与铰链强度的关系（15×3＝45），然后将客户需要的门在山坡上的闭合性的重要性程度乘以其与铰链强度的关系（10×9＝90），再将这两个值加起来就得到了铰链强度这一属性相对重要性的和（45＋90＝135）。综合图中结果，可以知道，门窗的密封性是最重要的工程属性，其次是门的重量。

（7）团队评估竞争程度。对于每个客户需求以1～7的数列（1代表客户需求没有关注，7代表需要完全被满足）评估竞争的产品。这些分数放进质量屋右边相应的方格中。

（8）应用每个工程属性的相对重要性程度和每个竞争产品的分数（来自第7步），团队确定每个项目需求的目标价值（如车门的理想重量）。

（9）团队评价基于第8步设计目标创造的新项目。团队评价每个客户需求被满足的程度，在质量屋最右边列输入1～7，可以将新项目与竞争产品的分数相比较。

质量屋的巨大作用是提供了一个通用语言和框架，以方便项目团队的成员相互交流。它使产品属性和客户需求之间的关系非常清晰。它注重设计的协调，重视公司现存产品的竞争缺陷，并且帮助识别采取什么步骤来改进。质量屋可以用于不同的情况，如制造、建设、公共服务和教学课程设计。[28] QFD的支持者认为，它的一个最有价值的特性是对于跨部门沟通的积极影响，并进而对于研发周期时间和产品/客户之间的调和发挥积极作用。[29]

11.6.3 面向制造的设计

另外一个推动设计和制造结合，并且尽早将可制造性带入设计过程的方法是采用面向制造的设计方法（DFM）。与QFD一样，DFM仅仅是一个结构化新产品开发过程的方法。这种方法经常包括一系列清晰的设计标准。表11.1总结了一组常用的设计标准，以及它们对于性能的预期影响。

表 11.1 装配式产品的设计标准

设 计 标 准	对性能的影响
最小化部件的数量	简单装配;减少直接人工;减少处理材料和存货成本;提高产品质量
最小化部件种类的数量(在产品家族中采用通用的部件)	减少处理材料和存货成本;提高规模经济(通过通用性提高产量)
消除调整	减少装配错误(提高质量);可以自动化;增加产量和生产能力
消除扣件	简单装配(提高质量);减少直接人工;减少噪声;提高耐用性;可以自动化
消除夹具和固定装置	减少生产线的改变;降低投资需求

资料来源: Adapted from Schilling, M. A. and Hill, C. W. L., 1998. "Managing the New Product Development Process," *Academy of Management Executive*, vol. 12, no. 3, pp. 67-81.

如表 11.1 所示,这些设计标准的目的是通过确保产品设计很容易被制造出来而明显地降低成本和提高产品质量。产品越容易制造,所需的装配步骤越少,人工产量越高,则单位成本就会越低。DEKA 研究强调将制造及早带入设计,因为就像奠基人迪安·卡门(Dean Kamen)所指出的"发明最终得不到的或者太昂贵的东西是没有意义的"。[30] 另外,设计容易制造的产品将在装配过程中减少制造错误的可能性,产生高的产品质量。

采用 DFM 标准的好处是引人注目的。在设计过程的早期阶段就考虑制造问题能够缩短开发周期。另外,通过降低成本和提高产品质量,DFM 能够增强产品对于客户需求的匹配性。例如,当 NCR 应用 DFM 技巧来重新设计电子收银机时,它缩短了装配时间——只有原来的 75%,减少了所需的部件——只有原来的 85%,利用了更少的供应商——只有原来的 65%,并且减少了直接的人工时间——只有原来的 75%。[31]

11.6.4 故障模式与效果分析

故障模式与效果分析(FMEA)是企业用来识别系统中的潜在故障,并根据它们的严重程度加以区分,然后制订计划以避免故障发生的方法。[32] 首先,要识别潜在的故障模式。例如,一家开发商用客机的公司可能会考虑诸如"起落架无法下落"或者"通信系统受到干扰"等故障模式;一家开发豪华旅馆的公司可能会考虑诸如"无法进行房间预订"或者"客房服务员向顾客提供的服务较差"等故障模式。其次,以三个标准对这些潜在的故障模式进行评估,识别可能存在的风险:严重性、发生的可能性及其隐藏性。先对每一个标准进行打分(比如 1 代表最低的风险,5 代表最高的风险),然后将这三个标准的分数相乘就可以得到每个故障模式的复合风险率(即复合风险率=严重性×发生的可能性×隐藏性)。最后,公司可以将所有的潜在故障模式进行排序,并专门应对那些复合风险率较高的潜在故障模式。这样一来,公司最先关注的就不再是那些仅仅会带来严重后果的故障模式了,公司最先关注的可能是那些危害性不大,但发生的可能性较大且难以识别的故障模式。

FMEA 是美国军方于 20 世纪 40 年代首次提出的,最初主要是用在那些可能会带来严重后果的开发项目上。例如,FMEA 被广泛应用于把人类送往月球的阿波罗空间项目

(Apollo Space Program),福特在 Pinto 车型上付出了很大代价以后,也采纳了 FMEA(Pinto 油箱所处的位置使其非常容易受到碰撞,这样就会导致汽车失火甚至烧死人。为此,福特付出了巨额的赔偿金,最后不得不召回 Pinto 车型并对其油箱进行改进)。[33] 很快,FMEA 就被企业广泛采用了,其中包括制造业、服务业和医疗卫生行业的企业。最近,一项针对 FMEA 的研究发现,企业在其所进行的 40% 的项目中会采用 FMEA。[34]

11.6.5 计算机辅助设计和计算机辅助制造

计算机辅助设计(CAD)是应用计算机来绘制和测试产品设计。计算机技术的快速进步已经使低价格和高性能的制图工作站得到了发展。应用这些工作站,现在有可能完成以前只有大型计算机才能做的工作:构造一个三维的产品或部件工作图。这使得产品模型能够在虚拟的现实中被开发和测试。工程师通过操作三维模型迅速地调整模型的属性,从而可以对比不同产品设计的属性。就像在下面的"理论应用"专栏中说明的,消除建立实物模型的需要能够缩短开发周期和降低成本。可视化工具和 3D 软件甚至允许非工程专业的客户浏览并对设计和材料做较小的修改。

理论应用:美洲杯赛艇的计算机辅助设计

新西兰团队在设计团队用于参加 1995 年美洲杯的赛艇时发现了应用复杂计算机辅助设计技术的优势。团队传统上依靠开发赛艇的小型模型,并且在小水池中测试模型。可是,这样的模型要花费数月的时间来制作和测试,并且每个模型的成本是 5 万美元。这极大地限制了团队能够考虑的设计选择的数量。而应用计算机辅助设计技术,团队可以更快、更廉价地考虑许多设计参数。一旦基础设计程序化,设计上的变化能够用很少的时间和成本试行,能够在设计的协调上投入更多的精力。计算机辅助设计也避免了扩大模型的一些内在问题(不同于与原物一样大小的赛艇,尺寸缩小的赛艇模型的一些特性将会影响水的流动,导致模型测试产生不精确的结果)。团队将仍然制造模型,但仅在应用计算机辅助设计方法考虑一个很宽泛的设计选择范围之后。就像设计团队成员所提到的,"我们不依赖少数几次大的设计更改,我们有能力不断地设计、测试和改进我们的想法,团队对于设计问题经常开展正式的讨论,在啤酒杯垫的背面绘制一些草图,并且要求我们进行一些计算。应用传统设计方法时,为了结果将痛苦地等待几个月,并且到那时,我们的想法将发展和改变,之前试验的原因有可能已经忘记了"。

资料来源:M. Iansiti and A. MacCormack,"Team New Zealand," Harvard Business School case no. 9-697-040,1997.

计算机辅助制造(CAM)是机械控制过程在制造中的实施。计算机辅助制造比传统制造快速且更加灵活。[35] 计算机能够自动操作不同产品属性的改变,并且在制造过程中能产生更多的品种和定制产品。

计算机辅助制造的最新化身是 3D 打印,它通过在计算机辅助设计软件中进行设计,然后基于设计模型通过一层层地水平铺设材料不断打印直至模型完成。不同于花费数天的传统构建模型的方法,3D 打印只需要短短几个小时就能完成。截至 2011 年,3D 打印已被应用于珠宝设计、固态电池制造,甚至超音速飞机的起落架装置。[36] 生物科技公司甚至试图利用3D打印技术生产人造器官,通过在胶质培养皿中铺一层层活细胞实现。[37] 这一方法正在快速取代注模法来生产那些生产规模不大的产品。

11.7 测评新产品开发成效的工具

许多公司用多种矩阵来测评新产品开发过程的成效。除了对一个特定的新产品提供反馈外,这样的绩效测评还帮助公司提高其创新战略和开发过程。例如,评价其新产品开发过程的成效可以就公司应该聚焦于什么样的核心竞争力、项目怎样选择、是否应该寻找合作伙伴、应该怎样管理开发团队等提供创见。

理论应用:微软的事后检查

在微软公司,几乎所有的项目都要接受事后的讨论或书面的事后汇报,以确保公司从每个开发经历中学习。这些事后检查多半是公正的和十分重要的。就像一名微软的管理者所提到的,"文件的目的是鞭策你自己向上。"另外一名微软管理者提到,微软文化的一部分就是严于律己和永远不满足把事情做得"一般好"。一个团队将花3～6个月的时间将事后评价文件集中,这些文件的数量可能不到10页,也可能足有100多页。这些事后汇报描述开发活动和团队,提供关于软件大小(例如,代码的行数)和质量(例如,缺陷的数量)的数据,什么做得好、什么做得不好的评价,团队应该做什么来促进下一个项目等问题。这些报告通过组织分发给团队成员和高级主管。

资料来源:M. A. Cusumano and R. W. Selly, Microsoft Secrets (New York:Free Press,1995).

对于不同的公司,应用的矩阵和时间选择都是十分不同的。在Goldense和Gilmore的调查中,45%的公司称自己会做定期的阶段回顾(例如,每月的或每周的)和在规定的里程碑阶段回顾(例如,在产品定义后、在过程设计后、投放市场后,等等)。[38] 例如,微软利用事后调查分析来测评新产品的开发成效,就像在案例中所描述的。成功的新产品开发过程的测评能够帮助管理:

- 识别哪个项目达到了目标和原因;
- 相对于竞争对手或者组织本身以前的成效,按照指定标准检测组织的成效;
- 改进资源分配和员工薪酬;
- 改进未来创新的战略。[39]

采用多重测评方法是重要的,因为应用单一的测评方法,对于一个公司的开发过程和它的整体创新业绩可能不会给予公平的描述。同样,公司的发展战略、产业和其他环境的境况在阐明测评和解释结果时也必须予以考虑。例如,一家公司的能力或目标能够支持突破项目的开发,但很可能在推出产品上经历很长时间,并且在周期时间或项目投放市场5年内销售份额等方面的测评上得到较低的分数,但是它在战略上是成功的。相反,一家公司迅速生产出新一代的产品,在这样的测评上可能得到高分,尽管发现资源税太重或者项目预算太高。另外,不同产业和项目类型的新产品开发的成功率差异很大。一些作者争论说,即使公司有极好的新产品开发过程,也不应该期望对于所有的新产品投放市场有超过65%的成功率。[40]

11.7.1 新产品开发过程矩阵

许多公司应用大量的方法来测评开发过程的效率。这些测评方法考察公司成功引导项目通过开发过程能力的不同方面。为了应用这些方法,最重要的是首先确定一个测评方法应用的限定阶段,以得到关于公司目前成效的准确的见解;这也使管理者计算答案变得容易。于是可以问下列问题:

(1) 开发项目的平均周期时间(到市场)是多少?这个周期时间对于具有不同的特性的项目,例如突破、平台或者衍生性项目有怎样的不同?

(2) 过去5年内开发的项目中,有多少达到了为所有或大部分项目设定的期限?

(3) 过去5年内开发的项目中,有多少没有超出预算?

(4) 过去5年内开发的项目中,有多少得到了完成的产品?

11.7.2 整体创新业绩

公司也应用多种方法来评价它们的整体创新业绩。这些方法给那些自吹通过新产品开发达到领先位置的公司提供了一个整体的视角。这些测评包括:

(1) 公司在创新上的回报是什么?(这个测评评价公司来自新产品的所有利润对于它的所有成本的比率,成本包括研发费用、重新购置机械和设备安装费用,以及最初的商业化和营销费用)

(2) 项目达到销售目标的比例是多少?

(3) 过去5年内产品开发产生收入的份额是多少?

(4) 公司成功项目在整个项目组合中所占份额是多少?

11.8 本章小结

1. 成功的新产品开发需要同时达到三个目标:最大限度地满足消费者的需要、缩短开发周期和控制开发成本。

2. 许多公司采用并行开发过程来缩短开发周期和加强研发、营销和制造功能之间的协调。

3. 许多公司开始应用项目主管来帮助确保一个项目的动力和增加接近关键资源的机会。应用产品主管也有危险,包括逐步提高承诺和组织中的其他人不愿意对该项目提出挑战。

4. 在开发过程中客户的参与能够帮助公司确保自己的新产品符合客户的需要。特别是研究显示,领先用户能够帮助公司理解什么需要对于用户是最重要的,帮助公司识别它的优先开发次序。在开发过程中,领先用户参与也比随机取样的客户参与更迅速、更廉价。

5. 许多公司应用Beta测试来获得客户反馈意见,利用外部的产品开发力量,并且就公司即将上市的产品向市场发出信号。

6. 公司还可以在开发过程中让供应商参与，以帮助最小化新产品设计的投入成本，提高输入信息的质量和及时性。

7. 阶段门法为指导公司通过新产品开发过程提供了一幅蓝图，提供了一系列生/杀的门径，在此处公司必须决定项目是否应该继续以及应该怎样优先考虑它的活动。

8. 质量功能配置能够用来提高开发团队对于客户需求和设计属性之间关系的理解。它还是一个在产品开发过程中促进不同部门沟通的工具。

9. 企业可以应用故障模式和效果分析对现有的研发项目进行排序，这样可以降低那些会最大限度地影响产品或流程的质量、可靠性和安全性的故障发生的可能性。

10. 面向制造的设计和计算机辅助设计/计算机辅助制造是开发团队用来缩短开发周期、提高产品质量和控制开发成本的辅助工具。

11. 公司应该应用测评新产品开发效率和整体创新业绩的多种方法，以识别改善新产品开发过程和资源分配的机会。

术语表

产品开发周期（development cycle time）：从产品开发立项到产品上市所经历的时间，一般用月或年度量。

部分并行开发过程（partly parallel development process）：开发的各个行为至少部分重叠的开发过程。也就是说，假如 A 是在 B 之前的行为，在部分并行开发过程中，B 在 A 结束之前就开始了。

领先用户（lead users）：领先用户在同一市场中对某一产品和其他用户有相同的需求，但是会比市场中的其他用户早几个月或几年消费该产品并且期望通过消费得到较多的好处。

生/杀决策点（go/kill decision points）：在开发过程中的入口（门），在此处管理者必须评价是应该采纳还是终止项目。

讨论题

1. 平行开发过程的优势和劣势是什么？一家尝试采用平行开发过程的公司可能遇到什么障碍？

2. 思考一个你在工作中或学校做过的集体项目。你的集体应用最多的是连续的过程还是并行的过程？

3. 举例说出一些产业，其平行开发过程是不可能的或无效的。

4. 哪类人能成为好的项目主管？企业怎样确保自己在得到产品主管的好处的同时最小化风险？

5. 阶段门法与建议公司采用并行过程相一致吗？你认为应用阶段门法将对开发周期和开发成本产生什么样的影响？

6. 让客户和供应商参与开发过程的好处和代价是什么？

补充阅读建议

经典著作

Clark, K. B., and S. C. Wheelwright, *Managing New Product and Process Development* (New York: Free Press, 1993).

Cooper, R., and E. J. Kleinschmidt, "New product processes at leading industrial firms," *Industrial-Marketing-Management* 20, no. 2 (1991), pp. 137-148.

Griffin, A., and J. R. Hauser, "Patterns of communication among marketing, engineering and manufacturing," *Management Science* 38 (1992), pp. 360-373; and Kahn, K. B. *The PDMA Handbook of New Product Development* (2005), Hoboken, NJ: John Wiley & Sons.

近期著作

Carnevalli, J. A., and P. C. Miguel, "Review, analysis and classification of the literature on QFD—Types of research, difficulties and benefits," *International Journal of Production Economics* 114 (2008), pp. 737-754.

Gattiker, T. F., and C. R. Carter, "Understanding project champions' ability to gain intra-organizational commitment for environmental projects," *Journal of Operations Management* 28 (2010), pp. 72-85.

Kuczmarski, T. D., "Measuring your return on innovation," *Marketing Management* 9, no. 1 (2000), pp. 24-32.

Loch, C., and S. Kavadias, *Handbook of New Product Development Management*. (Oxford, UK: Elsevier Ltd., 2008).

Markham, S., "Corporate championing and antagonism as forms of political behavior: An R&D perspective," *Organization Science* 11 (2000), pp. 429-447.

Song, M., and J. Noh, "Best new product development and management practices in the Korean high-tech industry," *Industrial Marketing Management* 35 (2006), pp. 262-278.

von Hippel, E., S. Thomke, and M. Sonnack, "Creating breakthroughs at 3M," *Harvard Business Review* 77, no. 5 (1999), pp. 47-57.

尾注

1. E. Berggren and T. Nacher, "Introducing New Products Can Be Hazardous to Your Company: Use the Right New-Solutions Delivery Tools," *Academy of Management Executive* 15, no. 3

(2001), pp. 92-101.

2. M. A. Schilling, "Technological Lockout: An Integrative Model of the Economic and Strategic Factors Driving Success and Failure," *Academy of Management Review* 23 (1998), pp. 267-284; and W. B. Arthur, *Increasing Returns and Path Dependence in the Economy* (Ann Arbor: University of Michigan Press, 1994).

3. A. Dhebar, "Speeding High-Tech Producer, Meet Balking Consumer," *Sloan Management Review*, Winter 1996, pp. 37-49.

4. M. C. Crawford, "The Hidden Costs of Accelerated Product Development," *Journal of Product Innovation Management* 9, no. 3 (1992), pp. 188-200.

5. G. Pacheco-de-Almeida and P. Zemsky, "The Creation and Sustainability of Competitive Advantage: Resource Accumulation with Time Compression Diseconomies," mimeo, Stern School of Business, 2003.

6. E. J. Nijssen, A. R. Arbouw, and H. R. Commandeur, "Accelerating New Product Development: A Preliminary Empirical Test of a Hierarchy of Implementation," *Journal of Product Innovation Management* 12 (1995), pp. 99-104; R. W. Schmenner, "The Merits of Making Things Fast," *Sloan Management Review*, Fall 1988, pp. 11-17; A. Ali, R. Krapfel, and D. LaBahn, "Product Innovativeness and Entry Strategy: Impact on Cycle Time and Break-Even Time," *Journal of Product Innovation Management* 12 (1995), pp. 54-69; and R. Rothwell, "Successful Industrial Innovation: Critical Factors for the 1990s," *R&D Management* 22, no. 3 (1992), pp. 221-239.

7. A. Griffin, "Evaluating QFD's Use in US Firms as a Process for Developing Products," *Journal of Product Innovation Management* 9 (1992), pp. 171-187; and C. H. Kimzey, *Summary of the Task Force Workshop on Industrial-Based Initiatives* (Washington, DC: Office of the Assistant Secretary of Defense, Production and Logistics, 1987).

8. A. De Meyer and B. Van Hooland, "The Contribution of Manufacturing to Shortening Design Cycle Times," *R&D Management* 20, no. 3 (1990), pp. 229-239; R. Hayes, S. G. Wheelwright, and K. B. Clark, *Dynamic Manufacturing* (New York: Free Press, 1988); R. G. Cooper, "The New Product Process: A Decision Guide for Managers," *Journal of Marketing Management* 3 (1988), pp. 238-255; and H. Takeuchi and I. Nonaka, "The New Product Development Game," *Harvard Business Review*, January-February 1986, pp. 137-146.

9. K. Eisenhardt and B. N. Tabrizi, "Accelerating Adaptive Processes: Product Innovation in the Global Computer Industry," *Administrative Science Quarterly* 40 (1995), pp. 84-110; and C. Terwiesch and C. H. Loch, "Measuring the Effectiveness of Overlapping Development Activities," *Management Science* 45 (1999), pp. 455-465.

10. B. J. Zirger and M. A. Maidique, "A Model of New Product Development: An Empirical Test," *Management Science* 36 (1990), pp. 867-883; R. Rothwell, C. Freeman, A. Horley, P. Jervis, A. B. Robertson, and J. Townsend, "SAPPHO Updates—Project SAPPHO, PHASE II," *Research Policy* 3 (1974), pp. 258-291; A. H. Rubenstein, A. K. Chakrabarti, R. D. O'Keffe, W. E. Souder, and H. C. Young, "Factors Influencing Innovation Success at the Project Level," *Research Management*, May 1976, pp. 15-20; F. A. Johne and P. A. Snelson, "Product Development Approaches in Established Firms," *Industrial Marketing Management* 18 (1989), pp. 113-124; and Y. Wind and V. Mahajan, "New Product Development Process: A Perspective for Reexamination," *Journal of Product Innovation Management* 5 (1988), pp. 304-310.

11. T. F. Gattiker and C. R. Carter, "Understanding project champions' ability to gain intra-organizational commitment for environmental projects," *Journal of Operations Management* 28 (2010), pp. 72-85.
12. E. Roberts, "Benchmarking Global Strategic Management of Technology," *Research Technology Management*, March-April 2001, pp. 25-36.
13. E. Rudden, "The Misuse of a Sound Investment Tool," *Wall Street Journal*, November 1, 1982.
14. M. Devaney, "Risk, Commitment, and Project Abandonment," *Journal of Business Ethics* 10, no. 2 (1991), pp. 157-160.
15. Devaney, "Risk, Commitment, and Project Abandonment."
16. F. A. Johne and P. A. Snelson, "Success Factors in Product Innovation," *Journal of Product Innovation Management* 5 (1988), pp. 114-128; and F. W. Gluck and R. N. Foster, "Managing Technological Change: A Box of Cigars for Brad," *Harvard Business Review* 53 (1975), pp. 139-150.
17. R. G. Cooper, "Selecting Winning New Product Projects: Using the NewProd System," *Journal of Product Innovation Management* 2 (1985), pp. 34-44.
18. J. E. Butler, "Theories of Technological Innovation as Useful Tools for Corporate Strategy," *Strategic Management Journal* 9 (1988), pp. 15-29.
19. E. Woyke, "The Struggles of OhMyNews," *Forbes*, March 30, 2009.
20. C. Herstatt and E. von Hippel, "Developing New Product Concepts via the Lead User Method: A Case Study in a Low-Tech Field," *Journal of Product Innovation Management* 9 (1992), pp. 213-221.
21. Asmus and Griffin found that firms that integrate their suppliers with engineering, manufacturing, and purchasing gain cost reductions, shortened lead times, lowered development risks, and tightened development cycles. D. Asmus and J. Griffin, "Harnessing the Power of Your Suppliers," *McKinsey Quarterly*, no. 3 (1993), pp. 63-79. Additionally, Bonaccorsi and Lipparini found that strategic alliances with suppliers lead to shorter product development cycles and better products, particularly in rapidly changing markets. A. Bonaccorsi and A. Lipparini, "Strategic Partnership in New Product Development: An Italian Case Study," *Journal of Product Innovation Management* 11, no. 2 (1994), pp. 134-146.
22. L. Birou and S. Fawcett, "Supplier Involvement in New Product Development: A Comparison of US and European Practices," *Journal of Physical Distribution and Logistics Management* 24, no. 5 (1994), pp. 4-15; and A. Ansari and B. Modarress, "Quality Function Deployment: The Role of Suppliers," *International Journal of Purchasing and Materials Management* 30, no. 4 (1994), pp. 28-36.
23. R. Cooper and E. J. Kleinschmidt, "New Product Processes at Leading Industrial Firms," *Industrial-Marketing-Management* 20, no. 2 (1991), pp. 137-148; and R. G. Cooper, "Doing It Right," *Ivey Business Journal* 64, no. 6 (2000), pp. 54-61; and R. G. Cooper, "Stage-Gate Idea to Launch System," *Wiley International Encyclopedia of Marketing: Product Innovation & Management* 5, B. L. Bayus (ed.), (West Sussex UK: Wiley, 2011).
24. R. G. Cooper, "Stage-Gate Idea to Launch System," *Wiley International Encyclopedia of Marketing: Product Innovation & Management* 5, B. L. Bayus (ed.), (West Sussex UK: Wiley, 2011).
25. L. Y. Coyeh, P. W. Kamienski, and R. L. Espino, "Gate System Focuses on Industrial Basic

Research," *Research Technology Management* 41, no. 4 (1998), pp. 34-37.

26. A. LaPlante and A. E. Alter, "Corning, Inc: The Stage-Gate Innovation Process," *Computerworld* 28, no. 44 (1994), p. 81.

27. J. J. Cristiano, J. K. Liker, and C. C. White, "Key Factors in the Successful Application of Quality Function Deployment (QFD)," *IEEE Transactions on Engineering Management* 48, no. 1 (2001), p. 81.

28. I. Bier, "Using QFD to Construct a Higher Education Curriculum," *Quality Progress* 34, no. 4 (2001), pp. 64-69; N. Eldin, "A Promising Planning Tool: Quality Function Deployment," *Cost Engineering* 44, no. 3 (2002), pp. 28-38; and W. J. Selen and J. Schepers, "Design of Quality Service Systems in the Public Sector: Use of Quality Function Deployment in Police Services," *Total Quality Management* 12, no. 5 (2001), pp. 677-687; J. A. Carnevalli and P. C. Miguel, "Review, analysis and classification of the literature on QFD—types of research, difficulties and benefits," *International Journal of Production Economics* 114 (2008), pp. 737-754.

29. K. B. Clark and S. C. Wheelwright, *Managing New Product and Process Development* (New York: Free Press, 1993); J. R. Hauser and D. Clausing, "The House of Quality," *Harvard Business Review*, May-June 1988, pp. 63-73; A. Griffin, "Evaluating QFD's Use in US Firms as a Process for Developing Products," *Journal of Product Innovation Management* 9 (1992), pp. 171-187; and A. Griffin and J. R. Hauser, "Patterns of Communication among Marketing, Engineering and Manufacturing," *Management Science* 38 (1992), pp. 360-373.

30. E. I. Schwartz, "The Inventor's Play-Ground," *Technology Review* 105, no. 8 (2002), pp. 68-73.

31. Clark and Wheelwright, *Managing New Product and Process Development*.

32. S. Kumar, E. C. Aquino, and E. Anderson, "Application of a Process Methodology and a Strategic Decision Model for Business Process Outsourcing," *Information Knowledge Systems Management* 6 (2007), pp. 323-342; and J. W. Langford, *Logistics: Principles and Applications* (New York: McGraw-Hill, 1995).

33. L. P. Chao and K. Ishii, "Design Error Classification and Knowledge Management," *Journal of Knowledge Management Practice*, May 2004; and P. Valdes-Dapena, "Tagged: 10 Cars with Bad Reputations," CNNMoney.com (accessed April 23, 2009).

34. G. Barczak, A. Griffin, and K. B. Kahn, "Trends and Drivers of Success in NPD Practices: Results of the 2003 PDMA Best Practices Study," *Journal of Product Innovation Management* 26 (2009), pp. 3-23.

35. M. R. Millson, S. P. Raj, and D. Wilemon, "A Survey of Major Approaches for Accelerating New Product Development," *Journal of Product Innovation Management* 9 (1992), pp. 53-69.

36. "The Printed World," *The Economist* (2011), February 10, 2011.

37. J. Silverstein, "Organ Printing Could Drastically Change Medicine," ABC News, February 10, 2006.

38. B. L. Goldense and J. Gilmore, "Measuring Product Design," *Machine Design* 73, no. 14 (2001), pp. 63-67.

39. T. D. Kuczmarski, "Measuring Your Return on Innovation," *Marketing Management* 9, no. 1 (2000), pp. 24-32.

40. T. D. Kuczmarski, "Measuring Your Return on Innovation," *Marketing Management* 9, no. 1 (2000), pp. 24-32.

第12章 新产品开发团队的管理

Skullcandy：开发不同凡响的耳机[①]

2001年,里克·奥尔登(Rick Alden)坐在滑雪缆车上用 MP3 听音乐时,放在滑雪衣口袋里的手机响了,他急忙掏手机准备接电话,但当时他手上戴着滑雪手套,行动十分不便,此时,他就想"为什么没有一副耳机既能连着手机又能连着 MP3 呢"?[②] 2002年1月,他拿到了一家中国生产商制作的模型,2003年1月,他创办了自己的公司——Skullcandy。[③]

打造极限运动的品牌

奥尔登对滑雪行业比较了解,之前他曾创办过 National Snowboard 公司(推广滑雪运动的第一批公司之一),并且推出了自己的滑雪板品牌。他的父亲保罗·奥尔登(Paul Alden)也在这个行业中做过事。他父亲曾经当过北美滑雪协会(North American Snowboard Association)的主席,该协会主要帮助滑雪爱好者举行一些滑雪活动等。他的哥哥戴维·奥尔登(David Alden)曾经是 Burton 的一名职业滑雪运动员,并且是多个滑雪产品的销售代言人。因此当奥尔登着手为他的耳机建立品牌的时候,他很自然地想到要创建一个拥有动感活力特性的、能够吸引滑雪爱好者和滑板爱好者的品牌。凭借奥尔登在滑雪行业和滑板行业的人际关系,他很容易找到了一些职业运动员为其产品代言,并把滑雪和滑板商店作为分销渠道。正如奥尔登所说的:"我随便走进一家曾帮我销售滑雪产品的滑雪板和滑板商店,或者是已经认识了 15 年的朋友开的店铺,然后对他们说,'嗨,哥们儿,我认为这种耳机肯定能销售得很好,你们应该试一下。'"随后,奥尔登又开发了能够植入 Giro 滑雪橇和滑雪板头盔的耳机,内置 MP3 播放器的旅行包和手表。该品牌的图形标志——一个显眼的来源于嘻哈文化的骷髅头——也有助于将不时尚的、同质化的产品转变成能让极限运动爱好者感到激情澎湃的时尚类产品。

[①] Based on an NYU teaching case, "Skullcandy," by Melissa A. Schilling.
[②] A. Osmond, "Rick Alden: Founder & CEO Skullcandy," *Launch*, March/April 2007.
[③] Interview with Rick Alden, May 5, 2009.

该公司成长得非常快。2005年，公司的销售额突破了100万美元，并于2006年销售了价值1 000万美元的耳机和饰品。到2007年，Skullcandy的产品除了在极限运动产品零售商这种核心的市场上销售以外，还在百思买、塔吉特、环城公司（Circuit City）以及很多大学书店销售，总销售额高达3 500万美元，远远地超过了该公司最初定下的目标。截至2011年年底，Skullcandy耳机的销售额达到2.325亿美元，比2010年增长了44%。2011年，公司挂牌上市，首次公开发行筹集到了1.888亿美元。

该公司向大众市场推销产品时非常谨慎，将卖给核心渠道的产品与卖给大卖场零售商的产品严格地区别开。[1] 奥尔登的理念是："保守的人会购买核心产品，但是核心顾客绝不会购买保守产品。换句话说，我们必须保持另类的风格，不断让我们的忠实顾客感到愉快，因为如果没有他们，我们将会失去像我一样的顾客——那些想要购买年轻人的酷炫产品的老家伙们。"[2]

2009年，该公司通过与音乐行业一些资深人士如艺名Snoop Dogg的卡尔文·布鲁德斯（Calvin Broadus）以及野兽男孩乐队（Beastie Boys）艺名Mix Master Mike的迈克尔·施瓦茨（Michael Schwartz）合作，开始进军嘻哈音乐爱好者这一目标市场。与Snoop Dogg的合作开发了"Skullcrusher"——一款具有超低音放大效果的、非常适合收听说唱类音乐的耳机，而与Mix Master Mike的合作是要开发一款"终极DJ音乐耳机"。

开发终极DJ音乐耳机

为了设计一系列特别针对DJ音乐或搓碟音乐的耳机，Skullcandy分派了一个团队。团队成员包括：

- Mix Master Mike（他负责识别能够让DJ音乐耳机变得更加"理想"的关键因素，同时要贡献自己的设计灵感）；
- Skullcandy的行业设计总监——皮特·凯利（Pete Kelly）（他负责把需求特性转化为工程说明）；
- Skullcandy的营销和创意副总裁丹·莱文（Dan Levine）；
- 一家独立的设计公司（它负责快速地将团队的想法转换成仿真照片的透视图）；
- Skullcandy的产品经理乔希·波尔森（Josh Poulsen）（他负责管理该项目的重要节点，并直接与生产该产品的一家中国工厂进行沟通）；
- Skullcandy的"发明家们"（具有平面艺术背景或美术背景的员工，他们负责探索潜在的调色方案、材料以及可用的形状等）。

Skullcandy较小的团队规模和团队内部轻松的氛围能够让团队成员之间、团队与团队之间以及团队与其他的Skullcandy人员之间进行紧密的接触。例如，行业设计总监和艺术总监在一个办公室办公，所有的图形设计师都在一个大房间内办公。[3] 该团队可以跟Mix Master Mike及独立的行业设计公司预约进行面对面的交流，乔希·波尔森也可以到中国出差，与生产商进行类似的面对面沟通。

---

[1] Anonymous, "Caught on Tape: Rick Alden, CEO of Skullcandy," *Transworld Business*, October 24, 2008.
[2] R. Alden, "How I Did It," *Inc.'s Small Business Success Newsletter*, September 2008.
[3] Interview with Dan Levine, May 2, 2009.

在第一阶段,团队内的成员会碰一次面,分析哪些功能对于生产一款具有竞争力的产品来说是至关重要的。对于这款 DJ 音乐耳机,该团队识别了如下几个关键因素,这些因素明显有助于改善这款耳机的设计:[①]

- 用抗菌材料制成的耐用的、可更换的并且(或者)可以清洗的耳机衬垫(耳机衬垫很容易脏而且容易撕裂);
- 不管是"喜欢只戴右耳朵"的还是"喜欢只戴左耳朵"的 DJ 们都能使用的耳机(通常 DJ 们在工作的时候喜欢只戴一边的耳机,因此这一边应该是最佳的布线位置);
- 耳机的音质不能过于清楚、不能太低音也不能过于模糊(一般来说,DJ 们不追求演播室清晰的音质效果);
- 螺圈形软线或者直线形两种选择(许多 DJ 们更喜欢螺圈形软线,而大众市场的消费者则更喜欢直线形)。

总之,奥尔登给了这个团队充分的授权,"他们可以创造一些看起来不像耳机的耳机"。

该产品的美学设计在很大程度上受到了 Mix Master Mike 的影响。正如丹·莱文所说,"当你把自己与某个偶像捆绑在一起的时候,你就会想弄清楚什么样的形式能够激发偶像的感觉。例如,麦克喜欢变形金刚、日本的机器人、兰博基尼、意大利 B&B 家具……我们利用这些设计元素来激发灵感。"[②]最开始的时候,该团队在 Mix Master Mike 的工作室一连待了 3 天,他们创作了 6~12 幅原始的素描图,之后进行了筛选,将范围缩小到 3 幅,然后对它们进行持续改进直到获得一幅最好的素描图。那家独立的行业设计公司严格按照最终产品的外观创作出仿真照片的透视图。进行到这个阶段,销售人员也需要加入团队中,并围绕产品制定营销战略。销售团队主要依靠无形的透视图和非功能性的模型来赢得最初的销售合同。

接下来的一个阶段是不断地进行商业宣传和设计改进的重复过程。莱文说:"这个阶段就好比你在胶水里游泳,因此是一个极其漫长的过程。设计阶段往往能让人感到激情澎湃,一旦完成了设计,你会迫不及待地将它推向市场,但是产量却受到现有生产能力的制约,并且生产这种技术类产品通常要耗费很长的时间。"[③]首先,CAD 的文件需要带到中国的生产商那里,然后使用立体光刻设备(SLA)制作耳机各个部分的蜡树脂模型。正如莱文所说的:"你看不到激光——这些零部件就像是由蜡树脂软泥自动生成的,你就可以用砂纸磨光它、涂彩,并将它与其他零件组装在一起。这种零部件的成本要 300 美元,而在采用喷射造型法进行规模化生产时它的成本只有 30 美分,然而创建这些 SLA 零部件还是值得的,因为这样可以确保生产准确无误。"[④]这种 SLA 版的产品通常也会出现在贸易展览会上,用来征求顾客的反馈意见并获取订单。每隔一两周,产品经理就会与中国的生产商进行交流,讨论是否要制作或改进 SLA 部件,直到最后一个 100% 完工的 SLA 产品模型制作出来为止。然后,就到了制作"模具"的时间了(即制作用于规模化生

---

① Interview with Dan Levine, May 2, 2009.
② Interview with Dan Levine, May 2, 2009.
③ Interview with Dan Levine, May 2, 2009.
④ Interview with Dan Levine, May 2, 2009.

产该产品的模具的阶段）。这一阶段通常要花 4~6 周的时间，而且成本很高。在最后的改进阶段，会产生很多样品，直至出现较为完美的样品，然后这个模具会被固定下来，进行规模化的生产。正如奥尔登所描述的那样："在一切准备就绪之后——也就是生产出第一个产品以后，后面的生产就像做油炸面包圈一样简单了。"①

在制订项目各个阶段的计划时，采用的是甘特图法（用于描绘项目要素及其完工期限的一种图表方法）。项目的完工日期是通过向目标市场发布的日期以及在中国制造产品所需的时间倒推得来的。② 总体来说，如果该公司试图在 9 月发布新产品（要赶在圣诞销售季之前），那么 7 月就必须完成模具的制作。

团队角色及管理

产品经理乔希·波尔森负责在团队成员之间进行协调，并确保每个阶段都能如期完工。每一个关键的设计决策都会向上传递，并由丹·莱文做出最后的决定，当设计已经大体"定型"的时候（交付生产），需要获得里克·奥尔登的授权，因为这一阶段需要进行大量的无法逆转的投资。Skullcandy 的许多员工会同时参与几个项目，正如莱文所强调的，"这是一个扁平的组织。在耐克，你可以只在一个项目或几个项目里工作，当你的品牌规模较小且处于快速成长期的时候，你会同时在多个项目中工作，而且你可能还需要雇用公司外部的人来完成某些任务。"③里克·奥尔登说："以前我们总是希望所有的事情都由我们自己来完成，但是我们往往缺少足够的人手。我们发现扩展研发能力最快的路径就是雇用外部的开发者来承担某些任务。比如，我们给出最原始的创意，然后让一个值得信赖的专业设计公司做透视图。"④

团队成员无法从单个项目中获得奖金；相反，他们的表现将通过每月一次的"Skullcouncil"会议和每季度一次的"one touch"考核进行确认，然后才能获得相应的奖励。对于季度考核，每位员工都要准备一页纸的"自我评价"，内容包括上一个季度他们都获得了哪些成绩，下一个季度他们想要达到什么目标，以及他们的优缺点分别是什么等。考核结果最后也会反馈给员工，作为年终奖评选的依据（年终奖的 75% 取决于员工的个人表现，剩下的 25% 取决于公司整体的业绩）。里克·奥尔登说："早期，我们的激励机制并不是这样的。每个人都是依据公司的整体业绩来拿奖金的——我们就几个人，因此每个人都和公司的利润有着直接关系。现在公司的员工多了，我们不得不更多地依赖对员工个人的考核，而且每个季度我们还要进行反馈，这样年终奖就不会给员工带来太意外的惊喜。"⑤此外，该公司还采取了较为前卫的激励措施，比如公司的董事会每年都会给总销售收入设立一个超额目标，如果公司的收入超过这个目标，奥尔登就可以带着全公司的员工去旅行。2006 年，他带领员工去玩直升机滑雪（一种极限运动，玩的时候会用直升机将滑雪者们送到一个被积雪覆盖的山峰的最顶端）。当公司取得了相当于其 2007 年销售目标 3 倍的销售额（赚取了 3 500 万美元而不是定下的 1 300 万美元的目标值）时，奥尔登带

---

① Interview with Dan Levine, May 2, 2009.
② Interview with Dan Levine, May 2, 2009.
③ Interview with Dan Levine, May 2, 2009.
④ Interview with Dan Levine, May 2, 2009.
⑤ Interview with Dan Levine, May 2, 2009.

着公司全体员工及其家人去哥斯达黎加冲浪。①

奥尔登认为,管理新产品开发的最大的挑战是要同时控制三个不同的开发周期,"如果你有一个刚刚出炉还未公布于世的新事物——这将会多么的振奋人心;然后你还有一个刚刚在展览会上展示过的没有完工的产品——可能是生产流程还未获得批准抑或是产品包装还没有完成;再有就是虽然你已经开始接受订单,但产品的最终设计尚未完成;最后,你正在销售的产品需要进行小的改进(比如,更换一部分焊接零件、改善一下线路、重新进行包装等)。我们的产品开发跨度是如此小以致最大的挑战就是要同时管理控制所有的研发周期。在今年(2009 年)1 月我们展示了一种新产品,事实上我们还没有交付,现在就已经到 5 月了。我们就是太兴奋了以致控制不住展示它的欲望,但这样做是有风险的,如果你没能按时把产品交付给零售商,他们就会非常生气,甚至不会把你的产品摆上货架。"②

讨论题

1. Skullcandy 的规模和增长率是如何影响它的开发流程的?
2. 你如何评价 Skullcandy 的新产品开发团队的结构?
3. Skullcandy 让员工同时服务于多个项目团队的优点和缺点分别是什么?
4. 在评价 Skullcandy 开发团队成员的表现以及对他们进行奖励时,最大的挑战是什么?
5. 如果让你给 Skullcandy 公司的高层提一些关于新产品开发流程的建议,你会提什么样的建议?

12.1　概述

新产品开发通常需要企业内各个部门相互配合。为了便于跨部门的协调和合作,很多组织采用多职能部门的开发团队来领导和管理项目开发过程。但是,如何组织和管理这些团队,各个企业的做法有很大不同。本章我们来谈一谈影响新产品开发团队表现的几个因素,包括团队的规模、组成、结构、管理和领导。

12.2　构建新产品开发团队

要想构建新产品开发团队,企业必须考虑到规模和组成会影响开发团队的技能组合、获取资源的能力以及团队内部沟通和协调的有效性。

12.2.1　团队规模

新产品开发团队小到几个人多到几百人。例如,IBM 公司的个人电脑开发团队仅有 19 人,但是 IBM 平均每个项目的开发人员接近 200 人。¹ 雅虎网站就是由 13 位软件开发工程师组成的几个小组创立的,每个小组只有 1～3 个人。² 将小组成员的技能和努力结

---

① Interview with Dan Levine,May 2,2009.
② Interview with Dan Levine,May 2,2009.

合在一起,使得团队解决问题的能力胜过个人,这似乎证明团队的规模与开发项目的成功与否有关系。[3]

但是团队的规模不是越大越好。大规模的团队可能引发更多的管理成本和沟通问题,从而导致产品开发的延迟。此外,团队越大,团队成员的个人成就就越难得到认可。当团队规模扩大时,**社会赋闲**(social loafing)的可能性也会增大。团队规模扩大使得团队成员感觉到他们没有得到足够的责任,因此他们的积极性也会慢慢下降。[4] 美国公司平均的团队规模是 11 个成员,[5] 但是各个公司团队规模大小变化很大,在一个产品开发项目的始末,团队成员的人数也有可能变化。

12.2.2 成员构成

市场营销、研发和生产等职能部门之间缺乏沟通对于公司的新产品开发是致命的。缺乏跨部门沟通会导致产品不能满足消费者的需求。研发人员只有在获得和采纳市场人员的信息之后,才能设计出受到消费者喜爱的产品。生产和研发之间的沟通同样非常重要,这是因为生产过程能够决定产品最终的质量和价格。研发、生产部门之间通力合作可以确保研发人员设计的产品便于生产。设计便于生产的产品一方面能够降低单位产品的成本;另一方面能够减少不合格品的产生,这最终将降低产品的售价和提高产品质量。同样,部门之间缺乏联系会导致较长的产品开发周期。

企业可以通过构建多功能团队来避免这些问题。[6] **多功能团队**(cross-functional teams)是指其成员来自一个以上的职能部门,如工程部、生产部门和营销部门。[7] 例如,克莱斯勒的汽车装配平台团队的成员来自设计、工程、采购、生产、产品计划、财务和市场部门。全世界的企业目前都主要采用多功能团队来开发新产品。2000 年,77% 的美国企业、67% 的欧洲企业和 54% 的日本企业都采用这一形式来构建开发团队。[8]

由不同部门成员构成的团队相对于构成单一的团队来说有以下几个优势。[9] 不同领域的专家能够为产品开发提供一个更为广阔的知识平台,有利于各种想法之间的交流和融合。[10] 通过对行为的扫描,来自不同职能部门的专业人士为项目提供了更多的信息来源(请参见"研究花絮"专栏中对边界扫描的介绍)。[11] 不同职能部门的专家通常阅读大量的杂志、参加专门的协会,这对于他们的职业有直接影响。这些活动可以使他们产生和改进具有创造性的一些想法,同时为产品开发中遇到的问题提供解决方案。[12] 由不同职能部门的成员构建的项目开发小组能够确保项目获得各种各样的信息来源。

成员多样性有很多实现形式。入职时间不同能够使成员在加入团队之前接触到不同的事物,使得团队能够获得丰富的信息源。融合不同文化背景的观点,能够使团队找到更好的问题解决方案。由不同性别、不同年龄组成的团队可以增加团队的多样性,并提供更多的外部信息源。[13] 研究表明,团队成员的多样性能够增加团队的创造性,提高团队的整体表现。[14]

但是成员多样性也会增加协调和沟通成本。每个人需要经常和与自己在某个方面或某几个方面存在共性的其他人进行交流。[15] 这种现象称为**同类性**(homophily)。对于这种现象的研究表明人们喜欢和自己相似的人接触,因为与自己思维方式、语言和价值观接近的人交流更加方便和轻松。[16] 这种对于相似性的认同是自我加强的,越是经常接触的人,他们之间越会形成类似的语言;相互之间越信任,他们对彼此所拥有的知识背景也会越来越熟悉。反过来,相似的语言、相互信任和相互熟悉使得这些人之间的沟通更加有效。当人们发现其他人和自己不同时,他们通常不太愿意同这样的人交流,更不用说和他们形成统一的想法了。不同种类的多样性团队通常很难形成共同的目标和观点,这会导致队伍内部矛盾并降低团队的凝聚力。[17]但是研究显示,如果团队成员能够保持长期的联系,同质性团队和异质性团队的沟通及协调成本都会下降。通过彼此之间的不断接触,异质性团队能够慢慢学会更好地管理它们的队伍。[18]

总而言之,异质性团队比同质性团队拥有更多的信息。团队的多样性能够增强决策的创造性和多样性,从而产生更富新意的结果和更出色的整体表现。[19]但是要想发挥这些优势,多样性团队必须进行长期的沟通和重视合作。

研究花絮:新产品开发团队中的边界扫描[1]

为了获得成功,新产品开发团队必须处理好与其他队伍之间的关系。团队要能够从组织内部和外部获得信息和资源,同时它必须在组织中表现自己,从而获得持续的支持,并使团队成员免除过多的与项目无关的工作。[①]最好的新产品开发团队拥有负责同外界联系的看门人。[②]

德博拉·安考纳(Deborah Ancona)和戴维·考德维尔(David Caldwell)进行了一项研究,试图找到所有新产品开发团队进行的边界扫描活动,并确认哪些活动能够提高团队的表现。他们同38位有经验的新产品开发团队经理进行了面谈,从5个从事计算机、分析仪器和成像设备的高技术企业的45个团队中收集数据。安考纳和考德维尔发现他们主要进行以下三类边界扫描活动。

外交活动——这类活动主要是向其他组织展现自己,同时保护自己的团队免受干涉。比如,使组织中的其他人了解团队所进行的活动对于组织是非常重要的。

任务协调活动——这类活动主要是同其他团队进行协调和谈判。比如,同企业的其他部门商讨供货的截止日期,或者从别的部门那里获得团队表现的反馈意见。

侦察活动——这类活动主要是收集对于团队有用的信息,加强团队的知识基础。比如,收集竞争者在类似项目中的信息或者寻找技术方面的线索。

安考纳和考德维尔认为边界扫描活动影响新产品开发团队的表现,这种影响取决于开展边界活动的时机。特别是,他们发现外交和侦察活动适宜在开发前期进行,而任务协调活动应该贯穿这个项目的始终。[③]

---

① D. B. Ancona and D. F. Caldwell, "Making Teamwork Work: Boundary Management in Product Development Teams," in Managing Strategic Innovation and Change, eds. M. L. Tushman and P. Anderson (New York: Oxford University Press, 1997), pp. 433-442.

② M. L. Tushman, "Special Boundary Roles in the Innovation Process," *Administrative Science Quarterly* 22 (1977), pp. 587-605; and E. B. Roberts and A. R. Fusfeld, "Staffing the Innovative Technology-Base Organization," *Sloan Management Review* 22, no. 3 (1981), pp. 19-34.

③ D. B. Ancona and D. F. Caldwell, "Bridging the Boundary: External Activity and Performance in Organizational Teams," *Administrative Science Quarterly* 37, (1992), pp. 634-665.

团队成员的沟通和合作能力同个人的个性有关。苏姗·基楚克(Susan Kichuk)和威利·威斯纳(Willi Wiesner)试图搞清楚自我意识、外向、神经质、易相处和对经验无保留这五种个性特征是否会影响新产品开发团队的表现。他们发现高外向性、易于同他人相处和低神经质能够提高新产品开发团队获得成功的可能性。[20]

12.3 新产品开发团队的结构

新产品开发团队的结构有很多种。最常见的一种分类方式是将其分成职能型、轻量级、重量级和自主团队四种(见图 12.1)。[21]

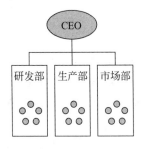

(a) **职能型团队** 没有跨部门的整合，团队成员保留在职能部门内部

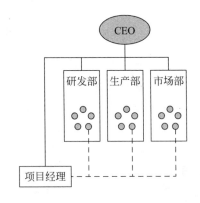

(b) **轻量级团队** 团队成员保留在原有的职能部门内部，但是项目经理负责各个职能部门之间的协调和沟通

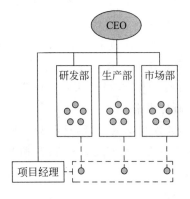

(c) **重量级团队** 项目经理负责跨部门的协调和沟通，团队成员重新安排工作，但是仍要向原有的职能部门领导汇报

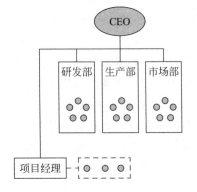

(d) **自主团队** 项目经理负责跨部门的协调和沟通，团队成员重新安排工作，但只要向项目经理汇报

图 12.1 开发团队的类型

12.3.1 职能型团队

在职能型团队中,成员仍然隶属于各自的职能部门(如研发部门、市场部、生产部等),

向各自的职能部门的经理汇报日常工作,参见图 12.1(a)。但是他们会定期开会讨论该项目的进展情况。这种团队通常是临时性的,每个成员在项目上花的时间不高于他们工作时间的 10%。而且职能型团队通常没有项目经理或者其他指定的联络人。这种结构的团队实施起来非常简单,因为不需要对公司原有的组织结构进行大的变化,但是这种团队不利于跨部门的协调和沟通。[22] 而且,由于团队成员的绩效考评和奖励是基于各自在职能部门中的表现,所以他们对于开发项目会投入比较少的精力。职能型团队通常适用于那些主要只涉及一个职能部门的派生项目。

12.3.2 轻量级团队

在轻量级团队中,成员仍然隶属于各自的职能部门,职能部门的领导负责他们的绩效评价和奖励,参见图 12.1(b)。同职能型团队一样,轻量级团队通常也是临时性的,成员的绝大多数时间用于处理职能部门内部的日常工作(在项目开发中花的时间不超过 25%)。但是轻量级团队有项目经理以及负责部门之间协调和沟通工作的联络员。轻量级团队的经理通常是企业的中、低层管理人员。鉴于轻量级团队的这些特点,这样的团队需要对团队的协调进行必要的改进,它的运作比职能型团队略强。这种结构适用于那些不需要大量协调和沟通工作的派生项目。

12.3.3 重量级团队

重量级团队中,团队成员从原有的职能部门中抽调出来,由项目经理对他们的工作进行统筹安排,参见图 12.1(c)。重量级团队的经理通常是公司中居于职能部门经理之上的高层经理,他们对于资源的调配、团队成员的绩效考核和奖励拥有很大的权力。[23] 重量级团队的核心成员通常会将自己的精力百分之百地投入该项目。这些特点使得重量级团队能够处理好大量的跨部门协调和沟通,团队成员对项目的投入也比较大。但是重量级团队也是临时性的,因此团队成员的长期职业发展仍然由原来的职能部门经理负责而不是由团队的项目经理负责。这种团队结构能够改善职能部门之间的沟通和协调,适用于平台型项目。

12.3.4 自主团队

在自主团队中,成员完全从原有的职能部门中脱离出来,全职投入项目开发中(而且通常是永久性的),参见图 12.1(d)。团队成员通常是由身为公司高级管理人员的项目经理安排工作。他对于团队成员的绩效考评和奖励有绝对的权力。自主团队通常不需要遵守公司其他部门的运作程序,他们可以有自己的做事方针、程序和奖励机制。[24] 同时,自主团队对于项目成功与否负全责。通常,自主团队是企业的一个独立部门。它在快速、有效地进行新产品和新工艺开发方面特别出色,特别是那种开发过程与企业现有的技术和日常运作完全脱离的项目。因此,自主团队适用于突破性项目和一些大型的平台项目。它们可以开创崭新的业务单元。[25] 但是,自主团队的独立性使得它们不能充分利用母公司的资源。而且一旦项目完成或者终止,自主团队的人员很难回到原来的组织中去。

表 12.1 总结了这四种团队在四个主要维度上的特点,有一些要点在正文中没有提

到。职能部门和团队之间的矛盾由职能型团队到自主团队是逐渐升高的。重量级团队和自主团队的独立性使得它们所追求的目标与职能部门的目标背道而驰。高层管理者必须密切留意这些矛盾。

表 12.1 各种团队的特点

特点	职能型团队	轻量级团队	重量级团队	自主团队
项目经理	没有	中、低层经理	高级经理	高级经理
项目经理的权力	没有	低	高	非常高
用于项目团队的时间	不超过10%	不超过25%	100%	100%
团队成员	隶属于职能部门	隶属于职能部门	由项目经理安排工作	由项目经理安排工作
对于项目的投入程度	临时	临时	长期但不是终身的	终身的
成员的绩效评价	由职能部门的领导负责	由职能部门的领导负责	由项目经理和职能部门领导共同决定	项目经理
团队和职能部门之间的矛盾	小	小	中	大
跨职能部门的整合	低	中	高	高
同现有组织运作的一致性	高	高	中	中一低
适用的项目类型	派生项目	派生项目	平台性项目或者具有突破意义的项目	平台性项目或者具有突破意义的项目

12.4 新产品开发团队的管理

要使新产品开发团队有效地运作,其领导和管理机制必须与团队的结构和需求相一致。

12.4.1 团队的领导

团队的领导对整个团队的活动有指导作用,他要使队伍的定位与项目目标相一致,同时他还要负责团队和高级管理层之间的沟通工作。在重量级和自主团队中,团队领导也负责整个团队的绩效考评、奖励和团队成员的晋升。比起高级经理或者是项目的倡导者,好的团队领导对于项目的成功更有直接的作用。这可能是因为团队领导者与团队成员接触频繁,能够比较直接地影响团队的行为。[26]

在上述的团队类型和结构的章节中我们提到,不同类型的团队需要不同类型的领导。比如,轻量级团队通常由中、低层的管理人员领导,负责职能部门之间基本的协调,而重量级和自主团队则通常需要一个拥有丰富经验并对组织具有影响力的高级管理人员。在重量级和自主团队中,项目经理必须能够领导成员并对成员进行考评;在队伍内部支持开发项目并在更广的组织范围内获得支持;担当不同职能部门之间翻译的角色。[27]尤其是在重量级和自主团队中,项目经理通常是机构内的高级管理人员,在机构内部从思想上支持开发团队,解决机构内部的矛盾,拥有各种语言技能(例如,他们能够熟练使用营销语言、工程语言和生产语言),他们能够对工程、营销和生产等职能部门施加影响。[28]当其他条件相同时,如果项目经理缺少以上所提到的一种或多种能力,团队就很难获得成功。[29]

12.4.2　团队的管理

为了保证团队成员具有清晰的目标并能够积极投入开发项目中,很多企业要求重量级和自主团队有自己的项目宪章和合同文本。项目宪章包括项目任务和量化的项目目标,它给定了项目的愿景(例如,戴尔笔记本电脑要成为市场上同类产品性能和价值的标准),它还指明了这一开发项目的重要性。项目宪章也包括团队组成情况、团队成员应在项目上花的时间和各成员参与该项目的时间段。[30]它规定了项目的预算、汇报的时间表和标志项目成功的关键指标(例如,特定的产品上市时间、消费者满意度指标、在给定时间内获得指定的市场份额等)。建立明晰的项目目标能够保证项目成员对项目的目的和应该优先考虑的问题有一个共同的认识,也便于构建项目开发顺序和促进成员之间的沟通以获得共同的结果。[31]

一旦建立了项目宪章,核心团队和高层管理者必须商讨出一个合同文本。该合同文本详细制订了达到项目目标的计划。通常,合同文本需要估算项目所需的资源、开发的时间计划安排和期望得到的结果。这给控制和评价团队的绩效提供了一系列标准和时间限制。更重要的是,它使团队成员感觉到自己是项目的主人并能够投入开发工作中。在议定和接受这一合同文本之后,所有的项目相关人都要签署该文件。通常团队成员签署该合同之后会对达到项目目标产生强烈的责任感。而且,签订合同使得大家感觉自己是项目的主人,有权对项目进行决策。这种主人翁意识和授权使得成员对项目的成果有认同感,并能够鼓励他们更加努力地工作。[32]

12.4.3　虚拟团队的管理

信息技术的近期发展使得企业能够充分利用虚拟团队。**虚拟团队**(virtual teams)是指所有团队成员都距离很远,但是他们能够通过电视会议、群件、电子邮件和网络聊天室等各种先进的信息技术进行紧密的合作。虚拟团队可以使不在同一地点的专家为同一个项目共同工作。通过虚拟会议,远距离的队员可以不用出差和打乱原来的生活就能进行沟通。[33]这对于跨国公司更具有意义。例如,IBM 在全球配置越多的产品,它利用虚拟团队也就越多。IBM 大概 1/3 的员工参与了虚拟团队。当 IBM 需要组建一个项目团队时,他们会将他们所需要的各种技能列一张表给人力资源部,然后人力资源工作人员据此找到一组合适的人选。如果这些人的技能和才干面对面的交流更重要的话,那么虚拟团队就形成了。[34]

但是虚拟团队会带来一系列管理上的问题。正如本章开始时所说的那样,新产品开发团队的结构的重点是重组。通过成员之间面对面的交流和非正式的接触,重组有助于团队的合作。亲密而又频繁的接触使得成员能够形成统一的行为准则和沟通语言。相反,虚拟团队必须依赖非面对面的沟通渠道,这对于形成统一的行为准则和语言是不利的。

在组建虚拟团队的过程中,重要的是要选择那些既熟悉合作技术又有很强的沟通能力的员工。[35] 团队成员必须互相帮助,而且有很好的职业道德。因为距离会减少沟通的机会,所以要选择那些愿意与人接触的员工,同样重要的一点是团队成员应该建立一个必须在多长的时间内回复信息的标准,并且要建立出席同步视频会议次数的标准(即需要相关的人员同时参加的会议,如电话会议、视频会议或者即时消息等)。[36] 而且,在虚拟的环境中很多非正式交流渠道都行不通了,因此在团队的基本规则中需要安排更多的日常沟通活动。[37] 例如,团队领导可以每天或者每周安排一些讨论时间,让团队成员可以参加一些小组电话讨论和在线会议,来讨论一些正式场合没有提到的问题。

虚拟团队在建立信任、解决矛盾和交流缄默知识方面存在困难,请参见"研究花絮"专栏中的虚拟国际研发团队。

研究花絮:虚拟国际研发团队

加斯曼(Gassman)和冯·泽德特茨(von Zedtwitz)通过研究跨国公司如何通过虚拟团队来协调他们全球的创新行为,构建了第10章中介绍过的研究模型。同第10章的很多观点类似,虚拟国际研发团队要利用信息技术来达到沟通的目的。但是,信息技术很难解决建立信任和交流缄默知识的问题。创新项目的类型和所需知识的样式会影响公司的虚拟协调过程。

加斯曼和冯·泽德特茨研究了37家技术密集型的跨国企业,总结出4种团队类型:(1)分散的自我调整团队;(2)系统集成者作为研发协调者型团队;(3)核心团队作为系统构建者团队;(4)集中式风险团队。在分散的自我调整团队中,没有权力中心。团队成员之间的交流主要依赖电话、互联网、共用数据库和组群。部门之间的协调相对比较弱,基本依赖很强的企业文化。这样的团队比较适合产品的各个部件高度标准化但又需要在不同地点进行开发的新产品开发项目,也就是说,相对于建构性创新来说它比较适合模块化创新(参见第3章)。

在系统集成者作为研发协调者的团队中,一个特定的人或者办公室负责各个部门之间的协调。这一系统合成者帮助各个部门对项目形成一个统一的认识,将一个部门的语言翻译成另一个部门能够接受的语言,跟踪开发过程和成果。当整个项目任务是分散在各地的时候,系统合成者能够行使一些中央协调工作。

在核心团队作为系统构建者的模型中,具有决策权的核心团队由来自不同地区的研发团队的成员组成,他们定期举行会议来协调团队的运作。核心团队通常由一个强有力的项目经理、各分散研发团队的领导者,有时还有一些外部的消费者或者咨询师组成。它负责构建整个开发项目的架构并且保持这种结构在整个开发过程中不变。由于核心团队对各个部门拥有比上述的系统合成者更多的权力,所以它更能解决矛盾并且在部门之间建立标准。由于核心团队能够在部门之间施加很强的影响,所以它通常适用于建构性创新。

在集中式风险团队中,研发人员和资源被统一安排在一个地点,从而拥有最强的协调和整合能力。这样的团队通常有一个很强的高级项目经理,他能够配置资源、安排各个项目成员的工作和责任。加斯曼和冯·泽德特茨列举了两个中央集权风险团队的例子——Asea Brown 的"撞击项目"和夏普公司的"金徽章"项目。由于这两个项目的费用很高,所以这样的团队只适用于那些最重要的战略创新。

加斯曼和冯·泽德特茨的模型如图 12.2 所示。总而言之,他们认为根本性创新和建构性创新,或者是那些需要传递大量复杂的或者缄默知识的项目需要比较强的中央集权。那些渐进性创新和模块化创新,或者不需要经常交换缄默知识的项目可能更为分散。

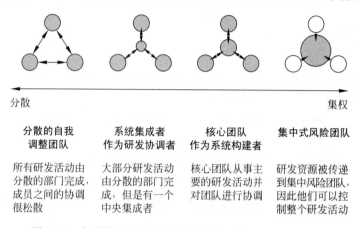

图 12.2 加斯曼和冯·泽德特茨的跨国虚拟团队分类模型

资料来源:From O. Gassman and M. von Zedtwitz,2003,"Trends and Determinants of Managing Virtual R&D Teams,"*R&D Management*,vol. 33,no. 3,pp. 243-262. Reprinted with permission of Blackwell Publishing.

 ## 12.5　本章小结

1. 选取不同的人加入开发团队能够使团队拥有解决问题的多种技能,因此这样的团队解决问题的能力更强。但是如果团队规模过大,管理成本和沟通问题会增加。

2. 不同背景的团队成员使得团队能够拥有分析问题的不同角度和各种技能。尤其是职能多样性通常是新产品开发团队所要求的。跨职能部门的团队能够使设计、生产和市场营销的目标统一在新产品开发的整个过程中。

3. 不同的团队成员不仅能够使团队拥有不同的知识背景和观点,也使得团队通过边界扩张活动拥有不同的资源。

4. 多样性会给团队形成统一的认识带来困难,从而导致较低的团队凝聚力。要克服这些不足,需要建立长期的联系和鼓励合作。

5. 构建团队的方式(重组、保持、监控成员之间的关系等)会对成员之间接触的方式和开发项目的成果产生很大的影响。不同类型的团队适用于不同的开发项目。

6. 团队领导者的特点(高层、权威和掌握多种语言等)必须适合该团队的类型,才能使团队高效地运作。

7. 很多企业建立并签署了项目宪章和合同文本,以此来保证项目成员对于项目目标有统一的认识并使他们获得主人翁意识,从而能够积极投入项目的工作。

8. 当企业希望组建一个由拥有特殊技能但处于不同地点的专家组成的团队时,它可以选择组建虚拟团队。虚拟团队通过运用信息技术进行沟通和协调。它在促进参与、合作和建立信任方面面临一系列挑战。因此在选择团队成员和管理方式时,需要一些特殊考虑。

术语表

社会赋闲(social loafing):当团队成员在项目上没有达到预期的努力程度并且依赖其他成员的工作时,我们称之为社会赋闲。

多功能团队(cross-functional teams):成员来自企业的不同职能部门,如研发、营销、生产、销售等。

同类性(homophily):人们更愿意同与自己类似的人交往。

虚拟团队(virtual teams):虚拟团队的成员可能在地域上相距很远,但是他们可以通过先进的信息技术紧密合作,如视频会议、群件、电子邮件或者网络聊天室等。

讨论题

1. 如何平衡团队规模和团队的多样性?
2. 项目经理如何能在充分利用多样性优势的同时避免多样性带来的一些问题?
3. 请举出一个开发团队的实例,并指出它是属于哪种类型的。你认为这种类型适合该项目的特性吗?
4. 重组的优缺点是什么?对于哪些类型的项目,虚拟团队是不适用的?

补充阅读建议

经典著作

Allen, T. J., *Managing the Flow of Technology: Technology Transfer and the Dissemination of Technological Information within the R&D Organization* (Cambridge, MA: MIT Press, 1977).

Ancona, D. G., and D. F. Caldwell, "Bridging the boundary: External activity and performance in organizational teams," *Administrative Science Quarterly* 37 (1992), pp. 634-665.

Clark, K. B., and S. C. Wheelwright, "Organizing and leading 'heavyweight' development teams,"*California Management Review* 34,no. 3 (1992),pp. 9-29.

Williams,K.,and C. A. O'Reilly, "Demography and diversity in organizations: A review of 40 years of research,"*Research in Organizational Behavior* 20 (1998), pp. 77-140.

近期著作

Akgun,A. E., G. S. Lynn,and C. Yilmaz,"Learning process in new product development teams and effects on product success: A socio-cognitive perspective," *Industrial Marketing Management* 35,no. 2 (2006),pp. 210-224.

Edmondson,A. C., and I. M. Nembhard,"Product development and learning in project teams: The challenges are the benefits,"*Journal of Product Innovation Management* 26 (2009),pp. 123-128.

Hansen,M. T.,"The search-transfer problem: The role of weak ties in sharing knowledge across organization subunits," *Administrative Science Quarterly* 44 (1999),pp. 82-111.

Malhotra,A., A. Majchrzak,and B. Rosen,"Leading virtual teams,"*Academy of Management Perspectives* 21 (2007),pp. 60-69.

Reagans,R.,and E. Zuckerman,"Networks,diversity,and productivity: The social capital of corporate R&D teams,"*Organization Science* 12 (2001),pp. 502-517.

Sarin,S.,and C. McDermott,"The effect of team leader characteristics on learning,knowledge application,and performance of cross-functional new product development teams,"*Decision Sciences* 34 (2003),pp. 707-739.

尾注

1. M. A. Cohen,J. Eliashberg,and T. Ho,"New Product Development: The Performance and Time-to-Market Trade-Off," *Management Science* 42 (1996),pp. 173-186.
2. M. Iansiti and A. MacCormack,"Living on Internet Time: Product Development at Netscape, Yahoo!,NetDynamics,and Microsoft," Harvard Business School Case no. 9-697-052,1996.
3. B. E. Collins and H. Guetzkow, *A Social Psychology of Group Processes for Decision Making* (New York: Wiley, 1964); V. B. Hinsz, "Cognitive and Consensus Processes in Group Recognition Memory Performance," *Journal of Personality and Social Psychology* 59 (1990), pp. 705-718; and M. E. Shaw,"Comparison of Individuals and Small Groups in the Rational Solution of Complex Problems," *American Journal of Psychology* 41 (1932),pp. 491-504.
4. S. J. Karau and K. D. Williams, "Social Loafing: A Meta-Analytic Review and Theoretical Integration," *Journal of Personality and Social Psychology* 65 (1993),pp. 681-706.
5. D. J. Devine,L. D. Clayton,J. L. Philips,B. B. Dunford,and S. B. Melner,"Teams in Organizations: Prevalence, Characteristics, and Effectiveness," *Small Group Research* 30 (1999),pp. 678-711.
6. S. Brown and K. Eisenhardt, "Product Development: Past Research, Present Findings, and

Future Directions," *Academy of Management Review* 20, no. 2 (1995), pp. 343-378.

7. S. Brown and K. Eisenhardt, "Product Development: Past Research, Present Findings, and Future Directions," *Academy of Management Review* 20, no. 2 (1995), pp. 343-378.

8. E. Roberts, "Benchmarking Global Strategic Management of Technology," *Research Technology Management*, March-April 2001, pp. 25-36.

9. L. Rochford and W. Rudelius, "How Involving More Functional Areas within a Firm Affects the New Product Process," *Journal of Product Innovation Management* 9 (1992), pp. 287-299.

10. J. R. Kimberly and M. Evanisko, "Organizational Innovation: The Influence of Individual, Organizational, and Contextual Factors on Hospital Adoption of Technological and Administrative Innovations," *Academy of Management Journal* 24 (1981), pp. 689-713; F. Damanpour, "Organization Innovation: A Meta-Analysis of Effects of Determinants and Moderators," *Academy of Management Journal* 34, no. 3 (1991), pp. 555-590; and M. Aiken and J. Hage, "The Organic Organization and Innovation," *Sociology* 5 (1971), pp. 63-82.

11. T. J. Allen, *Managing the Flow of Technology: Technology Transfer and the Dissemination of Technological Information within the R&D Organization* (Cambridge, MA: MIT Press, 1977); D. G. Ancona and D. F. Caldwell, "Demography and Design: Predictors of New Product Team Performance," *Organization Science* 3 (1992), pp. 321-341; and D. G. Ancona, and D. F. Caldwell, "Bridging the Boundary: External Activity and Performance in Organizational Teams," *Administrative Science Quarterly* 37 (1992), pp. 634-665.

12. P. Jervis, "Innovation and Technology Transfer—The Roles and Characteristics of Individuals," *IEEE Transaction on Engineering Management* 22 (1975), pp. 19-27; and D. Miller and P. H. Friesen, "Innovation in Conservative and Entrepreneurial Firms: Two Models of Strategic Momentum," *Strategic Management Journal* 3 (1982), pp. 1-25.

13. I. L. Janis, *Victims of Groupthink* (Boston: Houghton Mifflin, 1972).

14. S. E. Jackson, K. E. May, and K. Whitney, "Understanding the Diversity of Dynamics in Decision Making Teams," in *Team Effectiveness and Decision Making in Organizations*, eds. R. A. Guzzo, E. Salas, and Associates (San Francisco: Jossey-Bass, 1995), pp. 204-261; and R. L. Priem, D. A. Harrison, and N. K. Muir, "Structured Conflict and Consensus Outcomes in Group Decision Making," *Journal of Management* 21 (1995), pp. 691-710.

15. P. F. Lazarsfeld and R. K. Merton, "Friendship as a Social Process: A Substantive and Methodological Analysis," in *Freedom and Control in Modern Society*, ed. M. Berger (New York: Van Nostrand, 1954), pp. 8-66.

16. B. Uzzi, "Social Structure and Competition in Interfirm Networks: The Paradox of Embeddedness," *Administrative Science Quarterly* 42 (1997), pp. 35-67.

17. K. L. Bettenhausen, "Five Years of Groups Research: What We Have Learned and What Needs to Be Addressed," *Journal of Management* 17 (1991), pp. 345-381; and K. Williams and C. A. O'Reilly, "Demography and Diversity in Organizations: A Review of 40 Years of Research," *Research in Organizational Behavior* 20 (1998), pp. 77-140.

18. W. Watson, K. Kumar, and L. K. Michaelsen, "Cultural Diversity's Impact on Interaction Process and Performance: Comparing Homogeneous and Diverse Task Groups," *Academy of Management Journal* 36 (1993), pp. 590-602; R. Reagans and B. McEvily, "Network Structure and Knowledge Transfer: The Effects of Cohesion an Range," *Administrative Science Quarterly* 48 (2003), pp. 240-267.

19. Jackson, May, and Whitney, "Understanding the Diversity of Dynamics in Decision Making

Teams."
20. S. L. Kichuk and W. H. Wiesner,"The Big Five Personality Factors and Team Performance: Implications for Selecting Successful Product Design Teams," *Journal of Engineering and Technology Management* 14,nos. 3-4 (1997),pp. 195-222.
21. S. C. Wheelwright and K. B. Clark, *Revolutionizing Product Development: Quantum Leaps in Speed,Efficiency and Quality* (New York: Free Press,1992).
22. K. B. Clark and S. C. Wheelwright, "Organizing and Leading 'Heavyweight' Development Teams," *California Management Review* 34,no. 3 (1992),pp. 9-29.
23. K. B. Clark and S. C. Wheelwright, "Organizing and Leading 'Heavyweight' Development Teams," *California Management Review* 34,no. 3 (1992),pp. 9-29.
24. Damanpour,"Organization Innovation."
25. Clark and Wheelwright,"Organizing and Leading 'Heavyweight' Development Teams."
26. E. F. McDonough,"Investigation of Factors Contributing to the Success of Cross-Functional Teams," *Journal of Product Innovation Management* 17 (2000),pp. 221-235.
27. K. B. Clark and S. C. Wheelwright, *Managing New Product and Process Development* (New York: Free Press,1993); E. F. McDonough and G. Barczak, "Speeding Up New Product Development: The Effects of Leadership Style and Source of Technology," *Journal of Product Innovation Management* 8 (1991),pp. 203-211; and G. Barczak and D. Wilemon,"Leadership Differences in New Product Development Teams," *Journal of Production and Innovation Management* 6 (1989),pp. 259-267.
28. Brown and Eisenhardt, "Product Development."
29. M. A. Schilling and C. W. L. Hill, "Managing the New Product Development Process: Strategic Imperatives," *Academy of Management Executive* 12,no. 3 (1998),pp. 67-81.
30. C. W. Miller, "Hunting for Hunting Grounds: Forecasting the Fuzzy Front End," in *The PDMA Toolbook for New Product Development*, eds. P. Belliveau, A. Griffin, and S. Somermeyer (New York: John Wiley & Sons,2002).
31. McDonough,"Investigation of Factors Contributing to the Success of Cross-Functional Teams."
32. McDonough,"Investigation of Factors Contributing to the Success of Cross-Functional Teams."
33. C. Joinson,"Managing Virtual Teams: Keeping Members on the Same Page without Being in the Same Place Poses Challenges for Managers," *Human Resource Magazine*, June 2002.
34. C. Joinson,"Managing Virtual Teams: Keeping Members on the Same Page without Being in the Same Place Poses Challenges for Managers," *Human Resource Magazine*, June 2002.
35. B. L. Kirkman,B. Rosen,C. B. Gibson,P. E. Tesluk,and S. O. McPherson,"Five Challenges to Virtual Team Success: Lessons from Sabre,Inc.," *Academy of Management Executive* 16,no. 3 (2002),p. 67.
36. M. M. Montoya,A. P. Massey, Y. C. Hung, and C. B. Crisp,"Can You Hear Me Now? Communication in Virtual Product Development Teams," *Journal of Product Innovation Management*, 26 (2009),pp. 139-155.
37. A. Malhotra,A. Majchrzak,and B. Rosen,"Leading Virtual Teams," *Academy of Management Perspectives* 21 (2007),pp. 60-69.

Strategic Management of Technological Innovation 第13章

形成部署战略

美国视频游戏产业中的部署战略

在美国视频游戏产业中,每一代家用机的引入都会导致一场新的市场争夺战。新产品的前途不可限量,能跨越看似无法逾越的障碍。游戏开发者、发行者和消费者都紧盯着这场战役,以确保把他们的筹码投到胜出的新一代家用机上。每一代产品同时也显示了竞争者部署战略是否正确。[1]

Pong:新纪元的开始

1972年,诺兰·布什内尔(Nolan Bushnell)创建了一家名为Atari的公司,并且引入了Pong——一种乒乓球类游戏。通过Atrari家用机,用户在电视机上就能玩这种游戏。第一年,Pong就带来了超过100万美元的利润。很快,Pong和60多种类似的游戏纷纷充斥市场。在视频游戏产业的发展初期,集成电路的快速发展使得新家用机和新游戏如雨后春笋般冒出来。到1984年,视频游戏的家用机和游戏销售额仅在美国就达到30亿美元。不过,这个时期的家用机制造商没有采用严格的安全措施来保证只有经过授权的游戏才能在家用机上运行,这就导致了非法游戏(未经家用机生产商许可而用于该家用机的游戏)生产的爆炸式增长。结果,市场迅速被大量质量堪忧的游戏挤占,很多零售商面对卖不动的库存积压一筹莫展,利润开始急剧下降。1985年,很多产业观察家断言视频游戏产业衰亡了。

8位系统的出现

然而,出乎所有人预料的是,两家来自日本的新公司进入了美国视频游戏市场:携其1985年推出的8位任天堂游戏机(NES)的任天堂和世嘉公司。后者于1986年在美国发布了8位Master系统。Atari公司只花费数十万美元在广告上,不同于此,世嘉和任天堂在系统的市场推广上花费了150万美元。两者在技术上都优于以往的视频游戏家用机。

---

[1] Adapted from M. A. Schilling, "Technological Leapfrogging: Lessons from the U.S. Videogame Industry," *California Management Review* 45, no. 3 (2003), pp. 6-32.

世嘉的家用机似乎略优于任天堂的,但是任天堂在改进游戏品质和性能上花了更多的心思,而且游戏主题的可选择性也比世嘉多。NES在第一年就卖出了100万套,截至1990年,已经卖出1 900万套,覆盖了美国和日本约1/3的家庭。①

1985—1989年,任天堂几乎垄断了美国视频游戏产业。公司以近乎成本价出售家用机,利润主要来自游戏。任天堂既自己开发游戏,又以非常严格的方针许可第三方开发游戏。首先,限制开发商每年可生产游戏的主题数目;其次,要求开发商预订至少一定数目的任天堂芯片(跟生产游戏的厂商有自己的合约);最后,严格限制开发商给其他家用机做类似的游戏产品。任天堂还严格限制家用机的容量以及价格,这样就没有哪个发行商能够漫天要价。② 任天堂如此严格的战略卓有成效,但是,这同时也导致公司遭到美国联邦贸易委员会的制裁。并且,这种战略使得开发商和发行商无法沟通,而使其竞争者有机可乘。

16位视频游戏系统

1989年9月,世嘉首次把16位系统推向美国视频游戏市场。比起8位系统,Genesis系统的性能大大提升。随之,世嘉将其大受欢迎的街机游戏移植到Genesis系统上,并使之与8位Master系统游戏兼容。到1989年12月,市面上共有20种Genesis游戏主题可选。1989年秋天,NEC公司也推出了一个16位系统——TurboGrafx-16,到同年12月就已经有12个游戏主题了。虽然任天堂也在筹划自己的16位系统,但它担心新系统会与8位系统的销售产生自噬效应,因而推迟发布16位系统。

到1989年年底,世嘉在美国已经卖出了60万套家用机,NEC也卖出去了20万套。1990年和1991年,世嘉和NEC都增加了各自的游戏主题,使其游戏主题总数分别达到了130个和80个。到1991年年底,世嘉在美国已经卖出了200万套家用机,NEC卖出了100万套。世嘉的大部分游戏都自己制作,NEC则完全依靠外部游戏开发商。而这些开发商发现这个系统相对8位系统来说只有很小的技术优势。③ 于是开发商开始抛弃NEC平台,结果NEC在1991年就退出了市场。任天堂最终在1991年推出了自己的16位超级任天堂游戏系统(SNES),但是为时已晚,已经无法遏制世嘉的迅猛势头。1992年,任天堂还控制着视频游戏80%的市场(基于8位机和16位机的销售总量),但到1994年世嘉公司已经成为市场领导者了。

和任天堂一样,世嘉在家用机上几乎不赚钱,而是提高销量来推动游戏销售和软件开发商的忠诚度。但是,世嘉采取的限制性许可政策比任天堂宽松很多,于是很快吸引了大批开发商来制作世嘉游戏主题。而且,虽然任天堂有能力让16位系统后向兼容,以使用户能将拥有的8位游戏资源用于新系统,它却选择让其与8位系统不兼容。到1991年年底,SNES系统有25个游戏主题用于街机,而相比之下世嘉有130个。任天堂给了世嘉

---

① D. Sheff, *Game Over: How Nintendo Zapped an American Industry, Captured Your Dollars and Enslaved Your Children* (New York: Random House, 1993).

② A. Brandenberger, "Power Play (A): Nintendo in 8-Bit Video Games," Harvard Business School Case no. 9-795-167, 1995.

③ A. Brandenberger, "Power Play (B): Sega in 16-Bit Video Games," Harvard Business School Case no. 9-795-103, 1995.

两年的时间来好整以暇地建立一个能带来巨大技术优势的系统,然后在互补产品供应一穷二白的形势下进入市场。一位视频游戏玩家在《财富》上发表的评论恰如其分地评价了任天堂姗姗来迟的后果:"说实话,任天堂着实不再那么酷了。这玩意儿是16位的,比早期的任天堂更好。但是公司只为了与世嘉竞争才把它制造出来,而大部分孩子都已经有世嘉机了。所以他们不需要超级任天堂——除非他们有企图拥有一切的怪癖。但那样的话简直太白痴了。"① 随着时间的推移,任天堂SNES系统的销售逐渐加速,最终证明比以往推出的系统都更加成功。但是任天堂几乎垄断的市场地位被打破了,世嘉成功地超越了任天堂。

32/64位系统

20世纪80年代后期和90年代早期都吸引了其他一些竞争者进入视频游戏市场。1989年,飞利浦发布了32位CD互动游戏(CD-i)——一款可以作为游戏机、教学机和音乐系统的互动多媒体高密盘片系统。但是,CD-i非常复杂,需要进行30分钟的演示。不仅如此,它也非常昂贵——以799美元推出,后来降到低于成本价的500美元(这是任天堂或世嘉系统的两倍)。② 尽管这个产品并不仅仅是视频游戏家用机,但消费者将它与流行的任天堂和世嘉系统一比较,就被它的价格和复杂性给吓坏了。更糟糕的是,飞利浦不愿意泄露技术细节,这大大限制了针对该系统的软件发展。最终,飞利浦CD-i获得的市场份额没能超过2%。③ 其他公司也推出了32位系统,包括Turbo科技的Duo和3DO的Interactive Multiplayer,但是这些系统的成本(600～700美元)高得惊人。Turbo科技的Duo只是昙花一现,没有受到多少关注。但是3DO的系统引起了相当的关注。该公司于1993年由特里普·霍金斯(Trip Hawkins)创建,是视频游戏开发商电子艺业(Electronic Arts)的前身。然而,3DO采用独特的战略,将所有的游戏和硬件生产都外包出去。这使得它不可能达到世嘉或者任天堂那样低的家用机价格。因为后两者都通过游戏忠诚度来贴补家用机生产。3DO的硬件生产商(Matsushita和Panasonic)不出售游戏,也不愿意卖家用机而不赚钱。这款机器的销售从来没有成什么气候,3DO最终退出了市场。Atari也在1993年出人意料地携其技术领先的Jaguar系统杀回视频游戏市场。不过,Atari的长期奋斗没有在开发商或者分销商中激励出太大的信心,好几家大的零售连锁都选择不引入该产品。④

1995年,两种32位系统脱颖而出——世嘉的土星系统(Saturn)和索尼的PS系统(Playstation)。这两种系统都被大肆宣扬并且受到了众多开发商的追捧。虽然在视频游戏市场上,世嘉具有独到的经验和品牌形象,索尼仍凭借其在电子产品方面强大的品牌效应以及媒体方面的优势而独领风骚。为了快速熟悉玩具工业,索尼聘请了资深的布鲁

---

① J. Hadju,"Rating the Hot Boxes," *Fortune* 128,no. 16 (1993),pp. 112-113.

② N. Turner,"For Giants of Video Games It's an All-New Competition," *Investor's Business Daily*,January 24,1996,p. A6.

③ J. Trachtenberg,"Short Circuit: How Philips Flubbed Its U. S. Introduction of Electronic Product," *Wall Street Journal*,June 28,1996,p. A1.

④ Y. D. Sinakin,"Players Take Bold Step to Keep Up with New Rules," *Electronic Buyers' News*,February 19,1996,p. 50.

斯·斯坦(Bruce Stein)担任视频游戏的领军人物。由于索尼的规模及其在电子产品市场以往的成功(包括对CD格式的发展和控制),在其展开宣传攻势后,便吸引了一些游戏开发商为其开发为期6个月的游戏主题,其中包括当时美国最大的游戏开发商电子艺业。截至1995年年底,索尼便拥有了50个游戏主题,而且到2000年年底更达到了800个。

虽然在市场占有率上,世嘉的土星系统在头几个月击败了索尼的PS,但是由于世嘉的供货渠道有限,只能供应4家零售商:Toys "R" Us、Babbage's、Software Etc 以及Electronics Boutique。这使得某些商家(如长期支持世嘉的百思买和沃尔玛)颇为不快。[①]开发商也觉得为PS开发比为土星开发更加便利,这导致世嘉失去了至关重要的开发商的支持。[②] 到1996年年底,PS在美国的保有量(290万台)已经是世嘉土星系统(120万台)的两倍多。

1996年,距离其公告2年多之久,任天堂推出了名为任天堂64的64位游戏系统。虽然其家用机只有两个软件主题可选(其中之一便是超级玛丽),还是在发布后几个礼拜内被抢购一空。虽然任天堂的64位系统在消费者中广受好评,但无论任天堂还是世嘉,都无法重获视频游戏的霸主地位。期间有一些新锐试图通过技术上的跨越,在视频游戏产业占一席之地(其中包括卷土重来的Atari),但是只有索尼成功地将技术优势、战略以及资源结合在一起转化成产品,这使它得以快速占领市场份额并获取互补资源,同时也赢得了不少好评,这都预示着在这场战斗中,它将是最后的获胜者。

128位系统

1999年9月,世嘉128位的梦工厂(Dreamcast)家用机浮出水面,这是一种能联网的赌博机,市值199美元。在推出梦工厂之前,世嘉正处在低谷期,其市场占用率仅为12%。梦工厂是第一个投放市场的128位系统,在开始的2个星期就卖出了51.4万套。到2000年10月,安装了此系统的机器已达500万台。然而好景不长,2000年3月,索尼在日本也推出了128位PS 2代(Playstation2)并且在10月登陆美国。虽然梦工厂采用大减价和促销手段(可以换取两年的世嘉网络服务)使得家用机几乎是免费白送,它还是在销售旺季中败下阵来。2001年年初,世嘉宣布将停止生产家用机,而转型成为其他家用机的第三方游戏开发商。

索尼的PS2获得了史无前例的成功。比起32位系统,它不仅性能卓越,其后向兼容性使得玩家能在他们的家用机上玩PS游戏直至更换新的游戏库。[③] 在2000年3月4日的周末大减价期间,PS2卖出了100万台。这个数字是最初PS系统在1994年刚刚推出3天内销售额的10倍。新的PS2系统的需求量如此之大,大减价期间索尼公司网页上的订单居然达到了每分钟10万份,索尼公司为此不得不暂时关闭网站。

在PS2发布时,任天堂把新的128位系统——游戏盒子(GameCube)的上市推迟到了2001年上半年。不同于PS2,GameCube不兼容任天堂的64位游戏。GameCube的定

---

① P. Hisey, "Saturn Lands First at Toys 'R' Us," *Discount Store News* 34, no. 11 (1995), pp. 6-8.
② T. Lefton, "Looking for a Sonic Boom," *Brandweek* 39, no. 9 (1998), pp. 26-30.
③ M. A. Schilling, R. Chiu, and C. Chou, "Sony PlayStation2: Just Another Competitor?" in *Strategic Management: Competitiveness and Globalization*, 5th ed., eds. M. Hitt, D. Ireland, and B. Hoskisson (St. Paul, MN: West Publishing, 2003).

位是8～18岁的更年轻的消费群,而索尼的则是16～24岁的消费群。对索尼PS2构成真正威胁的是微软的Xbox。它于2001年11月上市,其势如视频家用机产业的一匹黑马,它的目标群体是18～34岁的男性,与PS2成掎角之势。

微软之前就生产过基于PC的计算机游戏,如微软模拟飞行(Flight Simulator)和帝国时代(Age of the Empires)系列,并且开发了在线游戏(Microsoft Game Zone),因此它对该产业有一定的了解。但是,微软既没有世嘉和任天堂那样开发街机的经验,也没有索尼那样做电子产品的经验。在Xbox上市之时,PS2已经在市场保有量和游戏可得性上独占鳌头(到2001年年底,已经有超过300种PS2游戏主题可选)。但是微软依靠Xbox的技术优势赢得了消费者的青睐。Xbox比PS2处理速度更快、内存更大,而且更便宜。Xbox上市的零售价仅为299美元,远低于其成本价,据估计,微软每卖出一套游戏机就要亏100～125美元。①

为了快速推出主机和占领市场,尽管它将因此而不得不寻求向分销商进一步渗透,微软仍然充分利用了与软件发行分销商的关系,如Toys "R" Us、Babbages和Circuit City。在家用游戏机市场,微软急需树立一个与其在软件市场上大不相同的品牌形象。这就需要动用更多的市场开拓手段,如电视广告、游戏杂志等。为此,微软投入了5亿美元的18个月预算以推广Xbox——远远高于公司在任何其他营销中的投入。② 微软计划自主研发其30%～40%的游戏产品,并赠送价值1万美元的游戏开发工具来吸引第三方开发商。

Xbox和任天堂的GameCube都是在2001的圣诞节期间上市的,销售量非常可观。据估计,到年底就已经售出了130万套GameCube和150万套Xbox。③ 但是,这两款新型家用机都被PS2盖过了风头——仅12月一个月,PS2就售出了200万套。接下来的几年里,这一市场份额趋势极为稳定。截至2005财政年度末,微软称Xbox总共售出2 200万套,略微高于任天堂GameCube的2 060万套,而PS2却售出了1亿套!④

128位系统的第二轮竞争

2005年年底,微软第一个推出了新一代的游戏机——Xbox360。2005年圣诞季时,由于生产的速度跟不上销售的节奏,最后只卖了60万套。微软希望与索尼和任天堂(这两家公司都是在2006年年底才推出了新一代的游戏机)推出游戏平台,以便赢取市场主导地位。

Xbox360这款游戏机的设计包括从IBM定制的在单一芯片上集成3个强有力的PC处理器的处理器,以及从ATI公司定制的图像处理器,如此设计使得这款游戏机具有高清视频和极好的图像效果。同时,Xbox360还能兼容Xbox游戏库里面的大部分游戏(尽

---

① D. Becker and J. Wilcox,"Will Xbox Drain Microsoft?" *CNET News. com*,March 6,2001;L. P. Norton,"Toy Soldiers," *Barrons* 81,no. 20 (2001),pp. 25-30;and S. H. Wildstrom,"It's All about the Games," *BusinessWeek* 37,no. 63 (2001),p. 22.

② T. Elkin,"Gearing Up for Xbox Launch," *Advertising Age* 71,no. 48 (2000),p. 16.

③ D. Frankel,"Video Game Business Boffo on Big Launches," *Video Business*,December 31,2001,p. 38.

④ Microsoft 2005 Annual Report;Nintendo 2005 Annual Report;Sony Corporation press release,November 30,2005.

管不是全部的游戏)。刚上市的时候,顾客可以 299 美元购买一款基本配置的 Xbox360 游戏机,高配置的 Xbox360 则要 399 美元。① 更为重要的一点是(至少在微软看来是这样),这款游戏机不仅仅能让消费者玩游戏——微软下一步的计划就是通过它对数字化的客厅进行安全控制。另外,玩家还可以用它下载音乐、电影、电视节目,购买升级包等。玩家还可以选择加载一个高清 DVD 驱动,看高清电影(或者如果微软能够赌赢,即东芝的 HD-DVD 标准还存在的话,至少用户可以用它来看高清电影——2008 年年初,东芝和索尼关于高清 DVD 的标准之战以东芝的失败告终,之后东芝公司就宣布它将不再生产这种驱动)。到 2006 年年初,微软公司已经销售了 320 万美元的 Xbox360,要不是该公司的生产跟不上销售,销售额将会更高。②

2006 年 11 月,索尼公司发布了 PS3。这款游戏机也采用了 IBM 的处理器芯片,同时它还内置了索尼公司的蓝光光碟播放器(用来播放高清 DVD)。PS3 上市时,60G 机型游戏机的标价是 599 美元,20G 的标价为 499 美元。据估计,这两款游戏机的生产成本分别是 840 美元和 805 美元,也就是说,平均每台游戏机索尼公司要让利 200 多美元。③ 索尼公司声称这款游戏机能够兼容之前为 PS 和 PS2 设计的所有游戏,但事实上,并不是所有的老游戏都能够在这个新系统上运行。尽管 PS3 刚上市没几分钟就销售告罄,直到 2007 年年初索尼公司 PS3 的全球销量才仅有 350 万台——远远低于索尼公司的预期。

相反,任天堂独辟蹊径,并没有加入微软和索尼公司之间的技术"军备竞赛",但它的 Wii 游戏机却改变了游戏的规则。Wii 不再采用那种需要玩家吃力地操控的有按钮或有操纵杆的游戏控制台,相反它采用了一种新科技,即能够让玩家模拟真实体验的远程无线动作感应的操控系统,比如在网球赛游戏中挥舞网球拍或者在拳击游戏中用拳击打某个东西等。而且这款游戏机的发行价仅为 250 美元——远远低于 Xbox360 和 PS3。Wii 能够兼容 Game Cube 的所有游戏,同时因为开发一款 Wii 游戏的成本更低(例如,开发一款 PS3 游戏需要 2 000 万美元,而一款 Wii 游戏只需要 500 万美元),也吸引了大批第三方游戏开发商。最终的结果极具戏剧性——Wii 游戏机吸引了各个年龄段的空前数量的业余玩家,例如在疗养院、保龄球馆和游轮上都安装有 Wii 游戏机。④ 并非只是简单的让那些足球妈妈给自己的孩子购买这款游戏机,那些足球妈妈自己也在玩儿。到 2007 年中旬,Wii 的销售速度是 Xbox360 的 2 倍,是 PS3 的 4 倍。微软和索尼每出售一台游戏机都是亏本的,因为它们期望通过未来的游戏销售获利,但是任天堂每销售一台 Wii 游戏机估计就能够获利 50 美元。

2008 年秋,微软公司把 Xbox360 的价格下调为 199 美元,从而使其成为新一代的游戏机中最便宜的一款。尽管如此,微软公司互动娱乐事业部的高级副总裁唐·马崔克 (Don Mattrick)承认,Xbox360 不可能超过 Wii 了。他说:"我还没有到打败任天堂的那一步……但我们的这一代游戏机肯定比索尼的卖得多。"⑤ 索尼公司如法炮制,将其入门

---

① S. H. Wildstrom,"Xbox:A Winner Only at Games" *BusinessWeek Online*,December 1,2005.
② K. Terrell,"Gamers Push Pause," *U.S. News & World Report* 140,no. 18 (2006),pp. 42-43.
③ A. Hesseldahl,"Teardown of Sony's Playstation 3," *BusinessWeek Online*,December 24,2008,p. 10.
④ J. M. O'Brien,"Wii Will Rock You," *Fortune* 155,no. 11 (2007),pp. 82-92.
⑤ J. Greene,"Microsoft Will Cut Xbox Prices in the U.S.," *BusinessWeek Online*,September 4,2008,p. 2.

级机型的价格降到了399美元。2009年和2010年的情况对游戏机生产商而言更为糟糕,经济衰退给这三家公司都带来了销售额和利润的巨幅下跌,而各公司只能降低游戏机价格作为应对。然而,销售的颓势无法扭转。截至2010年12月,超过7 500万台Wii游戏机销往世界各地,而Xbox360和Playstation 3s的销量分别只有4 500万台和4 200万台。

索尼和微软对Wii的应对措施

2010年,索尼和微软都推出了它们的体感控制装备。Playstation配套的体感设备与Wii的类似,是一款手持的体感手柄。微软的Kinet则不需要任何手持物,而是借助外围摄像设备,在该设备一定范围内都能捕捉到用户的动作。索尼和微软推出的这两款体感设备都作为游戏机的辅助装备出售,且定价都超过150美元,而这差不多是Wii游戏整机的价格。尽管价格偏高,截至2011年3月,微软宣称已经售出超过1 000万台体感设备;根据吉尼斯世界纪录委员会公布的结果,它已成为有史以来销售额增长最快的消费设备。

讨论题

1. 你认为是什么原因使得世嘉在20世纪80年代后期打破了任天堂在美国视频游戏家用机市场的垄断?
2. 为什么任天堂选择让其视频游戏家用机非兼容?这种战略的优缺点分别是什么?
3. 1995年索尼进军视频游戏市场的优劣势分别是什么?
4. 2001年微软进军视频游戏市场的优劣势分别是什么?
5. 通过比较各公司在不同时期采用的战略,能否指出哪些时机、许可、定价、营销以及分销战略影响了公司在视频游戏产业的成败?

13.1 概述

任何一场技术革命带来的价值不仅仅在于这些技术能做什么,其中很大一部分价值在于人们对这场革新的认知度、接受程度以及将新技术应用到生活中的普遍程度。部署不仅仅是商家从这场革命中盈利的一种途径,更是创新过程本身的核心部分之一。

部署战略能影响消费者、发行商和互补产品供给商对产品的接受程度。有效的部署战略能降低商品的不确定性,减弱从竞争产品或者后备产品转换的难度,还能加快其被大众接受的速度。低效的部署战略甚至会导致原本前途辉煌的技术革命走向失败。正如开始的小插曲一样,3DO的互动多用机和飞利浦的CD互动游戏是最早进入市场的32位机,它们比以往的前一代家用机在性能上更为卓越。但是由于价位过高、游戏种类太少而没能在市场上占有一席之地。世嘉在推出32位机的头几个月曾击败了索尼的PS,其价格低廉并且有多种受欢迎的游戏可选。但是发行环节的薄弱最终阻碍了家用机的发展。虽然索尼在视频游戏产业初出茅庐,但是其与众不同的部署战略使PS家用机几乎一夜成名。索尼采用了强大的市场营销、低廉的价格、多种游戏可选择性、强有力的发行渠道等,这种种措施使得PS一炮走红。

本章将介绍部署过程的五要素:时机、许可和兼容性、定价、分销以及营销。有关内容可在书中相关章节找到,这里仅就其与技术革新紧密相关的部分做相应的介绍。

13.2　时机

视频游戏产业的事实证明,时机的选择是公司部署战略中非常重要的一部分。例如,虽然在世嘉推出 16 位 Genesis 系统时任天堂已经在开发它的 16 位视频游戏系统了,但是由于担心会影响 8 位系统的销售,任天堂推迟了 16 位系统的上市。我们在第 5 章讨论了领先者、早期跟随者和后进者的优劣势,这里重点讨论公司利用时机作为一项部署战略的做法。

13.2.1　战略性进入时机

一般来说,公司都尽力缩短部署周期以削减开支同时增加进入时机的选择范围,但是这并不意味着公司把产品越快推向市场就越好。公司应该利用销售周期或者季节性的优势选择合适的进入时机,在考虑相关技术前一代产品的同时,合理定位自己的产品,并保证足够的生产能力、兼容性和售后服务都到位。在视频游戏产业,我们已经展示了以上战术各自的角色。

任天堂、索尼和微软都瞄准了圣诞销售旺季,在圣诞前夕推出了它们的新款家用机,并配以铺天盖地的宣传攻势。大多数家用机是在 12 月卖出的。选择在 12 月前夕推出新家用机,公司可以在这段时机内集中进行广告轰炸,同时可以大肆利用围绕新款家用机发布而产生的公众兴趣,如刊发产品介绍、第三方评论等新闻稿。

因为视频游戏产业每次更新换代的技术都是截然不同的,所以新一代家用机选择合适时机上市对其技术定位和在同类产品中的定位有重要的影响。如果过早上市,可能会反映平平,因为消费者刚刚购买了前一代的产品,他们不愿这么快就花太多钱购买新的家用机。例如,虽然 Xbox 的速度是 PS2 的 2 倍,但是它的上市时机使得它正好处在 PS2 同代,许多消费者视它为自己已经拥有产品的竞争者,而非下一代的技术产物。如果主机推出的太晚,公司可能会失去技术领先者的形象,还可能将可观的市场保有量拱手让给早期进入者。这在我们引用的对任天堂 SNES 系统的简评中就可以得到佐证:"说实话,任天堂着实不再那么酷了。这玩意儿是 16 位的,比早期的任天堂更好。但它只是为了与世嘉竞争才制造的,而大部分孩子都已经有世嘉机了。所以他们不需要超级任天堂……"

最后,以上案例已经证明,在与生产能力和游戏可得性相匹配的时机推出新机型,对视频游戏机产业是非常重要的。例如,世嘉为了让其土星系统在市场上击败索尼的 PS 系统,还没有形成足够的生产能力就匆匆推出产品。结果,它没能拥有很多重要的分销商,又疏远了曾经一直支持世嘉的公司。无独有偶,案例也证明了,在产品推出时有足够的游戏匹配也是至关重要的:每个至少在一代产品中获得成功的游戏机制造商(如 Atari、任天堂、世嘉、索尼、微软)都在游戏机推出时确保了游戏的可得性。即使为此要把游戏开发公司买下来以制造兼容游戏,也是值得的。从许可战略的角度看,游戏可得性的重要性也得到了验证。这一点将在下文讨论。

13.2.2 最优化现金流与自噬效应

进入时机的第二个要点在视频游戏产业中也得到了论证。公司若要在它们已经立足的市场上引入下一代产品,进入时机就关系到是否以及在何种程度上产生**自噬效应**(cannibalization)。传统上,产品生命周期的研究强调了把握新产品引入时机以优化每一代产品的现金流(或利润)和最小化自噬效应的重要性。如果公司当前的产品非常赚钱,那么公司往往会推迟发布下一代产品,等到当前产品的利润开始出现严重下滑时再推出。这种战略是为了让公司在开发每一代产品的投资中都获得最大的回报。但是,在技术创新推动型产业里,推迟发布下一代产品可能会让对手获得重大的技术领先优势。如果竞争者引入的新产品与该公司现有产品相比有很大的技术优势,消费者很可能转而摒弃该公司的技术。

如果公司宁愿不断造成现有产品与新产品之间的自噬,也要致力于持续的创新,那么它就能让其他公司无法获得消费者认可的技术领先地位。当顾客打算购买下一代产品的时候,公司可以鼓励老顾客升级到新版游戏,进而打消他们购买其他公司产品的念头。很多人认为当年任天堂公司就是在这一点上吃了大亏。20世纪80年代末期,任天堂从8位机系统中获利颇丰,从而不愿意引入16位机,担心它会自噬8位机的市场。然而,为了避免自噬效应,任天堂却让世嘉利用技术领先的产品把顾客纷纷挖走。

13.3 许可和兼容性

第9章阐述了让技术更加开放(例如,不过分保护技术或者通过许可来开放部分技术),能让更多制造商改善和推广技术并使得配套品开发商更好地支持技术,从而能够加快技术被大众接受的步伐。不过,该章也指出让技术完全开放会面临一些风险。首先,如果公司完全开放技术,其他生产商会将技术价格降低到该公司无法收回研发成本的程度。如果竞争将价格降低到生产者无利可图的地步,也就没有生产者愿意进一步开发该技术。最后,完全开放技术可能导致其基础平台变得四分五裂,因为不同的生产商会根据各自的需求来改变该技术,结果导致生产者之间丧失彼此的兼容性,甚至影响产品的质量。

上述每种影响都已经在案例中得到了证实。因为对技术保护得不够,第一代视频游戏机生产商几乎放弃了对产品生产数量和质量的控制权。结果市场上劣质游戏泛滥,从而扼杀了视频游戏产业。而任天堂为8位机制定了高度限制下的许可政策,又使得游戏开发商们渴望和支持其对手的出现。在16位机、32/64位机和128位机中,主机生产商寻求达到一种精妙的均衡,使得许可既足够开放以吸引开发商支持,又足够严格以控制游戏质量和数量。

推行一项技术创新时,公司常常必须决定该技术在多大程度上与竞争对手的技术或自己以前的技术互相兼容。如果自己已有的技术拥有很大的市场保有量,或者能获得充足的配套品,公司有时会让新技术与老技术兼容以充分利用已有的市场保有量和配套品。例如,IBM兼容电脑的生产者(详见第9章)通过提供与IBM兼容的产品,得以分享IBM的保有量和配套品优势。IBM兼容机的用户也分享了同样的保有量优势,而且他们同样能获得那些提供给 IBM 用户的软件。

如果公司不想放弃已有的市场保有量和配套品优势,它就必须确保其产品与潜在进入者的产品不兼容,以保护其优势。美国视频游戏产业的大部分竞争者(除了 Atari 外)都在这个战略上获得过巨大成功。例如任天堂公司,它就采用了一种安全芯片以保证只有经过许可的任天堂游戏才能在它的游戏机上运行,而且只有任天堂游戏机能够运行这些游戏。

公司还必须决定,它的产品能否**后向兼容**(backward compatible)以前的技术。任天堂多次选择不使其游戏机后向兼容,认为让顾客购买新游戏能够带来更高的利润。考虑到游戏机是以成本价卖出的,而主要依靠游戏销售来获得利润,这种做法是可以理解的。然而,这也意味着任天堂丧失了针对世嘉的一个潜在优势源。相比之下,世嘉让其 16 位 Genesis 系统与 8 位 Master 系统兼容——当然,因为 Master 系统业绩平平,无法证明这个做法是否让消费者心动。更明显的例子是索尼,它让 PS2 游戏机与 PS 游戏相兼容,于是不仅保证了产品上市时就有海量的游戏库,也刺激了那些打算升级到 128 位系统的 PS 玩家选择 PS2,而不是世嘉的梦工厂,也不用等待 Xbox 或者 GameCube。

一些公司采用非常强势的战略,集持续创新与后向兼容于一身。一家公司如果能在通过创新阻止竞争者获得技术领先的同时,利用后向兼容使得其新平台或模式与以前的配套品兼容,它就能够为新平台争取到一大批配套品,从而充分利用已有的价值。尽管这种战略可能会使得公司(至少在初期)失去新平台的配套品销售额,它也能有效地将几代产品连接起来,成功地让顾客在几代产品之间顺利过渡,进而不给竞争者任何进入市场的可乘之机。微软已经在视窗系统(Windows)中熟练地采用了这种战略——虽然操作系统定期升级,每个新系统都与以前系统开发的大部分主要应用软件兼容。因此,顾客不必更新所有应用软件库就能轻松升级。

13.4 定价

定价是公司部署战略中的重要元素。价格同时影响产品的市场定位、市场采纳率以及公司的现金流。在公司决定价格战略之前,它必须确定其定价模式要达到的目标。例如,如果一家公司所处的产业正在被生产过剩和价格战所困扰,公司的目标很简单——就是要生存下去。一项生存定价策略给产品的定价会包含变动成本和部分固定成本。这是一项短期的战略,而在长期角度上,公司希望寻求获得附加价值。当前收益最大化是一个很普通的定价目标。在这种定价策略下,公司首先估计成本和需求,然后制定价格以使得现金流或者投资回报率最大化。这项战略强调当前业绩,但是可能牺牲长期利益。

对于新技术创新,公司往往要么强调市场撇脂最大化(maximum market skimming),要么强调市场份额最大化(maximum market share)等目标。作为撇脂定价,公司会在一开始就给新产品定高价。高价格给市场的信号就是该产品是一项重大创新,比以前的产品有了巨大的性能改进。假如早期的需求也很高的话,高价格也能够帮助公司弥补先期的研发费用。但是,高起始价格也容易吸引竞争对手进入市场,会减慢产品采纳率。如果成本有望随着产量的增加而大幅下降,撇脂定价策略实际上不如迅速抢占市场的定价策略划算。

如果关键问题是达到很高的销售量,公司常常会强调最大化市场份额的目标。为了市场份额最大化,公司往往采用**渗透定价**(penetration pricing)。公司会选择有望迅速吸引顾客、推动产销量提高和降低生产成本的最低价格。有效地利用渗透定价,通常要求公司形成超过需求的强大生产能力。在短期,公司会在资本投资中承担很高的风险,而且如果价格低于初始可变成本,每单位产品销售还会产生亏损。但是,如果产销量增加、成本下降,公司就可以获得非常强势的地位:它可以获得低成本优势,从而在低价格下获取利润,同时还占有可观的市场份额。

收益递增型产业中的公司(很强的学习曲线效应和网络外部性)往往采用市场份额最大化的目标和渗透型价格战略。在这些产业,巨大的压力要求其采用一项主导设计(详见第4章)。公司的上上策就是加速技术的市场渗透、形成市场保有量、吸引开发商或配套品、降低学习曲线以降低生产成本。

例如,本田的混合动力车 Insight 推出时价格只有 2 万美元,每卖出一辆,本田都要亏本。但是,本田相信混合动力技术从长远来看是有利可图的,它在混合动力技术上积攒的经验以及"绿色"汽车公司的形象持续性,都足以鼓励公司在头几年亏本销售 Insight。[1]

有时候公司定价低于成本,因为商家希望通过配套品或服务的利润来弥补损失。在视频游戏产业,已经证明这是一项非常重要的战略。任天堂、世嘉、索尼和微软都把家用游戏机定价在接近(或低于)生产成本,同时从相应的游戏销售和许可授权中获利。类似的,微软发布 IE 网络浏览器时,无偿提供该软件以迅速赶上 Netscape 网络浏览器,而后者进入市场比微软早了几乎一年。虽然消费者无偿使用 IE 浏览器,但是微软仍能通过向商家销售其他配套软件产品来盈利。

公司还可以通过巧妙设置付款时间,来影响现金流和顾客对成本的印象。例如,尽管最典型的定价模式要求顾客在获得产品之前付清全款,还是有其他一些定价模式通过采用一定期限内的免费试用版,让顾客能够推迟支付购买款项。这可以让顾客在付款前熟悉产品的优点——当顾客对一项新产品或服务半信半疑的时候,这招非常管用。还有一种定价模式让顾客选择自己喜欢的方式付款,比如通过租赁计划等。还有一种定价模式,其初始价格为零(或者非常低),但顾客得为服务付费。比如,当有线电视用户定购有线服务时,他们一般以很低的价格或无偿地获得设备,但是要为每个月的服务交相当数量的月租(一般为 20~90 美元,视服务套装而定)。这些费用里包括了一部分设备费用。另一种就是免费增值模式,基本商品是免费的,但附加功能或功能升级需要支付一笔费用。例如 Dropbox 公司提供的免费云存储和文件同步服务广受欢迎,但渐渐地公司发现免费服务将让自己无法支付谷歌高昂的竞价广告费用。于是,公司将免费增值模式和成功的推荐模式相结合。首先,用户能够获得一个初始的免费存储空间(2012 年这一数据为 2GB),但用户需要为扩容空间支付额外的费用。当用户对公司提供的服务产生了依赖,久而久之存储空间的需求会自然而然地上升,最终用户都会需要支付费用来获取更多的存储空间。其次,通过将 Dropbox 推荐给朋友,用户能够获得额外的免费空间。截至 2011 年 10 月,Dropbox 拥有了 5 000 万用户,其中 96% 都是非付费用户。[2]

如果不清楚顾客对一定的价格水平会有什么反应,公司往往会采用推介价格,声明这个价格只用于特定的时期。这样就允许公司测试市场对产品的反应,而暂不把长期价格结构确定下来。

13.5 分销

13.5.1 直销与中间商

公司可以通过直销人员、网上订购系统或邮购目录,直接将产品销售给用户。另一个选择是,公司可以利用中间商,如**制造商代理**(manufacturers' representatives)、**批发商**(wholesalers)和**零售商**(retailer)。直销让公司更好地控制销售过程、定价和服务。它也使公司能获得更多的客户信息和便于为客户提供产品定制。但是,在很多情况下,直销不易实施或者过于昂贵。中间商提供了大量的重要服务,使得销售更加高效。首先,由批发商和零售商来进行分件。一般来说,制造商更乐意销售大批量少品种,但是顾客愿意购买少量多品种。批发商和零售商可以同时向许多制造商发出大订单,然后以多品种小批量的形式提供给消费者。

例如,一般的出版社制作少数几种主题书籍,但是希望有很高的销量。而一般的最终消费者都只想挑一个主题买一本,并且最好能够有比较多的主题可挑。批发商和零售商在这个渠道中提供各种分件服务。类似 Ingram 这样的批发商会从麦格劳—希尔、西蒙·舒斯特等一大批出版社购买好几个集装箱的书。然后把这些集装箱打散重新分装成包,里面包括很多出版商的书,但是每个主题的数量都很少。他们把这些包卖给零售商,如巴诺书店或鲍德斯书店(Borders)。零售商为个人消费者提供很多品种供选择。虽然出版商可以利用互联网或者邮购目录直接销售给最终消费者,但消费者往往要在零售商的书架上比较不同出版商的书。

中间商也提供很多其他的服务,如送货、分流库存、提供销售服务以及与顾客沟通。很多中间商还为消费者提供更大的便利,如提供地理上很分散的零售网点。这些分散的位置有时候特别重要,尤其是当顾客都分散在各地而又希望尝试不同的产品选择、需要到站服务的时候。相对的是,如果产品基本上只销售给少量工业用户,或者产品不需要仔细的检查、测试或服务,那么地理分散就不是那么重要了。

初始设备制造商(original equipment manufactures,OEM),又称**增值转售商**(value-added resellers,VAR),在分销环节扮演很关键的角色。OEM 从其他厂商那里购买产品(或产品部件),并根据顾客需求定制组装成产品。然后,OEM 把定制化的产品以自己的品牌卖出去,并为产品提供营销和服务支持。OEM 在计算机和电子产业非常普遍。这些行业中的制造商往往精于某一个部件的生产,但是用户希望购买组装后的整机。以戴尔公司为例,它就是一家在计算机行业非常成功的 OEM 厂商。通过集成部件以及为消费者提供简单的联络节点,OEM 在产业中提供了非常有价值的协调作用。

在某些产业,信息技术的进步(如互联网技术)已经推动产业走向**去中介化**(disintermediation)或对中间商类型的重新认识。比如,E-trade 或 Ameritrade 等在线投资服务导致一些投资市场去中介化,因为这些服务让顾客得以绕过经纪人,在线直接管理自己的股票或债券。在某些产业，产品是可以通过数字化传输的信息，如报纸、软件和音乐，互联网可以直接把产品从生产者传递到消费者手中。但是在大部分行业，信息技术只是简单地转变了中间商的角色或扩展了它们提供的服务。例如，Dell.com 或 Amazon.com 等在线书店使得顾客可以绕过传统的零售途径如计算机商店或书店等。但是，在大部分情况下，这并没有缩短产品传递到顾客的供应链，而只是改变了路径。在其他一些例子中，网上交易要求建立新的中介（如为其他厂商配送产品的公司），或者改进中间商提供的服务。例如，杂货店传统上会让顾客自己完成"最后一英里"（商店到顾客家之间的路程），但是在线杂货店的销售把"最后一英里"的责任转移到商家身上，要求他们发展自己的配送系统或者购买其他厂商的配送服务。巴诺书店利用在线销售来补足实体零售途径：顾客走进商店里浏览，并亲手接触书（这是很多书店比较喜欢的选择），但是他们也可以上网订购——从家里或者从巴诺书店——如果他们想找的书在不方便取到的地方。

为了决定是否采用中间商，以及倾向于采用哪种中间商，公司应该回答以下问题。

1. 新产品如何与公司现有产品线的分销要求相适应？在考虑产品如何分销时，公司是否有适合该产品的现有分销渠道，是一个基本的考虑点。例如，如果公司已经有很强的直销队伍，新产品也能够与这个直销系统很好地吻合，就没有必要考虑其他的销售选择。而如果公司没有现成的直销队伍，它就不得不决定是否值得为新产品花费时间和成本建立直销队伍。

2. 顾客有多少？有多分散？顾客需要多少产品宣传教育或服务？购买前试用是否必要或是否值得？是否需要安装或定制？如果顾客非常分散，但是几乎不需要产品宣传教育或者服务，那么邮购或在线订购就足够了。相反，如果顾客非常分散，而且需要一般程度的宣传教育、服务或试用，那么采用中间商往往是不错的选择，因为它们可以提供一些在线宣传和服务以及（或者）试用。如果顾客并不分散，或者需要较多的宣传教育和服务，公司就有必要自己直接提供这些宣传服务。进一步地，如果产品需要安装或定制，公司往往需要采用直销人员或中间商以提供较广泛的服务。

3. 竞争品和替代产品都是如何销售的？公司必须考虑竞争品和替代产品都是如何销售的，因为这既决定了可选的现存销售渠道的本质，又勾勒出了顾客对产品购买方式的期望。例如，如果顾客习惯了在看得见摸得着、有个人导购服务的零售环境中购物，他们就可能不愿意转向更少交流的购物渠道，如在线购买或邮购。产品的销售方式还会影响产品在顾客心目中的地位。例如，如果竞争品一般在专卖店或通过直销等高度交流的环境出售，那么通过团购或邮购等低度交流方式销售新产品，就可能导致用户认为产品质量不好或不值钱。通过市场研究可以了解销售渠道如何影响顾客对产品的看法。

13.5.2 加速分销的战略

如果产业倾向于选择某一项技术作为主导设计，那么迅速推广这项技术将尤为重要。迅速推广能让技术形成很大的市场保有量，鼓励配套品的开发商支持该技术平台。技术一旦被采纳，制造商和用户的经验就可以用于改进技术。由于学习效应和规模经济，生产成本也会相应下降。公司可以采用一系列的战略来加速分销，比如与分销商结成联盟、建立捆绑分销关系、向大顾客群提供赞助或订立合同以及提供分销保障等。[3]

1. 与分销商结盟

推出技术创新的公司可以采用战略联盟或排他性合同来鼓励分销商出售和推介自己的产品。只要承诺让分销商在新技术的成功中分一杯羹,公司就能够说服分销商卖力地销售和宣传新技术。对已经在其他产品上与分销商搞好关系的公司来说,采用这一战略更是得心应手。没有这层关系的公司可能需要开拓局面,甚至考虑纵向一体化发展来保证产品分销面广泛。

分销环节缺失可能是导致世嘉土星系统争夺市场保有量失败的重要原因之一。世嘉为土星系统发布做的销售努力不多,这可能直接(因为顾客不太容易接触到产品)或间接(早先被拒绝的分销商可能因为限制又提高了而不愿推广该产品)减缓了市场保有量的形成。相比之下,任天堂在 64 位机推出时没有对分销进行任何限制;而索尼不但不限制分销,还为了推广其消费电子产品,广泛与沃尔玛等零售巨头开展对话。结果,尽管世嘉在该市场有十余年的经验,索尼的 PS 系统的销售还是在上市头一天就击败了世嘉土星系统。[4]

2. 捆绑销售

公司也可以通过与另一个成熟的产品捆绑销售,来推动新技术的推广。捆绑销售使得新技术可以借助那些有很大市场保有量的产品的力量。如果顾客在拿到某种已经在用的产品的同时,也得到这款新产品,那么转换成本就会阻止顾客转向其他产品(哪怕其他的竞争品在一开始受到青睐也没关系)。一旦顾客对这款产品熟悉起来,他们对这项技术的依赖(比如以培训成本的形式)就会增加,他们在未来的购买决策中选择这项技术的可能性也会大大增加。事实证明,在形成市场保有量和保证配套品的供应方面,捆绑销售法是卓有成效的。这方面的例子有:Conner Peripherals(其磁盘驱动器与惠普的个人电脑捆绑销售),微软的 MS-DOS(它早期与 IBM 的捆绑销售引致几乎所有个人电脑厂商都对其捆绑销售,也促进了后期视窗系统在个人电脑中的捆绑销售),以及微软的 IE 软件(通过与美国最大的互联网提供商 America Online 进行捆绑,它形成了巨大的市场保有量)。

3. 合同与赞助

公司也可以与分销商、配套品供应商,甚至大的团体客户(如大学、政府机构等)订立合同关系,以通过价格折扣、特别服务合约、广告支持或其他手段来保证技术被采用。比如,医疗器械生产商推出关键的新医疗器械,如新的超声波设备或磁共振成像仪时,往往会向大的教学医院赞助或出借一大批这种机器。一旦医生和医院管理层了解了新设备的优点,他们就很可能购买更多的设备。因为大型教学医院培训很多来自其他医院的医护人员,而且往往能够成为医学共同体中举足轻重的领导者,免费给这些医院提供设备是鼓励这个圈子里其他医院采用该设备的有效途径。

4. 分销保障和代理

如果新产品或服务的市场前景非常不确定,公司可以通过提供分销保障(如承诺回购未售完的产品)或代理等办法鼓励分销商推广其产品。例如,当任天堂的 NES 游戏机打入美国市场时,分销商们不愿意销售游戏机或者游戏,因为他们还在为 20 世纪 80 年代中期视频游戏市场崩溃中积压的库存犯愁呢。为此,任天堂同意以代理的方式把产品交给分销商:分销商卖多少游戏机就付多少钱给任天堂,不用事先交全款。因为卖不出去的产品可以返还任天堂,零售商在销售产品的时候几乎没有任何风险,视频游戏产业也得以重生。

无独有偶,给配套品制造商提供分销保障也是这个道理。如果配套品制造商不愿意支持这项技术,公司可以保障一定的配套品销量,或者提供一部分生产资金,这样就分担了制造配套品的风险。配套品的制造商还是有可能因为制造没有长期市场的产品而损失时间和心血,但其直接成本风险小多了。

13.6　营销

一项技术创新的技术推广战略必须既考虑目标市场的本质,又考虑创新的本质。例如,目标市场主要是由大工业用户还是由个人消费者组成的?创新是可能只被技术爱好者接受,还是被广泛的市场接受?这项技术的优点是很容易了解,还是需要相当程度的产品宣传推广?消费者会更多地关注技术细节,还是引人注目的品牌形象?营销人员能否打消消费者对创新的疑虑?以下将简要回顾主要的营销手段,以及营销如何适用于特定的接受者群体。其中还将考察营销如何构成对创新的市场保有量、配套品可得性等的认知和期望。

13.6.1　主要的营销手段

最普遍采用的三种营销手段是广告、促销和公共关系。

1. 广告

很多公司采用广告来建立其技术创新的公众认知。这要求公司制作有影响力的广告信息,并选择能将信息传递给适当目标市场的广告媒体。

在制作广告信息时,公司常常努力保持平衡——既传达轻松难忘的信息又提供一些重要的内容。如果过分集中于其中任何一点,要么广告给人印象深刻但产品信息传达不够,要么广告信息量大但是很快就让观众失去兴趣了。很多公司都请广告商来开发和测试广告信息。

广告媒介的选择通常要考虑与目标观众相匹配、它们能传达的信息量或感知的细节、它们的覆盖面(面向的人群数量),以及它们的单位宣传成本。表13.1给出了不同广告媒介的一些优缺点。

2. 促销

在发行和分销阶段,公司也可采用促销手段来刺激购买和试用。促销往往是暂时性的销售战略,主要包括:

- 提供样品或者免费试用;
- 购买以后返还一部分现金折扣;
- 随正品附送额外产品(赠品);
- 多次购买给予奖励;
- 给优秀发行商和零售商分发红利;
- 对多种非竞争性商品采用交叉销售方式以增加吸引力;
- 利用售点广告来展现产品特色。

表 13.1 主要广告媒介的优缺点

媒　　介	优　　点	缺　　点
报纸	及时；很好地覆盖本地市场；广泛接受；高度可信	生命期短；复制质量差；"路过"观众少
电视	丰富的感知效果，结合了视觉、声音和动作；关注程度高；广泛传达	绝对成本高；展示时间短暂；对观众的选择性少
直接邮寄	高度的观众选择性；在同一媒介中没有广告竞争；个性化；允许重大技术内容的沟通；可能传达给路过的其他人	成本相对较高；"垃圾邮件"形象
广播	高度地理和统计选择性；范围中等；低成本	只能做声音讲解；非标准化费率结构；短暂展示
杂志	高度地理和统计选择性；高质量复制；生命期长；可涉及重大技术内容；大量"路过的"读者	广告购买交付周期长；存在多余的发行
露天(如广告牌)	高度重复展示；低成本；低竞争	有限的观众选择性；创造性有限
黄页	出色的本地覆盖；高度可信；广泛传达；低成本	高度竞争；广告购买交付周期长；创造性有限
时事通讯	极高的选择性；充分控制；允许重大技术内容的沟通；互动的机会	传播面窄；潜在的高成本
电话	互动；可以给出个人信息	成本相对较高；可能惹人讨厌
网络	高度选择性；互动可能性；成本相对较低	在网络用户不多的国家是相对较新的媒介；高度混乱

资料来源：Philip Kotler, Marketing Management, 11th edition, Copyright © 2003. Adapted by permission of Pearson Education, Inc., Upper Saddle River, NJ.

3. 宣传和公共关系

很多公司采用自由公关(比如在报纸杂志上刊登介绍公司或者产品的文章)以有效地提升口碑。例如，辉瑞公司的新药伟哥就通过非官方报导和幽默电视节目(如《今夜秀》和《大卫深夜秀》)使得上镜率大大增加。其他公司则依靠内部发行物(如年鉴、新闻稿、雇员为行业杂志或其他媒体撰写的文稿)来影响目标市场。病毒式营销充分利用个体的社交网络，形成口口相传的广告效果。信息被直接传播给首批种子目标客户，在某种程度上说，这批用户在他们的社交圈子处于"枢纽"的位置，例如，他们拥有比其他人更多的朋友，或拥有更高的话语权。**病毒式营销**(viral marketing)的目的是通过社交网络快速引爆信息热点，产生现象级传播，这一过程与病毒传染的过程十分相近。人们往往更信任来自身边熟人的消息，病毒式营销恰恰是利用了这一点。[5] 公司有时候也通过赞助活动(如体育赛事、会议)、捐款(如慈善业)或者在同业公会展示来扩大知名度，同时提升企业形象。[6] Farmos 集团甚至在新药 Domosedan 的测试过程中引入潜在消费者以增进了解，这将在"理论应用"专栏详细阐述。

理论应用：为 Domosedan 打造知名度

当芬兰公司 Farmos 集团推出兽药 Domosedan 时，主管人员认为关键是要在知名的意见领导者中打造该药的知名度。Domosedan 是对牛、马止痛药的破坏性创新；它将极大地改变兽医进行检查和治疗的方法。不同于以往用于大型动物治疗的镇静和止痛药，Domosedan让兽医无须捆绑或麻醉病畜，就能进行临床和外科检查。动物可以站立着接受检查，而且大多数时候都不用把它们送到兽医站去。

Farmos集团知道大学教授和高级技术专家在兽医药界是重要的意见领导者。为了向这个群体宣传教育并鼓励他们支持该产品，Farmos集团请他们来帮助进行药物批准和销售所必需的试验过程。大学的教授们着手临床前试验，而出色的技术专家则进行临床试验。通过主动邀请这些有影响力的潜在用户，试验过程既是前期营销工具，又确保了药物的功效和安全性。这使得意见领导者们在产品上市之前就对它有了较深的了解和经验。当产品发布的时候，这些有影响力的用户中许多人都已经成了产品的热心支持者。

因为该药代表了一项科学突破，它在科学会议的演讲中频频亮相，也在许多论文中得到考察，从而产生了更高的知名度和刺激。当它在芬兰上市的时候，公司举办了大型的宴会，邀请所有从业的兽医参加，为药品的发布营造了一种喜庆的氛围。Farmos集团的战略非常成功——Domosedan迅速得到认可，很快在全世界传播开来，成为一项重大的商业成功。

资料来源：Adapted from Birgitta Sandberg, "Creating the Market for Disruptive Innovation: Market Proactiveness at the Launch Stage," *Journal of Targeting, Measurement and Analysis for Marketing* 11, no. 2(2002), pp. 184-196.

13.6.2 为潜在用户量身定做营销计划

正如我们在第3章所描述的，创新传播是一条S形曲线：一开始，大家对于技术还很陌生，所以采纳率是缓慢的；当技术得到充分理解并推广到大量市场以后，采纳率会加速提高；直至市场饱和，新产品采纳率才开始回落。根据技术采纳的这几个阶段，采用者被分为以下几类：先是创新者（innovators）（在最早期）；随之是早期采用者（early adopters），他们带来采纳率的加速过程；然后随着创新渗入市场，有了早期大多数（early majority）和晚期大多数（late majority）；最后当创新趋于成熟时，落后者（laggards）才姗姗而来。[7] 这些群体的特点使得他们对不同的营销战略做出回应。

创新者和早期采用者一般都会寻找那些相比以前的技术有重大优势的、最先进的技术。他们愿意冒风险、付高价，甚至接受产品中一些不完善的地方，但是他们可能也需要相当的定制化和技术支持。[8] 他们更喜欢那些能够提供大量技术细节、强调创新领先地位的广告宣传。对这部分市场，最合适的营销途径是保证内容丰富、精选覆盖面。同时，对早期大多数做广告宣传，公司必须表明产品的完善性、易用性、与顾客生活的协调性，以及合法性。对这部分细分市场，详细的技术信息并不重要，重要的是高覆盖率和高可信度。

公司常常发现，成功地向早期采用者销售与成功地向早期大多数销售之间，很难实现过渡。早期采用者对创新的技术指标非常热衷，而早期大多数可能觉得产品太过复杂、太贵或靠不住。这可能导致产品扩散曲线的断裂：一旦早期采用者市场饱和，而早期大多数尚未打算购买，销售额就会猛然跌落（见图13.1）。[9] 公司必须能够一边经受住销量下滑的冲击，一边提高生产能力并提高对大众市场宣传的效率。

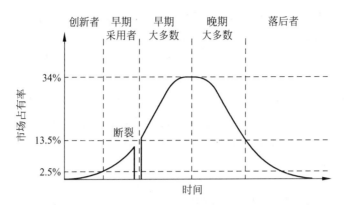

图 13.1 早期采用者和早期大多数之间的断裂

针对晚期大多数和落后者,公司往往采用与早期大多数相类似的营销渠道,只是更加强调降低单位成本。这个阶段的营销信息必须强调可靠性、简易性和成本效率。营销不一定要内容丰富,但是一定要非常可靠,还不能太贵,以防将生产成本提高太多。

最近,营销人员开始以那些快速传播信息的人为目标来利用信息的病毒式传播。下面的"研究花絮"专栏中对此有详细的描述。

研究花絮:构造信息的流行趋势

有一些人,凭着其天生的爱好和才能就能发起一组信息流,让它在人群中以惊人的速度传播。这些人能够对市场行为产生非凡的影响。格拉德韦尔(Gladwell)把这些有着卓越影响力的人分为三类:联结者、老手和销售人员。[1]

联结者:这些人倾向于形成一个非常大的熟人圈子。社会学家发现,如果随机抽取一组人,让他们说出最熟悉的几个人,联系人能说出的熟人数目是普通人说出的数倍。[2]这些人有特别强的社交动力;还有诀窍可以记住人们的名字以及其他的社交细节如生日等。但是,熟人的数目不是识别联结者的唯一途径。联结者的社会从属关系也非常复杂。他们可能属于很多不同的俱乐部、协会或者其他社会机构。他们属于多元的社交世界。因此,联结者可以把那些原本不会相遇的人们带到一起来。

老手:这些人乐于学习和传播他们感兴趣的知识。经济学家广泛研究过"市场老手",也称为"价格义务警员"。这些人会密切跟踪不同零售商(或其他市场渠道)给出的价格,一旦发现不合理之处(如误导性的促销)就会大声抱怨。[3]其他市场老手可能因为总是知道最好的餐馆或宾馆而引以为豪。他们或许是《消费者报告》杂志的忠实读者。老手们不仅收集信息,还热衷于指导其他人。他们会频繁地自愿提供信息,并乐于帮助其他消费者。

最后一类是销售人员:他们是天生的说客。这些人有口若悬河、让听众信服的天赋。

---

[1] Adapted from M. Gladwell, *The Tipping Point* (Boston: Little, Brown and Company, 2000).
[2] A. L. Barabasi, *Linked: The New Science of Networks* (Cambridge, MA: Perseus Books, 2002).
[3] L. F. Feick and L. L. Price, "The Market Maven: A Diffuser of Marketplace Information," *Journal of Marketing* 51 (1987), pp. 83-97.

他们也可能有发出和接受非语言信息的敏锐能力,这使得他们能够影响其他人对事物的反应。这些人甚至可以用他们的情绪来感染其他人![1]

以上任何一个人都可以燃起一股信息的流行趋势。联结者如果获得一条有价值的信息,可能会告诉很多不同的人;而老手们可能转达的人比较少但是更加详细、更有说服力。销售人员告诉的人不会像联结者那样多,也不会像市场老手那样获取和扩散大量的信息,但是他们往往让信息传达的对象无法抗拒。有的人可能同时拥有多种特质,这让他们名副其实地成为市场上刮过的飓风。

13.6.3　用营销来塑造认知和期望

如第4章描述的,当分销商和顾客评估一项技术创新的价值时,他们不仅考虑创新的实际价值,也要考虑他们对创新价值的认知及对未来价值的期望。广告、促销和公共关系在影响对保有量和配套品的市场认知和期望方面,扮演着重要的角色。预先通告可以在产品发布之前形成一定的关注,而吹捧预测销量的新闻报道能让顾客和分销商相信产品的市场保有量会迅速增加。公司还可以给市场(包括分销商、终端用户、配套品厂商,甚至新标准的其他潜在竞争者)发出信号,表示他们对这场战役志在必得,并以此来塑造对该技术前途的认知和期望。公司的声望也可以形成关于成功可能性的信号。公司还可以进行重大的固定资产投资来表示可信承诺,让股东们相信公司有能力、有决心向目标发起挑战。

1. 预先通告和新闻发布

干劲十足地推广产品的公司,既能够增加产品的实际保有量又能够提高其感知市场保有量。即使是市场保有量相对较小的产品,也可以通过大量广告攻势获得很高的心理份额。因为感知市场保有量可能引起随之而来的市场接纳,所以大的感知市场保有量可能会带来大的实际市场保有量。这种战略强调软件分销商对汽件(预先给还未上市甚至没有成形的产品做广告)的妙用。通过在顾客中造成"该产品无处不在"的印象,公司能让产品一上市就迅速被接纳。汽件还能为公司赢得宝贵的时间来将产品推向市场。如果其他厂商在市场上击败了公司,公司也因而担心顾客在新产品推出前就选定一项主导设计,它就可以利用汽件来试图说服顾客延迟购买,直到公司的新产品上市。

任天堂的64位机提供了一个极好的实例。为了预先阻止消费者购买32位系统,任天堂在1994年开始大张旗鼓地宣传其正在对64位系统进行的开发。这项计划最初名为现实计划(Project Reality),然而实际上产品直到1996年9月才真正达到市场化的条件。这项计划经过了很多次推迟,以致一些产业观察家戏称它为"不现实计划"(Project Unreality)。另一个有趣的汽件实例是任天堂的64M可读写磁盘。虽然产品广告力度很大,但是从来没有上市过。

主要的视频游戏商们也竭尽全力营造市场保有量和市场份额的形象,常常达到夸大

---

[1] E. Hatfield, J. T. Cacioppo, and R. L. Rapson, *Emotional Contagion* (Cambridge: Cambridge University Press, 1994); and H. Friedman et al., "Understanding and Assessing Nonverbal Expressiveness: The Affective Communication Test," *Journal of Personality and Social Psychology* 39, no. 2 (1980), pp. 333-351.

甚至欺骗的程度。比如,1991年年底,任天堂声称在美国市场已经卖出了200万套超级任天堂SNES系统,但世嘉公司不以为然,指出任天堂最多只卖出了100万套。任天堂还预测,到1992年年底将会再售出600万套(1992年,SNES系统的市场保有量实际仅仅达到了400万套)。到1992年5月,任天堂号称占领了16位机市场份额的60%,而世嘉则声称自己占据63%的份额。同样的战略也曾用于32/64位机市场的争夺。例如,1995年10月,索尼对新闻界宣布它已经在美国市场预售了10万套游戏机。对此,世嘉公司主管市场和销售的执行副总裁Mike Ribero反唇相讥道,索尼的说法是欺骗性的。他认为有很多预订绝不会形成实际购买。[10]

2. 声誉

一旦公司拉开架势准备引入新的技术创新,它的技术竞争力和商业竞争力都会极大地影响对其成功率的市场期望。[11]顾客、分销商和配套品供应商都会考虑公司以往引入技术创新的记录作为新产品功能性和价值的指标。公司以前的商业成功也是重要的信号,标志着公司有足够的能力来建立和管理围绕新技术的支持网络(分销、广告、联盟),以在"市场保有量—配套品"链环中构成必需的动力因素。

在世嘉进入视频游戏市场时,它因为曾经推出过几款非常成功的街机游戏而拥有声誉上的优势(Atari和任天堂在开发家庭视频游戏之前都曾经是街机制造商)。公司有开发紧张刺激游戏的良好声誉,这也有利于顾客接受它的16位游戏对任天堂8位机的挑战。相比之下,当索尼公司进入视频游戏产业的时候,它没有其他主要厂商都具备的街机背景。但是它作为消费电子制造商的确有很高的技术造诣,而且在电子产品方面有非同寻常的品牌资本。不仅如此,索尼通过(与飞利浦一起)成功引入CD格式,排挤走密纹唱片和模拟磁带,赢得了一场格式之战,从而证明了自己的能力。

同样,在128位视频游戏系统之争中,声誉可能是微软公司最强的力量。通过利用网络外部性获取优势的非凡能力,微软几乎垄断了个人电脑操作系统市场。微软还巧妙地利用其PC操作系统的市场份额,在软件市场的许多领域都占据统治地位,赶走了不少潜在的竞争者。微软的声望给分销商、开发者和顾客一个很强的信号,从而形成他们对未来的市场保有量和互补资产可得性的期望。微软的成功还不稳固,但它确实是一支应该得到重视的强大力量。

3. 可信承诺

公司也可以通过进行很难逆转的实质性投资,来表明进入一个产业的可信承诺。例如,索尼大力宣传其花费超过5亿美元来开发PS系统,这还不包括系统的制造和建立内部的游戏开发部门。相比之下,3DO在推出Multiplayer时,其累积研发成本还不到3700万美元。而且公司采用的战略是,所有的游戏机和游戏都交给第三方制作。因此,3DO没有很好地向市场表明,在这个平台上它有足够的自信可以经受资本风险的冲击。

13.7 本章小结

1. 公司可以抓住进入时机来充分利用商业周期或季节影响、改变其相对于竞争者的位置,以及确保在产品上市时具备充分的生产能力和配套品。

2. 进入时机决策还必须寻求平衡——继续从现有产品中获取现金流或是主动自噬以抢占竞争先机。

3. 成功的部署战略要求小心地保持平衡——一边是系统足够开放以吸引配套品供应商（如果必要的话，还有其他制造商），另一边是充分保护以保持产品质量、利润和兼容性。

4. 技术创新的一般定价策略包括撇脂定价和渗透定价。前者试图在产品销售的早期将赚取的利润最大化，后者则试图将市场份额最大化。定价策略应该考虑公司从配套品或服务中赚取利润的能力——如果从配套品中获取的利润可能很高，就可以保证平台技术的低价格。

5. 公司可以通过规定顾客付款时机来塑造顾客对产品价格（以及现金流时机）的理解。

6. 中间商在供应链中扮演很多重要的角色，包括分装、运输、分流库存、提供销售服务和处理顾客事务。

7. 有时公司可以通过加强与分销商的联系、与其他市场保有量大的产品捆绑销售、赞助大顾客集团，或者向分销商或配套产品厂商提供分销保障等方式，加速创新的推广分销。

8. 不同的市场营销手段，在成本、范围、信息内容、展示持续时间、信息弹性以及瞄准特定细分市场等方面各有长短。在设计营销计划的时候，公司应该既考虑到创新的本质（如是否复杂？优点是否明显易见？），又考虑到顾客的特质（如顾客是否需要深入了解技术细节？顾客是否容易被品牌形象和声誉所影响？顾客能够接受的不确定性有多少？）。

9. 营销战略可以影响对市场的判断：该产品现在或将来的普及程度如何？因而该战略还可以影响消费者、分销商和配套产品厂商的行为。预先通告、公司声誉以及可信承诺，都会影响市场对产品成功的可能性的估计。

术语表

自噬效应（cannibalization）：公司某一种产品（或某一个地方）的销售削减另一种产品（或另一个地方）的销售的现象。

后向兼容（backward compatible）：某一技术代的产品可以与前代技术的产品相兼容。例如，如果一台电脑可以与前代电脑运行一样的软件，那么它就是后向兼容的。

渗透定价（penetration pricing）：一款产品的价格非常低（或者免费）以最大化产品的市场份额。

制造商代理（manufacturers' representatives）：为一家或多家制造商推广和销售产品的独立机构。当适合采取直销方式，但厂商没有足够的直销能力覆盖所有合适的细分市场时，往往求助它们。

批发商（wholesalers）：这些公司从制造商处批发购买，然后（通常分成更小的或多样化的包装）转售给销售渠道的其他成员，如零售商。

零售商（retailer）：这些公司把产品卖给大众。

初始设备制造商（original equipment manufactures, OEM），又称**增值转售商**（value-added resellers, VAR）：这些公司从其他制造商处买进产品（或产品部件），经过组装或定制形成最终产品，以自己的品牌出售。

去中介化（disintermediation）：在一个供应渠道中的中间商数目减少，例如，当制造商绕过批发商和/或零售商，直接销售给终端用户时。

病毒式营销（viral marketing）：直接将信息传递给目标受众以引发口头广告。目标受众通常是根据其在社交圈子中的地位或角色来选取的。

讨论题

1. 举出公司可能希望推迟产品发布的一种或多种情况。
2. 哪些因素会（或可能）影响公司的定价策略？
3. 选择一款你非常了解的产品作答。在将该产品推向市场的时候采用了哪些中间商？你认为这些中间商提供了哪些有价值的服务？
4. 问题 3 中产品的生产商采用了哪些营销战略？这些战略有哪些优缺点？

补充阅读建议

经典著作

Corey, E. R., F. V. Cespedes, and V. K. Rangan, *Going to Market: Distribution Systems for Industrial Products* (Boston: Harvard Business School Press, 1989).

Eliashberg, J., and T. S. Robertson, "New production preannouncing behavior: A market signalling study," *Journal of Marketing Research* 25 (1988), pp. 282-293.

Moore, G., *Crossing the Chasm: Marketing and Selling Technology Products to Mainstream Customers* (New York: HarperCollins, 1991).

Rogers, E. M., *Diffusion of Innovations*, 5th ed. (New York: Free Press, 2003).

Shapiro, B., and B. Jackson, "Industrial pricing to meet customer needs," *Harvard Business Review* 56 (November-December 1978), pp. 119-127.

近期著作

Chen, Y., and J. Xie, "Online consumer review: Word-of-mouth as a new element of marketing communication mix," *Management Science* 54 (2008), pp. 477-491.

Dhebar, A., "Speeding high-tech producer, meet the balking consumer," *Sloan Management Review* 37, no. 2 (1996), pp. 37-49.

Gladwell, M., *The Tipping Point* (Boston: Little, Brown and Company, 2000).

Mohr, J., *Marketing of High-Technology Products and Innovations* (Upper Saddle River, NJ: Prentice Hall, 2001).

Schilling, M. A. , "Technological leapfrogging: Lessons from the U. S. videogame industry," *California Management Review* 45, no. 3 (2003), pp. 6-32.

 尾注

1. J. Johng, Y. Kang, M. A. Schilling, J. Sul, and M. Takanashi, "Honda Insight: Personal Hybrid," New York University teaching case, 2003.
2. V. Barret, "Dropbox: The Inside Story Of Tech's Hottest Startup," *Forbes* (2011), October 18.
3. Schilling, "Technological Leapfrogging"; and M. A. Schilling, "Winning the Standards Race: Building Installed Base and the Availability of Complementary Goods," *European Management Journal* 17 (1999), pp. 265-274.
4. D. Machan, "Great Job—You're Fired," *Forbes* 158, no. 7 (1996), pp. 145-146.
5. O. Hinz, B. Skiera, C. Barrot, and J. U. Becker, "Seeding Strategies For Viral Marketing: An Empirical Comparison," *Journal of Marketing* 75 (2011) (November), pp. 55-71; see also M. Bampo, M. T. Ewing, D. R. Mather, D. Stewart and M. Wallace, "The Effects Of Social Structure Of Digital Networks On Viral Marketing Performance," *Information Systems Research* 19 (2008) (3), pp. 273-290.
6. P. Kotler, *Marketing Management* (Upper Saddle River, NJ: Prentice Hall, 2003). See also Y. Chen and J. Xie, "Online Consumer Review: Word-Of-Mouth As A New Element Of Marketing Communication Mix," *Management Science* 54 (2008), pp. 477-491.
7. E. M. Rogers, *Diffusion of Innovations*, 3rd ed. (New York: Free Press, 1983).
8. J. Mohr, *Marketing of High-Technology Products and Innovations* (Upper Saddle River, NJ: Prentice Hall, 2001).
9. G. Moore, *Inside the Tornado* (New York: Harper Business, 1995).
10. M. E. McGann, "Crossing Swords," *Dealerscope Consumer Electronics Marketplace* 37, no. 10 (1995), pp. 63-65; and Schilling, "Technological Leapfrogging."
11. R. K. Chandy and G. Tellis, "The Incumbent's Curse? Incumbency, Size, and Radical Product Innovation," *Journal of Marketing* 64, no. 3 (2000), pp. 1-18.

教师反馈表

美国麦格劳-希尔教育出版公司(McGraw-Hill Education)是全球领先的教育资源与数字化解决方案提供商。为了更好地提供教学服务,提升教学质量,麦格劳-希尔教师服务中心于2003年在京成立。在您确认将本书作为指定教材后,请填好以下表格并经系主任签字盖章后返回我们(或联系我们索要电子版),我们将免费向您提供相应的教学辅助资源。

★ 基本信息					
姓		名		性别	
学校			院系		
职称			职务		
办公电话			家庭电话		
手机			电子邮箱		
通信地址及邮编					
★ 课程信息					
主讲课程		课程性质		学生年级	
学生人数		授课语言		学时数	
开课日期		学期数		教材决策者	
教材名称、作者、出版社					
★ 教师需求及建议					
提供配套教学课件 (请注明作者/书名/版次)					
推荐教材 (请注明感兴趣领域或相关信息)					
其他需求					
意见和建议(图书和服务)					
是否需要最新图书信息	是、否	系主任签字/ 盖章			
是否有翻译意愿	是、否				

麦格劳-希尔教育出版公司教师服务中心

北京-清华科技园科技大厦A座906室

清华大学出版社经管事业部

北京海淀区学研大厦B509
邮编:100084
电话:010-83470332
传真:010-83470107
电子邮件:xuyy@tup.tsinghua.edu.cn

邮编:100084
电话:010-82150719
传真:010-62790292
教师服务热线:800-810-1936
教师服务信箱:instructorchina@mcgraw-hill.com
网址:http://www.mcgraw-hill.com.cn